Grandes Livros da Religião

IGREJA CRISTÃ

Título original:
Atlas of the Christian Church

Rambla de Catalunya,135
08008 Barcelona

Edição Brasil:

Direção:
José Luis Sánchez, Meritxell Almarza
Tradução:
Carlos Nougué, Francisco Manhães
Revisão:
Carlos Nougué, Meritxell Almarza
Diagramação:
Elizabeth Dunhofer

Impressão:
Printer Industria Gráfica

Capa:
Tiffitext, S. L. / Mauricio Restrepo

Imagem da capa: Detalhes da Comunhão dos Apóstolos, afrescos do século XV da igreja da Santa Cruz, em Platanistasa, Chipre.

ISBN: 978-84-413-2548-7

DL: B-54474-2007

Printed in Spain

GRANDES LIVROS DA RELIGIÃO

Henry Chadwick e G. R. Evans

IGREJA CRISTÃ

folio

SUMÁRIO

Artigos especiais

Lista de mapas

QUADRO CRONOLÓGICO

	0	200	400	600	800
MISSÕES E COLONIZAÇÃO	46-62 Viagens missionárias de Paulo	Conversão da Irlanda por Paládio e Patrício	Conversão da Irlanda por Paládio e Patrício 596 Missão de Gregório, o Grande, que envia Agostinho para converter os anglo-saxões Conversão da Germânia por Vilfrido de York e Villibrord e Bonifácio		

Símbolos cristãos de uma catacumba romana, c. 200

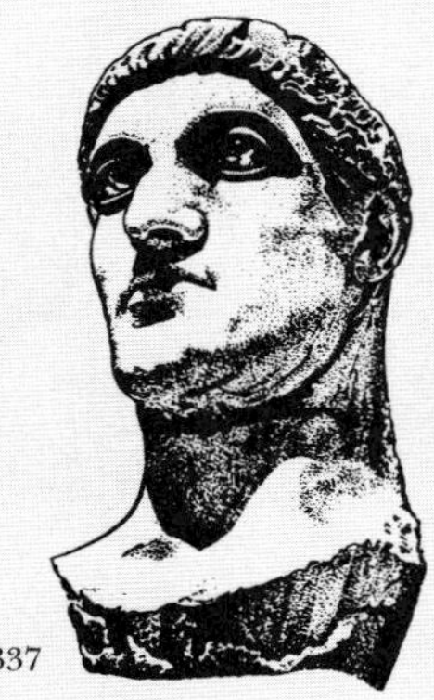

Constantino, o Grande, morto 337

Santa Sofia, Constantinopla, 523-537

Odon, bispo de Bayeux, c. 1030-1097

	0	200	400	600	800
CONCÍLIOS		325 Concílio de Nicéia, condenação do arianismo (Credo de Nicéia); primeiro concílio ecumênico 381 Concílio de Constantinopla; segundo concílio ecumênico	431 Concílio de Éfeso; terceiro concílio ecumênico 451 Concílio de Calcedônia; quarto concílio ecumênico 553 Concílio de Constantinopla; quinto concílio ecumênico	680/1 Concílio de Constantinopla; sexto concílio ecumênico 692 Concílio *in Trullo* 787 Concílio de Nicéia, restauração dos ícones; sétimo concílio ecumênico	
DIVISÕES E MOVIMENTOS PELA UNIDADE		Donatismo no Norte da África	484-518 Cisma de Acácio entre Roma e o Oriente	Polêmica iconoclasta	
IGREJA E ESTADO		312 Constantino vence na batalha da ponte Mílvio 361-363 Juliano, o Apóstata, imperador 361-395 Teodósio, imperador	410 Tomada de Roma por Alarico 527-565 Justiniano e Teodora; a morte desta (548) significa o fim das esperanças dos monofisistas	Conquista árabe da Síria, da Palestina e do Egito	800 Coroação de Carlos Magno
AUTORES CRISTÃOS	Novo Testamento Inácio de Antioquia, Morto no início do século II Justino, morto c. 160 Taciano, escreveu c. 170 Irineu, escreveu c. 190 Orígenes 185-254 Tertuliano, c. 190-215	Clemente de Alexandria, morto antes de 215 Hipólito, morto c. 235 Cipriano, bispo de Cartago 249-258 Hilário de Poitiers, c. 315-67 Ambrósio de Milão, morto 397 Jerônimo 347-419 Agostinho de Hipona 354-430	Teodoro de Mopsuéstia, morto 427 Gregório, o Grande, c. 540-604	Beda, c. 672-735 Alcuíno, c. 735-804	Fócio, c. 810-895
ORDENS RELIGIOSAS		Santos do deserto Pacômio, morto 346 Antônio, morto 357	Bento de Núrsia		911 Fundação de Cluny 962 Primeira fundação no Monte Atos

1000	1200	1400	1600	1800	2000
Missionários cistercienses pregam contra a heresia no Sul da França	Missionários dominicanos pregam no Sul da França e na Espanha	Missionários jesuítas na Índia e no Japão (Francisco Xavier) Conversão do Novo Mundo, tarefa encomendada pelo papa às Coroas espanhola e portuguesa numa série de bulas (1456-1514) Conversões na China desde 1853 (Mateu Ricci)	Colonização protestante dos Estados Unidos (1607 fundação de Jamestown, Virgínia; 1682 os quacres fundam a Filadélfia) Calvinistas do Grande Despertar nas colônias centrais dos Estados Unidos Missões batistas na Índia desde 1790	Missões na África Em 1840 ressurgimento das missões católicas Em 1910 só o Afeganistão, o Nepal e o Tibete, fechados para os cristãos	
	Martinho Lutero, 1483-1546 	 São Pedro de Roma, terminada em 1614		 Notre-Dame-du-Haut, Rondchamp, 1950-1955	
	1215 Quarto Concílio Lateranense	1414 Inauguração do Concílio de Constança 1545 Inauguração do Concílio de Trento		1869-1870 Concílio Vaticano I 1962-1965 Concílio Vaticano II	
1054 Cisma entre cristãos latinos e gregos Cátaros e albigenses	1309-1377 O papado em Avignon 1378-1417 O cisma do Ocidente	1452 O decreto de união entre latinos e gregos ortodoxos é lido em Santa Sofia, Constantinopla Reforma		1910 Início do movimento ecumênico de Edimburgo 1964 Decreto do Concílio Vaticano II sobre o ecumenismo *Unitatis Redintegratio* 1968 Teologia da Libertação	
1000-1003 Oton III imperador e Silvestre II papa 1096 Primeira Cruzada 1122 A concordata de Worms pacifica temporariamente a querela das investiduras	1204 Quarta Cruzada	1453 Os turcos tomam Constantinopla 1479 Inquisição espanhola *Cuius regio eius religio* Erastianismo 1555 Paz de Augsburgo 1572 Matança do di de São Bartolomeu 1598 Edito de Nantes (revogado em 1658)	Reforma da Igreja russa	Antierastianismo 1828-1829 O governo britânico suprime as restrições civis e políticas que pesavam sobre os dissidentes protestantes e sobre os católicos	
Anselmo de Canterbury 1033-1109	Tomás de Aquino, morto 1274 Juan Wyclif, morto 1384 Tomás de Kemps, 1380-1471	Erasmo 1466-1536 Lutero 1483-1546 Zwingli 1484-1531 Inácio de Loiola 1491-1556 Calvino 1509-1564	William Wilberforce 1759-1833	John Henry Newman 1801-1890 Karl Barth 1886-1968 Carlo Maria Martini 1927	
Cistercienses Carmelitas	Franciscanos Dominicanos	Jesuítas Ursulinas	Irmãos da Caridade Trapenses	Marianistas Maristas Salesianos	

PREFÁCIO

Para compreender a se mesmo e à sociedade em que vive, o ser humano necessita olhar para trás, para o seu próprio passado. E não apenas para o passado imediato. A história é o elemento principal para a autocompreensão de uma sociedade, ainda que essa visão retrospectiva venha a mostrar quão distante está o ideal da realidade. Assim, também a história da Igreja é uma disciplina que contém um poderoso elemento de autodescoberta, não apenas para o fiel, mas, de certo modo, também para o não-fiel cuja cultura pessoal tenha raízes na tradição ocidental. Para conhecerem a se mesmos, os cristãos necessitam compreender algo do longo ziguezaguear de sua comunidade, com suas acirradas disputas de família, e assimilar a diversidade de tão rica experiência. Dado que a tradição cristã influiu profundamente na sociedade ocidental e em seus valores, a história que se narra neste livro é também importante para quem queira entender algo dessa influência.

Na atualidade, aproximadamente um terço da população mundial professa a fé cristã. Apesar da forte oposição do laicismo materialista e dos estragos causados pelo comunismo no final do século XX, o número de fiéis aumentou após a queda do bloco comunista. Uma religião cujo núcleo é constituído pelo exemplo redentor de Jesus de Nazaré nunca pode coadunar-se com nenhum tipo de sociedade dominada pelo poder político, pela prosperidade econômica e pelas ambições ou desejos materiais. Além disso, o cristianismo, em suas formas clássicas, conta com uma longa história de relações difíceis com as forças políticas e os governos, para os quais o princípio de transmundanidade e a relativização de toda soberania terrena foram como um espinho cravado na carne. As Igrejas cristãs de hoje continuam a ser tão propícias, como em qualquer outra época, às perseguições destinadas a acabar com elas, e o historiador não pode concluir apressadamente que seja certo que a repressão não vá ter êxito. Para os governos laicos é mais fácil inclinar a Igreja a seus próprios objetivos do que eliminar a fé religiosa.

No texto deste atlas, tentamos traçar um esboço cuidadoso pelo menos das tradições cristãs principais ou majoritárias, e através dos mapas e ilustrações procuramos representar graficamente as manifestações mais notáveis. Centrando-nos nas principais tradições, não pretendemos excluir ou marginalizar a rica multiplicidade de formas e expressões cristãs, de cuja variedade precisamente aspiram a dar conta algumas das ilustrações. Por outro lado, aos olhos do historiador, as formas históricas menores dependem, de fato, das tradições principais da comunidade, e amiúde em grau muito maior do que crêem os seguidores daquelas.

A cristandade é uma forma de comunidade cultural, formada por um cânone doutrinal expresso normalmente em forma de um relato, e por uma ética determinada pelo caráter central desse relato. Os oficiantes dessa comunidade têm muito menos importância que os ofícios e funções que lhes cabem, mas desempenharam papel decisivo na manutenção da coerência da comunidade, tanto diante das controvérsias internas como diante das ameaças externas. As formas históricas da fé atribuem importância profunda à renovação contínua mediante o contato com as raízes da comunidade, em especial através da Bíblia e dos sacramentos estabelecidos por Jesus. E, embora esse legado seja, em detalhe, muito complexo, as linhas principais da autocompreensão e da prática cristãs são claras e simples.

O cristianismo oferece um paradoxo: é uma religião formada no âmbito do Oriente Próximo, com a profecia hebréia como matriz; mas se propagou amplamente pelos mundos grego e romano do Mediterrâneo e pelo Noroeste da Europa; em contrapartida, foi derrotado pelos árabes (que tinham sido tristemente esquecidos pelos missionários da Igreja antiga), os quais no século VII se converteram à religião militante do islã. O cristianismo assimilou a filosofia grega e o direito e o modo de governar romanos. No mundo greco-romano, a língua e a cultura, junto com os conflitos internos sobre o poder e a autoridade, concentrados em Roma, no que se refere ao Ocidente, conduziram a uma separação de caminhos entre o Leste grego e o Oeste latino. A maioria das comunidades que se separaram de Roma na Reforma do século XVI, fosse por razões políticas ou religiosas ou por ambas, definiam-se por sua rejeição das estruturas e padrões pré-reformistas; no entanto, algo de sua razão de ser derivava da vigorosa sobrevivência do que naquele momento se rejeitava, em especial do injuriado autoritarismo.

Naturalmente, houve e ainda há formas autoritárias de protestantismo. Os grupos vinculados a elas tendem a autodefinir-se em termos de doutrinas muito concretas, principalmente como reação mais à imprecisão e vagueza da mais ampla tradição protestante do que ao catolicismo ou à ortodoxia oriental. Os últimos anos do século XX viram o impacto de um questionamento radical do protestantismo, para o qual nenhuma das estruturas tradicionais da autoridade (cânone bíblico, credos e confissões de fé, mistério) tem caráter sagrado, mas antes são fontes convencionais e culturais obsoletas. No entanto, a continuidade da comunidade histórica constitui a salvaguarda diante dos individualismos extremos e das reações pragmáticas. Conseqüentemente, este livro pretende ilustrar tanto a diversidade como a continuidade nuclear com relação às raízes do cristianismo.

PRIMEIRA PARTE

A IGREJA PRIMITIVA

O PRINCÍPIO

Os primeiros cristãos e os judeus

A Judéia, sob o domínio romano, era uma província turbulenta que se destinava a governadores de baixa categoria. No reinado do imperador Tibério, sob a prefeitura de Pôncio Pilatos, talvez por volta da Páscoa do ano 30 da nossa era, um homem chamado Jesus foi executado pelo cruel método da crucificação. Tinha provavelmente 33 anos, o que significa que havia nascido no final do reinado de Herodes, o Grande, o rei títere indicado pelos romanos para governar os judeus. A aversão que estes sentiam o levou a construir palácios inexpugnáveis como Massada e Heródion.

O fato de Jesus ter sido executado por ordem do prefeito indica que este o via como uma potencial ameaça política. No entanto, as pessoas mais próximas de Jesus viam nele uma figura exclusivamente religiosa. A causa de sua morte não foi a acusação de estar comprometido numa conjuração, mas uma incompatibilidade não tanto com os ocupantes romanos quanto com os dirigentes religiosos de seu próprio povo, sobretudo com o alto clero saduceu e com alguns fariseus. Estes últimos eram os que mais estritamente observavam a lei mosaica e também a tradição erudita dos escribas, a qual depuravam quanto aos preceitos da Lei. E, em seu interesse apaixonado em que se cumprisse a vontade de Deus, os fariseus e Jesus estavam muito próximos, onde alguns fariseus se terem unido a seus seguidores. Uma coisa era dizer que o amor a Deus tem seu ápice na observância meticulosa do cerimonial e dos preceitos morais, e outra, proclamar que, se se dá prioridade às formas rituais, se pode obstruir a moral.

Jesus chegou à Judéia procedente do Norte rural de Nazaré, a Galiléia, uma terra circundada por cidades não-judias como Cesaréia de Filipos ou Gadara, onde os gregos podiam criar animais tão pouco judeus como os porcos, e os cidadãos cultos escreviam poesia e filosofia. Reuniu em torno dele uma comunidade de discípulos, um círculo reduzido com a missão especial (Apóstolos = enviados) de proclamar a chegada do reino de Deus sobre a Terra, manifesta em sua própria presença e em seus ensinamentos.

Se nos perguntarmos que ensinamentos criavam tal comoção, a resposta será surpreendente. Ele conclamava o povo a arrepender-se, a viver cada dia como se fosse o último, a amar até os estrangeiros e os inimigos, a recusar não apenas o adultério, o assassinato e o roubo, mas também a lascívia, o ódio e a cobiça. No Reino de Deus que se estava inaugurando, não haveria espaço para violência de qualquer tipo, para os julgamentos maliciosos, para a ânsia de riqueza e de ascensão social, para os valores e prioridades da sociedade comum encerrada no ciclo de nascimento, casamento, morte, aquisição e gasto. Por um enorme paradoxo, os que Jesus chama "bem-aventurados" não se encontram entre os vencedores, mas entre os pobres e os humildes, os puros de coração, os perseguidos por causa de sua retidão.

Podia a morte acabar com um mestre enviado por Deus e homem tão bom? A sepultura estava vazia.

Os primeiros discípulos eram judeus devotos. Como os essênios, a seita ascética das margens do Mar Morto de cuja biblioteca procedem os rolos de Qumran, eles estudavam as figuras e imagens do Antigo Testamento, especialmente as do sofrimento seguido de vingança divina (o Servo de Isaías 53; o Filho do Homem de Daniel 7). Seu mestre era o Messias, "Ungido" por Deus, *Christos* em grego. No princípio, não houve nenhuma tentativa de romper com o judaísmo, dentro do qual já existiam muitas seitas. Nas comunidades judias de língua grega dispersas por todo o mundo mediterrâneo, houve os que começaram a emancipar-se do particularismo judaico. Em Jerusalém, uma colônia de judeus gregos da Diáspora se uniu aos cristãos; Estêvão, seu dirigente, dizia que o Novo Testamento era contrário aos sacrifícios de animais e aos ritos do Templo (interpretação fácil de inferir), e foi apedrejado por blasfemo, enquanto a pequena sociedade cristã se via hostilizada pelos fariseus estritos, para ser finalmente expulsa. Mas, sem saber, os perseguidores semearam a semente da missão universal da Igreja para com os gentios, pois os discípulos expulsos levaram sua palavra para fora da Judéia, para os ouvidos dos gentios.

São Paulo

Um dos perseguidores fariseus se converteu. Também era da Diáspora, de Tarso da Cilícia; tinha cidadania romana e falava grego. Paulo se transformou no principal arquiteto da cristandade gentia. Através das cartas apaixonadas e extraordinárias que dirigiu às igrejas missionárias dos gentios, ele se mostra, em personalidade e iniciativas, como um homem sem igual da era apostólica do cristianismo: enérgico, ardoroso e totalmente entregue à causa de que sabia havia sido incumbido.

Dois fatores, sobretudo, dar caráter de decisivas às realizações de Paulo. Ele rejeita o pressuposto, evidente para os cristãos de Jerusalém, de que um gentio que se batize tenha de ser obrigatoriamente circuncidado e seja obrigado a observar o Sabbat e o cerimonial do Levítico. Acima de tudo, sua posição era deduzida de um amplo quadro do propósito redentor de Deus. No centro do quadro está a convicção de Paulo de que o monoteísmo não pode ser compatível com a restrição permanente do conhecimento de Deus a uma só raça. Deus elegeu os judeus e lhes deu o Antigo Testamento, cujas aspirações se realizam em Jesus, o Messias, de significado universal. Nele a sabedoria celestial de Deus adotou a natureza humana, assumindo a forma de um servidor. A morte desse homem inocente e submisso é uma oferenda sacerdotal em benefício da raça humana, que ele representa diante de Deus, e em expiação pelos pecados do mundo. Sua morte e Ressurreição constituem o ponto cardeal da história do mundo, o eixo em torno do qual giram todas as coisas segundo os fins de Deus. Pela fé, os fiéis se tornam um com ele; pelo batismo, se incorporam a ele e à sua Igreja. Antes de Moisés, os judeus não tinham leis escritas, de maneira que a fonte da retidão de Abraão era a fé que Deus lhe tinha dado. De novo agora, a Lei de Moisés,

Os Atos dos Apóstolos contam como São Paulo *(abaixo destas linhas)*, o apóstolo dos gentios, superando todo tipo de obstáculos humanos e naturais, tempestade e naufrágio incluídos, conseguiu chegar até Roma, capital do mundo gentio.

Direita. Malta, onde uma estátua de Paulo recorda sua estada na ilha "em que dois mares se encontram". Dali foi para Puteoli, perto de Nápoles, onde foi recebido pela comunidade cristã local.

As comunidades cristãs do mundo gentio amiúde saldaram em forma de arte sua dívida com Paulo. A pintura *(abaixo)* de um cordeiro com alguns cestos de pão (evidente símbolo eucarístico) pertence ao cemitério romano de Commodilla, na Via das Sete Igrejas, propriedade da matrona Commodilla.

Abaixo, direita. Cristo pregando aos apóstolos, afresco do século IV.

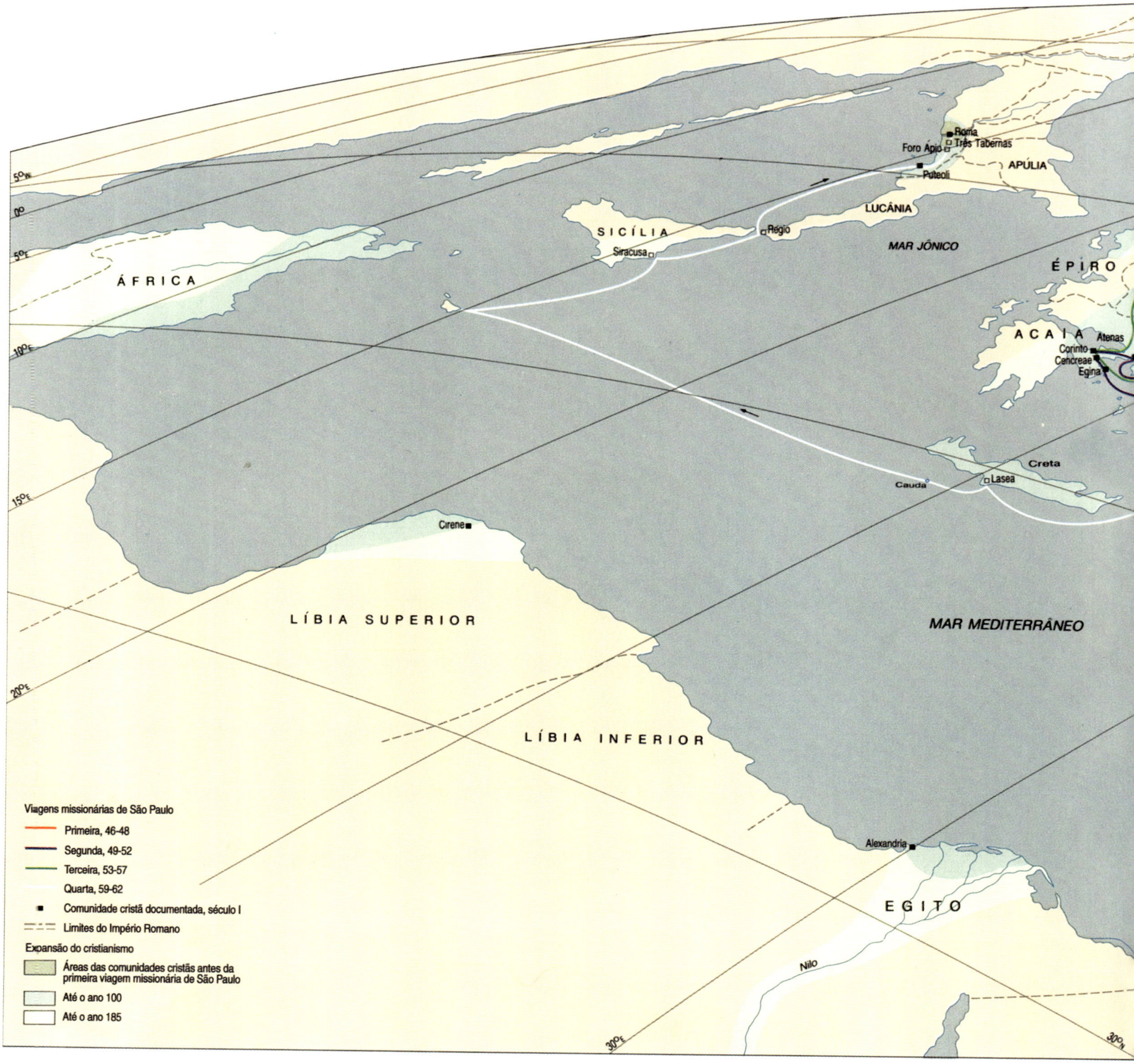

essencial em seu tempo, já não é a expressão universalmente válida da vontade de Deus para todos os homens. Os judeus religiosos têm razão de crer que seu povo foi especialmente eleito para um plano universal. Mas agora, diz Paulo, esse plano se realiza através da comunidade "chamada" de todo o mundo (*ecclesia*).

Dado que agora os judeus observantes e os gentios não-observantes tinham de ser membros da mesma comunidade, partindo o pão e vertendo o vinho na solene comemoração semanal da morte de Jesus, participando de sua obra redentora, não podiam faltar tensões em torno das leis tradicionais dos judeus com respeito aos alimentos. Em Antioquia da Síria (e provavelmente em todos os lugares, a julgar pelas queixas de Paulo), onde se havia estabelecido uma das primeiras missões gentias, chegou-se a um compromisso mediante o qual os cristãos gentios observariam as leis judaicas relativas aos alimentos. O compromisso não agradou a Paulo nem aos rigoristas do lado oposto. As igrejas da Galácia, da Ásia Menor e de Corinto permaneceram muito tempo sob a influência do compromisso de Antioquia. Paulo enviou à jovem comunidade cristã de Roma uma longa exposição sobre sua postura, que pressupunha um enfoque específico para a capital do mundo gentio no pensamento do Apóstolo dos gentios.

As viagens missionárias de Paulo Na Igreja primitiva, o centro da autoridade ficava em Jerusalém, na sagrada família reapresentada por Santiago, o irmão do Senhor, e os doze apóstolos encabeçados por Pedro, Santiago e João, filhos de Zebedeu. A missão gentia de Paulo transformou a Igreja, que de um grupo dentro do judaísmo, centrado em Jerusalém, passou a constituir uma sociedade européia com vocação para universalidade sob a direção dos bispos das grandes cidades do Império, em especial Roma, onde Pedro e Paulo padeceram martírio sob Nero.

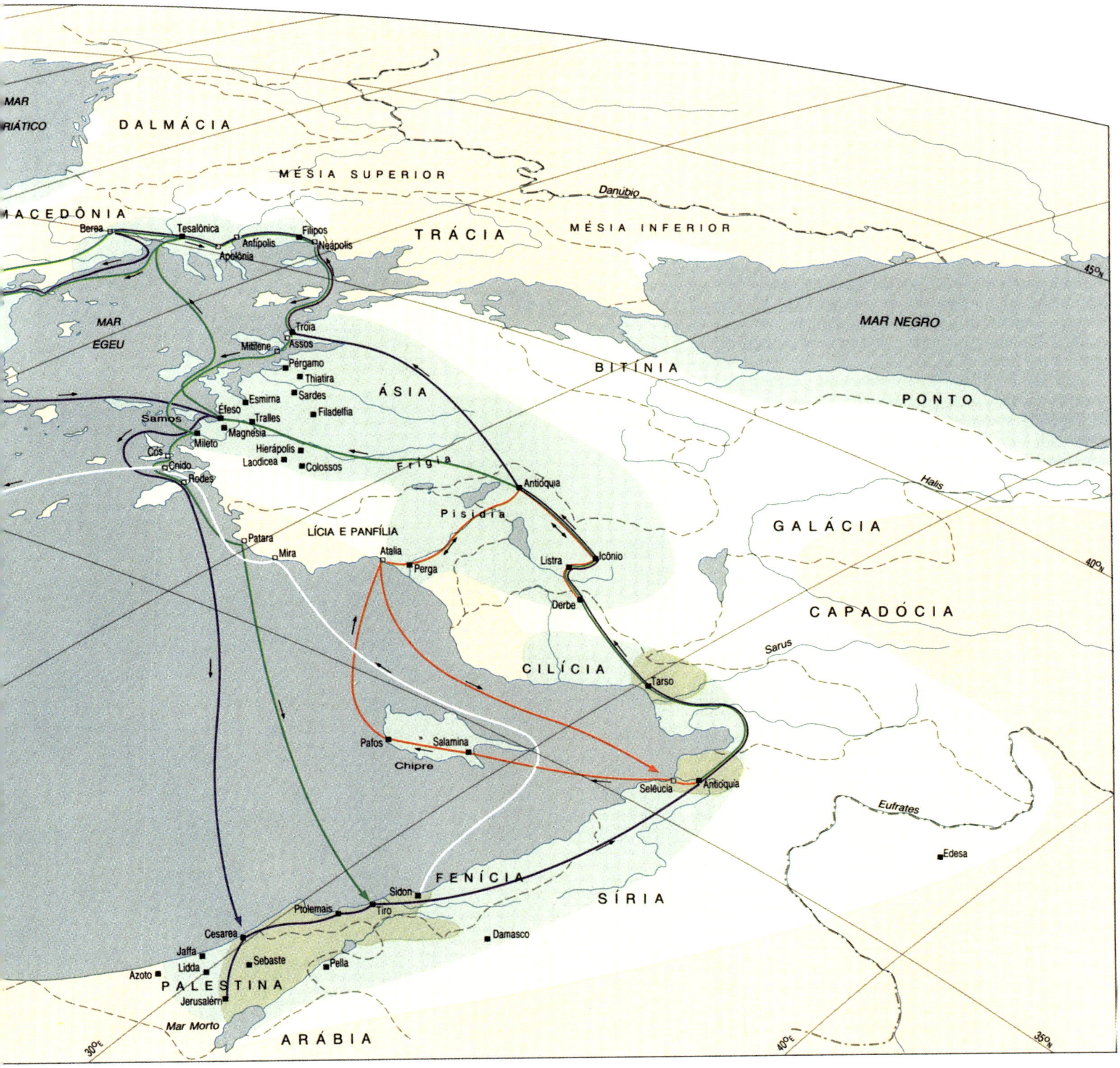

As cartas de Paulo são dirigidas não apenas às Igrejas da Ásia Menor, mas também às da Europa (Filipos, Corinto, Roma), e o salto dado da Ásia para a Europa foi considerado como algo transcendental (Atos 16:9). São Lucas entendeu a expansão geográfica da Igreja como um triunfo extraordinário diante da oposição (mas também com certo apoio parcial) das sinagogas judias, da intelectualidade grega e dos governantes romanos, chegando Paulo a pregar não apenas para os filósofos de Atenas (Atos 17), mas também na própria cidade de Roma.

Cristianismo e platonismo

No mundo gentio, alheio à tradição de comunidade fechada do judaísmo, os conteúdos do Antigo Testamento estavam completamente ausentes. Era um mundo de cultos locais, tolerantes uns com os outros, cujas funções consistiam na realização de ritos e cerimônias que assegurassem a benevolência dos deuses para a tribo e as pessoas. A força comum condutora do antigo culto era a necessidade de assegurar a sobrevivência e a prosperidade, colheitas e esposas férteis, sucesso no amor e nos empreendimentos comerciais, proteção contra a bruxaria encomendada pelos inimigos e até diante do destino. Com esses fins, a crença na astrologia e na magia se havia estendido a todos os níveis da sociedade.

O antigo mundo clássico da Grécia e de Roma não dividia o tempo em períodos de sete dias, como faziam os judeus. Os cristãos, em contrapartida, celebravam a Ressurreição de Jesus nas primeiras horas da manhã seguinte ao Sabbat, e desse modo se iniciou a observância da semana, reforçada pelos astrólogos, que tinham colocado cada dia sob a influência de um planeta diferente. Por volta do ano 200 d.C., os cristãos começaram a ver um simbolismo especial na coincidência do dia do Sol com sua ação de graças (*eucharistia*) pela ressurreição do "Sol da Justiça". Embora alguns cristãos utilizassem os nomes planetários para designar os dias da semana, os fiéis estritos não falavam em "dia do Sol", mas em "dia do Senhor" (*dominica, kyriake*), e designavam com números os demais dias.

Essa mescla de mitos e religiões, na crença de que todos diziam as mesmas coisas de diferentes maneiras, era corrente no mundo gentio a que chegaram os missionários cristãos. No entanto, às vezes a tolerância falhava, e o sincretismo (tentativa de conciliação) podia converter-se na expressão de um imperialismo e de um domínio religioso: por exemplo, os sacerdotes de Ísis proclamavam que esta era a suprema deidade mãe, e que os outros cultos eram versões inferiores deste. Mais comumente, a tolerância se manifestava por um relativismo ou ceticismo, de acordo com o qual para o fiel todos os cultos são igualmente verdadeiros, para o filósofo igualmente falsos, e para o magistrado igualmente úteis.

No mundo grego de 500 anos antes do aparecimento do cristianismo, as crenças religiosas tinham sido objeto de importantes discussões críticas por parte dos filósofos. Os mitos que representavam os deuses como coléricos, orgulhosos ou lascivos indignavam Platão, que expulsou Homero e os poetas de sua República ideal. Platão via a alma como fora de seu lar neste mundo material. O platonismo considerava este mundo de maneira ambivalente: sua beleza reflete uma beleza mais alta, externa e imutável, mas a contínua degradação das coisas conduz a um ciclo de reencarnações ao qual estamos destinados a regressar sempre, a menos que, mediante a supressão ativa do desejo físico, possamos libertar a alma para a realização de sua afinidade celeste, que lhe permita a contemplação de Deus.

Platão considerava o cosmos como uma dualidade na qual o bem e o espiritual estão presentes na matéria, do mesmo modo que, em escala microcósmica, a alma humana está presente no corpo humano, e com a mesma conseqüência em ambos os casos de que o mal (que é o material) se acha em contínuo e doloroso contato com o bem. Um dualismo pessimista como esse oferecia uma filosofia ao povo, que vivia entre a feiúra e as misérias da experiência cotidiana. Os mitos fatalistas, que falavam de repetidas reencarnações da alma ou da queda da alma na matéria, onde havia ficado presa por sua vinculação com as coisas do corpo, proporcionavam a teia de uma ética que rejeitava o mundo.

Não só Platão falava da queda da alma. O Gênesis descrevia a condição humana como resultado de um ato do livre-arbítrio do individuo contra as leis de Deus. Nos círculos esotéricos, os mestres buscavam a reconciliação de todas as religiões e filosofias e a revelação dos mistérios profundos do destino humano. Tais círculos proliferavam nas orlas do judaísmo e se mostravam fascinados pelas interpretações engenhosas de textos recônditos, dos números místicos e dos estranhos nomes dos anjos. Enquanto seus membros observassem a Lei, não havia nada que censurar às especulações cabalísticas.

O judaísmo apocalíptico ensinava ao devoto que, apesar dos sofrimentos e das injustiças, um dia viria a vindicação divina e a história revelaria seu significado oculto. O conflito entre o bem e o mal era cósmico, uma guerra entre forças primárias, potestades angélicas boas e más, na qual o Deus bom não é onipotente e sua providência não domina tudo.

O desafio do século II

Da mistura de metafísica platônica e apocaliptismo, surgiram um dualismo e um determinismo pessimistas. Eles assumiram muitas formas, que receberam a denominação comum de "gnosticismo". Para o cristianismo, a religiosidade gnóstica foi um problema doloroso. O corpo cristão principal da "grande Igreja" (como o chamavam os pagãos do século II) rejeitou as seitas, baseando-se principalmente em duas questões. Primeira, quando os cristãos falam de redenção como libertação do mundo alienado, sabem que seu Redentor é o Criador, o Deus único, o Pai Todo-poderoso; por outro lado, o mundo físico não se originou de uma falha pré-cósmica ou de uma lamentável insuficiência no processo de emanação divina, mas tem um desígnio positivo e bom que a redenção há de restaurar, não eliminar. O triunfo é certo. Segunda questão, os gnósticos eram fatalistas e sustentavam que a salvação ou condenação de uma pessoa depende da predestinação, não da conduta ética do sujeito nem de um suposto ato "livre". A "Grande Igreja" pensou que não se podia negar a responsabilidade humana e rejeitou o determinismo, embora o tema sempre tenha sido objeto de controvérsia ao longo de toda a história da Igreja.

Os cristãos do século II Justino de Roma e Irineu de Lyon alegaram que a razão e a liberdade são inalienáveis no ser humano. Alguns gnósticos tentaram apa-

No século II, os cristãos romanos já eram guardiães conscientes da tradição de seus apóstolos mártires. Em 165, erigiram-se monumentos a Paulo na Via Ostiense, a Pedro e Paulo na Via Apia, a Pedro na necrópole da colina do Vaticano (*abaixo esquerda*, reconstituição). Constantino mandou construir a primitiva Basílica de São Pedro (destruída por Bramante para edificar a atual), situando o altar sobre a capela do século II que se supunha assinalava o lugar do túmulo de Pedro (*esquerda*, reconstituição). Os peregrinos chegavam a ela através de um corredor curvo. Antes da época de Constantino, os papas eram enterrados na catacumba de Calisto, ao sul da cidade, sob uma abóbada especial *(abaixo)*. O primeiro papa a ser enterrado em São Pedro foi Leão I (morto em 461).

gar a especificidade e historicidade do cristianismo assimilando-o a cultos de mistérios como os de Átis, Mitra ou Ísis. Os ortodoxos insistiram em que o cristianismo é o que é, e não outra coisa.

Os gnósticos, em meio a suas próprias rivalidades, acossaram a Igreja em todo o mundo mediterrâneo: Saturnino em Antioquia, Basílides no Egito, Valentino em Roma, e muitos outros. A Roma também chegou um crítico radical do Antigo Testamento, Marcião, excomungado em 144. As comunidades que fundadas por ele duraram muito tempo. Lendo Paulo, ele percebeu a oposição do Apóstolo aos que pensavam que o cristianismo não era nada de novo, mas uma continuação do judaísmo com um alcance mais amplo, e seu combate à idéia de que a Igreja de Jerusalém e dos Doze estava comprometida com a antiga Lei. Leu que Jesus queria que o vinho novo se vertesse em odres novos. A verdadeira mensagem de Cristo, concluiu, tinha sido mal interpretado na era apostólica, menos por Paulo; de maneira que os Evangelhos e as Epístolas tinham sido objeto de audazes interpolações para apresentar Paulo como um homem de compromisso, aceitando a autoridade do Antigo Testamento, o que, na opinião de Marcião, Paulo nunca teria admitido. Rejeitou o recurso às interpretações alegóricas, por considerá-las uma saída desonesta. Para Marcião, a verdade é que o Deus judeu era uma deidade inferior e vingativa, criador de um mundo defeituoso (como a premente sexualidade humana demonstrava), autor da Lei mosaica, e completamente diferente do Pai amoroso anunciado por Jesus. Marcião fez uma edição "corrigida" dos escritos apostólicos, expurgada das numerosas interpolações que tinha descoberto. Essa visão da Bíblia persistiu nas heresias dualistas até depois da Idade Média; por exemplo, na idéia de que os apócrifos heréticos são mais verdadeiros que os textos canônicos aceitos pela Igreja. Os gnósticos proclamavam que sua teosofia esotérica constituía um conhecimento mais alto que a simples fé que se ensinava nas cerimônias comuns das igrejas. Mas esse conhecimento não se adquiria mediante a razão natural. Era um mistério.

Os gnósticos não eram os únicos escritores do século II que acusavam a Igreja de fazer demasiadas concessões aos membros incultos das classes baixas. Já na primeira Epístola aos Coríntios, Paulo teve de tratar das tensões que se davam na igreja coríntia entre a elite, relativamente reduzida, de fiéis cultos e de classes altas, e a maioria da comunidade local, formada pelo povo humilde. Nos anos 177-180, um platônico chamado Celso escreveu um ataque pagão ao cristianismo. Celso se sentia indignado com a crença cristã na intervenção divina neste mundo e em milagres como o nascimento virginal e a ressurreição de Cristo (considerava o primeiro uma história inventada para encobrir a ilegitimidade, e o segundo, resultado da "histeria feminina"), com a exigência de uma fé que ele julgava irracional, com os ensinamentos sobre o inferno para os não-fiéis e com a incompatibilidade de seu monoteísmo com qualquer reconhecimento do culto pagão sancionado pelo imemorial costume social. Celso pensava que o cristianismo estava triunfando (para sua grande preocupação) graças à exploração dos incultos e das mulheres, não pelo poder e coerência intelectual de suas doutrinas ou pela revolução moral de suas grandes exigências éticas. Na sua opinião, a Igreja era formada essencialmente pelas classes mais baixas do povo, que difundiam uma superstição irracional, e por um punhado de intelectuais que desonestamente tentavam torná-la respeitável mediante argumentações sofísticas, e recorrendo à interpretação alegórica de passagens obscuras da Bíblia. A resposta a Celso foi escrita setenta anos depois por Orígenes, para quem a proporção de gente inculta na Igreja correspondia à de toda a sociedade. Em suma, a Igreja é como um corte vertical da sociedade, no qual os lixeiros são mais numerosos que os patrícios porque simplesmente também o são nesta.

Os filósofos gregos só tinham conseguido difundir seus ensinamentos morais entre a elite culta. Não parecia razoável queixar-se de que os cristãos ofereciam uma moralidade elevada aos rejeitados pela sociedade antiga: as mulheres, os pobres, os marginalizados. É indubitável que eles não sempre se uniam aos postulados da Igreja pelas razões que Orígenes teria considerado corretas; alguns eram movidos pela prosperidade ou pela salvação neste mundo, ou pela vontade de

Os cristãos na Roma antiga

Na Roma do século IV, as cerimônias públicas do culto cristão competiam com as da antiga religião da cidade. Em 29 de junho, dia das antigas festas em honra a Rômulo, fundador de Roma, tinham lugar grandes celebrações em honra de Pedro e Paulo, com grande pompa e procissões. O velho e o novo continuavam a manifestar-se, cada um por seu lado, na Roma cristã. Alguns imperadores promoveram a tolerância. Por um tempo não pesou proibição alguma sobre as cerimônias pagãs. O imperador Valentiniano não gostava da magia negra nem do maniqueísmo, mas Agostinho pôde tratar com os maniqueus em 383 quando chegou a Roma procedente da África. A autoridade do Estado estava sempre disposta a intervir nos assuntos da Igreja, e isso era bastante natural: Roma era dirigida pelas grandes famílias, acostumadas a exercer influência. Dâmaso recebeu críticas pela pompa com que rodeava sua dignidade papal (366-384), mas conseguiu que as grandes famílias romanas se sentissem à vontade dentro do cristianismo. Do mesmo modo, Dâmaso soube imitar os grandes do mundo secular, atuando como mecenas das artes na Igreja.

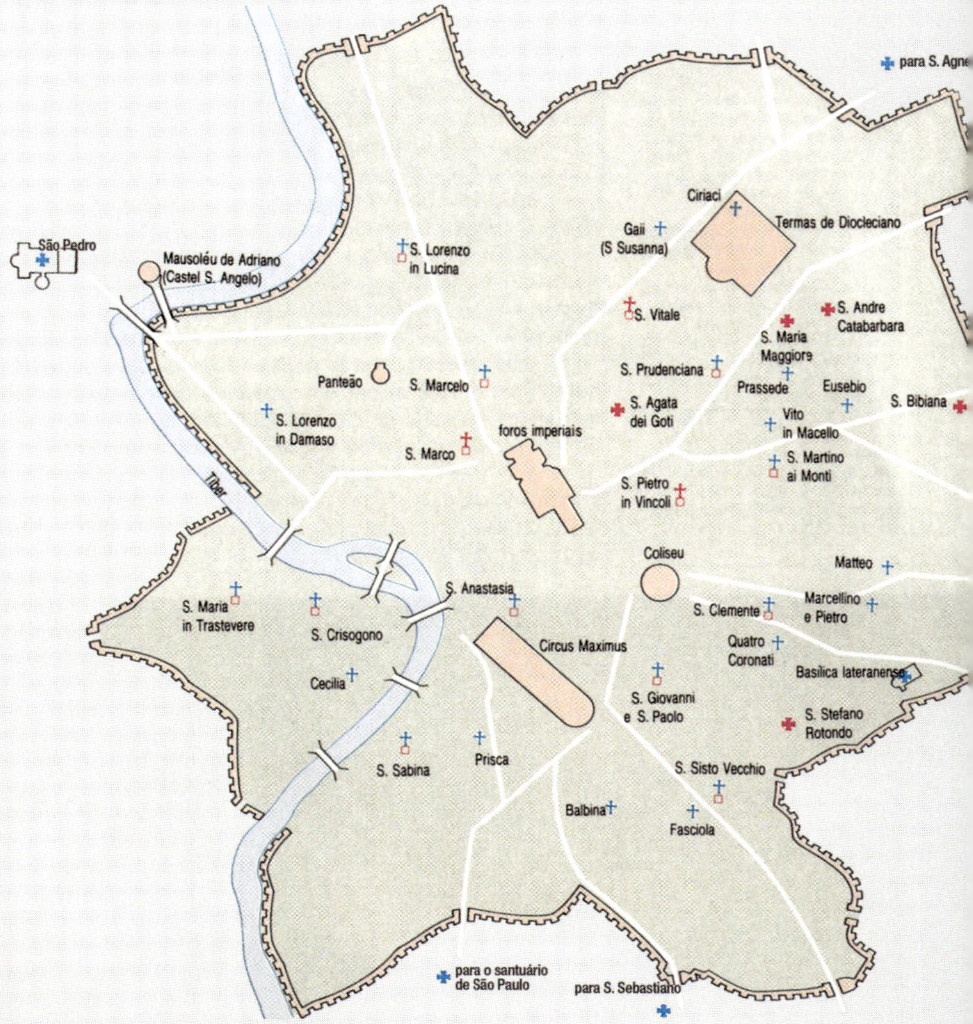

Acima, direita. A figura de Cristo como pastor, ou a de Pedro, ocupou na escultura o lugar antes reservado às grandes glórias do foro ou da milícia. Nas esculturas e mosaicos, Pedro aparece reapresentado como um novo Moisés, dando a nova lei, ou como o condutor dos soldados de Cristo. Neste sarcófago do Vaticano, Cristo aparece como um jovem pastor acompanhado dos doze apóstolos. O sarcófago, de 375-400, foi encontrado perto da Igreja de São Lourenço, em Roma. As patas dos cordeiros foram restauradas. As cenas bíblicas, como este relevo de Adão e Eva *(acima)*, eram utilizadas para decorar sarcófagos, como neste exemplar procedente de Siracusa.

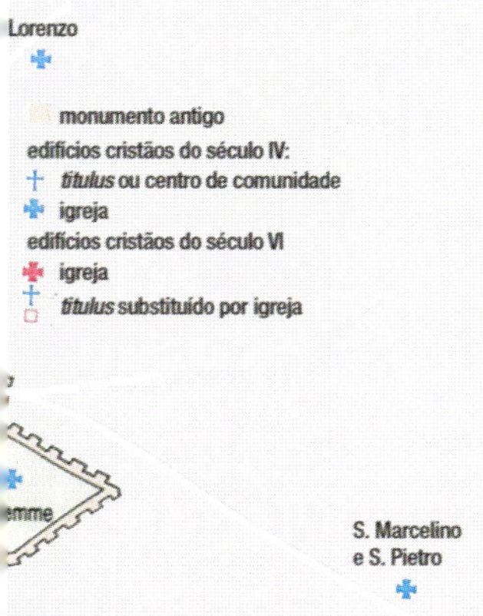

Abaixo. Na capela do século IV do exorcista Pedro e do presbítero Marcelino, mártires, Cristo é representado entre Pedro e Paulo; na parte inferior, o Cordeiro de Deus entre quatro mártires: Gorgônio, Pedro, Marcelino e Tibúrcio.

Esquerda. Por volta do ano 355, foi construído um mausoléu na Via Nomentana de Roma para conter o sarcófago da princesa Constantina (Santa Constança). Um século depois, o sarcófago foi retirado, e foi construída uma piscina batismal. Então se acrescentaram mosaicos que representavam Moisés recebendo a Lei, e Cristo dando a nova Lei a São Pedro. Mas no fundo da cripta se conservou o mosaico original *(esquerda, junto a estas linhas)*, com algumas cenas báquicas de vindima muito interessantes, motivo convencional na arte funerária pré-cristã. Na arte cristã primitiva, na qual a primavera simbolizava a Ressurreição, mantiveram-se o tema e o estilo, mas as representações báquicas foram mais sóbrias.

Acima. Este retrato de uma família cristã procede da cruz de Gala Placídia, de Brescia. As mulheres exerceram importante influência na introdução do cristianismo nos lares romanos. São Jerônimo escreveu a várias mulheres que pediam conselho sobre como levar uma vida cristã. Uma destas, Marcela, era uma mulher rica que costumava organizar aulas de hebraico em seu palácio do Aventino, onde Jerônimo ensinava e onde se rezava e se cantavam salmos.

agradar a seu senhor ou de ter acesso ao milagroso em termos diferentes dos que uma transformação interior supunha. No entanto, antes de Constantino não havia vantagens sociais para obter da conversão.

Os apologistas cristãos

A necessidade de fazer frente ao desafio gnóstico, por um lado, e aos intelectuais pagãos, por outro, forçou os cristãos a articular sua posição. Eles necessitavam demonstrar que havia certamente uma compreensão do Evangelho mais elevada que a simples fé, a qual, porém, não consistia numa mixórdia de teosofia gnóstica. Uma série de cristãos cultos e com idéias escreveu defesas inteligentes de sua fé, travando a batalha em duas frentes, contra os críticos pagãos e contra os heréticos gnósticos: Justino, professor de leis em Roma, martirizado no ano 160; Taciano, escritor da Mesopotâmia, em 170; Irineu, bispo de Lyon, em 180; Clemente de Alexandria, em 190; e Orígenes (184-254), que se instalou na Cesaréia palestina, em 232; Tertuliano de Cartago, 190-250, e Minúcio Félix. Eles publicaram tratados em que defendiam o cristianismo enquanto filosofia verdadeira que realizava a verdade moral a que Platão e os estóicos tinham aspirado, e combinavam sua defesa com duros ataques ao politeísmo como crença já não adequada para as pessoas filosoficamente cultivadas e como origem da frouxidão moral da sociedade. Clemente falava do cristianismo como de um rio formado pela confluência da filosofia grega e da fé bíblica. E isso, historicamente falando, é exatamente o que ocorreu no processo de encontrar os termos e fórmulas técnicos mediante os quais os fiéis cristãos tinham de expressar suas crenças.

Uma reação imediata ao gnosticismo foi a de Montano (160-189), autor carismático da Ásia Menor que, junto com duas profetisas, Prisca e Maximila, pronunciava oráculos sobre o iminente reino milenar de Cristo na Nova Jerusalém (a Frígia). O trio profético se julgava verdadeiro porta-voz do Espírito Santo, pregava a abstinência puritana de sexo, de comida e de bebida e uma disciplina rigorosa. Os montanistas não esperavam que todo o povo de Deus fosse profeta, mas sim que se reconhecesse neles esse caráter.

Na Ásia Menor, a carismática "Nova Profecia" começou a mostrar indícios de divisão. A oposição dos bispos à causa levou Tertuliano, que a abraçou em 207, a afirmar que a Igreja é formada somente por "homens espirituais", e que não havia nenhuma necessidade de ordenação mediante a sucessão apostólica. No Ocidente, a vida do montanismo foi relativamente efêmera, mas, no Leste, a Frígia se manteve como sua cidadela até a época de Justiniano.

A reação ao gnosticismo e ao montanismo não só alentou o pensamento sobre a doutrina cristã, mas também acelerou a formação do cânone do Novo Testamento, processo que, no fundamental, se completou em 180-200. A Bíblia era em si mesma insuficiente para articular de maneira clara alguns pontos essenciais da fé cristã diante das distorções heréticas. Mas a Igreja do século II estava bastante consciente de ser a guardiã de uma tradição sagrada da qual as Escrituras eram o principal componente, mas não o único. No vale do Ródano, Irineu escreveu uma *Refutação* insistindo na fé apostólica da Igreja na unidade da criação e da redenção, e conseqüentemente do Antigo e do Novo Testamento, no qual Cristo, como novo Adão, recupera a humanidade perdida. Muitas seitas gnósticas aceitavam a autoridade de pelo menos parte das

Escrituras, mas Irineu (e Tertuliano posteriormente) baseia sua interpretação na tradição da Igreja e na razão filosófica. Diante dos apelos heréticas à Bíblia, era necessário afirmar que as Escrituras têm sua interpretação autêntica na tradição viva da Igreja Católica.

Irineu e a Igreja do vale do Ródano mantinham estreitos laços com a comunidade da Ásia Menor. Lamentou muito as divisões provocadas pelo movimento montanista. Quando jovem, sentara-se aos pés do ancião Policarpo, bispo de Esmirna, martirizado com a idade de oitenta e seis anos em 162 (a data não é certa), e podia recordá-lo falando do Apóstolo João de Éfeso. O próprio Irineu se sentia de certa maneira uma personificação da autêntica tradição e um dos últimos representantes da época apostólica de revelações e prodígios divinos.

Sua influência pode ser medida pela dívida contraída por seus seguidores, especialmente Tertuliano de Cartago, o primeiro a escrever teologia em latim, e Hipólito de Roma (morto em 235), autor de comentários ao Antigo Testamento (Daniel, Cântico dos Cânticos, Provérbios etc.), uma crônica da história universal, uma regra eclesiástica com uma inestimável informação litúrgica chamada *Tradição apostólica*, e sobretudo uma *Refutação de todas as heresias*. Como Irineu, ele via o gnosticismo como uma forma de especulação teológica, não arraigada na fé bíblica. Tentou demonstrar que as seitas gnósticas tinham origem na má compreensão dos antigos filósofos gregos.

Tertuliano opinava que a filosofia pagã era a mãe da heresia, ou seja, que o selo autêntico da fé é a obediência à automanifestação de Deus em Cristo. Conservam-se trinta e sete de suas obras em latim (publicou edições gregas de algumas), escritas numa prosa vigorosa e torrencial. Cunhou a linguagem técnica da teologia ocidental, que lhe deve seus termos (como "Trindade", "uma só substância em três pessoas ", Cristo como "uma pessoa com duas naturezas" ou substâncias). Tertuliano formulou também o problema do "pecado original", da "culpa original" herdada pela descendência de Adão, a culpa coletiva que condiciona e vicia todo empenho humano em prol da justiça e da bondade.

Clemente e Orígenes

A luta contra a heresia, com a ajuda de ferramentas filosóficas selecionadas, constitui também o fundo dos escritos dos platônicos cristãos de Alexandria, como Clemente e Orígenes. O primeiro (morto antes de 215) chegou a Alexandria para estudar com um cristão chamado Pantaeno, um mestre livre, famoso por combinar o ensino do estoicismo com a fé cristã. A obra principal de Clemente está contida em sua trilogia: *a) Exortação* (*Protreptikos*) à conversão; *b) Tutor* (*Paidagogos*), guia de moral e de etiqueta com comentários sociais muito curiosos; *c) Miscelâneas* (*Stromateis*), obra deliberadamente assistemática e pensada para conduzir o leitor, através de um caminho ziguezagueante, até a linguagem da visão mística de Deus. As três obras correspondem às três fases da peregrinação espiritual: do inicial ato de fé até a compreensão, com a supressão das paixões perturbadoras, e assim até a união extática com Deus. Para Clemente, a ascensão é uma marcha sem fim para o mistério infinito de Deus. Se o Senhor desse a escolher e oferecesse a salvação imediata em sua mão direita ou o avanço incessante no conhecimento na esquerda, Clemente afirma que escolheria a esquerda. Da mesma maneira, a ira de Deus da lin-

Esquerda. Um marfim de Munique (c. 400) mostra as três Marias diante da sepultura de Cristo, às quais se dirige um anjo sem asas; uma figura com toga num nicho e uma oliveira atrás; acima, à direita, Cristo, com um rolo na mão, ascende acima das nuvens agarrando a mão direita de Deus. Dois apóstolos se inclinam a seus pés.

Direita. Um afresco da catacumba da Via Latina de Roma, do século IV, mostra Sansão derrotando os filisteus.

Direita, abaixo. Prisão de São Paulo, do sarcófago de J. Basso, prefeito de Roma em 359 que foi batizado no leito de morte.

Abaixo. Um afresco do século III da cripta de Lucina, catacumba de São Calisto de Roma, mostra o Bom Pastor levando uma jarra de leite (talvez também com mel) que se entregava aos recém-batizados como símbolo da entrada na Terra Prometida.

guagem bíblica denota um processo educativo mediante o qual, como um cirurgião ou um professor de escola, Deus ensina a humanidade a amar o reto caminho. O "fogo que consome" de Deus limpa o mal para fazer com que sua criação racional se adéqüe à sua presença.

Seu sucessor em Alexandria, Orígenes, admirou seus contemporâneos, cristãos e pagãos, por sua erudição excepcional e seu domínio da filosofia. O martírio de seu pai, ocorrido em 203-204 em Alexandria, marcou-o decisivamente com uma profunda oposição ao paganismo, dentro de cuja cultura, no entanto, se sentia também como em casa. O corpo principal dos volumosos escritos de Orígenes é formado por homilias e comentários bíblicos. Primeiro cristão a falar da Bíblia como de um só livro (e talvez membro da primeira geração de cristãos que puderam ver a Bíblia copiada inteira num só códice), as interpretações de Orígenes tentavam uma via intermediária entre as alegorias desenfreadas e heterodoxas de Valentino e outros gnósticos e a atitude dos que, como Marcião, recusavam toda e qualquer alegoria. Em *Sobre os primeiros princípios*, ele impugnou qualquer dualismo ou determinismo pessimista. O Criador bom, imutável e transcendente fez seres racionais e livres para que o amassem, mas pelo esquecimento do divino se entibiaram. Como lugar disciplinar, o Criador formou este mundo material, que reflete o poder e a glória de seu fazedor mediante a beleza e a ordem (que se deve descobrir tanto nas maiores como nas menores criaturas de Deus), mas ao mesmo tempo está suficientemente cheio de incerteza e dor para que as almas compreendam que seu verdadeiro lar tem de estar num mundo superior. Orígenes continuou a tradição platônica de considerar o mal desta vida como conseqüência da inadequada utilização da liberdade, e explicável pela diversidade de funções dos diferentes elementos constitutivos do mundo. Devido ao abuso que tinham feito disso os gnósticos, a noção platônica do mal como resultado da obstinação na matéria utilizada para a criação não o atraiu. Preferia afirmar que Deus criou tudo do nada, incluída a matéria. Para ele, a providência envia problemas e até desastres à Terra para impedir que as almas suponham que a materialidade seja seu último destino. Os profetas do Antigo Testamento iniciaram um processo de redenção que se centrava na Encarnação do Verbo divino, a Razão imanente ordenadora de todas as coisas, cuja obra o Espírito Santo e os santos da Igreja de Cristo continuam.

Em Orígenes, a exaltada linguagem sobre a santidade da Igreja, dos bispos e dos presbíteros a quem se deu "o poder das chaves" se combina com duras expressões de desgosto radical diante da realidade prática. No entanto, a Igreja é o meio pelo qual a obra reconciliadora de Deus se prolonga no mundo; e o processo do fogo purificador de Deus segue em frente, queimando palha e restolhos e tudo quanto impeça que os fiéis se levantem sobre a base batismal instituída por Cristo. A bondade de Deus nunca desespera; até nos piores momentos, sempre resta uma centelha de bondade. O amor nunca falha, e no final Deus será tudo em tudo. Se o diabo é um anjo caído, deve-se dizer que até Satã é mau somente por sua vontade, não por sua natureza, e conserva a capacidade de dirigir sua vontade para o arrependimento e a salvação. Não há dúvida de que o inferno supõe um sofrimento real, mas seu desígnio moral é o remédio, não apenas o castigo, se é que há de ser digno de Deus.

EXPANSÃO E ESTRUTURA DA IGREJA PRIMITIVA

Um dos fatores que contribuíram para a coerência das primeiras igrejas cristãs foi o rápido desenvolvimento de sua estrutura ministerial e pastoral. Que o povo de Deus necessita de pastores que cuidem dele, que dirijam a congregação, que exerçam a disciplina é um princípio plenamente assumido nos escritos do Novo Testamento (por exemplo, Efésios 4). Os Apóstolos de Cristo, doze em número simbólico da renovação de Israel e sua continuação na Igreja, receberam dele a missão solene de pregar, e na última Ceia ele lhes encomendou que perpetuassem o cerimonial de seu sacrifício redentor. Assim que os Apóstolos desapareceram da cena, o problema da autoridade se converteu em objeto de disputas regionais. Em Corinto, a congregação decidiu que, como tomava parte na eleição de seu clero, tinha o poder democrático de mudá-lo quando preferisse pregadores mais dotados e eloqüentes. Pela pena de Clemente, seu primeiro presbítero, a igreja de Roma escreveu uma carta de protesto, insistindo em que, exceto em casos de graves faltas morais, o clero, designado como sucessor dos Apóstolos e santificado por sua função litúrgica, não estava à disposição da vontade do laicato. Nas epístolas a Timóteo e a Tito, estabelece-se que os ministros que presidem, ensinam e pregam têm direito ao sustento econômico a cargo dos fiéis. Também têm uma responsabilidade especial na salvaguarda da autêntica tradição mediante o ensino. Pouco depois, Inácio, bispo de Antioquia, afirmou que o bispo, já visivelmente diferente dos presbíteros que o acompanhavam na eucaristia, tinha de ser o único centro de ordem na igreja local, e que a eucaristia celebrada com sua oposição não seria válida. No final de século, Tertuliano considerava uma característica da Igreja Católica ante a heresia que "nós recebemos a eucaristia apenas daquele que preside".

Estrutura pastoral da Igreja

Em sua *Apologia* (39:1-6), Tertuliano descreve como ele e seus correligionários cristãos praticam o culto: "Nós nos reunimos em congregação, de maneira que nos aproximamos de Deus rezando juntos. Rogamos pelos imperadores, por seus ministros e pelos que têm autoridade, pela segurança do mundo, pela paz na terra, por um adiamento do fim do mundo (para permitir o arrependimento)".

Fazem-se leituras freqüentes da Bíblia com o propósito de extrair do texto da Escritura qualquer profecia relacionada com o tempo presente, qualquer dado que permita aos cristãos entender com maior clareza as circunstâncias atuais. A leitura da Bíblia também proporciona fé, esperança, confiança. E inculca, igualmente, os mandamentos e preceitos de Deus.

Há também pregações, e são rejeitados alguns membros da congregação. São julgados os que caíram em pecado, "e isso implica um grande pesar, como deve ser entre homens fiéis certos de que Deus os vê".

Finalmente, uma vez por mês, cada membro da congregação "dá uma moeda pequena... se pode; ninguém é obrigado; é um oferecimento feito voluntariamente".

Muitas comunidades de cristãos sentiram a necessidade de recolher os pontos essenciais da fé cristã num resumo. O novo cristão proclamava sua fé diante de toda a comunidade e, ao mesmo tempo, cada um dos membros recordava as crenças que ele mesmo havia manifestado ao tornar-se cristão. Desse modo, a cerimônia do batismo contribuía para manter toda a comunidade com sua fé pura e intacta. As palavras concretas variavam de um lugar para outro, mas os pontos principais eram muito similares. O converso que recebia o batismo na Roma do ano 200 devia renunciar ao diabo, a seus servos e a suas obras, tal como descreve Tertuliano, e, depois que o bispo o houvesse ungido com óleo para livrá-lo dos maus espíritos, perguntava-lhe: "Crês em Deus Pai todo-poderoso? Crês em Jesus Cristo, o Filho de Deus, que nasceu, por obra do Espírito Santo, da Virgem Maria, e foi crucificado sob Pôncio Pilatos, morto e enterrado, e ressuscitou ao terceiro dia, e subiu aos Céus, onde está sentado à direita de Deus Pai, e de onde voltará para julgar os vivos e os mortos? Crês no Espírito Santo, na santa Igreja e na ressurreição da carne?"

Relações com a sociedade pagã

A gradual penetração da Igreja na alta sociedade romana, especialmente entre as mulheres, recebeu um golpe no ano 251. Os sucessivos ataques dos bárbaros, a guerra civil, a recessão do comércio e uma grande

Esquerda. Uma mulher com as mãos em atitude de oração, de uma necrópole de Tarragona, cerca de 400.

***Acima*: A propagação do cristianismo**
A rapidez da expansão cristã espantou a própria Igreja. As comunidades cristãs eram urbanas, e só lentamente se foram estendendo para o campo. Embora alguns tenham visto o Império como algo secular e diabólico, a maioria reconhecia nele um papel providencial. A obra missionária ultrapassou as fronteiras. A Armênia se tornou cristã muito antes do ano 300. No Oriente grego (e com maior lentidão no Ocidente), a Igreja

atraiu com rapidez a grande parte do povo.
Entre as causas do êxito, mencionam-se: a afirmação universalista do monoteísmo com seu forte componente ético; a preocupação com os pobres e de compartilhar os bens; a aceitação na mesma comunidade de pessoas casadas e outras entregues à vida ascética; a certeza do perdão neste mundo e da vida eterna com Cristo no outro; uma infra-estrutura social coerente dirigida pelos clérigos, que asseguravam a sucessão; a capacidade dos intelectuais cristãos de combinar a fé bíblica com certa abertura para a filosofia e com uma valorização positiva do Império.

inflação geraram uma instabilidade de que os cristãos foram acusados. Cipriano, bispo de Cartago entre 249 e 258, teve grandes dificuldades para manter a autoridade episcopal em meio às perseguições. Quem tinha poder para perdoar aos que tinham oferecido incenso idólatra aos deuses de Roma? E as condições da reconciliação tinham de ser estritas ou flexíveis? Na mesma Roma, o problema levou a uma divisão: dois rivais foram eleitos bispos, Cornélio (laxista) e Novaciano (rigorista). Cipriano recusou Novaziano e todos os seus sacramentos como alheios à comunhão única da qual a cátedra de Pedro era símbolo. "Não pode ter a Deus por pai aquele que não tem a Igreja por mãe." Mas em 256 um novo papa, Estêvão, discrepou de modo radical, afirmando que os sacramentos, se administrados devidamente, até por clérigos cismáticos, eram válidos, e que os batizados fora da Igreja Católica eram tradicionalmente admitidos mediante a imposição das mãos, sem necessidade de novo batismo. Estêvão partia de uma distinção entre cismáticos heréticos e ortodoxos já apontada por Orígenes quando estudava em que categoria deviam ser incluídos os montanistas.

"Heresia" deriva de uma palavra grega que significa uma escolha particular diante do consenso da comunidade. O mártir Justino e Hipólito não somente se opuseram aos gnósticos, mas também aos hereges ("modalistas") que negavam qualquer distinção real em Deus entre o Pai e o Filho, opinião que logo se associaria com o presbítero romano Sabélio. Outro grupo afirmava que o Pai envia seu poder, o Espírito, para

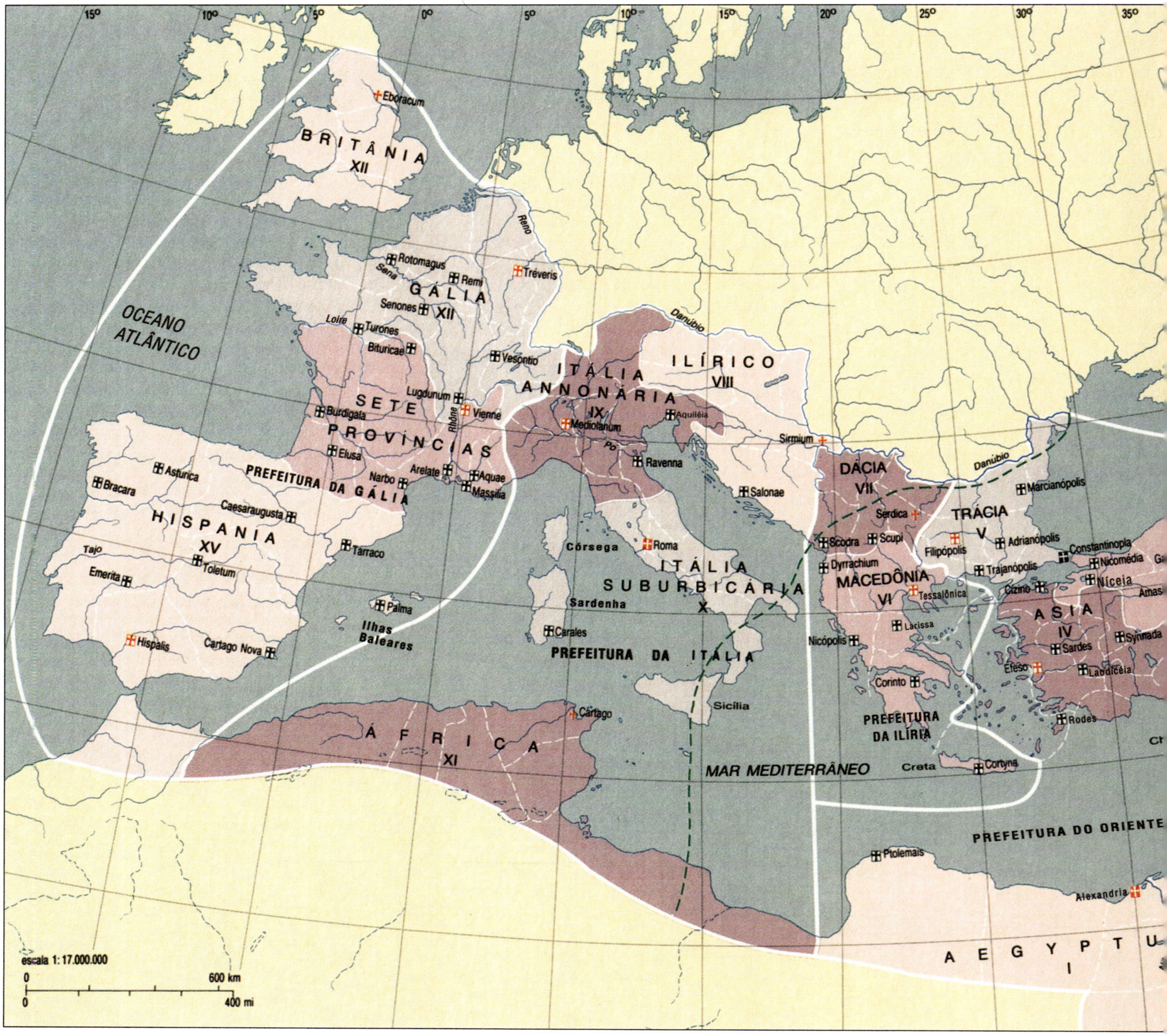

inspirar Jesus, o Filho. Em 260, a defesa desta postura por Paulo de Samósata, bispo de Antioquia, levou a um sínodo que, nas deliberações finais, o condenou.

Em 180, Celso, crítico pagão do cristianismo, pediu maior participação dos cristãos na vida pública e intelectual. Os cristãos do século III participaram cada vez mais, e, quanto mais o faziam, mais tensas eram as relações com a sociedade pagã. No Norte da África, grupos de militantes cristãos atacaram templos e cerimônias pagãs. A escola neoplatônica de Plotino começou a dividir-se em duas: uma se aproximou do cristianismo, e a outra (representada especialmente por Porfírio) se manteve hostil a ele. Os cristãos se tinham introduzido nas camadas superiores do exército e da corte. Diocleciano, que morreu em seu retiro de Split, onde foi erguida a catedral católica sobre o seu mausoléu, reorganizou o Império nos aspectos militar, político, administrativo e econômico. Os adivinhos oficiais, que consultavam as entranhas dos animais para averiguar o futuro, foram neutralizados pelos oficiais cristãos do exército que faziam o sinal-da-cruz (um sinal de devoção cristã que remontava pelo menos ao século II, especialmente relacionado com a renúncia ao mal que se pronunciava no batismo). A batalha decisiva da ponte Mílvio, perto de Roma, em 312, que colocou Constantino no caminho para o poder supremo, ele a ganhou depois da invocação ao "Deus dos cristãos" e de um sonho que induziu o imperador a pôr em seu escudo o monograma de Cristo e as palavras "com este sinal vencerás ".

Leste grego e Oeste latino: cada vez mais distantes

Constantino, com sua idéia de missão divina, sentiu-se ameaçado pelas dissensões cristãs do Norte da África e de Alexandria. A perseguição havia deixado a comunidade de Cartago dividida entre os que a viam como

Acima: A Igreja e o Estado romano
Desde os tempos apostólicos, nas igrejas se rezava pelo imperador e pelos governadores, de cujo poder e prudência dependiam a justiça e a paz, a segurança dos caminhos e dos mares, a lei e a boa ordem de que os missionários necessitavam. Assim como as primeiras comunidades se basearam nas cidades, as províncias imperiais se transformaram em unidades da administração eclesiástica; o bispo presidente de uma província era o de maior antiguidade (como na África) ou o bispo da metrópole regional. Os bispos das grandes sedes (Roma e Constantinopla a partir de 330; Alexandria, Antioquia e Jerusalém a partir de 451) criaram um tribunal de apelação que abrangia um grupo de províncias chamado patriarcado, análogo às jurisdições dos prefeitos do pretório.

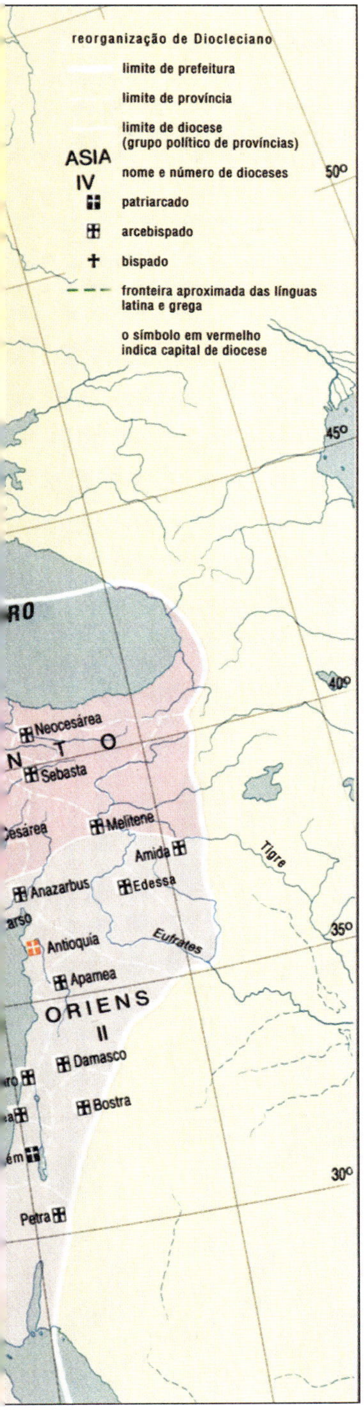

uma batalha sem concessões contra Satã e os que tinham preferido camuflar-se até que a tormenta passasse. As tensões conduziram ao cisma: de um lado estavam os que defendiam a unidade de toda a Igreja Católica, reconhecidos e apoiados pelo imperador; do outro, os defensores intransigentes da santidade ritual e da separação total entre Igreja e Estado, depois encabeçados por Donato.

Em Alexandria, um presbítero chamado Ário incomodou seu bispo (mas agradou a outros) ensinando que, se o Filho de Deus tinha sido crucificado, havia sofrido de maneira que a deidade suprema não podia sofrer, e que era preciso distinguir entre o Pai transcendente, causa primeira de todas as coisas, e o Filho, derivado de sua vontade. A polêmica resultante levou Constantino a convocar um grande sínodo de 220 bispos em Nicéia, na Ásia Menor, que incluía representantes não somente das províncias gregas, mas também dois presbíteros enviados por Silvestre de Roma. Por outro lado, o Concílio de Nicéia foi o primeiro universal ou "ecumênico". Seu credo rejeitou as teses de Ário e afirmou que Filho e Pai são "idênticos no ser", "de uma só substância".

As ambigüidades do termo "identidade" contribuíram a manter meio século de controvérsias. Os bispos gregos entendiam que ele não chegava a estabelecer a distinção entre Filho e Pai. Atanásio, bispo de Alexandria entre 328 e 373, contou com o apoio do Ocidente na defesa do Credo, mas com a conseqüência de a fissura entre o Leste grego e o Oeste latino ampliar-se. As disputas entre as diferentes facções, cada uma com seus próprios lemas, transformaram-se numa espécie de brigas de rua. O principal historiador pagão do século IV, Amiano Marcelino, comentou causticamente a ferocidade das lutas intracristãs, que contribuíram para a apostasia de Juliano (imperador 361-363). A morte de Juliano em batalha contra os persas constituiu um duro golpe para a renovação do politeísmo, ao qual a maioria dos cidadãos seguia aderida de coração. Teodósio I (imperador 378-395) resolveu a controvérsia ariana decidindo-se pela ortodoxia do Credo de Nicéia, revisado pelo Concílio de Constantinopla (381). Ele proibiu os sacrifícios pagãos e fechou os templos (391), muitos dos quais foram depois convertidos em igrejas, como o Partenon. A queda de Roma pelos godos de Alarico (410) teve na época um signifi-

Direita. Um afresco do artista popular Simão Axenti (1513), na igreja de São Sozomenos (Gálata, Chipre), mostra o imperador no Concílio de Éfeso de 431 desterrando Nestório e outro herege. Os sínodos decidiam primeiro questões de disciplina e depois de doutrina, promulgando credos positivos reforçados por anátemas negativos. Alguns problemas não podiam ser considerados se não se reunia um concílio multiprovincial ou mesmo "ecumênico", assembléias em que à maioria grega se somavam representantes de Roma. Os sete antigos concílios ecumênicos foram convocados pelos imperadores romanos do Oriente: Nicéia (325), Constantinopla (381, definidor do credo eucarístico), Éfeso (431), Calcedônia (451), Constantinopla (553), Constantinopla (680-681) e Nicéia (787, sobre os ícones).

cado mais sentimental que político. A nostalgia dos antigos deuses como protetores de Roma provocou a reação de Agostinho, bispo de Hipona (atual Anaba, na Argélia) de 396 a 430, que se dedicou à redação de *A Cidade de Deus*, longa defesa do cristianismo contra a ideologia imperialista e a filosofia platônica.

A conversão de Agostinho em Milão (386) se deveu em parte à influência de sua mãe, Mônica, e à capacidade filosófica de Ambrósio (bispo daquela sede, 374-397). Ambrósio era governador de província (não batizado) quando se tornou bispo de Milão, onde residia o imperador. Defendeu a independência da Igreja e a obrigação do imperador cristão de protegê-la, por exemplo, rejeitando a restauração do altar da Vitória no edifício do Senado de Roma. Em estreita colaboração com o papa Dâmaso (366-384), Ambrósio defendeu com vigor a independência da Igreja com relação ao poder imperial e a primazia da Igreja ocidental sobre a oriental. Os aristocratas rivalizavam entre si em adornar as sepulturas dos mártires. As procissões públicas eram realizadas com grande pompa.

No pensamento de Ambrósio, os destinos da Igreja e do Império estavam estreitamente ligados pela providência. Quando Teodósio ordenou uma matança, irritado com os cidadãos de Tessalônica, Ambrósio o pressionou para que fizesse penitência. Os imperadores do século IV se consideravam autocratas que estavam acima da lei. Para Ambrósio, o imperador, enquanto filho da Igreja, tinha deveres não apenas para com a moral natural, mas também para com a defesa da verdadeira religião contra o politeísmo demoníaco. Ele viu a invasão dos godos (375) como o assalto de Gog e Magog à cidade divina de Roma.

Cisma no Leste

A independência da Igreja com relação ao poder imperial em matéria de fé e moral não foi tão fácil de manter no Oriente grego, onde a teoria política cristã, formulada pelo historiador e erudito Eusébio de Cesaréia (morto 339), reforçava a condição do imperador cristão como sacerdote e rei. Este argumento repousava na necessidade de defender a ortodoxia. Um imperador bizantino que apoiasse a heresia iria dar origem a importantes conflitos.

No entanto, quando o arcebispo João Crisóstomo de Constantinopla (398-408) começou a pedir aos imperadores que mantivessem uma conduta adequada à moral cristã, perdeu o apoio da corte e viu-se só. O bispo de Alexandria, Teófilo (385-412), impelido pelos monges egípcios a condenar os seguidores de Orígenes, irritou-se quando João saiu em defesa destes. Chegou a Constantinopla e, com a ajuda de muitos

Acima: Monasticismo
Monge significa "solitário". Mas o homem é um animal social, e os Evangelhos mandam amar ao próximo. Em 320, Pacômio criou no vale do Nilo algumas comunidades para ajuda mútua com uma base agrícola e cooperativa, cercadas por um muro que assinalava o recinto sagrado. Comunidades similares foram fundadas no Egito, no Wadi Natrum, no deserto da Judéia, na Ásia Menor (por Basílio de Cesaréia em 370-379), e No norte da África por Agostinho, que havia conhecido essas formas de vida religiosa em Milão e Roma. Esses núcleos eram estabelecidos normalmente fora das cidades, e transformaram a vida econômica e social do campo.

Direita. A partir do ano 404, Ravena foi a cidadela dos imperadores ocidentais. As igrejas se contam entre as construções mais nobres do final da Antiguidade, com mosaicos e mármores. No porto de Classis, erigiu-se em 549 uma basílica dedicada ao padroeiro de Ravena, Apolinário. O mosaico da abside representa a cruz de Cristo com Moisés, Elias e os cordeiros do paraíso, simbolismo da glória da transfiguração de Cristo e de seu retorno triunfal.

+SANCTVS
APOLENARIS

Esquerda. Agostinho (354-430), jovem ilustrado nascido na atual Argélia, tornou-se mestre de oratória latina e filósofo platônico. Convertido com a idade de trinta e dois anos, foi batizado em Milão por Ambrósio (387); de volta à África, depois de enterrar sua mãe, Mônica, em Óstia, foi ordenado presbítero (391) e depois nomeado bispo de Hipona (Anaba) em 395. Suas grandes obras foram compostas depois de 396, incluídas as *Confissões, Sobre a Trindade* e *A Cidade de Deus*, bem como numerosas cartas e sermões que são outras tantas obras-primas. Sua influência no Ocidente foi e é muito importante.

que se sentiam incomodados pelo zelo reformista de João, conseguiu sua condenação em seu sínodo.

A queda de João foi, no aspecto político, uma infeliz manifestação da rivalidade entre Alexandria, tradicionalmente a segunda cidade do Império, e a cidade fundada em 330 por Constantino, Bizâncio, junto ao Bósforo, para transformar-se na Nova Roma. Essa rivalidade entre cidades afetou as igrejas e, desde 429, esteve intimamente unida aos ásperos debates sobre o modo como Jesus Cristo é ao mesmo tempo Deus e homem. Em 360, Apolinário de Laodicéia (Síria) resolveu o problema afirmando que em Cristo não há nenhuma dualidade a partir do momento em que o Verbo divino substituiu a alma humana. No entanto, foi censurado por negar a solidariedade entre a humanidade do Redentor e a nossa.

Foi combatido pela "escola de Antioquia", cujo principal teólogo era Teodoro, bispo de Mopsuéstia (morto em 427). Teodoro entendia que a redenção se havia realizado mediante a obediência perfeita de Cristo (tema da Epístola aos Hebreus). A escola alexandrina divergia de Apolinário, mas insistia em que um simples homem não podia salvar o mundo do qual era parte. O debate se converteu num importante conflito entre Cirilo, bispo de Alexandria (414-444), e Nestório, bispo de Constantinopla (428-431, morto em 449) e protegido de Teodoro.

Nestório foi condenado no tumultuado Terceiro Concílio Ecumênico de Éfeso (431) por ter sido incapaz de afirmar a unidade fundamental ("união hipostática") da pessoa de Cristo. Cirilo falava de "uma natureza depois da união". Nestório, de "duas naturezas unidas numa pessoa". A fórmula "duas naturezas" era ofensiva para os seguidores mais extremistas de Cirilo. Em um posterior concílio em Éfeso (449), foi condenada. Mas a decisão de 449 foi revogada, sob um novo imperador, no Quarto Concílio Ecumênico de Calcedônia (451).

O Concílio de Calcedônia chegou a uma definição que mantém a tradição clássica, formada principalmente por um mosaico de frases de Cirilo de Alexandria, exceto a que diz que Cristo é uma pessoa "em duas naturezas". Cirilo teria dito "de", não "em". Esta proposição ofendeu muitos cristãos do Egito e da Síria, principalmente porque, embora o concílio censurasse o nestorianismo, sua fórmula era concebida de tal maneira, que um nestoriano moderado sem demasiados escrúpulos podia chegar a subscrevê-la.

Dois fatores contribuíram para que o Ocidente evitasse as lutas intermináveis em torno da controvérsia cristológica, que castigou o Oriente grego com o cisma. A reconhecida primazia da sede de Roma foi exercida pelo papa Leão I (440-461) não apenas como um tribunal de apelação dos sínodos locais, mas como autoridade positiva e doutrinadora exercida em nome de São Pedro. Por outro lado, o Ocidente latino havia contado com uma série de mentes privilegiadas: Hilário de Poitiers (c. 315-367), Ambrósio de Milão, o monge erudito Jerônimo (347-419, residente em Belém desde 386), cujos comentários bíblicos e cuja versão latina da Bíblia (a Vulgata) são obras de grande erudição, e sobretudo Agostinho.

Agostinho, um dos maiores discípulos e críticos de Platão, especialmente em *A Cidade de Deus* e em *Sobre a Trindade*, superava intelectualmente seus contemporâneos. Contra os maniqueus, defendeu o lugar adequado da autoridade em harmonia com a razão ("Não teria crido no Evangelho se a autoridade da Igreja universal não me tivesse impulsionado a isso"). Contra os donatistas, argumentou que a autêntica Igreja não pode ficar apenas numa província. Contra o monge britano Pelágio (desde 412), defendeu a incapacidade do homem de agradar a Deus sem a graça de Cristo.

Abaixo. Aproximadamente contemporâneo do nascimento de Santo Agostinho é o tesouro de Water Newton, Huntingdonshire, composto por objetos de culto cristão, todos de prata, conservados no Museu Britânico. O tesouro inclui várias placas triangulares semelhantes às oferendas votivas pagãs, mas com símbolos cristãos. A ilustração corresponde a uma tigela de prata com a inscrição "Eu Publiano, confiando humildemente em ti, Senhor, honro teu altar sagrado".

SEGUNDA PARTE

A IGREJA MEDIEVAL

A IGREJA DO ORIENTE

Justiniano e Teodora

Justiniano I (527-565) não foi o primeiro imperador bizantino que se considerava designado por Deus ou que acreditava ter a missão divina de obrigar a que se seguisse o culto verdadeiro. Tais pretensões tinham sido proclamadas pelos imperadores desde a época de Constantino, o Grande, e Teodósio I já dera os passos decisivos para adequar a lei do Império à linha dos ensinamentos cristãos. Justiniano se apresentava como porta-voz de Deus e até como "divindade viva sobre a Terra".

Desejoso de evitar a ira de Deus e de obter seu favor para si mesmo e para o Império, recopilou os editos imperiais e sistematizou toda a legislação. "Se por todos os meios nos esforçamos por aplicar as leis civis, cujo poder Deus, em sua bondade, nos confiou para a segurança de nossos súditos, com quanto esmero deveremos esforçar-nos por aplicar os cânones sagrados e as leis divinas que foram promulgados para a salvação de nossas almas." Seu lema foi "um Império, uma lei, uma Igreja".

Justiniano esmagou qualquer desvio da norma cristã, da "ortodoxia" (grego *orthos* = correto; *doxa* = opinião, doutrina), tal como ele a entendia. Os judeus foram perseguidos e os pagãos que restavam, ou simplesmente os não-batizados, sofreram fortes pressões. (O golpe mais duro que assestou contra os intelectuais pagãos foi a ordem que deu para proceder ao fechamento da Academia de Atenas em 529.) Mas ainda havia muito campo para trabalhar, até em regiões como a Lídia, que contava com uma longa tradição cristã. João, o bispo titular de Éfeso, proclamou ter convertido 80.000 pessoas nas áreas montanhosas do Oeste da Ásia Menor, destruindo templos pagãos e edificando muitas igrejas em seu lugar.

Justiniano também estava interessado na vida e na moral do clero cristão. Com total convencimento de que a pureza do clero "traz favor e prosperidade para a nossa comunidade e nos concede que possamos submeter os bárbaros", proibiu terminantemente os clérigos de jogar e de assistir ao teatro e às corridas. Para Justiniano, como para outros imperadores bizantinos, a Igreja não era algo à parte, uma instituição separada que podia ser regida por suas próprias normas. Justiniano a considerava um departamento do Estado, com algumas funções de importância única para o bem comum.

Nem Justiniano nem outros imperadores bizantinos reclamaram para si o direito de administrar a eucaristia ou de realizar funções reservadas aos sacerdotes. Mas Justiniano, enquanto patrono e protetor da Igreja, exercia influência nas nomeações de bispos e patriarcas, mantinha a disciplina em prol do "interesse público" e amiúde exigia obediência dos clérigos, até depondo os patriarcas se sua conduta não fosse de seu agrado. Acima de tudo, Justiniano proclamava seu direito e obrigação de defender a ortodoxia. Sempre apoiou as decisões e a autoridade dos sacerdotes, mas significativamente acrescentava: "Os dogmas verdadeiros de Deus e a dignidade dos sacerdotes constituem, por conseguinte, nosso principal interesse". Alguns críticos, como o papa Virgílio, levantaram objeções a seu procedimento de publicar editos que definiam a ortodoxia, e depois convocar sínodos que os ratificassem. Em resposta, a convocatória de Justiniano do Concílio Ecumênico de 553 continha uma lista dos precedentes de intervenções imperiais em matéria de dogma. Quando o chefe da Igreja cristã, Virgílio, continuou a mostrar sua desconformidade, simplesmente lhe foi comunicado que tinha sido deposto de seu cargo. As limitações práticas do poder de Justiniano se tornaram evidentes com a questão dos monofisistas (*monos* = um; *physis* = natureza), que acreditavam que o Cristo encarnado tinha uma só e indivisível natureza, conquanto procedente de duas naturezas, divina e humana. Os monofisistas recusavam totalmente a doutrina oficial mantida pelo Concílio da Calcedônia (451) de que Cristo era encarnado em duas naturezas, uma divina e uma humana. Tal doutrina, afirmavam os monofisistas, dividia a pessoa de Cristo em duas.

Abaixo. A imagem como mensagem. Os imperadores e os eclesiásticos utilizavam as imagens artísticas para expressar suas idéias e programas. Este medalhão de Justiniano (cunhado entre 534 e 538, cópia) celebra as reconquistas no Ocidente por Bizâncio. Justiniano aparece como um guerreiro, empunhando uma lança e precedido da Vitória. Na verdade, Justiniano deixou a campanha para seus generais.

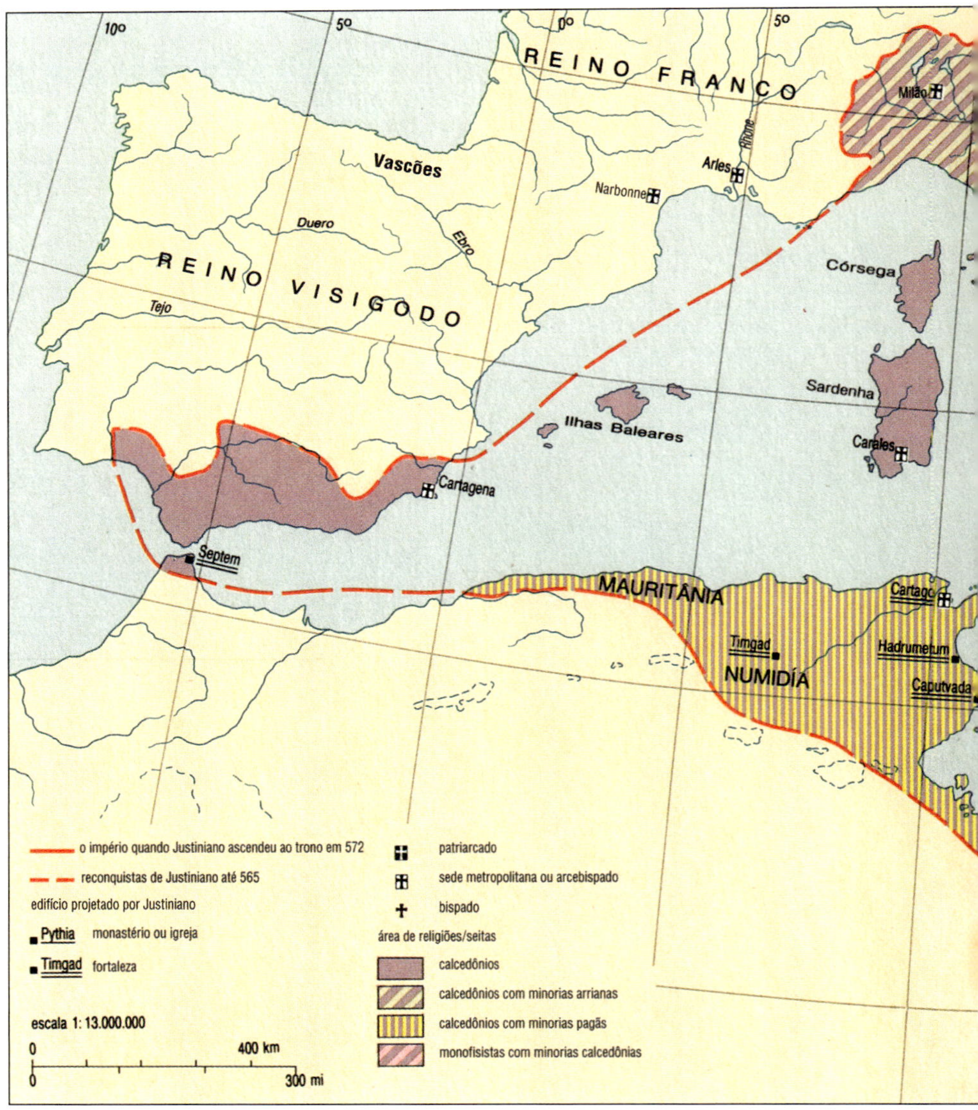

Direita. Um mosteiro no qual o tempo parou: Santa Catarina, no monte Sinai, fundado por Justiniano por volta de 557, continua a ser um cenóbio ortodoxo que guarda ícones dos primeiros séculos e valiosos manuscritos. Sua planta – a cruz no centro da comunidade rodeada de altas muralhas – é a típica dos mosteiros bizantinos.

Abaixo: O Império de Justiniano Justiniano definiu seu poder como absoluto, e seu Estado como cristão e unido, mas na verdade o paganismo persistia em algumas regiões, e as duras polêmicas doutrinais separavam as províncias do Oriente Próximo das mais próximas de Constantinopla. A maioria da população da Itália, mesmo compartindo o credo religioso de Justiniano, estava fora do domínio do imperador ao chegar este ao poder em 527. A Itália era governada pelos ostrogodos, cristãos, mas heréticos (arianos). Justiniano não conseguiu que os grandes da Igreja se pusessem de acordo acerca da verdadeira natureza de Cristo, mas expandiu seu Império ao máximo e tentou protegê-lo mediante um ambicioso programa de construções. Também mandou construir muitas igrejas como forma de deixar a marca imperial em seus extensos territórios.

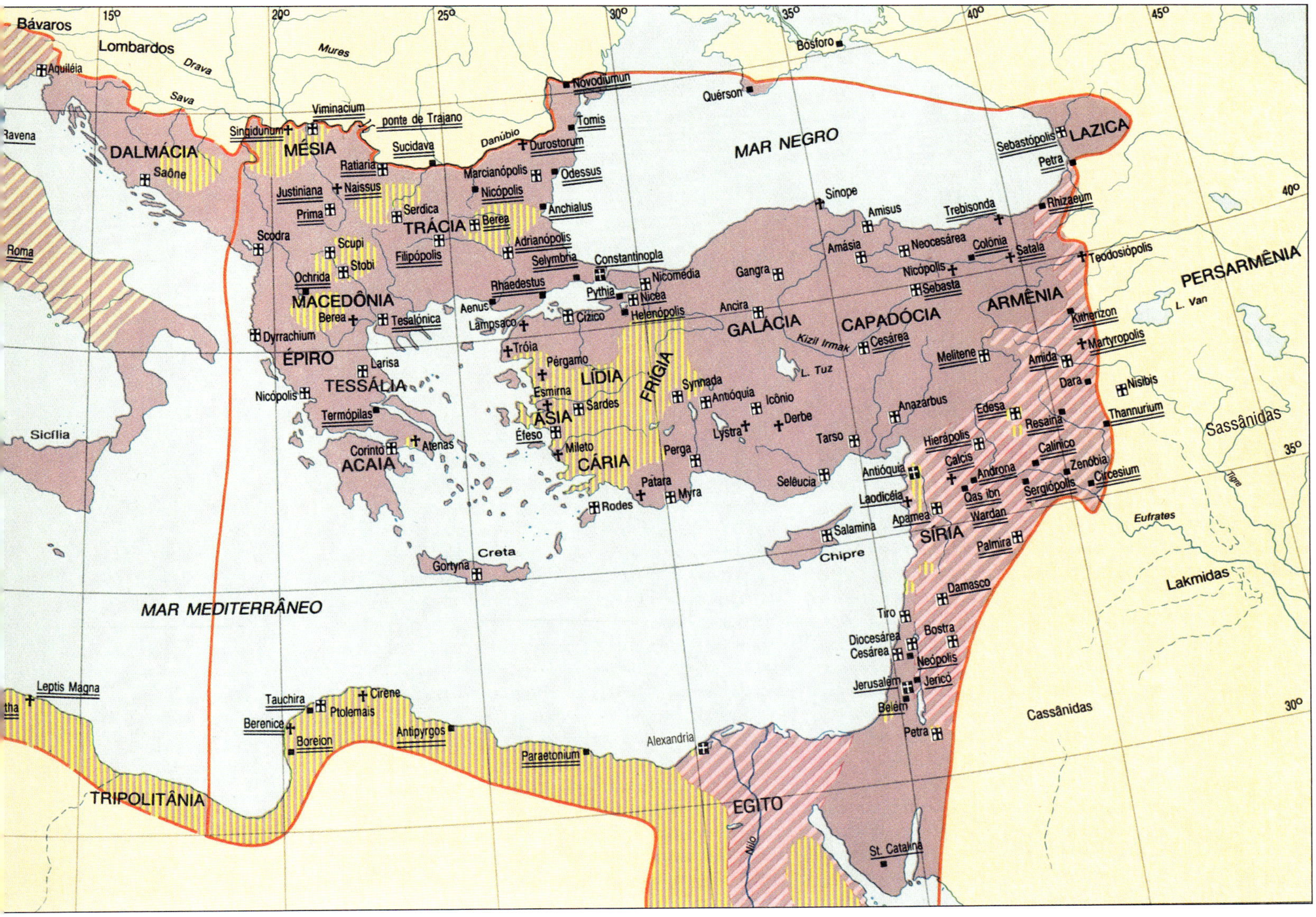

Monofisistas e calcedônios

No século VI, os monofisistas gozaram de amplo apoio nas províncias do Oriente Próximo bizantino: a Síria, o Egito e a Ásia Menor oriental. Em Constantinopla, um infortunado monge sírio foi confundido por imensa multidão com o dirigente monofisista Severo, patriarca de Antioquia. Os cidadãos calcedônios prenderam rapidamente o monge e o mataram. Por outro lado, a grande maioria das pessoas de algumas regiões não aceitava a comunhão das mãos do clero calcedônio, para o qual olhavam quase com absoluta repulsa física.

Justiniano estava no centro, tentando conciliar monofisistas e calcedônios. Mas, apesar do brilho da retórica, da arte e do ritual imperial, sua capacidade de manobra era muito limitada. Se tentasse atacar os monofisistas, teria de enfrentar distúrbios numa região aonde chegava a sombra de seu mais poderoso vizinho, o rei Cosroes I da Pérsia. A grande cidade de Antioquia tinha Cosroes às suas portas em 540. O monofisismo poderia precipitar os acontecimentos. A simples destituição, em 540, de alguns bispos egípcios que sustentavam essa doutrina provocou um sentimento de "perseguição". Por outro lado, se Justiniano tentasse fazer algumas concessões aos monofisistas, expor-se-ia à ira da maioria calcedônia de Constantinopla e à força destruidora das multidões, se se tem em conta sobretudo a fragilidade do poder de Justiniano na própria capital, fraqueza amplamente demonstrada nos primeiros anos de seu reinado. Em 532, um tumulto no hipódromo, provocado pelo mal-estar causado pelos altos impostos e pela política de mão dura, quase derruba Justiniano. Uma concessão demasiado generosa aos monofisistas poderia provocar uma comoção semelhante. Mas os estômagos da cidadania calcedônia se enchiam com o grão cultivado pelos camponeses do Nilo, muitos dos quais eram monofisistas. Também os habitantes das cidades egípcias tendiam ao monofisismo, e o patriarca de Alexandria era, como o de Jerusalém, monofisista. Nos últimos anos do reinado de Justiniano, os monofisistas da Síria começaram a formar uma Igreja separada, com sua própria organização.

As disputas sobre a natureza – ou naturezas – de Cristo se mantiveram acesas depois da morte de Justiniano, e os imperadores tiveram períodos em que oscilaram entre a tolerância e a perseguição aos monofisistas. Em 590 os calcedônios buscaram em várias ocasiões o apoio ativo do papa Gregório, o Grande. Em geral, Gregório declinou os convites a intervir nas disputas teológicas dos cristãos orientais.

É difícil precisar em que medida os cristãos comuns se viam afetados pelas disputas sobre a natureza de Cristo, ou pela dissolução do Império oriental, que já havia começado antes que os árabes iniciassem seu avanço triunfal procedentes dos desertos do Sul. Da mesma maneira que no Ocidente no século V, os bispos substituíram com eficácia os representantes do governo como chefes de suas comunidades locais. Além disso, o povo se sentia cada vez mais inclinado a honrar os santos e os ícones, milagrosos e protetores, veneração especialmente promovida pelos monges, mas também muito importante para os bispos, especialmente se sua sede abrigava algum templo freqüentado pelos peregrinos. Embora Justiniano os considerasse funcionários públicos, permitindo-lhes exercer certas funções jurisdicionais sobre os leigos, em muitos aspectos eram praticamente autônomos e auto-suficientes. Os bispos das dioceses rurais possuíam extensas propriedades, enquanto nas cidades a Igreja obtinha dinheiro, por exemplo, do aluguel de casas. Os altos funcionários imperiais, como os governadores, costumavam exercer o cargo durante pouco tempo. Tendiam a considerar-se simples administradores econômicos e recorriam a exações arbitrárias e a impostos exorbitantes. Em raras ocasiões tinham tempo, experiência ou inclinação para empreender reformas ou ajudas às comunidades que eles governavam. As questões locais cotidianas, como os consertos de pontes ou estradas ou a regulamentação de mercados recaíam nos bispos. Muitos destes eram de origem local, com freqüência pertencentes a famílias de latifundiários e com conhecimentos de administração pública. Talvez a característica mais vantajosa fosse que o bispo normalmente vivia com seu rebanho a vida toda. Um homem podia ser consagrado bispo a partir dos trinta anos de idade, e seu episcopado podia durar muitos anos, o que lhe permitia ver passar vários governadores sucessivos, de maneira que podia medir-se com os funcionários imperiais em relativa igualdade de condições.

Acima. A grande igreja de Qalaat Seman, na Síria, foi construída no final do século V em memória de São Simão, o Estilita. O templo, de planta cruciforme, foi erguido ao redor da coluna que Simão havia habitado. No centro da igreja ainda se pode ver a base da coluna. Simão viveu no alto da coluna durante 30 anos, usando uma corrente e uma gargalheira de ferro em volta do pescoço, possivelmente para evitar o risco de queda. Foi defensor da ortodoxia calcedônia.

Esquerda. É monofisista, por seu lado, este monge copta que aparece neste relevo do século VI ou VII, com as mãos em atitude de oração. O termo "copta" procede da corrupção árabe de "egípcio".

Direita: à sombra do islã
Durante o século VI, Bizâncio se transformou num império universal que se estendia por três continentes e abrigava quatro patriarcados, numa potência regional com um só patriarcado. Os árabes, unidos pelo zelo da guerra santa *(jihad)*, invadiram as províncias bizantinas divididas pelas disputas teológicas. A vida cristã da maioria monofisista se manteve nas igrejas e mosteiros sob o domínio do islã. Não foi certamente por acaso que a Ásia Menor, a região que resistiu aos muçulmanos, se tornou predominantemente calcedônia e, por conseguinte, permaneceu unida. A partir de princípio do século VIII, raramente tentaram os árabes conquistar Bizâncio, limitando-se a realizar incursões esporádicas em território bizantino. Tais incursões partiam de algumas bases bem organizadas situadas a sudeste das montanhas do Tauro. Nos séculos IX e X, a pirataria muçulmana se somou às calamidades que sofriam as províncias bizantinas. As sedes episcopais eram pouco mais que aldeias fortificadas. Nas províncias, a Igreja como instituição se foi enfraquecendo pelas contínuas expedições muçulmanas.

Nem todas as sedes contavam com um São Demétrio ou com um São João, o Esmoler. Nem muitas sedes eram tão prósperas e seguras como Alexandria ou Tessalônica. João, o Esmoler, preocupou-se de maneira especial com os refugiados deslocados pela invasão persa de Síria. Entre estes, havia muitos bispos. As almas que ficaram desatendidas na Síria e na Palestina cederam em sua maioria ao encanto dos "homens santos". Com freqüência estes eram "pastores acidentais", rigorosos ascetas que viviam em lugares do deserto afastados, que atraíam em primeiro lugar a curiosidade e depois a devoção piedosa da gente do povo. Esses homens diferentes, como Simão, o Estilita, já tinham despertado a veneração popular no século V. Agora havia um novo motivo para o proselitismo deliberado: a dura rivalidade entre monofisistas e calcedônios.

João de Éfeso descreve as boas ações praticadas pelos homens e mulheres santos na sede metropolitana de Amida (Diyarbakir), junto ao alto Tigre, perto da fronteira com a Pérsia. Enfrentaram as invasões persas e a opressão calcedônia dando de comer aos pobres e atendendo aos doentes "na paz ou na perseguição, na cidade ou no exílio". Do campo oposto, no princípio do século VII, João Mosco escreve elogios aos ascetas calcedônios. Enquanto uns passam vários anos em silêncio total, sem sequer ver ninguém, outros rivalizam com os monofisistas. Mosco conta, por exemplo, a edificante história de dois estilitas, um monofisista e o outro calcedônio, que viviam a apenas dez quilômetros de distância um do outro. Continuamente estavam discutindo, o monofisista tentando mediante mensagens convencer o calcedônio. Um dia este pediu um pedaço do pão da comunhão ao monofisista. Assim que a teve, lançou-o numa caldeira com água fervente, e ele logo se dissolveu. Depois lançou na caldeira uma fração da "santa Hóstia da Igreja ortodoxa". A caldeira esfriou imediatamente, e a hóstia ortodoxa "ficou a salvo e seca, e se conserva até o dia de hoje, e nos foi mostrada quando fomos vê-la". Com a mesma graça, João Mosco conta que um pombo sujo e fétido pousou na cabeça de um monge monofisista enquanto este se achava entregue a suas preces. Outros relatos de Mosco contam que aparições enviadas por Deus impediam que os monofisistas celebrassem o culto nos Lugares Santos de Jerusalém.

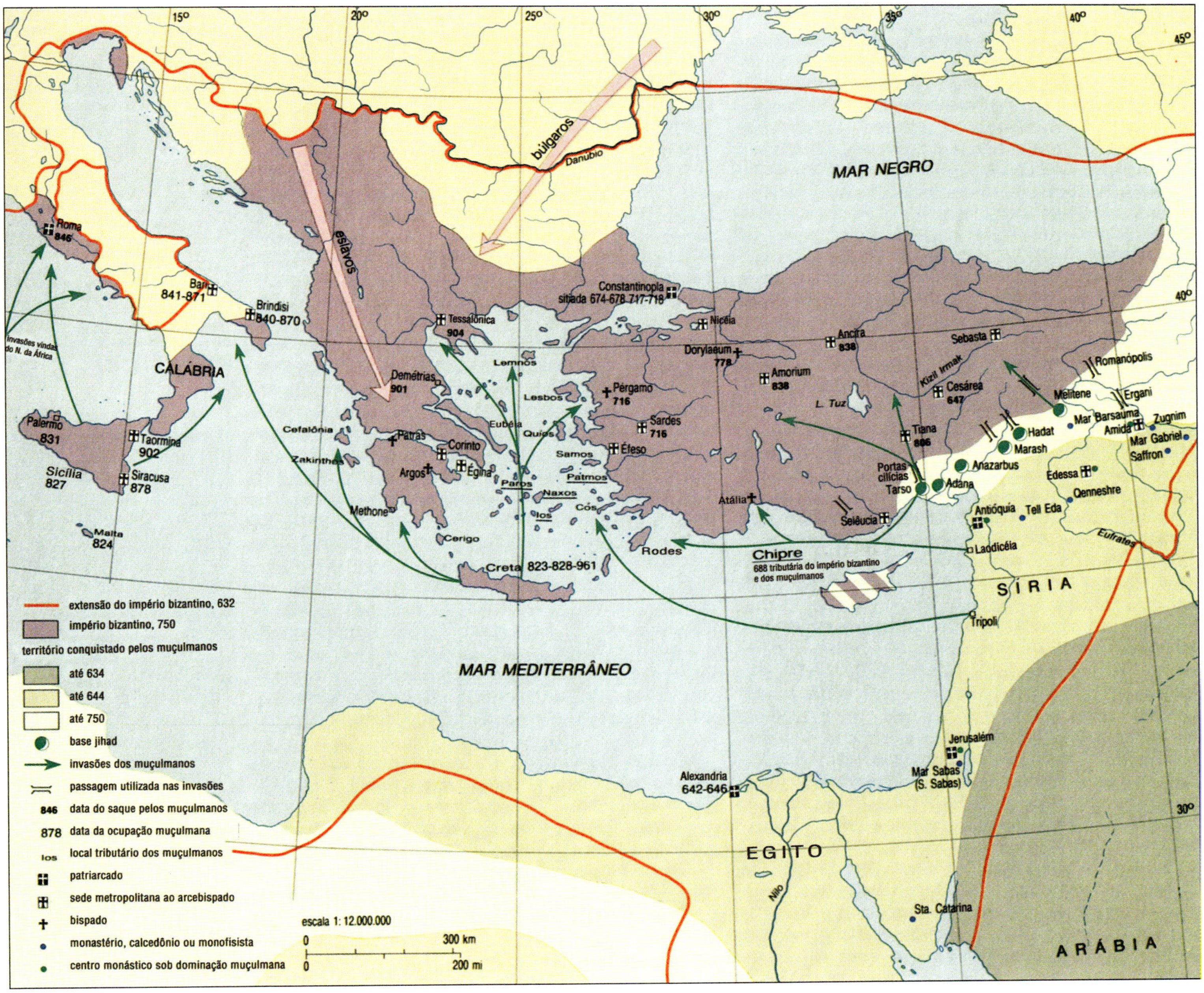

As flutuações da política imperial criaram amiúde situações contraditórias. Quaisquer que fossem suas opiniões sobre o monofisismo como doutrina, os imperadores estavam interessados em assegurar a boa vontade dos que viviam perto da fronteira persa. Recentemente se demonstrou que os imperadores bizantinos deste período enviaram artistas para decorar as igrejas, deram presentes valiosos e até destinaram um subsídio em ouro ao mosteiro de Quartmin, de Tur Abdin. Como compensação pelos favores imperiais, esperava-se que os monges exercessem sua considerável influência sobre a população da região para que esta se mantivesse ao lado do imperador e suportasse as exações e requisições que a presença das forças fronteiriças bizantinas implicava.

O Concílio *in Trullo*

O Concílio *in Trullo* de 692 reuniu os representantes de todos os patriarcas exceto o de Roma. Dado que o Papa se negou a confirmar seus cânones, não se considera propriamente um concílio ecumênico. (É conhecido normalmente como o Quinissexto Concílio, pois se situa entre o Quinto e o Sexto, ou como o Concílio *in Trullo*, pois se reuniu na sala abobadada ou *trullus* do palácio imperial.) O concílio promulgou normas estritas sobre a moral e a conduta dos sacerdotes. Por exemplo, reafirmou a proibição do jogo promulgada por Justiniano, e foram aumentadas as penas. Alguns cânones criticaram fortemente os costumes ocidentais, como o celibato do clero paroquial, e em termos gerais refletiam a desaprovação do estilo dos cristãos ocidentais. O laicato foi decididamente posto em seu lugar, proibindo-se-lhe expressamente a exposição das Escrituras em público, e se regulamentou de forma estrita o uso das capelas dos particulares. Aos sacerdotes foram dadas instruções terminantemente precisas para que amoldassem seus sermões aos dos Padres da Igreja, em vez de escrever os seus próprios.

O Concílio *in Trullo* também tentou pôr ordem na vida dos monges. Neste aspecto, também reproduziu a legislação de Justiniano, tentando pôr os monges sob a supervisão da hierarquia da Igreja. Agora, para que um homem fosse considerado digno de levar vida de eremita, devia passar por um período de experiência de quatro anos num cenóbio, e contar, além disso, com a autorização do bispo. Quem quer que desejasse tornar-se monge devia submeter-se a uma investigação, "de maneira que sua profissão de vida a serviço de Deus seja tomada com todo conhecimento e julgamento"; doravante, os noviços deviam ter pelo menos dez anos de idade. O concílio defendeu também uma política de portas abertas para os que desejassem ingressar num mosteiro: "É permitido a todo cristão escolher a vida ascética, afastar-se das tumultuosas tormentas da vida cotidiana e entrar num mosteiro e ser corrigido de acordo com a norma monástica de qualquer falta de que seja culpado". No entanto, o cânone 42 do concílio se mostra seriamente preocupado com a facilidade com que algumas pessoas duvidosas podem abraçar a vida piedosa: "Com relação aos assim chamados eremitas, que usam vestes negras e deixam crescer o cabelo e andam pelas cidades, em contato com homens e mulheres, e escarnecem de sua própria profissão, decretamos que, se optarem por tonsurar a cabeça e aceitar o hábito dos demais monges, poderão entrar num mosteiro e ser contados entre os irmãos; pelo contrário, se não o fizerem, deverão sair das cidades e habitar nos desertos..."

A iconoclastia e suas conseqüências

O Concílio *in Trullo* foi concebido por Justiniano II para codificar os materiais dispersos dos concílios anteriores e alcançar a estrita observância da vida cristã. Embora tenha tido lugar numa época em que a pressão árabe havia cedido um tanto, em seus cânones subjaz a presunção de que os bárbaros continuarão a fustigar os cristãos e a sociedade em geral. Ainda na atualidade, seus cânones constituem a coleção mais importante da Igreja ortodoxa. Mas o concílio também é significativo por constituir o prelúdio da crise iconoclasta que havia de afetar a Igreja e o Império poucas décadas depois. Nele aparece o imperador vivamente interessado na religião, supervisionando os menores detalhes do ritual e do culto, bem como os grandes temas teológicos. Embora sob a égide do imperador e com a neutralidade imperial comece a formar-se um consenso sobre a natureza de Cristo, outras discrepâncias surgem em matéria de ritual, como a função dos ícones.

Nos cânones do Concílio *in Trullo* subjaz a idéia da necessidade de assegurar a ordem da vida religiosa do Império, e também de minimizar os transtornos causados pelos bárbaros. Um sentimento similar, provocado pelo sítio dos árabes a Constantinopla em 717-718 e pela tremenda erupção de um vulcão submarino perto da Ilha de Thera (Santoríni), levou Leão III em 726 a pronunciar-se contra o uso dos ícones, que começaram a parecer-lhe simples ídolos. Seu culto havia atraído nos últimos anos a ira de Deus sobre os bizantinos, seu novo Povo Eleito, assim como na Antiguidade o bezerro de ouro havia atraído a ira de Deus sobre os israelitas. Leão considerou sua obrigação afastar do erro o povo cristão, e preservar o Império.

Os imperadores iconoclastas (*eikon* = imagem; *klazo* = romper) se beneficiaram da situação de fragilidade da Igreja bizantina. O patriarca Germano considerou a proposta de proibição apresentada por Leão III em 730, e praticamente a rejeitou. No entanto, Leão pôde convocar um sínodo que depôs Germano, e promulgou um edito sobre os ícones. Entre 726 e 730, Germano enviou pelo menos três cartas repreendendo os bispos Constantino de Nacoléia, Tomás de Claudiópolis e João de Sínada. Esses três bispos da Frígia tinham expressado sua hostilidade à veneração de objetos "feitos com as mãos", mas não há nenhuma prova concludente de que existisse um "partido" organizado de clérigos iconoclastas antes de 726. As primeiras medidas contra o culto dos ícones parecem ter sido tomadas pelo imperador, e a pouca resistência clerical constitui um sinal do poder do soberano sobre a Igreja. De fato, Leão III declarou: "Sou sacerdote e rei".

O poder imperial sobre a Igreja se viu ainda mais reforçado pelo filho de Leão, Constantino V (741-775). Foi mais decidido e expedito em sua luta contra os iconódulos (assim eram chamados os defensores dos ícones), chegando à destruição física das representações de Cristo, dos santos e dos Apóstolos em forma humana. Ele desejava demonstrar que a iconoclastia estava de acordo com a verdadeira doutrina, e tentou prová-lo mediante argumentações cuidadosamente construídas. Com a intenção de fixar a doutrina, convocou um concílio que reuniu em 754 a maioria dos bispos com o imperador. Teve lugar em Hieria (perto de Calcedônia), e Constantino V foi sua força motriz, de maneira que a própria Definição, a que se chegou depois de longas discussões, declarava que o santo imperador tinha sido induzido pelo Espírito Santo para

Direita. Fócio em julgamento; 886. Com um braço levantado, talvez num gesto de negação, o ancião aparece sentado diante de seus acusadores. As acusações que lhe faziam eram equívocas, levantadas por uma pequena camarilha, ansiosa de denegri-lo mesmo depois de ter renunciado à sua sede patriarcal. O novo imperador, Leão IV, pressionou-o para que se demitisse. Fócio tinha muitos inimigos na Igreja, e o jovem imperador não encontrou nenhuma oportunidade para favorecer seu antigo tutor. Leão nomeou seu próprio irmão, Estêvão, como novo patriarca. Assim, quando as circunstancias políticas eram favoráveis, o imperador podia intervir na Igreja, principalmente em matéria de nomeações. As alegações feitas pelo patriarca Fócio em seu prefácio ao *Epanagoge* não foram capazes de salvá-lo do desterro para um mosteiro.

Abaixo. Supõe-se que a Basílica de São Demétrio de Tessalônica tenha sido edificada em meados do século V. Continha o *ciborion* do santo, onde os cidadãos (se não o clero mais ilustrado) acreditavam que estava seu túmulo, e para onde dirigiam suas preces. A igreja é grande – mais de 60 metros de comprimento – e se ergue no centro da cidade medieval. Seu tamanho e a profusão de galerias mostram que o culto a São Demétrio ainda era florescente na época de sua construção. O culto, promovido por nobres locais e pelos bispos da cidade, gozava de enorme popularidade. O relato d'*Os milagres de São Demétrio* lhe atribui o poder de curar, mas sobretudo o apresenta como protetor militar das cidades diante dos bárbaros. Situada na costa nordeste da Grécia, Tessalônica necessitou durante muito tempo da proteção de São Demétrio, mas nem sequer o santo pôde livrá-la do saque dos piratas muçulmanos em 904. (ver mapa p. 35.)

destruir a nova idolatria inspirada pelo diabo. É muito provável que Constantino, homem de grande inteligência, tenha supervisionado o esboço da Definição. Seu reinado constitui um dos pontos culminantes do poder imperial sobre a Igreja. As cláusulas da Definição de 754 tiveram um papel muito importante na supressão dos ícones e na manutenção da ordem ritual pelas autoridades imperiais. Quem quer que fizesse um ícone, lhe rendesse culto ou, simplesmente, o ocultasse numa igreja ou numa casa particular, "se for leigo ou monge, será réu de anátema e lhe será aplicada a lei imperial como a inimigo dos mandamentos de Deus e da doutrina dos Padres".

Tomaram-se medidas para evitar destruições da decoração e mobiliário das igrejas. Assim, se alguém quisesse apagar as imagens dos vasos das igrejas ou das roupas do altar, "não deve supor que possa fazê-lo sem o consentimento e conhecimento do muito santo patriarca ecumênico e sem a permissão de nossos piedosíssimos e cristianíssimos imperadores, a fim de que com esse pretexto o diabo não desonre as igrejas de Deus". Depois do Concílio de Hieria, Constantino V promulgou um edito pelo qual todos os hereges seriam considerados rebeldes contra o Estado. Estado e Império estavam mais próximos ainda do que tinham estado na *belle époque* de Justiniano. Por instigação do mesmo Estado, no VII Concílio de Nicéia foi restaurado o culto dos ícones (787), que voltou a ser proibido em 815 por outro concílio, e finalmente foi restaurado pelo concílio de 843. Por ocasião de cada uma dessas guinadas, especialmente das duas primeiras, houve protestos, mas o poder imperial sempre atuou em conjunto com a hierarquia eclesiástica, cujos prelados mais obstinados eram depostos em último caso.

A época que se seguiu à da iconoclastia também se caracterizou por duros embates pessoais entre os homens da Igreja, ao colocar-se a questão de como deviam ser tratados os antigos iconoclastas. Os paladinos dos ícones, a maioria monges, esperavam desempenhar um papel importante na vida religiosa do Império. Objetaram veementemente à Igreja nomeações que contrariassem suas ambições pessoais ou que ofendessem seu senso de retidão.

Quando em 858 Fócio foi nomeado patriarca, depois de ter passado longos anos como funcionário imperial entregue a seus interesses eruditos, o governo imperial, agora regido por Bardas César, não tinha nenhuma dúvida de que aquele antigo funcionário público, com impecáveis credenciais iconódulas, seria, por um lado, submisso e, por outro, aceitável para os monges e para outros que se arvoravam em custódios da ortodoxia. Mas Fócio demonstrou ter uma concepção exaltada de sua função como patriarca, enquanto os monges, principalmente os da grande casa de João de Estúdio, se uniram à causa do deposto Inácio, a quem Fócio substituía no patriarcado. Nas palavras da *Vida* de um santo contemporâneo, os monges de Estúdio e de outros muitos lugares "se dividiram em muitos grupos, bastante numerosos para assegurar a promessa do Senhor de que estaria presente entre os reunidos em seu nome, e assim se espalharam por diversos lugares e terras". O mesmo Fócio descreve o quadro que oferece a Igreja, de maneira retórica, mas autêntica. "Aqueles que deveriam ser para seu povo pregadores da paz andavam uns contra os outros em guerra sem cartel; os que tinham de ser para o rebanho exemplo de caridade e união alimentavam os ódios. O que batia mais duro era considerado o melhor sacerdote. Tudo era absurdo: pontífices e clérigos lutavam entre si." As disputas se baseavam na validade das ordenações e deposições, mas as questões pessoais e a ambição de poder estavam na raiz do problema.

A Igreja e o Estado na época de Fócio

Todos esses acontecimentos tiveram três implicações importantes. Primeira, o poder do imperador sobre o patriarca e a Igreja era grande, mas em nenhum caso absoluto, e variava segundo as circunstâncias políticas do imperador e das personalidades envolvidas. Os imperadores podiam depor Inácio e Fócio, e também aos bispos que se opunham a essas decisões, mas então atraíam o ódio de muitos com os conseqüentes transtornos, que se traduziam em qualquer coisa menos em estabilidade. O fato é que Basílio I pareceu incapaz de expurgar a Igreja de todos os bispos leais a Fócio a partir de 867.

A segunda implicação foi a influência que tinha o imperador na indicação dos bispos e outros cargos da Igreja, o que não lhe proporcionava, porém, o controle sobre os monges. Estes puderam manter, e mantiveram, uma frente crítica com relação aos patriarcas e outras hierarquias com que não estavam de acordo.

Ícones e iconoclastia

Até em sua estrita acepção de "imagem religiosa", a palavra grega *eikon* (imagem) se refere a uma semelhança autêntica. Nos séculos VI e VII, intensificou-se o culto dos santos e pessoas sagradas e de suas imagens. Esse desenvolvimento assinala o êxito do cristianismo em chegar ao povo comum, que buscava um objetivo pessoal e visível para suas preces. Mas também é um reflexo da busca de uma ajuda sobrenatural numa época em que o Império bizantino sucumbia às investidas dos invasores bárbaros e aos desastres naturais. Os próprios imperadores patrocinaram alguns cultos. Alguns dos ícones mais antigos que se conservam procedem do Mosteiro de Santa Catarina, no monte Sinai, fundado por Justiniano I. O Concílio *in Trullo* (692) estabeleceu as normas para a confecção de ícones, bem como para muitos outros aspectos do culto. As moedas de Justiniano II refletem o interesse do concílio pelas imagens. Foi o primeiro imperador a mandar representar Cristo nas moedas.

Em 717-718, os árabes sitiaram Constantinopla. Alguns bizantinos, como o cronista Teófanes, atribuíram o fracasso do assédio à "ajuda de Deus através da intercessão de sua imaculada Mãe". No entanto, as invasões árabes continuaram. Alguns se perguntavam se os ícones, em vez de agir como vias de comunicação com os santos, não estariam, na verdade, atraindo a ira de

Abaixo. Este ícone a encáustica, que mostra a Virgem Maria com o Menino Jesus no colo, foi pintado provavelmente em Constantinopla no século VI ou VII. A partir de então, desenvolveu-se o culto da Virgem como protetora especial de Constantinopla contra os ataques estrangeiros.

Esquerda. Este busto de Jesus, provavelmente do século VI, pertence ao mosteiro de Santa Catarina do Sinai. A mão direita bendiz, enquanto a esquerda segura um livro dos Evangelhos decorado com jóias. Os traços de Cristo são humanos, mas sua expressão é majestática e distante. O ícone foi pintado na época em que estavam no auge as disputas sobre as relações entre a divindade de Cristo e a natureza humana. A crença de que essa natureza divina não podia ser objeto de representação pictórica estava na base da hostilidade iconoclasta com os ícones. Neste manuscrito iluminado do século XI *(direita)*, aparecem alguns eclesiásticos iconoclastas alanceando uma imagem de Cristo. As imagens podiam ser também de marfim. Este marfim do século X *(abaixo)* era o centro de um tríptico. Cristo aparece num trono acima dos 40 mártires de Sebasta. Os corpos retorcidos, embora transmitindo a dor da morte nas águas geladas, evocam as formas clássicas da Antiguidade.

Abaixo. Esta moeda de ouro de Leão III (717-741) foi cunhada entre 720 e 732. Leão usa uma coroa rematada por uma cruz, e uma clâmide imperial. Segura com a mão direita um orbe, também rematado por uma cruz, e com a esquerda uma *akakia*, espécie de rolo cerrado nas extremidades que contém um punhado de pó, como advertência da mortalidade. Ao redor, algumas letras latinas formam esta inscrição: "Ao senhor Leão, Augusto perpétuo, muitos anos". No reverso da moeda aparece o filho de Leão, Constantino V, usando uma coroa e uma clâmide similares, e mostrando a mesma insígnia. Tal pai, tal filho: a piedade junto com o poder.

Deus. Os ataques árabes podiam ser um castigo divino pela idolatria. O próprio Leão III tinha suas dúvidas. Dúvidas que, parece, se cristalizaram por ocasião da grande erupção submarina acontecida no Mar Egeu em 726. A imagem de Cristo na porta de bronze do palácio foi retirada, e foi proibido formalmente o culto dos ícones. Os que se opuseram ativamente foram perseguidos. A Definição da Doutrina sobre os Ícones (754) é um compêndio das objeções iconoclastas diante da "confusão" e "vã fantasia" das representações de Cristo. A Definição alega que "as imagens, de falso e perverso nome, não têm nenhum fundamento na tradição de Cristo, dos Apóstolos ou dos Padres, nem existe oração alguma que possa santificar uma imagem nem transformá-la, assim, de comum em algo santo". Para a iconoclastia, as únicas "semelhanças" autênticas ou objetos sagrados eram o sacramento da eucaristia, as igrejas formalmente consagradas pelos bispos, e o sinal-da-cruz dado por Deus ao primeiro imperador cristão, Constantino, que reproduzia a forma da própria cruz de Cristo. É possível que a insistência de Leão III e de Constantino V na boa marcha da Igreja fosse um reflexo da formação militar de ambos. Mas suas preocupações têm muito em comum com as dos concílios do século VII: a prescrição minuciosa da conduta dos sacerdotes e a regulamentação definitiva do culto. A veneração dos ícones pelos particulares podia dar origem a abusos. E, se esses abusos não fossem erradicados, a ira de Deus podia cair sobre seu povo como a noite se segue ao dia.

A destruição dos ícones e a perseguição dos que os veneravam parece ter alcançado o ápice entre 760 e 775. A veneração das imagens foi reabilitada pelo Concílio de Nicéia de 787, para ser de novo proibida em 815, depois de o Império sofrer uma série de derrotas e humilhações, repetição das do princípio do século VIII. Finalmente, o culto foi restaurado em 843 pela imperatriz Teodora.

Normalmente, não podiam estender sua ação até os próprios imperadores. No entanto, suas acusações de injustiça e de ilegalidade canônica das destituições, bem como suas negativas a aceitar como válidas as novas ordenações, afetavam o imperador e seu poder de inspirar as nomeações eclesiásticas.

Uma terceira implicação se refere à ambivalência das relações entre o imperador e o patriarca, não apenas na prática, mas também em teoria. As palavras de Fócio no prefácio à "Revisão das antigas leis", a *Epanagoge*, que Basílio I havia encomendado e que foi tão citada pelos historiadores, mais que uma declaração das práticas reais ou de uma teoria geralmente aceita, constitui um desafio lançado aos monges, aos imperadores e a quaisquer outros subordinados do patriarcado (talvez um paralelo do *Dictatus Papae* de Gregório VII; ver pp. 66-67). "O imperador é uma autoridade legal, uma bênção para todos os seus súditos, que... age como um árbitro que concede as recompensas num jogo." "O fim próprio do imperador é conceder benefícios: por isso é chamado benfeitor; e, quando deixa de conceder benefícios, se mostra, segundo palavras dos antigos, como deturpador do selo e do caráter reais. O imperador deve observar e fazer cumprir, antes de tudo, o estabelecido nas Sagradas Escrituras; depois, as doutrinas definidas pelos sete santos concílios; e, por último, a lei romana transmitida." "Em sua interpretação das leis, deve prestar atenção ao costume aceito. O que seja contrário aos cânones [da Igreja]... não é aceito como modelo."

Com maior vigor e entusiasmo, descreve Fócio o papel que deve desempenhar o patriarca. "O propósito do patriarca é, primeiro, proteger aqueles que ele recebeu de Deus na piedade e em sobriedade de vida; fazer voltar à ortodoxia e à unidade da Igreja, na medida em que possa, todos os hereges." "A finalidade do patriarca é a salvação das almas que lhe foram confiadas, a fim de que vivam para Cristo e sejam crucificadas para o mundo." O patriarca, diz Fócio, deve ser um mestre e um juiz justo "e deve levantar a voz para impor a verdade e a defesa da doutrina [da Igreja] diante de um imperador e não envergonhar-se". "Somente o patriarca pode interpretar os cânones que nos chegaram da Antiguidade e os decretos aprovados pelos santos concílios." "A supervisão de todos os assuntos espirituais é reservada ao patriarca."

No entanto, enquanto o Império se manteve unido e forte, e o imperador dispôs de grandes riquezas e exerceu amplia autoridade, o soberano se reservou a última palavra nos assuntos internos da Igreja. O próprio Fócio reconhecia o papel do imperador quando se referia à sua própria eleição como patriarca, decidida não apenas pela alta hierarquia da Igreja, mas também "pelo imperador que, com aquelas, é o sustentáculo da verdadeira fé e o defensor de Cristo". A especial relação do monarca com Deus, tão eloqüentemente proclamada por Justiniano, era ainda a pedra angular da ideologia bizantina, e assim o reconheciam de forma solene os eclesiásticos.

Na Igreja oriental, não houve um corpo definido de leis canônicas. O poder de legislar era dividido, de maneira vaga, entre sínodos, concílios e imperador. Os sínodos das altas hierarquias eram normalmente convocados pelo patriarca, mas também podiam ser reunidos pelo imperador, e os decretos mais importantes dos sínodos amiúde eram ratificados pela autoridade imperial. A necessidade da Igreja de contar com um "árbitro" autorizado se manteve por longo tempo. Ainda no século XII, quando novas correntes começavam a manifestar-se na Igreja, Teodoro Balsamon resumia assim o papel de "cão de guarda" do imperador: "Dado que é um princípio legal que ninguém deve suportar injúria de outro, se o próprio patriarca cometer sacrilégio ou for heterodoxo ou errar de qualquer outro modo, terá de se submeter ao julgamento do imperador, o corregedor da Igreja".

Embora Fócio, em seu prefácio do *Epanagoge*, exagerasse a condição dos patriarcas do século IX, estava mais perto da realidade quando escrevia: "A paz e a prosperidade dos súditos, em corpo e alma, depende da unidade e concórdia entre o imperador e a alta hierarquia da Igreja em todas as coisas". Nenhum atrito podia prolongar-se sem prejuízo para as duas partes, assim como não pode haver inimizade entre irmãos siameses. Suas residências ficavam muito próximas, ao contrário do que ocorria com os imperadores germânicos e os papas romanos, separados pelos Alpes. Constantinopla era uma cidade muito bem administrada, como provavelmente outras de similar tamanho do Império. Parece que as expressões de dissidência religiosa ou de heterodoxia eram localizadas com muitíssima rapidez e eliminadas, assim como os abusos dos eclesiásticos mereciam a atenção dos funcionários do governo, embora sua correção coubesse às autoridades eclesiásticas. Da superficial aparência de tranqüilidade que oferecia a vida civil e eclesiástica de Bizâncio, não devemos deduzir um "estancamento" natural ou inevitável. Os aparatos de que dispunham tanto o Estado como a Igreja estavam continuamente alerta a qualquer indício de rebelião, dissidência ou heresia. O interesse do Estado nas questões eclesiásticas se baseava em seu próprio interesse na ordem.

Patronato e expansão monástica

A família reinante entre o final do século XI e o século XII, os Comnenos, manteve firmemente a tradição do patronato, embora deplorando o crescimento dos mosteiros e a expansão das propriedades a eles ligadas. Aleixo I Comneno (1081-1118) cultivou a amizade de São Cirilo de Filéias, ao qual pedia orações pelo bem-estar do Império e por suas vitórias. Manuel Comneno (1143-1180) mostrou sinais de que retrocederia na tradição de favorecer os patronatos. Mas não nos devemos surpreender de que as legislações ocasionais que limitavam ou impediam novas fundações monásticas se revelassem ineficazes, e, à medida que no século XII se ia debilitando o aparato do Estado, sua capacidade de regulamentar o monacato era cada vez mais reduzida. Já no apogeu do Império, a legislação de Nicéforo II proibindo novas fundações monásticas foi letra morta, e logo foi revogada.

Nenhuma proibição podia alterar o fato de que os poderes de intercessão dos monges diante de Deus eram altamente valorizados. Um crisóbulo de Basílio II promulgado em 978 enaltece os monges da Laura do Monte Atos: "Quem dúvida de que amiúde o que a espada, o arco e a força militar foram incapazes de conseguir foi conseguido fácil e brilhantemente por aquele que reza só?... E, se Deus escutou amiúde a santa prece de um só monge e concedeu com abundância o que lhe era pedido, quem duvida de que através de 150 homens rezando e talvez mais (quer dizer, todos os monges da Laura) essas coisas poderão ser conseguidas ao máximo? Além disso, para todos os homens e especialmente para o Império nestes tempos de crise, as preces dos homens bons são muito benéficas e de

Acima. A igreja da Dormição, em Orcômeno, vista do nordeste. Construída em 874, fica cerca de trinta quilômetros a noroeste de Tebas, e é um raro exemplar de igreja grande edificada na Grécia do início da Idade Média. Os materiais empregados eram blocos de pedra procedentes de um teatro clássico próximo, e fustes de colunas de um templo dedicado às Graças. Com freqüência, os construtores bizantinos "canibalizavam" as obras clássicas, prática que também era comum no Ocidente medieval.

Direita. Fachada da igreja de Qalb Louzeh. Esta basílica é uma das igrejas mais belas da Síria, com uma decoração muito rica: molduras clássicas com cruzes e outros símbolos cristãos. Construída por volta de 460, deve seu bom estado de conservação à sua inacessibilidade. Embora fique a somente cerca cinqüenta quilômetros de Antioquia em linha reta, acha-se numa zona montanhosa, e ainda na década de 1970 não se podia chegar a ela mais senão por caminhos muito difíceis. Nas proximidades de Qalb Louzeh foram encontradas algumas das "cidades mortas" do Norte da Síria. Graças à sua localização, quase não sofreram as deteriorações do tempo. Foram abandonadas na época da invasão persa e da conquista árabe, no século VII.

grande ajuda". Esses sentimentos, que se manifestam em muitas outras cartas de doação imperiais, não por se manifestarem em fórmulas eram menos sentidos.

No século XI, o número de casas monásticas do Monte Atos se multiplicou, e muitas delas abarcavam terras da região próxima da península. No entanto, a proliferação de mosteiros não se limitou a Atos, nem foi sempre iniciativa de benfeitores laicos. Santos homens carismáticos fundavam pequenas comunidades, que se abriam a quem se considerasse espiritualmente capaz de viver sozinho numa cela. Outros monges fundavam estabelecimentos maiores, destinados a que os irmãos tivessem uma vida em comum (cenobítica). Sua manutenção era custosa, e eram necessárias muitas terras para seu sustento. Neste aspecto, o patronato leigo era essencial, e durante o século XI se formularam complexos procedimentos legais para determinar os diferentes direitos e poderes dos leigos sobre suas fundações. A proliferação de monges e mosteiros aparece como uma característica de todo o Império bizantino ao longo dos séculos X e XI.

Uma cultura bizantina pura?

A fragilidade de sua posição fez com que os bizantinos se mostrassem sempre cautelosos diante dos estrangeiros, receosos de suas intenções com respeito ao Império e nada dispostos a dar-lhes o benefício da dúvida. Essa atitude não era mitigada pelo fato de que, em boa parte, os próprios bizantinos constituíam uma nação de imigrantes, com parcelas ainda não assimiladas. A elite dominante tinha consciência dessa heterogeneidade. Diz-se até que Miguel III instou Cirilo a empreender a evangelização de Morávio, junto com Metódio, alegando que "vós sois tessalonicenses, e todos vós, os de Tessalônica, falais eslavo perfeitamente". Longe de "liberalizar" a mentalidade dos bizantinos cultos, a presença de bárbaros em seu próprio meio contribuía para reforçar sua determinação de não ceder mediante nenhum compromisso. Deram as costas às culturas do mundo contemporâneo que os rodeava, concentrando-se na conservação de sua própria cultura. Esta era, por seu lado, uma mistura amorfa com base nas Sagradas Escrituras, nos Padres da Igreja e em escritos cristãos posteriores, como vidas de santos, os historiadores clássicos gregos e as histórias posteriores escritas igualmente em grego, a retórica e a literatura clássica helênica, especialmente as obras de Homero, e as leis e cerimoniais herdados do Império Romano. O bom conhecimento dessas diversas obras garantia a "pureza" da língua grega e a preservação da doutrina da Igreja ameaçada pela heresia e pelas inovações. Outro elemento central da cultura viva dos bizantinos era a liturgia, na qual a teologia e os ensinamentos da ortodoxia adquiriam expressão dramática.

Para os bizantinos, a pureza da língua e a pureza da doutrina estavam estreitamente unidas. O filósofo do século XI João Ítalo pronunciava imperfeitamente (era meio normando de origem), e seus escritos "eram cheios de solecismos". Ítalo foi considerado culpado de heresia e, segundo Ana Comneno, "vomitava doutrinas estrangeiras nos ensinamentos da Igreja. Em presença de dignitários da Igreja, persistia em sua atitude ridícula e cometia outros atos que o delatavam como rústico e bárbaro". Barbárie, uma língua grega pobre e erros doutrinais andavam juntos. Não era somente por uma questão de estilo que Ana se desculparia de dar os nomes dos chefes rebeldes eslavos e turcos do Danúbio, "saindo do tono de minha história".

Os mosteiros do Monte Atos
Atos tem boas razões para proclamar-se o centro da comunidade ortodoxa. Fundado no século X, no auge do poder de Bizâncio, logo atraiu forasteiros, alguns para uma breve estada, outros para toda a vida. Ainda que de fácil acesso por mar, a península oferece um panorama desértico e uma beleza áspera. Os monges eslavos e georgianos que ali viviam em seus próprios mosteiros traduziram as obras gregas para as suas línguas nativas. Esses mosteiros também funcionaram como seminários, dos quais saíram monges que depois iam fundar mosteiros em seus países de origem. Quando o Império bizantino já estava em decadência, príncipes sérvios e outros governantes ortodoxos ofereceram contribuições econômicas aos estabelecimentos da "sagrada montanha". Atos manteve seus vínculos internacionais e sua fama de piedade nos séculos XV e XVI, reconhecendo o domínio turco e até recebendo um sultão com grande cerimonial. Em contrapartida, conservou seu estatuto de federação de mosteiros com governo próprio.

Esquerda. O mosteiro de Dionysiou, construído sobre uma rocha, mais de 75 metros acima do nível do mar Egeu, ao abrigo dos inimigos terrestres. Fundado no final do século XIV pelo imperador grego de Trebisonda, Dionysiou é um dos cenóbios mais importantes de Atos, com curiosos murais em sua igreja e uma esplêndida biblioteca com 804 manuscritos e mais de 5.000 livros impressos.

Expressões similares aparecem nos escritos de um arcebispo da Bulgária do final do século XI, Teofilato de Ocrida. Em cartas a amigos, escreveu que "a natureza dos búlgaros é mãe adotiva de todo mal", e deplorava a barbárie dos topônimos locais. Teofilato era provavelmente o autor da *Vida de São Clemente*. Nesta *Vida* de um missionário eslavo de nascimento, Teofilato faz referências favoráveis ao uso do eslavo pelos clérigos, como uma emanação do dom de línguas de Pentecostes. Em Teofilato, e talvez em outros clérigos bizantinos que tiveram de viver entre bárbaros, o pastor luta com o erudito, mas não se pode negar que ganha este último. Até em suas últimas cartas, escritas depois de ter passado muitos anos em Ocrida, mostra seu desgosto pelo "modo de vida rústico" que leva ali.

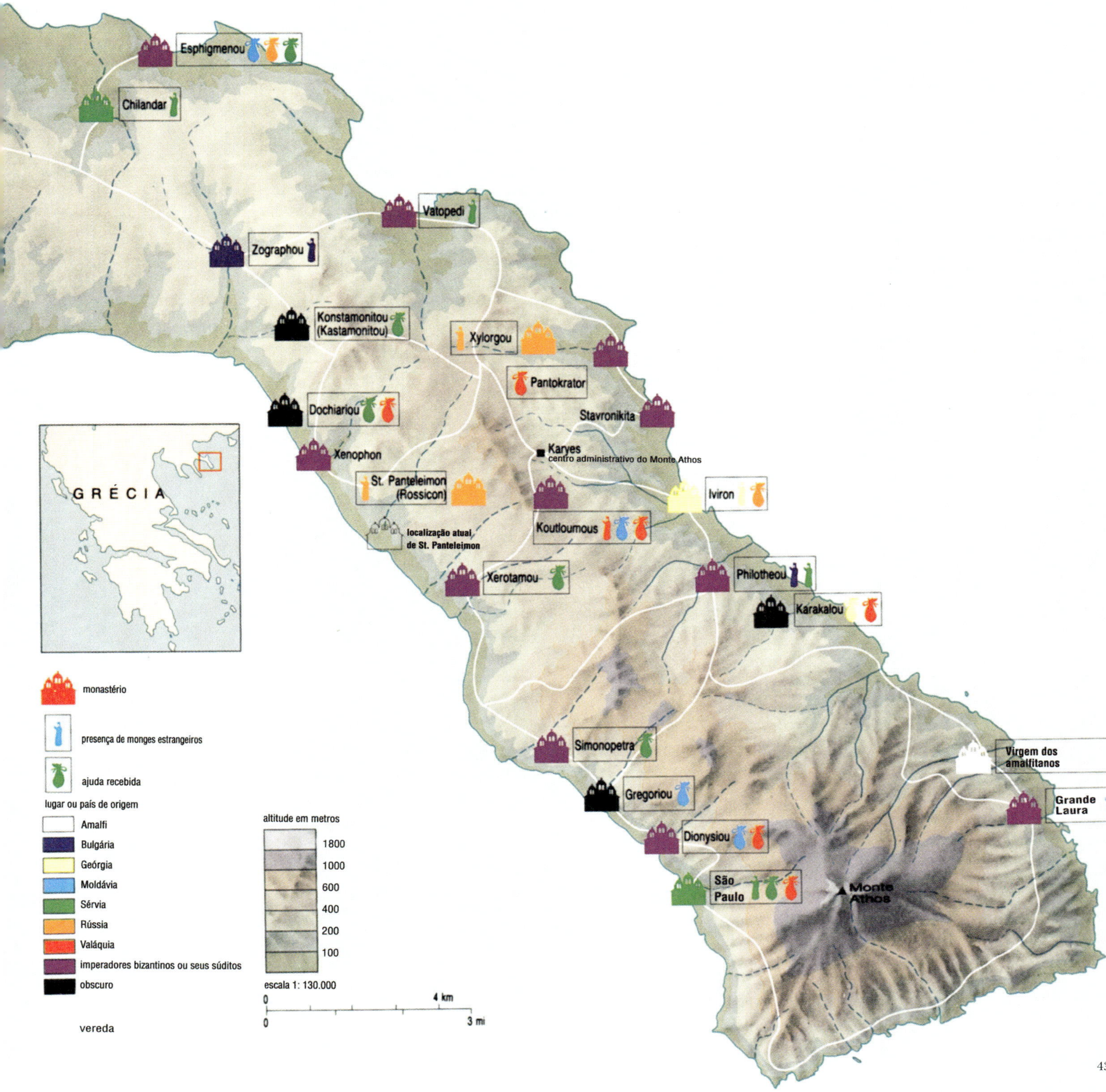

No final do século XI, a existência de uma liturgia e de uma literatura religiosa eslavas era um fato consumado que os bizantinos tinham de aceitar, mesmo depois de reabsorverem a Bulgária em seu Império, como fizeram em 1018. Mas tratava-se de um reconhecimento a contragosto, e é significativo que a *Vida de Clemente* fosse escrita em grego, não em eslavo. Até para um missionário tão consciente como Teofilato, o grego era o veículo cultural, e a civilização, patrimônio de uma só cidade, Constantinopla.

Em Fócio, o erudito é mais patente, e tipicamente bizantino. A *Vida de São Metódio* o descreve animado por uma boa disposição para a evangelização da Morávia, e não há dúvida de que tinha interesse em certas obras missionárias, enquanto estavam de acordo com o decoro cultural e os interesses do Estado. Sua carta a Bóris da Bulgária e seu orgulho pela obra da primeira missão bizantina na Rússia *viking*, em 867, dão testemunho disso, mas é preciso destacar que sua *Biblioteca* é um dos grandes monumentos à obsessão bizantina pela Antiguidade clássica. A cultura própria desta última e a emulação dos que viveram nela eram as idéias motrizes do pensamento de Fócio. Para ele, só havia uma língua digna do intelectual e do homem piedoso: o grego. O ilustre erudito tcheco V. Vavfiínek chamou a atenção para a carta de Fócio ao *catholicos* Zacarias da Armênia, na qual se considera o grego como a língua escolhida por Cristo para a difusão da fé: "Quando Nosso Senhor ascendeu ao Pai, confiou a tradição profética aos santos Apóstolos, e lhes encomendou que a difundissem pelos países gregos e, através deles, aos países pagãos". Em seus comentários às epístolas de Paulo, Fócio trata do papel da palavra para transmitir conceitos de maneira precisa. É evidente sua presunção de que o grego era o meio para essa comunicação concreta.

A patriotada cultural bizantina está presente nas obras literárias. Em geral, os estrangeiros só são mencionados quando atacam o Império ou o ameaçam; raras vezes são mencionados por seus nomes contemporâneos. Atribuem-se-lhes os nomes de seus antepassados, que ameaçaram o Império romano na Antiguidade. Assim, os normandos são chamados celtas; os povos das estepes do Norte, citas; e os inimigos orientais, persas. A descrição de uma testemunha do século X de uma campanha contra os russos *vikings* do Danúbio se mostra mais interessada em dissertar sobre as semelhanças de alguns de seus costumes e crenças com as dos antigos citas do que em relatar os detalhes da campanha que se está desenrolando realmente. À primeira vista, pode parecer que tudo isso apenas denota uma inclinação pela cultura clássica, mas é certo que há algo mais. Os bizantinos revestiam os acontecimentos do tempo presente com um ar de ficção, teatral, como demonstram seu cerimonial e seus protocolos diplomáticos. De certa maneira, para os doutos bizantinos não havia ocorrido nada de importante durante séculos, nem podia ocorrer fora dos limites do Império, quer dizer, da cidade.

Embora os ideais "apostólico" e "universal" fizessem parte da ideologia bizantina oficial, não moldaram a política dos governantes de maneira decisiva ou importante. A corrente cultural dominante se engendrava na capital e na corte, e se baseava numa espécie de assimilação cristã da Antiguidade clássica. Havia pouco interesse em abrir-se para o mundo, em civilizar os bárbaros ou em aprender com os costumes destes. Na verdade, o interesse oficial bizantino pelas "castas inferiores sem lei" raras vezes ia além das razões estratégicas.

Monges e missões
A cultura da corte bizantina olhava para si mesma, mas os imperadores responderam aos numerosos pedidos de governantes estrangeiros que desejavam as bênçãos – terrenas e celestes – da conversão ao cristianismo. Foram enviadas missões a lugares tão distantes como a Morávia e o baixo Volga. Dentro do império, os eslavos foram assimilados à sociedade bizantina mediante a obra missionária. Os monges foram os missionários mais decididos; alguns, enviados pelo imperador para fazer proselitismo, e outros, indo por conta própria. Ir de um lado para outro sem preocupações materiais era ao mesmo tempo a glória e o perigo do monasticismo oriental: isso relaxava a disciplina, embora os homens santos itinerantes pudessem agir como "missionários acidentais". Alguns monges ortodoxos e armênios chegaram não apenas a terras eslavas, mas também até o Ocidente latino.

MAR BÁLTICO
RÚSSIA
Pripiat
Elba
Vistula
Oder
Praga
Sázava
MORÁVIA
Vladimir, Mosteiro da "Santa montanha"
Kiev, Mosteiro das Cavernas
Dnieper
Volga
Sakel
Jázaros
Dniester
alanos
Tmutarakan
Visegrad, S. Andrés
Veszprém, convento da Mãe de Deus
Tihanyt Mosteiro das cavernas
Pentele (Pantelemou)
Magiares
Drava
Sava
Oroszlámos, S. Jorge
Marosvár, S. João Batista
Veneza
PADOLIRONE
Po
Vidin
Belgrado
Sirmium, Szávaszentdemeter
Danúbio
Dristra
Preslav
Cherson
MAR NEGRO
Narentanos
Raš
Niš
Sófia
SÉRVIA
Lipljan
BULGÁRIA
Prizren
Skopje
Rila
Filipópolis
Constantinopla
ARMÊNIA
ROMA
Grottaferrata
MONTE CASSINO
Dyrrachium
Ochrida
Prespa
Tessalônica
Monte Athos
Monte Olimpo
Amalfi
Rossano
Pátirion, Sta. Maria
Sicília
Siracusa
Monte Latinos
Antióquia
PELOPONESO
Chipre
Creta
MAR MEDITERRÂNEO
Jerusalém
Alexandria
Nilo
Sta. Catarina

A IGREJA DO OCIDENTE

A queda de Roma e a sobrevivência do cristianismo

A queda do Império Romano do Ocidente levou certo número de cristãos à convicção de que o fim do mundo era iminente e de que se consumaria em meio de grandes perigos para a fé. Gregório, bispo de Tours (nascido por volta de 540) escreveu uma *História dos francos* que chega até a sua época, onde afirma que "as igrejas foram atacadas pelos hereges" e que "a fé em Cristo, que antes ardia no coração dos homens, agora se transformou numa chama bruxuleante". Para ele, tinha a maior importância que uma crônica deixasse registradas duas coisas: uma clara profissão de fé ortodoxa, o que ele faz no princípio do livro I, e um relato cronológico que remonte ao princípio do mundo, de maneira que situe os acontecimentos recentes em seu lugar dentro do esquema divino e anime "aqueles cujo coração desfalece diante do fim próximo deste mundo".

Nesta talha de meados do século XI, aparecem dois nobres francos com as mãos levantadas, um de cada lado da figura de João Batista. Este segura uma representação do Cordeiro de Deus, para o qual aponta com o dedo. A posição das mãos dos homens é indicativa de sua aceitação da fé cristã e de sua renúncia ao paganismo, num gesto que lembra a bênção.

A ameaça à fé, proveniente dos bárbaros que invadiam o Império, apresentava-se sob duas formas. Alguns eram seguidores de Ário, e aos olhos dos cristãos católicos seu triunfo significaria a perversão da fé ortodoxa. E os pagãos ameaçavam acabar com todo o cristianismo nas terras que conquistavam.

Embora o cristianismo tivesse sido a religião oficial do Império desde a época de Constantino, sua implantação foi superficial nas províncias periféricas. Nem o Império nem o cristianismo avançaram para além do Reno. No Oeste, no Norte da Gália, onde era bispo Gregório, na Bretanha e na Irlanda se tinham dado algumas conversões, mas na Bretanha o cristianismo sofreu um duro golpe com a invasão dos saxões, que empurraram os britanos para o País de Gales e a Escócia. Na Gália, a população cristã não retrocedeu, mas se manteve, de início de modo precário, sob os invasores. Gregório de Tours explica: "Os pais respeitavam os bispos do Senhor e ouviam seus conselhos; os filhos não só se negam a escutá-los, mas os perseguem. Os pais contribuíam com suas dádivas para a riqueza de mosteiros e igrejas; os filhos a espoliam".

No entanto, em alguns casos, os bárbaros se mostraram abertos à conversão: por exemplo, se fossem convencidos de que o Deus cristão era um poderoso aliado para os que levavam a cabo uma guerra justa. Já no final do século V, a esposa cristã do rei franco Clóvis (ou Clodoveu) "não cessava de pressionar o rei para que aceitasse o verdadeiro Deus e rejeitasse os ídolos". Mas suas palavras não surtiram efeito senão quando o rei se viu envolto numa batalha com os alemães na qual sofreu sérias perdas. "O rei percebeu o que estava ocorrendo, e sua consciência o sacudiu." Acreditou que o Deus dos cristãos estava aborrecido com ele. Recorreu a Cristo do mesmo modo como o imperador Constantino havia feito quase dois séculos antes. Prometeu que, se ganhasse a batalha, se batizaria. Venceu, e não somente o rei foi batizado, mas também mais de três mil de seus soldados; esses fatos ocorreram em 496. A força motriz da decisão era idêntica à que havia levado Constantino para o cristianismo, e suas conseqüências políticas, quase tão importantes para a sobrevivência da fé no Ocidente como as da decisão de Constantino tinham sido com respeito ao Império.

As conquistas dos bárbaros eram com muita freqüência brutais; mas os governantes pagãos convertidos às vezes se interessavam pelos fundamentos da fé que tinham adotado, com o que seu cristianismo melhorava com relação àquele que somente supunha o reconhecimento de um Deus poderoso como ajuda para as batalhas. Gregório de Tours descreve, em 570, de que maneira o rei Chilperico "escreveu um tratado sobre a Santa Trindade". Dizia nele que a Trindade devia ser entendida como um só Deus, o Pai o mesmo que o Filho, o Filho o mesmo que o Pai, e o Espírito Santo o mesmo que o Pai e o Filho. Parecia-lhe inapropriado que Deus fosse chamado de "pessoa" como se fosse um homem qualquer. O próprio Gregório tentou explicar-lhe que não era esse o caso. Só o Filho havia encarnado, e portanto não podia ser o mesmo que o Pai. Quis que Chilperico compreendesse que a palavra "pessoa" só era utilizada aqui em sentido espiritual. Chilperico se aborreceu e disse que trataria o assunto com homens mais sábios.

Quando os conquistadores eram arianos, a atitude tomada contra os católicos às vezes era violenta. Gregório descreve como o rei vândalo Trasamundo começou a perseguir todos os católicos "e tentou obrigar toda a Espanha a abraçar a perversa seita ariana, mediante tortura e várias formas de assassinato".

Talvez o efeito mais generalizado da conquista tenha sido aquele o que se refere Gregório no princípio de sua *História*: a decadência cultural e administrativa do velho sistema romano. A Gália tinha seus homens cultos: o próprio Gregório e, entre seus contemporâneos, Venâncio Fortunato, sábio bispo galo e poeta que se havia educado na Rávena imperial, e que se transformou em foco da cultura romana na corte dos francos. Mas os homens com amplos conhecimentos eram poucos, e cada vez menos numerosos. O cristianismo do Império tinha sido em grande parte um cristianismo romano, e o colapso dos velhos padrões e o desaparecimento do ambiente romano significaram que ele tinha de apoiar-se sobre novas bases, não somente doutrinais ou administrativas, mas também culturais e políticas.

Católicos, hereges e bárbaros no final do século VI
O mapa mostra o alcance das incursões arianas no Império Romano cristão durante o século VI. As invasões de visigodos e lombardos foram possíveis quando o Império estava estrategicamente mais debilitado. O resultado foi mais uma mudança política do que religiosa, no sentido de que os indivíduos dos povos conquistados não se converteram necessariamente ao credo ariano. O reino dos francos foi um caso diferente. Ali o cristianismo supunha um tipo de compromisso real na vida das pessoas, assim como nas terras célticas.

Invasões, migrações e missões

A decisão de São Paulo de dirigir-se aos gentios para convertê-los à fé de Cristo foi um dos pontos decisivos da história da cristandade. Durante o Império Romano, houve condições que facilitaram a propagação máxima da fé. Os soldados cristãos levavam suas crenças até os limites do Império. Com o colapso deste e a diminuição ou desaparecimento de muitas populações cristãs, tornou-se necessário outro meio adequado. No ano 600, a Europa era pagã desde a atual Bélgica até os Bálcãs, mas ao fim de um tempo algo novo começou a crescer das ruínas. Lentamente, o cristianismo se transformou de uma religião mediterrânea numa religião européia.

Às vezes se tratava de um crescimento natural; em outras ocasiões, do resultado de planos missionários. Explicamos que em alguns casos os cristãos das terras conquistadas convertiam os bárbaros pagãos e lhes transmitiam seus conhecimentos clericais e administrativos. Os bispos das missões, por seu lado, sentavam-se com os anciãos das tribos e os ajudavam a recolher seus usos consuetudinários em códigos escritos, adaptando-os às exigências da comunidade cristã.

O papa Gregório, o Grande, mostrou ativo interesse em assegurar a sobrevivência e expansão do cristianismo nas fronteiras da cristandade. Com preocupação pastoral, interessou-se pelo bem-estar dos escravos que eram adquiridos nos confins do Império. Em uma carta a Cândido, sacerdote que tinha sido enviado em missão papal à Gália, deu-lhe instruções de que procurasse comprar escravos anglos, com o único fim de que fossem levados para Deus e instruídos cristãmente em mosteiros. Gregório sabia que esses jovens podiam ser pagãos e, portanto, não ter sido batizados; assim, aconselhava Cândido a estar sempre acompanhado de um sacerdote, de maneira que se eles adoecessem antes de entrar nos mosteiros pudessem ser batizados e ficasse assegurada sua salvação.

No ano seguinte ao ano em que escreveu a carta a Cândido, Gregório enviou da Itália um grupo de 40 monges em viagem até Tours, Paris e Inglaterra, passando pelo vale do Ródano. O papa Gregório designou como chefe do grupo Agostinho, formado sacerdotalmente na família ou casa episcopal do bispo de Messina, e o informou pessoalmente de sua missão. "Não permitas que as dificuldades da viagem ou as más línguas dos homens te detenham", escreveu-lhe numa encomiástica carta de alento e apoio. "Embora eu não possa estar a teu lado, o grande anelo que me move fará com que eu participe na alegria de tua recompensa."

Esquerda. Uma representação do século XV de Agostinho de Canterbury (morto em 604 ou 605), de um vitral de St. Mary, Stowting, Kent. Agostinho conduziu a missão enviada pelo papa Gregório, o Grande, para converter os anglo-saxões ao cristianismo. Ele aparece aqui em atitude serena, com indumentária episcopal própria da Baixa Idade Média, embora a missão fosse um trabalho que requeria coragem, energia e espírito aventureiro. Pelo que sabemos, Agostinho foi mais um homem prático do que um estudioso, mas enfrentou os preconceitos pagãos locais com inteligência, sensibilidade e bom senso.

Direita. Os cristãos celtas desenvolveram uma arte de suma elegância e complexidade. Esta página do evangeliário de Lindisfarne (h. 696-698) mostra São Marcos trabalhando, com o Leão, seu símbolo, na parte superior. O animal toca uma trombeta que representa a Palavra e leva nas garras um Evangelho, tal como o santo. O simbolismo é claro e simples, mas poderoso, com a característica geometria céltica de suas linhas.

Acima. Este é o retrato conhecido mais antigo de São Gregório, o Grande (c. 540-604), e foi pintado no século VII. São Jerônimo (c. 342-420) aparece à esquerda, e Santo Agostinho de Hipona (354-430), no centro. A inclusão de Gregório entre os outros dois santos é um reconhecimento precoce de seu labor como Padre da Igreja.

A Igreja na Inglaterra

A idéia que tinha Gregório da missão era sobretudo pastoral; não queria que os pagãos do Império permanecessem em pecado. Era também amável e não-violenta. Em sua *História Eclesiástica*, Beda descreve de que maneira Etelberto de Kent recebeu o grupo de Agostinho com espírito amistoso porque tinha uma esposa franca e cristã, Berta, filha do rei merovíngio de Paris. Berta tinha na corte um bispo enviado por seus pais para apoiá-la. A Agostinho e seus missionários ela deu um lugar para viver, no qual "começaram a imitar o gênero de vida dos Apóstolos". "Continuamente se dedicavam a preces, vigílias e jejuns. Pregavam a palavra de vida a todos os que podiam." Algumas pessoas ficavam tão vivamente impressionadas por seu exemplo, por "seu modo de vida simples e inocente e pela doçura de seus ensinamentos celestiais", que se batizaram. Também o rei se converteu assim.

A nova Igreja da Inglaterra necessitava de uma liturgia como base de suas cerimônias. Gregório sugeriu a Agostinho que, dos padrões de culto da Igreja galicana e outros que conhecia, selecionasse os que lhe parecessem de melhor uso para os anglos. Agostinho devia introduzi-los com suavidade "e deixar que as mentes dos anglos se fossem acostumando". Esta política de penetração pacífica e gradual das práticas cristãs se estendeu ao uso dos antigos templos pagãos como igrejas, e à substituição de algumas cerimônias por outras. Os templos da nação inglesa não devem ser destruídos", escreveu Gregório a Agostinho. "Deixai que os ídolos que contêm sejam destruídos, mas aspergi os templos com água benta e colocai os altares sobre as relíquias... de maneira que as pessoas... possam afluir com a melhor disposição a esses lugares familiares e, afastando o erro de seus corações, venham a conhecer e adorar o verdadeiro Deus, e, já que estavam acostumadas a... sacrificar aos diabos, façamos com que outra cerimônia substitua essas práticas em ocasiões como os dias da consagração ou de nascimento dos santos mártires cujas relíquias se tenham depositado ali... E já não oferecerão animais ao diabo, mas matarão uma rês para comê-la à glória de Deus, dando graças ao dispensador de todos os dons. Se se fizerem algumas concessões externas, mais facilmente aceitarão o bem interno da graça de Deus. Porque é certamente impossível apagar tudo de uma só vez de suas mentes obstinadas."

Gregório estimulou Agostinho a permitir que os clérigos jovens das ordens menores de sua *família* de Christchurch, Canterbury, se casassem se o desejasse. A intenção era formar um clero nativo na *família* segundo o método romano, de maneira que os anglos cristãos fossem capazes de manter sua religião por si mesmos.

imago leonis

território cristão
território muçulmano
missão cristã com responsável e data conhecidos
local importante visitado por missão cristã
invasões dos séculos IX e X
normandos
sarracenos
magiares
fronteiras políticas até 900
NORUEGA
SUÉCIA
MAR BÁLTICO
DINAMARCA
MAR DO NORTE
ESCÓCIA
Iona
Columbano 563
Lindisfarne
Aidan, Cutbert 635-54
Bangor
IRLANDA
Dublin
GALES
INGLATERRA
Wilfrid, Willibrord 678, 690
Willibrord
Malmesbury
Londres
Glastonbury
Canterbury
Bonifácio 716
Utrecht
Ewalde
Suidbert
Hildesheim
Magdeburgo
Corvey
Elba
Vistula
Oder
Erfurt
Aachen
Fulda
Mainz
Tréveris
Rouen
Sena
Reims
Columbano 590
Paris
REINO FRANCO ORIENTAL
Kilian
Regensburg
Danúbio
BOÊMIA
ÁUSTRIA
Viena
Salzburgo
HUNGRIA
REINO FRANCO OCIDENTAL
Luxeuil
Reichenau
Tours
Poitiers
Gallus 614
Chur
CARÍNTIA
Drava
Sava
Aquiléia
ALTA BORGONHA
ITÁLIA
VENEZA
CROÁCIA
Lyon
Po
Bobbio
Ravena
Ródano
Garonne
PROVENZA
Arles
SÉRVIA
Metódio 869
ESTADOS PONTIFÍCIOS
Metódio 867
OCEANO ATLÂNTICO
Leão
LEÃO
NAVARRA
Ebro
Duero
Córsega
Roma
Nápoles
Sardenha
Toledo
Tejo
Lisboa
CALIFATO DE CÓRDOBA
Ilhas Baleares
Córdoba
Sevilha
Cartago
Sicília
MAR MEDITERRÂNEO
escala 1: 12.000.000
600 km
400 mi

Acima. Esta bela capa de marfim (c. 870), provavelmente do livro de orações de Carlos, o Calvo, mostra o salmista Davi entrando na Casa do Senhor. A mão de Deus sai de uma nuvem, e na parte inferior é representado um exército. Estilo, fantasia e iconografia se destacam também nas miniaturas francas de então.

Esquerda: Invasões, migrações e missões do século VII ao X
As missões cristãs desenvolveram um incansável labor, a fim de anular os efeitos das invasões que se abatiam sobre Europa. Da Irlanda, os missionários celtas goram para o País de Gales, para a Escócia e para o continente. Do Norte da Inglaterra partiram outros para a Holanda e a Escandinávia. Dos mosteiros da Europa central, irradiaram missões para os povos invasores do Leste, e em Roma teve origem um movimento evangelizador para as terras magiares e bizantinas. Durante muito tempo se renunciou à pregação em terras islâmicas. O grosso do esforço cristão ocidental se concentrou na conversão da Europa setentrional.

Agostinho não era o único interessado em converter a Inglaterra. Os monges celtas da Irlanda tinham começado antes. A Irlanda havia mantido seu cristianismo desde a conversão do país no século V por Paládio e Patrício. A invasão não implicou nenhuma interrupção, embora os irlandeses não tivessem permanecido isolados e tivessem mantido contatos com os coptas e com o mundo grego. A tradição irlandesa dá grande ênfase à idéia de que esta vida é uma viagem para o Céu. Os monges irlandeses que converteram o Norte da Inglaterra se puseram a navegar com espírito de peregrinos, e pregaram na terra aonde Deus os levou em sua peregrinação.

Quando Osvaldo da Nortúmbria, que tinha sido educado e batizado no mosteiro celto-irlandês de Iona, regressou à Nortúmbria em 635, o mosteiro de Lindisfarne, sob a direção de Aidan, se converteu no centro do cristianismo céltico do Norte. O mesmo Aidan empregou grande parte de sua vida em viagens de pregação pela Nortúmbria. Ali se seguiam os costumes irlandeses e se copiava o estilo irlandês de iluminação de manuscritos. As pequenas igrejas de forma retangular dos celtas, com um espaço ao fundo para um altar, eram mais fáceis de construir que as basílicas do Sul da Europa, e lançaram as bases do estilo inglês de construção de igrejas, que floresceria posteriormente.

Entre os fiéis de Agostinho e os cristãos celtas surgiram tensões sobre a data da Páscoa e a forma da tonsura clerical. O "partido" romano até se negou a aceitar a validade das ordenações irlandesas. Em meados do século VII, a conciliação se fez necessária. Em 664 o rei Oswy convocou um sínodo de Whitby. Escutou as duas partes e decidiu que Roma tinha razão. O resultado foi o triunfo da ala romana. Os bispos monásticos e tribais da tradição celta foram substituídos por um episcopado continental, baseado na divisão geográfica, não tribal, das sedes. Cinco anos depois, o monge grego Teodoro chegou de Roma para tornar-se arcebispo de Canterbury. Acompanhava-o um monge africano, Adriano, que se tornou abade de São Agostinho de Canterbury. Teodoro viajou pela Inglaterra visitando os reis e pondo os bispos sob sua autoridade. Reorganizou as sedes do país, distribuindo-as entre o bispo Vilfrido de York e o bispo Chad de Lichfield. (A divisão nas províncias de York e Canterbury não se deu senão em 735.)

A conversão da Germânia

A conversão da Germânia se deveu em grande parte aos missionários procedentes da Inglaterra. Quando o bispo Vilfrido de York navegava para Roma para apelar contra a divisão de seu bispado, a embarcação em que viajava encalhou na costa da Frísia, e ele passou o inverno pregando na região. Maior número de conversões conseguiu Vilibrordo, outro monge da Nortúmbria que participava do zelo missionário que havia impelido os irlandeses para a Inglaterra. Ele foi enviado ao continente por Egberto, um sacerdote de que Beda conta que "levava uma vida de exilado na Irlanda... e esperando poder alcançar sua pátria celestial", e que havia pensado em ser ele mesmo missionário para realizar "a apostólica tarefa de dar a conhecer a palavra de Deus... a algumas das nações que ainda não a tinham escutado. Sabia", prossegue Beda, "que havia muitos povos na Germânia dos quais procediam os anglos e os saxões que agora vivem na Britânia... Ainda há outras muitas nações na mesma terra que continuam a praticar ritos pagãos". Mas algumas "intervenções e revelações divinas" o impediram de ir pessoalmente.

Quando finalmente o monge Vilibrordo chegou com seus acompanhantes, visitou o duque dos francos, o qual os recebeu bem e lhes prestou o apoio de sua autoridade para poderem pregar sem ser incomodados. Um dos colaboradores de Vilibrordo era Bonifácio. Este havia entrado na vida monástica ainda menino e contra a vontade dos pais. Foi ordenado sacerdote quando tinha mais de trinta anos, com o fim de dedicar-se às missões. Em 722 deixou Vilibrordo e viajou por Hesse e pela Turíngia, onde conseguiu grande número de conversões. Depois viajou a Roma para prestar juramento de obediência a Gregório II e ser consagrado bispo, com o fim de poder ordenar sacerdotes seus conversos. Sob a proteção de Gregório II e de Carlos Martel e seu filho Pepino, o Breve, prosseguiu sua missão entre os saxões e na Igreja franca, pregando, fundando mosteiros e promovendo reformas quando os cristãos francos caíram na laxidão.

Foi morto em 754 por um bando de pagãos. Deixou semeada na mente de Pepino, o Breve, a idéia de que a missão era muito importante, mas Pepino prosseguiu a tarefa missionária recorrendo à força da espada.

ORIENTE E OCIDENTE, RUMOS DIFERENTES

No Ocidente, após a queda do Império romano, foi preciso proceder a grandes mudanças e reajustes. O Oriente não experimentou uma ruptura direta com o passado. Com sua consciência de continuidade e direta descendência da Igreja primitiva, e com a vagueza com que utilizava o termo "igreja", aplicado indistintamente a patriarcados, nações e cidades, como Corinto, Teofilato de Ocrida (arcebispo 1090-1125) provavelmente representa a maioria dos devotos não-fanáticos dos clérigos orientais. Teofilato apela sobretudo para o costume imemorial e para a tradição apostólica. Pela moderação de seu tom e, em geral, por seu desejo de humildade e tolerância, Teofilato está convencido de que se deve seguir a prática e o espírito da Igreja primitiva. Os bizantinos piedosos consideravam essa Igreja muito compreensível e imediata, ainda que nela não tivesse havido lugar para o imperador. Os simples fatos geográficos e lingüísticos, tão óbvios que às vezes os desprezamos, abonavam este sentimento.

O Novo Testamento era escrito num grego compreensível para qualquer bizantino culto, e muitos dos destinatários das epístolas de São Paulo tinham vivido no mundo bizantino: Tessalônica, Corinto, Éfeso, Filipos, Colossos. Estes e outros lugares eram os cenários de muitos dos Atos dos Apóstolos. Para os bizantinos, a tradição significava estar em comunicação direta com a época dos primeiros milagres e com o livro do *Apocalipse*, escrito por São João na ilha de Patmos, onde em 1088 o monge Cristódulo fundou o Mosteiro de São João, o Divino. A tradição tinha a chave da verdade. Qualquer mudança ou inovação era uma separação das práticas devidas aos Apóstolos ou das doutrinas estabelecidas pelos Padres nos concílios universais. Assim, para os cristãos orientais "mudança" significava "cisma" da Igreja primitiva.

A autoridade na Igreja: Oriente e Ocidente

Tanto no Oriente como no Ocidente, o cristianismo arraigou-se primeiro nos povoados e cidades, e só depois no campo. Em meados do século V, era normal que o grupo de cristãos de uma cidade fosse dirigido por um bispo, com sua *família* de clérigos. A *família* era pensada sobre o modelo da casa nobre romana. Nela se formavam os sacerdotes e os diáconos da diocese. Seu âmbito abarcava a própria cidade e o território que a rodeava: normalmente, um pequeno território na Itália e em alguns lugares do Leste onde havia cidades grandes e muito próximas, e uma extensa região nas áreas da Europa ocidental onde havia poucas cidades. Normalmente, as sedes se agrupavam em províncias, com um bispo metropolitano à frente.

Dentro dessa estrutura, os bispos exerciam a autoridade sobre seu próprio clero e povo. Quando ficava vacante uma sede, o novo bispo era eleito pelo clero, pelos nobres e pelo povo da diocese, e o bispo metropolitano supervisionava a eleição. O bispo metropolitano convocava também reuniões com os bispos da província, e nesses sínodos todos discutiam os pontos doutrinais que tinham dificuldades locais ou os problemas de disciplina, e depois se ditavam algumas normas. Estas, os "cânones" de sínodos ou concílios, constituíam as regras de governo da Igreja.

Era da maior importância que essas unidades locais estivessem muito unidas com os demais corpos locais dos cristãos, de maneira que a Igreja permanecesse unida e não se dividisse. Isso se conseguiu em parte pelo alto grau de unificação das províncias sob os patriarcas, os quais ocupavam as sedes das cidades mais importantes do mundo, onde os Apóstolos tinham pregado: Antioquia, Jerusalém e Alexandria no Leste, e Roma no Oeste, com o acréscimo de Constantinopla, cuja posição no Império lhe permitia considerar-se a Nova Roma. Nos primeiros séculos do cristianismo, tinham sido realizados concílios gerais com a finalidade de preservar a unidade e tentar chegar a uma formulação definitiva dos pontos doutrinais.

A Igreja era em princípio um conglomerado de comunidades locais que se administravam por si mesmas, mas a tendência à centralização, absolutamente necessária para preservar a unidade, tendeu também a estimular a aparecimento na Igreja de uma autoridade central única. No Ocidente, o bispo de Roma adquiriu a primazia de maneira natural, enquanto cabeça da única sede apostólica do Ocidente. Em geral, os homens dos patriarcados orientais estavam dispostos a reconhecer que ao bispo de Roma cabia certa dignidade especial, como titular da sede da antiga capital imperial e por sua tradicional autoridade sobre questões de fé e de doutrina cristã, mas para eles o corpo supremo, representativo de toda a Igreja, era formado pelo concílio ecumênico presidido pelo imperador. E, assim, aos sete primeiros concílios ecumênicos tinham assistido os cinco patriarcas ou seus representantes plenipotenciários. No sétimo (787), foi rejeitada e anatematizada a iconoclastia.

Pelo menos do século IX em diante, os cristãos orientais se mostraram entusiasmados com o conceito de Igreja como "pentarquia". Atuando de maneira colegiada, os cinco patriarcas podiam preservar a verdadeira fé e, por ocasião de qualquer controvérsia importante, oferecer uma redefinição. Entre os principais defensores desta idéia, contavam-se o patriarca Nicéforo I (806-815) e Teodoro, abade do Mosteiro de Estúdio, em Constantinopla. O interesse de Teodoro pela doutrina foi estimulado pela controvérsia iconoclasta, e ele se mostrou disposto a solicitar a opinião do papa de Roma quando esteve em desacordo com a política do imperador; mas nem sequer Teodoro considerava o papa algo mais que um patriarca autorizado, cuja palavra era de mais peso porque ele se achava fora do alcance da força coercitiva do imperador. Teodoro se re-

Vista da localidade de Patmos do mosteiro fortificado de São João, o Divino. As casas são em sua maioria modernas, mas construídas no estilo tradicional. As paredes são caiadas, e as janelas são pequenas. Os terraços planos servem para recolher a rara e preciosa água da chuva. O mosteiro foi fundado por Cristódulo em 1088 e recebeu isenções fiscais completas e outros privilégios concedidos pelo imperador Aleixo I Comneno.

Esses privilégios foram renovados pelos soberanos seguintes, até o fim do Império bizantino. O mosteiro logo se tornou famoso por sua biblioteca, e ainda conserva a fama. Em 1669 foi fundada uma escola de teologia, que continua ativa.

feriu em repetidas ocasiões ao "corpo de cinco cabeças da Igreja", com o que aludia aos cinco patriarcas agindo coordenadamente. Não se pensava que um só patriarca pudesse ter o monopólio da verdade.

A sucessão apostólica

Nicéforo não se limitava à idéia de colegialidade. Partia também da base de que os cinco patriarcas tinham origens "apostólicas": "É antiga lei na Igreja que, quando surgem dúvidas ou controvérsias, são resolvidas e esclarecidas por um concílio ecumênico com o consentimento e aprovação dos ilustres patriarcas que ocupam as cátedras apostólicas". Em contrapartida, o papado estava disposto a reconhecer apenas Antioquia e Alexandria como "apostólicas", além da própria Roma, pois São Pedro manteve estreitas relações com elas.

No entanto, a idéia de apostolicidade, ou seja, a idéia de que os patriarcas ocuparam as sedes dos Apóstolos como por sucessão legal, não era um ponto fundamental do pensamento da Igreja do Oriente. Muitos escritores eclesiásticos bizantinos seguiam Orígenes, que defendia que, em essência, São Pedro era somente o primeiro "fiel". Os demais podem também imitar a Pedro e crer. E assim receberão, por sua vez, as chaves do reino dos Céus. No século XII, um escritor grego do Sul da Itália escreveu: "O Senhor entrega as chaves a Pedro e aos que o seguem, de maneira que as portas do reino dos Céus estão fechadas para os heréticos, mas abertas para o fiel". Outros escritores bizantinos consideravam os bispos como os mestres e guardiães da fé em cada comunidade e, portanto, como continuadores da missão encomendada por Cristo a Pedro. A opinião de Gregório de Nissa de que Cristo "através de Pedro deu aos bispos as chaves das honras celestiais" era compartilhada pela maioria dos bizantinos de todas as épocas.

No século XII, Nicolau de Metônia escreveu sobre a "graça" do episcopado. Ele defendia que, uma vez que tivesse sido concedida a uma pessoa em sua consagração, a graça permanecia nela ainda que deixasse a sede. Seu raciocínio se baseava principalmente na idéia da sucessão apostólica, mediante a qual a graça do episcopado era transmitida de geração em geração. Essas idéias continuaram a ter eco, e até foram reforçadas, nos últimos séculos de Bizâncio. A existência mesma de uma prolongada diversidade de opiniões sobre o fundamento da autoridade na Igreja indica que a hierarquia ortodoxa não era especialmente fechada, e que a autoridade de um patriarca oriental não era formulada de maneira tão onicompreensiva e precisa como a do papa de Roma. No Ocidente, o papa foi durante muitos séculos a autoridade suprema da Igreja. Entre os papas que exerceram a autoridade deste modo, contam-se Gregório VII, de cujas reformas trataremos mais adiante, e Inocêncio III (1198-1216), um autocrata que fez quanto pôde para reforçar o poder papal, convocou duas cruzadas, organizou a Inquisição para reprimir os hereges do Sul da França e se rodeou de uma equipe de juristas.

No entanto, no final da Idade Média, dentro da Igreja ocidental houve um movimento que entendeu que o poder papal não podia ser exercido legitimamente sem participação, e que os concílios ainda eram uma parte necessária do governo eclesiástico e da tomada de decisões doutrinais. O movimento "conciliar" contribuiu em grande medida para criar uma hierarquia de alto clero e limitar o poder direto do papa. E para reforçar o princípio estabelecido no século XI de que o papa devia ser eleito não apenas pelos cardeais, mas também pela comunidade cristã. O movimento surgiu como resposta a um problema específico: o repúdio, em 1378, de Urbano VI pela maioria dos mesmos cardeais que o tinham eleito. Estes designaram um papa rival, Clemente VII. O caso revelou a carência de um órgão de governo na Igreja capaz de decidir uma eleição controvertida. Suscitou-se uma questão que era preciso resolver com urgência: onde reside a autoridade eclesial? Em todo o povo de Deus, como afirmava Ockham? No papa, como afirmava Giles de Roma? Ou no colégio de cardeais?

A controvérsia suscitada deu origem a uma abundante literatura. Nicolau de Cusa (1401-1464) manifesta claramente que o concílio geral é a única representação adequada da Igreja universal, e governa toda a Igreja. Ele pode destituir o papa, bem como vinculá-lo mediante seus decretos. João Gerson (1363-1429), por sua vez, considera o concílio geral como a autoridade suprema da Igreja, não como representante da comunidade dos fiéis, mas porque, como assembléia de todo o episcopado, pode controlar e julgar o papa em circunstâncias excepcionais, quando, por sua atuação, está prejudicando gravemente a *res publicae ecclesiae*. Contrários a essas posições eram os que pretendiam que o colégio de cardeais, de acordo com o papa, constituía o supremo órgão de governo da Igreja, acima dos seculares e do episcopado.

Esquerda. São Lucas lendo à luz de uma lâmpada: ilustração de um Evangelhos bizantino do século X. Seu estilo não aspira ao realismo. O artista se mostra menos preocupado em captar o aspecto de um homem sentado diante de uma mesa do que em apresentar São Lucas, cujo nome aparece escrito sobre sua cabeça para maior clareza. A iluminação de manuscritos se limitou a certos tipos de textos, como os Evangelhos, o saltério e algumas obras dos Padres da Igreja. Mesmo os livros simples, sem iluminuras, eram muito caros.

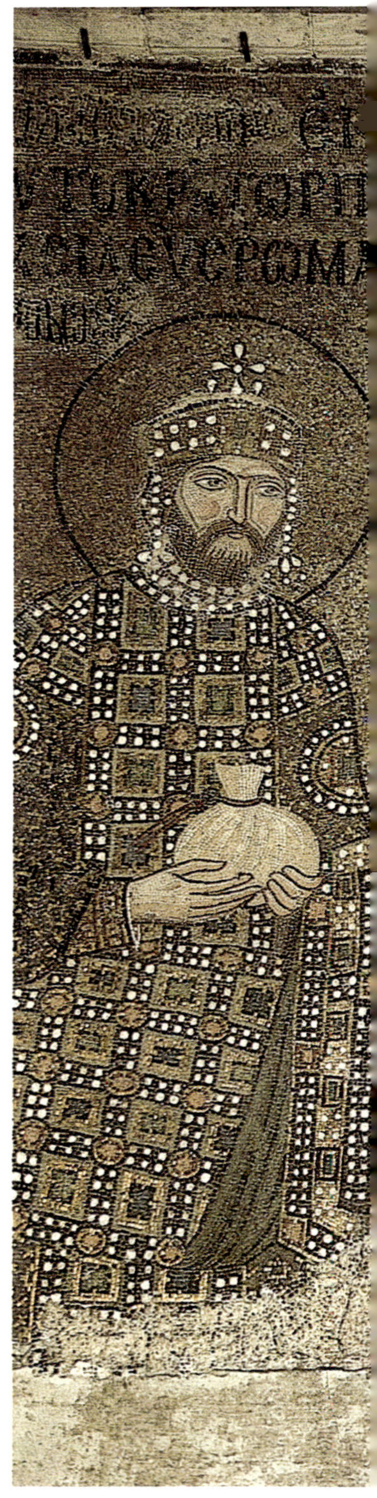

Cisma

Para o Leste grego era de todo evidente que o patriarca da Nova Roma (Constantinopla) devia exercer uma jurisdição de apelação paralela à da antiga Roma do Oeste, e que devia desfrutar de um lugar de honra depois do papa. O IV Concílio Ecumênico de Calcedônia (451) aprovou uma resolução neste sentido, na ausência dos representantes romanos. O cânone 28 oferecia uma fórmula de compromisso que colocava Constantinopla quase no mesmo plano que Roma: "Com toda a justiça os Padres concederam privilégios à cátedra da Antiga Roma, porque era a cidade imperial, e 150 dos bispos mais religiosos [no II Concílio Ecumênico, 381 d.C.), com base nas mesmas considerações, concederam iguais privilégios à santíssima cátedra da Nova Roma, julgando com justiça que a cidade, que é honrada com a presença do imperador e do Senado, e desfruta de privilégios iguais à da antiga Roma imperial, também em matérias eclesiásticas deve ser magnificada como lhe corresponde, e situada imediatamente depois daquela". Esta declaração é moderada e pouco clara. Omite toda menção da reivindicação papal de ser o pontífice o sucessor de São Pedro. O cânone foi recusado pelo papa Leão, o Grande, mas se manteve vigente na Igreja oriental. Depois houve outras tentativas de encontrar uma definição aceitável dos respectivos papéis das duas sedes patriarcais principais. No final do cisma acaciano entre Roma e o Oriente (484-518), acordou-se que "a fé católica foi mantida íntegra pela sede apostólica". Mas esse reconhecimento do papel do papa na salvaguarda da doutrina nunca adquiriu o estatuto de cânone ou de concílio ecumênico. Somente uma geração depois, Justiniano proclamava a "unicidade" de Igreja e Império, e esperava a submissão do papado até em matérias doutrinais.

O último concílio indiscutivelmente ecumênico, seguido e ratificado pelos delegados dos cinco patriarcas, foi o de Nicéia de 787; mas os legados pontifícios estiveram presentes também no concílio de 861, que confirmou a destituição de Inácio como patriarca e a eleição de Fócio. O papa Nicolau I desautorizou seus enviados e se pronunciou formalmente pela destituição de Fócio, apoiando a causa de Inácio. Embora no princípio fosse apenas uma questão de disciplina eclesiástica, o caso se transformou numa controvérsia sobre a natureza e a extensão da autoridade papal, e o patriarca Fócio acusou a Igreja ocidental de erros na liturgia e condenou o uso feito no Ocidente da cláusula *filioque* no Credo, por considerá-la um acréscimo gratuito e herético. Fócio enviou uma carta aos principais patriarcas orientais sobre a questão do *filioque*.

Em 907, o obstinado patriarca Nicolau I (901-907; 912-925) denunciou o matrimônio que o imperador Leão IV se propunha a contrair com sua amante Zoé, "de olhos negros como o carvão" (Carbonopsina). Zoé dera a Leão um herdeiro, e Leão estava ansioso por casar-se e legitimar assim o filho. No entanto, este teria sido o quarto matrimônio do soberano, e Nicolau se negou a sancioná-lo, pois um terceiro matrimônio, e muito menos um quarto, era contrário à lei canônica. Posteriormente, o patriarca escreveria num tratado: "Se o legislador [quer dizer, o imperador] é o primeiro a não cumprir o que a sua própria lei prescreve desprezando seu mandado, não é evidente que está estimulando o público a transgredir a lei em vez de observá-la?" Não é de estranhar que Leão VI se dirigisse aos outros quatro patriarcas em busca de apoio, e proclamasse aos quatro ventos a mensagem de aprovação de seu quarto matrimonio recebida do papa.

Com base neste apoio da Antiga Roma, Leão agiu contra Nicolau. Destituiu-o e desterrou, e os emissários papais confirmaram a destituição de Nicolau e a indicação de seu sucessor, Eutímio. No entanto, Nicolau saiu de toda esta questão convertido em mártir. Contou com o apoio de muitas hierarquias e foi repos-

Abaixo. Uma bolsa de dinheiro para Cristo. Cristo aparece sentado entre o imperador Constantino IX Monômaco e a imperatriz Zoé neste mosaico de Santa Sofia de Constantinopla. A figura de Constantino levando uma grossa bolsa nas mãos recorda a importante doação que fez em 1040 para Santa Sofia. Esta efusão de piedade e generosidade era, por outro lado, necessário, já que ele não devia a coroa a nenhuma herança, mas sim ao capricho da imperatriz Zoé, que o tomou como seu terceiro marido. O mosaico original mostrava Zoé e seu primeiro marido, Romano III Argiro (1028-1034), que foi substituído por Constantino IX.

to como patriarca em 912. O cisma da Igreja bizantina entre os defensores de Nicolau e os que apoiavam o agora deposto Eutímio se prolongou até 920, quando um "Tomo de União" reconciliou de forma solene as duas partes, concluindo com uma série de contundentes anátemas: "Tudo o que se escreveu ou falou contra os santos patriarcas Inácio, Fócio, Estêvão, Antônio e Nicolau, seja anátema". O imperador estaria obrigado a cumprir os cânones da Igreja em matéria de moral, sem reconhecimento de nenhuma flexibilidade devida a exclusivas razões de Estado.

Embora o "Tomo de União" tenha acabado formalmente com as disputas entre as hierarquias bizantinas, seus anátemas não se punham de acordo sobre a dispensa papal dos terceiros e quartos matrimônios. O nome do papa havia estado ausente dos dípticos constantinopolitanos desde a reinstauração de Nicolau como patriarca em 912. Tanto Romano I Lecapeno como Nicolau pareciam desejosos de restaurar as boas relações com Roma. Romano, para contar com um contrapeso diante de seu pouco confiável patriarca, e Nicolau pela imperiosa necessidade que tinha de proteger seus flancos diante dos inimigos fanáticos de dentro da Igreja.

A coroação papal de Oton I como imperador germânico em 962 deu origem a novas complicações, mas, depois que Oton empregou a força em sua tentativa de tomar Bari e dominar outras regiões da Itália bizantina, mostrou-se disposto a diminuir sua pretensão inicial de pedir em matrimônio uma porfirogênita, e aceitou como prometida de seu filho Teófana, sobrinha do imperador reinante João Tzimisces. Depois o governo bizantino se sentiu preocupado com a incursão de Oton II na Calábria bizantina e com as tentativas dos imperadores saxões de controlar Roma. Oton III aumentou este controle conseguindo que seu primo Bruno fosse designado papa, o que causou particular preocupação no Império bizantino.

No entanto, a relação entre o papa e o imperador não era o que mais preocupava os hierarcas e ideólogos bizantinos. As reivindicações papais baseadas na "Doação de Constantino" causavam provavelmente pouca impressão no governo e na Igreja de Bizâncio, enquanto as pretensões dos saxões de ser imperadores "romanos" raras vezes chegariam a ser consideradas como uma séria ameaça à posição bizantina de considerar-se o Estado sucessor da Roma imperial. Qual foi, realmente, a causa da deterioração das relações entre Bizâncio e o papado no século XI? A razão mais profunda talvez tivesse de ser buscada na drástica ampliação das reivindicações papais relativas aos direitos e deveres da Santa Sede.

O zelo reformista dos imperadores Oton III, Henrique II e Henrique III levou para Roma uma nova casta de clérigos, formados (normalmente como monges) ao norte dos Alpes, temperados na estrita disciplina dos cenóbios de Lorena e, em alguns casos, de Cluny, e ansiosos por impor as maneiras conventuais na cúria papal. Mostravam-se impacientes com o relaxamento e a corrupção que ainda imperavam. Mas as difíceis relações entre o papado e Bizâncio requeriam certo grau de compromisso mundano. Odilon, abade de Cluny, escreveu em termos absolutamente desfavoráveis sobre Teófana, a esposa bizantina de Oton II, e fez obscuras (e falsas) insinuações relativas a uma conspiração em que estariam envolvidos Teófana, João Filagato "e outros lacaios" contra outros membros da regência durante a menoridade de Oton III. Outros clérigos reformistas mostraram sua reprovação ao costume bizantino de utilizar o suborno na corte papal, considerando que esse costume tinha uma influência corruptora sobre o papado. No entanto, a principal causa de distanciamento parece ter sido a introdução no Credo de Roma do termo *filioque*.

A questão do *filioque*

O Credo de Nicéia, revisado pelo concílio de Constantinopla de 381, declarava que o Espírito Santo procedia "do Pai". Em algum momento do século VII, ou antes, eclesiásticos espanhóis, grandes conhecedores de Santo Agostinho, acrescentaram as palavras "e do Filho" (em latim, *filioque*). Esta incorporação foi adotada em algumas partes do reino franco e da Germânia, e os clérigos nórdicos a introduziram em Roma. O papado não avaliou de maneira explícita o término *filioque*, mas em 860 rejeitou a declaração de Fócio de que o acréscimo era teologicamente insustentável. Parece que apenas no início do século XI o papado começou a utilizar regularmente esta versão complementada do Credo. A iniciativa parece ter partido de clérigos germanos. A versão modificada foi cantada solenemente em Roma, em 1014, por ocasião da coroação imperial de Henrique II. Provavelmente foi utilizada na declaração de fé enviada pelo papa Sérgio IV a Constantinopla em 1009, e nas cartas protocolares que os novos patriarcas enviavam a seus colegas.

Em 1024, pôde-se perceber um sinal de que as relações Oriente-Ocidente não andavam bem. O patriarca de Constantinopla escreveu ao papa propondo uma fórmula de acordo: "com o consentimento do bispo de Roma, a Igreja de Constantinopla seja chamada e considerada universal em sua própria esfera como a de Roma o é no mundo". Esta fórmula deliberadamente ambivalente era aceitável para o papa João XIX e a cúria papal. Parece que foi o destacado reformista Guilherme de Benigne quem objetou a ela com a maior violência. Escreveu uma carta ao papa João reprovando-lhe a disposição a compartilhar sua autoridade universal e indivisível. Então João recuou de sua aceitação da fórmula. O episódio sugere que as diferenças com respeito ao *filioque* tinham dado origem a outras questões, como a autoridade na Igreja, e que agora Bizâncio estava tentando pô-las sobre a mesa. A fórmula proposta pelo patriarca de Constantinopla possivelmente teria levado a um acordo tácito quanto ao *filioque*. Significativamente, a oposição não surgiu do clero romano, mas do nórdico, desejoso de clareza e verdade, como diziam, e impaciente diante da política de compromisso, que ele considerava corrupta.

Se Bizâncio não deu mais nenhum passo para um acordo com Roma a partir de 1020, dificilmente se poderá atribuir isso às dificuldades das comunicações. A total conversão da Hungria ao cristianismo e o desaparecimento da ameaça dos piratas muçulmanos fez com que as comunicações entre o Leste e o Oeste fossem mais seguras que em nenhum outro momento do século VII. A Igreja bizantina e os hierarcas do governo provavelmente se limitavam a esperar que a tormenta vinda do outro lado dos Alpes cedesse, e que a cúria papal recuperasse seu desejo de acomodação, do qual havia dado prova a resposta inicial de João XIX à fórmula de compromisso. Mas nos cálculos da diplomacia bizantina entrava outro elemento. Até 1040, o Estado bizantino alimentava a esperança de reconquistar a Sicília aos muçulmanos e consolidar sua autoridade sobre o Sul da Itália. Se as diversas campanhas que havia empreendido com esse fim tivessem tido êxito, sua capacidade de pressionar o papado para chegar a um arranjo, ou simplesmente para assegurar uma colaboração genérica, se teria fortalecido em grande medida.

Os Estados Pontifícios
O "patrimônio de São Pedro" foi crescendo mediante as generosas concessões de Pepino, o Breve, e de Carlos Magno. Em troca de sua ajuda militar, Carlos Magno foi coroado imperador no ano 800. O imperador devia proteger o papa e suas possessões. A Santa Sé encontrou outro poderoso protetor em Oton I da Alemanha, a quem João XII coroou imperador em 962. Mais que por um bloco de propriedades, o "patrimônio" era formado por um conjunto de direitos e poderes. A reforma gregoriana deu poucas oportunidades aos papas para defender suas possessões do Centro de Itália, e seus adversários souberam avivar as lutas entre as cidades da região. Foi Inocêncio III (1198-1216) quem, com sua atuação decisiva, pôs ordem primeiro na própria cidade de Roma e depois em toda a Itália central, até o ducado de Spoleto. O controle papal nessas regiões não foi absoluto, e menos ainda na Pentápolis. Mas ao menos o papado contava com um poder amplo e efetivo na Itália, pelo qual obtinha importantes rendas. O preço foi, no entanto, um maior envolvimento nas lutas políticas.

Novas orientações do papado

Enquanto em Bizâncio o tempo ia passando sem maiores sobressaltos, no Ocidente se sucediam os acontecimentos. Aventureiros normandos, alguns deles antigos mercenários empregados pelos príncipes lombardos ou pelo exército bizantino, começaram a apoderar-se de terras e senhorios por todo o Sul da Itália. Algumas cidades marítimas italianas, como Veneza, Pisa e Gênova, começaram a adiantar-se na iniciativa contra os corsários muçulmanos, chegando a organizar incursões vitoriosas contra as bases deles. As hierarquias eclesiásticas se mostravam mais dispostas que nunca a distinguir entre sua condição e a de leigo, e a considerar a Igreja como uma ordem à parte da sociedade que dá instruções aos leigos, em vez de permitir-lhes intervir nas nomeações eclesiásticas. Essas transformações propiciaram os instrumentos adequados para impulsionar uma nova orientação para o papado quando Bruno de Toul, destacado reformista, foi designado papa pelo imperador Henrique III em 1049. Leão IX, nome que adotou Bruno, começou logo a revitalizar a cúria papal, enchendo-a de nórdicos enérgicos e austeros, de seu próprio estilo, e tentando com isso erradicar a compra de cargos e a simonia em todos os seus aspectos, bem como o concubinato nos mosteiros e em toda a Igreja. Impôs, assim, algumas normas uniformes, reservando ao papa o poder de ditá-las. Houve uma sucessão de concílios no Ocidente nos quais se condenaram casos concretos de simonia e a simonia em geral. No realizado em Reims em 1049, além de doze cânones sobre a correção de abusos clericais, um dos editos declarava que o papa era o único "primado e apostólico" (*apostolicus*) da "Igreja universal". Este edito tinha sido precedido pela leitura de "sentenças sobre

Os cristãos na Constantinopla medieval

Abaixo. Uma vista do cruzeiro da Igreja dos Santos Sérgio e Baco, mandada construir por Justiniano em honra de dois soldados sírios martirizados sob Diocleciano. Parte da inscrição grega que se encontra no epistilo (encima dos capitéis) pode ser vista na fotografia: "Outros governantes honraram mortais cujas obras foram vãs, mas o nosso soberano Justiniano, para estimular a piedade, honrou com uma soberba construção Sérgio..." Justiniano demonstrava sua veneração pelos santos sírios, e a planta octogonal deve muito às capelas dos mártires sírio-palestinos.

A Constantinopla medieval era talvez a maior das cidades cristãs que o mundo havia conhecido até então, cheia de monges, mosteiros e igrejas. Nem todos os habitantes eram ortodoxos bizantinos, nem sequer cristãos: havia judeus e existia pelo menos uma mesquita. Mas o caráter oficial de "cidade protegida por Deus" era eminentemente cristão, e assim se proclamava dia após dia nas cerimônias religiosas e imperiais, ambas muito relacionadas entre si. Embora a maioria dessas cerimônias se desenrolasse em palácio ou Igreja de Santa Sofia, outras tinham lugar nas ruas principais. Parece que os cidadãos comuns tinham em grande apreço as formas públicas de culto, principalmente o da Virgem, protetora da cidade ante as sucessivas ondas de bárbaros. O grau de piedade pessoal é difícil de avaliar, mas se sabe que o povo comum procurava em grande número os homens santos que viviam fora da cidade para consultá-los ou em busca de cura.

Acima. O nártex de Santa Sofia, na direção sul. Esta é uma parte da construção original, erguida por Justiniano. As placas de mármore multicor que adornam suas paredes são emolduradas por faixas de mármores brancos. As portas da esquerda conduzem à nave central e às laterais. Por uma dessas portas, "a porta real", passavam as procissões imperiais para entrar no interior da igreja.

Direita. Estas três igrejas geminadas, vistas pela parte da abside, pertenciam ao Mosteiro de Cristo Pantocrátor, fundado por João II Comneno (1118-1143). A igreja do norte *(direita)* era consagrada ao mesmo Cristo Pantocrátor; a do sul, à Mãe de Deus Misericordioso. Elas são unidas por uma capela funerária dedicada a São Miguel. A idéia de João Comneno era que esta capela fosse o lugar de sepultura para a sua dinastia, e vários imperadores foram enterrados ali. O mosteiro mantinha um asilo de velhos e um grande hospital com várias peças para os diferentes tipos de doentes.

esta matéria promulgadas antigamente pelos Padres ortodoxos".

A rapidez com que a notícia da reforma papal chegou aos ouvidos do patriarca de Constantinopla é um reflexo, em parte, da ressonância que tinham já nessa época as declarações pontifícias e em parte das relações até então estreitas entre o papado e o Império oriental: sempre se achava um em condições de captar uma mudança significativa operada no outro. E além disso, há razões evidentes para supor que a mudança estava sendo preparada também na Igreja bizantina em meados do século XI.

O papado não fez uso imediato da oportunidade que lhe ofereciam os normandos para impor os costumes latinos nas igrejas e mosteiros de rito grego do Sul da Itália. Depois, Leão IX proclamaria que Roma havia mostrado grande tolerância para com a Ortodoxia. "Embora existam muitos mosteiros e igrejas dos gregos dentro e fora de Roma, nenhum foi incomodado até agora, nem lhes foi proibida a observância de suas ancestrais tradições e costumes; antes, instou-se e aconselhou-se a eles a que as observassem." "Contempla quão mais discreta, moderada e clemente do que tu é nesta região a Igreja romana." Parece que o patriarca Miguel Cerulário (1043-1058) mandou fechar as igrejas latinas de Constantinopla em razão do fracasso de sua tentativa de que observassem os usos bizantinos. Depois ele se dedicou, com a colaboração do imperador, a tentar impor o rito bizantino, como a utilização do pão de levedura para a comunhão, à Igreja armênia. Essas iniciativas faziam parte de um programa do governo para conseguir a incorporação armênia ao Império.

Paradoxalmente, foi uma aproximação entre Roma e Bizâncio o que deu origem a que suas diferenças viessem à tona. O papado via os normandos como a bárbaros intrusos. Depois de fracassar em sua tentativa de obter a ajuda efetiva de Henrique III, Leão IX pediu ajuda à mesma potência a que se havia dirigido João X em 914-915: Bizâncio. Quase ao mesmo tempo, em 1052, Miguel Cerulário induzia o arcebispo Leão de Ocrida a escrever uma carta que seria enviada a Leão IX e outros prelados ocidentais. Nesta carta, o arcebispo Leão criticava com energia o uso que se fazia no Ocidente do pão não-fermentado (ázimo) para o sacramento. Também denunciava outros costumes ocidentais (latinos), tais como fazer jejum nos sábados "como os judeus" ou comer carnes proibidas. Leão instava seus destinatários a renunciar a essas práticas, "de maneira que formeis conosco, por meio da verdadeira e imaculada fé, um só rebanho da única verdade e do Bom Pastor, Cristo". Pouco depois de esta carta ser remetida, os normandos conseguiram infligir gravíssimas derrotas aos exércitos bizantino e papal do Sul da Itália, e prenderam Leão IX. Uma clara mostra da força do hábito histórico que representava a colaboração entre o papado e Bizâncio foi que Leão ainda esperava ajuda militar do Leste, até quando pretendia a submissão do patriarca de Constantinopla. Em 1054, Leão IX enviou legados a Bizâncio com a incumbência de responder à carta do arcebispo Leão de Ocrida e, ao mesmo tempo, de instar Cerulário a que favorecesse a negociação de uma aliança militar com Constantino IX Monômaco.

Excomunhões mútuas

Faziam parte da legação altos dignitários da cúria, como o cardeal Humberto, primeiro secretário do papa, e Frederico de Lorena, chanceler da sede romana e futuro papa (Estêvão IX). A elevada categoria dos enviados sugeria que a missão era da maior importância, bem como a profusão de documentos que levava consigo. Entre eles havia duas cartas destinadas a Cerulário e uma dirigida ao imperador Constantino. Embora pareça que essas cartas foram redigidas por Humberto, não há razão alguma para supor que não contassem com a aprovação do papa Leão ou que não expressassem os sentimentos gerais da cúria reformista. O imperador era instado a emular seu grande predecessor Constantino, o Grande, em sua devoção à sede apostólica: "Amado filho e sereníssimo imperador, digna-te a trabalhar conosco pela restauração de tua mãe, a Santa Igreja, e pela recuperação de seus privilégios... e patrimônios nas áreas sob tua influência". Em contrapartida, a carta de Leão a Miguel Cerulário evidenciava sua "insolência" e "arrogância": "Um pé ou uma mão não há de sentir a glória ou a desgraça da cabeça como sua?" A cabeça se impunha ao corpo e aos sentidos.

Este chamado papal à obediência encontrou uma fria acolhida por parte do patriarca, que certamente não aspirava ao papel de mão ou pé do papado. A presença dos legados em Constantinopla despertou diversas expressões de hostilidade entre os clérigos bizantinos diante das práticas ocidentais. Um monge do Mosteiro de Estúdio escreveu um tratado que criticava o uso latino do pão não-fermentado e acrescentava novos elementos à disputa, como a proibição de que os sacerdotes se casassem. Em Bizâncio, a existência de sacerdotes casados era habitual e permitida, prática que a Igreja Ortodoxa conserva até hoje. No verão de 1054, Constantinopla foi testemunha de um espetáculo estranho, cômico até: o princípio de uma guerra de libelos; a proliferação de acusações, em sua maioria triviais ou sem fundamento; e os inábeis movimentos do imperador para apaziguar as dissensões.

Em 16 de julho de 1054, depois de uma longa espera, Humberto ativou, por assim dizer, sua bomba-relógio e colocou uma bula de excomunhão no altar principal da Igreja de Santa Sofia. Os legados papais deixaram a cidade pouco depois, após ter dado o "beijo da paz" no imperador Constantino IX, que os recebeu em seu palácio. Em 20 de julho de 1054, reuniu-se um sínodo. Promulgou-se um decreto de Constantino IX ordenando que a bula dos legados fosse queimada, e anatematizando os responsáveis por ela. Quatro dias depois, repetiu-se o anátema, e uma cópia da injuriosa bula foi queimada em público. O anátema de Cerulário ia contra "aqueles que decidiram e escreveram esta bula, e que deram sua aprovação ou conselho para a sua redação".

Essas excomunhões mútuas davam uma nova e definitiva definição da estranha situação que se gerava já desde antes de 1054. Ambas as partes tinham dado alguns passos para deixar possibilidades de futuros compromissos, mas este mesmo cuidado patenteava a consciência das prováveis repercussões de seus atos. Certamente, o conteúdo do anátema dos legados papais contra Miguel Cerulário, Leão de Ocrida e seus seguidores, pronunciado diante da corte do imperador, era terrível: "Quem quer que contradiga obstinadamente a fé da Santa Sede Apostólica e Romana e de sua Hóstia seja anátema e não seja tido como cristão católico, mas como herege prozimita (ou seja, partidário da comunidade com pão fermentado)". As excomunhões mútuas foram suspensas na prática em 1965.

CISMA E UNIÃO

As Cruzadas
O propósito da primeira Cruzada era ajudar os bizantinos contra os turcos seljúcidas e libertar Jerusalém. Mas os bizantinos suspeitaram que o objetivo real dos expedicionários era seu próprio império. A presença de normandos na cruzada alimentou esse temor: os normandos tinham atacado Bizâncio em 1081-1085. A primeira Cruzada facilitou para o imperador Aleixo I Comneno a recuperação da parte ocidental da Ásia Menor, mas as desconfianças bizantinas com relação aos cruzados se mantiveram. Para sua infelicidade, Bizâncio se achava na rota de Palestina, e, quando os participantes da segunda e terceira Cruzadas foram derrotados, puseram a culpa nos bizantinos. A quarta Cruzada tentou seguir uma rota marítima até a Terra Santa, mas foi parar em Constantinopla devido à manipulação de alguns de seus chefes. Confusos, e pobres, os cruzados terminaram por saquear Constantinopla, levando suas relíquias.

A quarta Cruzada (1204) e a imposição aos gregos dos usos latinos gerou um profundo ressentimento antiocidental na Igreja Ortodoxa. Em 1261, os gregos mandaram embora de Constantinopla os ocidentais, mas a longo prazo os imperadores tinham de enfrentar os conquistadores turcos, e dificilmente podiam vencê-los sem a ajuda latina. Esta era possível ao preço da unificação da Igreja, o que significaria a submissão dos ortodoxos à jurisdição papal. A implacável oposição da Igreja grega às "heresias e orgulho" da latina tornava difícil para o imperador fazer ao Ocidente as concessões que teriam sido convenientes. A quarta Cruzada e suas conseqüências fortaleceram a Igreja e debilitaram relativamente os imperadores. Estes ainda nomeavam os patriarcas e, em alguns casos, os destituíam quando criticavam abertamente a política imperial, mas a atitude dos fiéis e dos monges diante da influência ocidental constituía um sério obstáculo às iniciativas dos monarcas. O prestígio da Igreja continuava a crescer, e os mosteiros continuavam a atrair benfeitores. A época foi pródiga em obras de teologia e espiritualidade gregas, e de uma vitalidade manifesta em pintura e mosaico. Num momento em que a vida política oferecia poucos atrativos, em que alguns imperadores e patriarcas abandonavam sua sede para tornar-se monges, o misticismo e os grandes silêncios do Monte Atos se convertiam nos valores supremos. Enquanto alguns poucos mas importantes sábios da Igreja grega ficavam impressionados com os êxitos da teologia ocidental, no movimento quietista de Atos a espiritualidade grega adquiria uma forma completamente diferente da ocidental.

O poder patriarcal
A maioria dos patriarcas do final do século XIII e princípio do XIV tinham feito seu aprendizado como monges antes de alcançar tão alta posição, e vários do século XIV tinham levado vida cenobítica em Atos. Um dos principais patriarcas desta origem foi Atanásio I (1289-1293; 1303-1309). Em seus esforços por impor comportamentos ascéticos no clero, recebeu o apoio de Andrônico II, que convocou um sínodo para denunciar como rebeldes os clérigos que resistissem às medidas adotadas pelo patriarca contra a simonia e outros

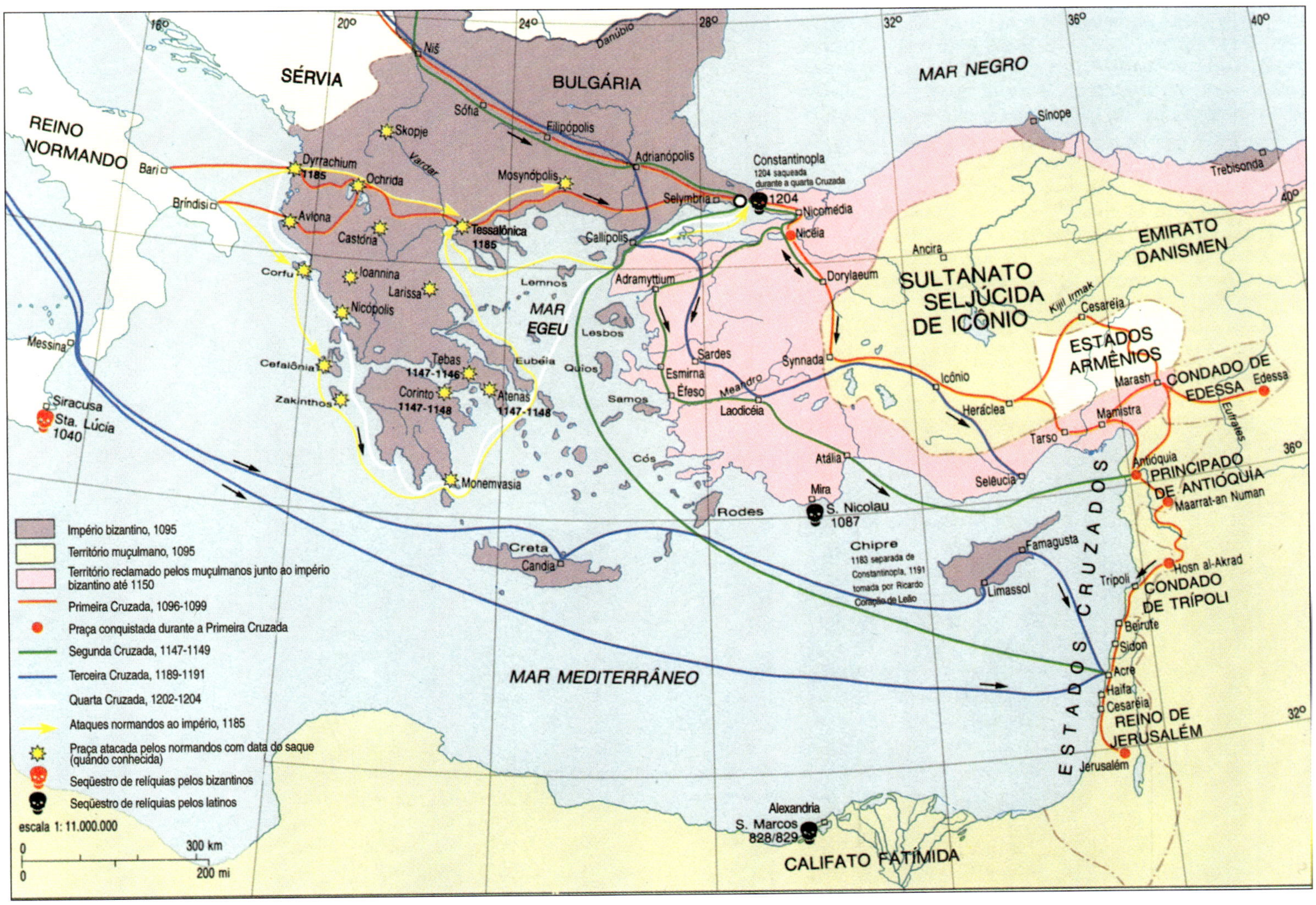

As Cruzadas

Abaixo. A época das Cruzadas coincidiu com a construção de castelos na Europa ocidental e com a nova concepção da política de defesa que implicava. Também a Terra Santa se encheu de castelos como o meio mais seguro de defender os territórios recém-conquistados. A mais famosa dessas fortalezas, o Krak dos Cavaleiros, que aqui é reproduzido, só pôde ser expugnada por meio de traição.

Abaixo destas linhas. A quarta Cruzada teve de utilizar navios, cedidos pelos venezianos. Estes insistiram em que os cruzados passassem por Constantinopla e saqueassem a cidade, que era a principal concorrente comercial de Veneza. Os cruzados tomaram Constantinopla em 1204 e impuseram um governo latino.

O período das Cruzadas, com seu momento culminante, que compreende as quatro primeiras (1095-1204), foi resultado de uma mistura de piedade verdadeira e devoção autêntica com ambição de terras e o ressurgimento de velhas inimizades, amiúde em suas formas mais cruéis e rancorosas. Entre os primeiros cruzados, abundavam os jovens sem herança, procedentes da Europa ocidental, que buscavam uma nova vida e um mundo cheio de possibilidades. Não tinham intenção de regressar, e assim, ao longo do século, se foram formando comunidades ocidentais na Terra Santa.

Mas a idéia da Cruzada não se reduzia à guerra convencional, senão que se concretizava na guerra santa. A reconquista dos Lugares Santos aos muçulmanos era um empreendimento da maior importância num tempo em que essas terras eram consideradas pontos de contato real com a vida de Cristo, e a Jerusalém terrena, como um aspecto da Jerusalém celeste. Durante séculos, houve peregrinações à Terra Santa, e os próprios cruzados se consideravam também peregrinos. Eram soldados de Cristo que lutavam numa guerra ao mesmo tempo espiritual e física, exilados de regresso ao Céu.

A mistura de elevado idealismo e interesses baixos que caracterizou as Cruzadas não as torna um fenômeno menos notável. Durante mais de cem anos, muitas pessoas esqueceram suas disputas internas e embarcaram numa aventura de perigos e dificuldades inimagináveis, confiando em que estavam trabalhando para Deus, com o fim de aproximar o reino dos Céus.

Abaixo. Urbano II pregando a primeira Cruzada no Concílio de Clermont de 1095. Aos que embarcassem para libertar Jerusalém dos muçulmanos, prometeu indulgência plenária. (Ele desaconselhou que os membros das ordens religiosas fossem, já que eles já estavam comprometidos numa guerra espiritual pelo reino dos Céus.) A resposta foi maciça, entusiástica e instantânea.

Abaixo. No Ocidente, desenvolveram-se novas táticas de luta em conseqüência do encontro com os métodos de turcos e árabes, mais efetivos. Os cruzados tinham cavalos pesados e espadas que tinham de manejar com as duas mãos. Os sarracenos montavam cavalos pequenos e ligeiros, e dispunham de cimitarras curvas que podiam utilizar galopando. Esta representação do final da Idade Média de um combate entre Ricardo Coração de Leão e Saladino ilustra o contrário. Estes dois soberanos foram as figuras da terceira Cruzada que mais atraíram a imaginação popular como heróis.

Abaixo destas linhas. Quando alguém se oferecia para ir às Cruzadas, dizia-se que "tomava a cruz". Seu voto não se cumpria senão com a sua chegada ao Santo Sepulcro. A ilustração mostra as cruzes gravadas pelos cruzados no muro da entrada do Santo Sepulcro.

Abaixo, centro. A primeira Cruzada continuou por um caminho terrestre, passando pelos territórios do Império do Oriente, onde a princesa Ana Comneno chamou os expedicionários de "chusma incivilizada". Atravessou depois a Ásia Menor, onde foi dizimada pela disenteria. Nas posteriores cruzadas, fez-se maior uso dos navios.

Abaixo. A idéia principal dos cruzados era tomar Jerusalém por meio de cerco. Utilizaram a mesma técnica em Antioquia e em outros lugares. Tratava-se de um método lento e laborioso, e quase tão custoso em esgotamento e fome para os cruzados como para seus inimigos. Nesta reconstituição do século XV, pode-se observar como se dispunham várias máquinas de guerra junto às muralhas para penetrar na cidade.

abusos. Atanásio correspondeu a essa preocupação do imperador com freqüentes e ameaçadoras advertências quanto a diferentes aspectos da política do Estado. Atanásio advertiu Andrônico de que não pensasse em pedir ajuda aos latinos, enquanto cada vez mais terras da Ásia Menor iam caindo em poder dos turcos: "Não se deve pensar que podemos vencer por meio de expedições armadas... ainda que todo o Ocidente, se fosse possível, viesse ajudar-nos. Qual será então a solução? Voltarmo-nos para Deus e arrependermo-nos com todas as nossas forças, coisa que Ele está esperando impacientemente". Em outra carta dirigida a Andrônico, Atanásio tem por pressuposto que a espada, por assim dizer, deve estar aos pés do patriarca: "Pois o sacerdócio não foi concedido ao povo cristão por causa do Império, mas o Império por causa do sacerdócio, de maneira que, se o Império, comprazendo a Deus, apóia a Igreja com as armas seculares e a honra e a protege, o Império se verá apoiado e protegido e engrandecido por Deus". Atanásio instou o imperador a que mostrasse maior interesse pela situação dos refugiados que fugiam dos turcos e que estavam enchendo Constantinopla. O patriarca organizou refeitórios públicos, enquanto o imperador nomeava um funcionário para controlar os preços dos alimentos. A atuação do patriarca teria sido familiar a João, o Esmoler.

Não se trata de uma cobertura barroca, mas sim de mosaicos do mosteiro de Cora (Kariye Camii), em Constantinopla. A igreja do mosteiro foi reconstruída e decorada por Teodoro Metoquita, o principal homem de Estado de seu tempo. Escreveu em versos homéricos que sua intenção era "relatar em mosaicos como o próprio Senhor se fez homem mortal por nossa causa". O mosaico mostra precisamente a genealogia de Cristo: 39 de seus antepassados rodeando-o debaixo da cúpula. Suas posturas e gestos são diferenciados, sinal eloqüente da vitalidade da arte bizantina do início do século XIV.

Os patriarcas do século XIV amiúde dão a impressão de considerar como algo menos que secundário as responsabilidades de seu cargo, mas esse aparente relaxamento não impedia que com relação aos assuntos públicos fizessem pronunciamentos seguindo a tradição dos homens santos do período médio bizantino. O patriarca Atanásio tinha o costume de percorrer as ruas de Constantinopla de sandália, com uma camisa de crina e cheirando mal. Os patriarcas cujo coração não se sentia realmente atraído pelas tarefas que lhes eram próprias estavam predispostos a abandonar sua pesada dignidade para voltar a uma vida exclusivamente monástica, como fez Atanásio em 1309. Eles tampouco refreavam suas palavras quando lhes desagradava a conduta do imperador ou de qualquer outro membro ou camada da sociedade. Amiúde os soberanos se sentiam obrigados a destituí-los, mas de fato, até 1204, foram colocando patriarcas cada vez mais desbocados e imprevisíveis.

O espectro de outro "patriarca-mártir" ao modo de Arsênio (1254-1260; 1261-1264) e de outro lamentável cisma estava sempre presente. Os imperadores também tinham o problema de encontrar um clérigo ou monge de boa fama que quisesse ser patriarca, pois muitos recusavam o posto.

Impotência imperial

A história das sucessivas tentativas dos imperadores de obter ajuda militar do papa mediante promessas de união foi adquirindo novos tons. Já não importava muito aquilo em que o imperador acreditava ou aquilo que ele propunha: ele não seria capaz de impô-lo. Nos momentos de desespero, os monarcas tenderam a dar uma importância mágica ao acordo com Roma, com a ajuda de cujo poder se lançariam contra os turcos. Até o estritamente ortodoxo Andrônico II propôs a união em seus últimos anos, quando se achava enredado numa guerra civil contra seu neto e se achava incapaz de fazer frente às pressões turcas. Do mesmo modo atuou João VI Cantacuzeno em momentos especialmente difíceis de seu reinado. Parece que João V Paleólogo pensou ingenuamente que a união da Igreja era possível e que traria a solução dos problemas. Em carta pessoal ao papa, João V propunha praticamente submeter-se ele ao santo padre, mas reconhecia claramente que não se atrevia a forçar a união de seus súditos por temor de que se rebelassem contra ele.

Um grupo de cortesãos e intelectuais bizantinos participava do interesse de João pelo Ocidente e o estimulavam neste sentido. Entre eles, o mais clarividente era o ministro principal, Demétrio Cidones. Depois de aprender latim com um dominicano, traduziu para o grego as obras de Tomás de Aquino, e em seus escritos manifesta um grande interesse e emoção pela descoberta da altura e qualidade do pensamento ocidental. Cidones exortou seus compatriotas a abandonar a idéia medieval de um mundo dividido entre os bizantinos, por um lado, e os bárbaros ignorantes, por outro: "Antes, ninguém conseguiu convencer o nosso povo de que existe alguma inteligência nos latinos, ou de que são capazes de elevar sua mente a questões mais profundas que a navegação, o comércio e a guerra". Na verdade, o povo e a Igreja de Bizâncio continuaram não-convencidos.

Quando João V Paleólogo, ansioso de chegar a um acordo que se traduzisse numa cruzada contra os turcos, foi recebido na igreja romana de São Pedro, em 1369, houve uma falta absoluta de repercussões. Nem um só eclesiástico bizantino acompanhou João a Roma, e ele não fez nenhuma tentativa de impor a doutrina do *filioque* ou o ritual romano a seus súditos. João havia tido uma vasta experiência quanto a suas limitações para impor determinada política eclesiástica. Não estando ele pessoalmente nada inclinado a simpatizar com os aspectos místicos e duramente ascéticos dos hesicastas, teve de suportar uma sucessão de patriarcas desta tendência. Segundo Demétrio Cidones, o palácio imperial estava cheio de monges hesicastas, que pululavam por todas as partes exibindo sua barba, sua teologia e sua ignorância. O culto Cidones se uniu à Igreja romana, assim como outros mestres e pensadores. Alguns deles se torna-

Avanços turcos, possessões latinas e retrocesso bizantino
Miguel VIII Paleólogo reconquistou Constantinopla para a ortodoxia em 1261, mas teve de enfrentar os governantes rivais ortodoxos dos Bálcãs, os senhores francos que dominavam o sul da Grécia e os turcos. O reconstruído Império obteve alguns territórios, principalmente no Peloponeso, mas a fragilidade econômica e as lutas internas acossavam a dinastia Paleóloga, e em meados do século XIV o príncipe sérvio Estêvão Du˘San conseguiu um breve mas importante domínio sobre grande parte dos Bálcãs. No entanto, o principal desafio para Bizâncio eram os turcos. Os osmanlis (otomanos) eram no início do século XIV uma minoria turca que havia constituído um pequeno emirado fronteiriço localizado no Noroeste da Ásia Menor. A direção da guerra santa, assumida pelos otomanos contra os cristãos, contribuiu para a extensão de seu poder sobre outros grupos turcos da Ásia Menor. Depois de ocupar Galípoli em 1354, obtiveram uma série de rápidas vitórias. A vitória de Timur (Tamerlão) sobre os otomanos em 1402 debilitou seu poder, mas em 1430 eles se recuperaram. Suas reservas de homens fanatizados e sua indiscutível habilidade na guerra logo se impuseram sobre os restos dispersos da potência imperial bizantina. Em 1453, caiu Constantinopla, "a rainha das cidades".

ram frades dominicanos, como Manuel Calecas, protegido de Cidones.

No entanto, a influência dos imperadores e dos intelectuais latinizantes, apesar da profusão de seus escritos, foi quase imperceptível. O fato de muitos dos intelectuais interessados no pensamento ocidental terem tido de ir para Roma sugere que não havia uma base de entendimento mínimo entre a ortodoxia e o pensamento ocidental. As reações contrárias às práticas e às crenças latinas foram abundantes da parte de muitos eclesiásticos ortodoxos ao longo dos séculos XIV e XV.

A decadência de Bizâncio e a Ata de União

No século XV, a situação militar e econômica do Império bizantino era cada vez mais lamentável. Bizâncio se tinha transformado em pouco mais que uma cidade-Estado junto ao Bósforo, com alguns apêndices no Peloponeso. Altas hierarquias da Igreja e monges se concentravam em Constantinopla, procedentes das terras ocupadas pelos turcos. Contavam com o respeito e o apreço da imensa maioria dos cidadãos e se permitiam criticar acerbamente a política imperial quando não era de seu agrado. A queda definitiva de Tessalônica para os turcos em 1430 e a imposição de um tributo regular por parte do sultão a Constantinopla inspiraram iniciativas desesperadas e amiúde extravagantes na política imperial, e começaram a fazer vacilar as últimas premissas de muitos clérigos relativas ao poder imperial.

O imperador João VIII Paleólogo (1425-1448) se sentiu estimulado a empreender a busca quimérica da união devido à nova política conciliatória que a Igreja ocidental estava praticando. Esta se achava dividida entre o papado e o movimento conciliar, e pontífices e conciliaristas competiam por conquistar os bizantinos para a sua causa. Desde os dias de Aleixo Comneno a condição prévia para as negociações teria sido a celebração de um concílio bizantino. Agora o concílio tinha sido convocado pelo próprio papa, e foi enviada uma frota para transportar o atribulado imperador e sua delegação. A incitadora promessa de uma grande expedição ocidental para ajudar Bizâncio se mostrou irresistível, e em 1437 João VIII, o velho e enfermo patriarca José II e os representantes dos outros três patriarcados orientais, junto com os mais destacados prelados bizantinos, embarcaram nos navios papais.

Vários anos antes, o arcebispo Simão de Tessalônica havia advertido contra a realização de um concílio, do qual já então se falava. Ele percebeu que o concílio "seria causa de transtornos em vez de fomentar a paz", e lançou graves condenações contra os latinos. "A verdadeira paz" não seria alcançada por intermédio da aquiescência aos desejos dos unionistas. É preciso "que estejamos com os Padres". "Somos servos e discípulos de nossos Padres, que foram sempre devotos da fé tradicional da Igreja, e devemos permanecer inseparavelmente unidos a eles." A continuação das querelas com Roma era preferível à ruptura com a fé ortodoxa e com a tradição, que através dos Padres da Igreja remonta aos Apóstolos.

Os sentimentos de Simão eram uma reminiscência dos sentimentos dos eclesiásticos bizantinos de séculos passados. Seu prognóstico de que um concílio poderia provocar mais problemas que concórdia se revelou profético. A numerosa missão bizantina presente no concílio, que começou em Ferrara e continuou em Florença, decidiu-se quase por unanimidade a favor da união. Todos os delegados bizantinos exceto Marco Eugênico firmaram a Ata de União, que foi proclamada em grego e em latim em 6 de julho de 1439. Os monges de Constantinopla e o clero comum da capital não se impressionaram. Alguns dos bispos que tinham assinado a ata de união se viram diante de tal oposição de seu clero diocesano e dos leigos, que tiveram de ir para a Itália. Em 1451, o próprio patriarca Gregório III Mammas emigrou para a Itália, e a sede patriarcal ficou de fato vacante.

O irmão de João VIII, Constantino XI (14491453), perseguiu a mesma esperança de união, embora reconhecendo que não podia impor a fé ou o ritual latino aos cidadãos de Constantinopla. Em 1452, teve lugar uma patética cerimônia na grande Igreja de Santa Sofia, por iniciativa de Constantino XI. O decreto de união foi lido pelo cardeal Isidoro, um dos delegados ortodoxos em Ferrara-Florença, e se celebrou uma missa romana com o templo quase vazio. Muitos dos próprios funcionários do imperador permaneceram do lado de fora. De um ponto de vista prático, as pro-

Acima. O mosteiro de Pantanassa (Rainha do Mundo), em Mistra, fundado em 1428 e ainda hoje habitado por freiras. É um dos muitos mosteiros e igrejas que povoam as colinas próximas às cidades bizantinas do Sul da Grécia. Todos foram construídos nos séculos XIV ou XV. Os senhores que viviam em seus palácios eram parentes do imperador de Constantinopla e governavam em seu nome as regiões do Peloponeso ainda bizantinas. Mistra foi conquistada pelos turcos em 1460.

Esquerda: O cristianismo na Rússia de Kiev
O cristianismo foi introduzido tardiamente na Rússia. Um governante dela, o príncipe Vladimir de Kiev, se converteu à ortodoxia bizantina e a impôs a seus súbditos em 988. Foram fundados bispados, de início na região de Kiev. Seu número foi aumentando nos séculos XII e XIII com novas sedes no Oeste e no Noroeste, reflexo da formação de novos principados nessas regiões. Os altos hierarcas da Igreja eram normalmente muito ligados aos príncipes. O mapa mostra a distribuição de achados de um tipo de cruzes episcopais (encólpios) na Rússia. Os encólpios, que representam a Crucificação de um lado e a Virgem e o Menino do outro, eram normalmente pendurados numa corrente em volta do pescoço. De bronze fundido em moldes, foram produzidos para o mercado popular nos séculos XI-XIII. Sua distribuição pode servir para medir o arraigamento da piedade pessoal na Rússia de Kiev.

longadas solicitações a Roma foram inúteis, pois o papado era incapaz de lançar uma cruzada que fosse capaz de fazer frente ao poderio dos turcos otomanos. E, ainda que a ajuda ocidental tivesse sido mais efetiva, teria sido mal recebida pelos clérigos e leigos bizantinos. A expressão mais famosa de rejeição aos latinos foi formulada pelo principal palaciano do próprio Constantino XI: "Melhor ver o turbante turco reinando na cidade do que a mitra latina". Essas palavras foram pronunciadas pouco antes que os canhões turcos se colocassem em posição para o assalto final a Constantinopla, em 1453.

O cristianismo sob domínio turco

No século XIV, o patriarca de Constantinopla pôde reinstaurar sua autoridade sobre a Rússia, a qual se havia debilitado nos 150 anos anteriores, desde antes de 1204. As práticas litúrgicas foram codificadas em Constantinopla sob o patriarca Filoteu Kokkinos. Quase imediatamente foram transmitidas à Rússia. Mas neste aspecto, como em muitos outros, a autoridade prática e moral do patriarca estava intimamente associada ao monasticismo, especialmente com o hesicasmo. Filoteu Kokkinos (1353-1354; 1364-1376) e Calisto (13501353; 1355-1363), que insistiram especialmente na primazia universal do patriarca, eram antigos monges hesicastas de Atos. Mas, nas terras onde não havia príncipes ortodoxos ou influentes autoridades religiosas locais para seguir a direção espiritual que se oferecia, a Igreja como instituição veio abaixo. Filoteu se lamentava da perda para os turcos da "Grande Nicéia: Brussa, Nicomédia e Calcedônia, antigos ornamentos da Igreja e do Império cristão".

Uma lista de bispados do princípio do século XIV, conquanto não-oficial e confusa, parece demonstrar o bom estado da situação em termos de números, graças sobretudo ao renascimento lascárida e paleólogo e ao apoio dado à Igreja: 112 bispados metropolitanos e apenas um ou dois bispados sufragâneos (subordinados). Um informe redigido em 1437 considera a questão de outra maneira: 67 sedes metropolitanas, a maioria sem nenhum sufragâneo. Delas, apenas 15 estavam em territórios ainda controlados pela família Paleólogo, e 36 se encontravam em território turco. Há provas abundantes de que, embora alguns bispados metropolitanos continuassem a funcionar sob domínio turco, a qualidade das tarefas pastorais e a vida cristã em geral decaíram.

As condições de vida dos que, na Ásia Menor, continuavam fiéis à ortodoxia eram, em conjunto, lamentáveis. Os muçulmanos levavam uma existência mais segura e estavam sujeitos a menos impostos. De fato, as zonas costeiras ocidentais da Ásia Menor gozavam de uma agricultura próspera e de um comércio lucrativo graças ao trigo, ao gado e aos escravos, cujo tráfico estava a cargo de mercadores italianos. As vantagens materiais da apostasia e conversão ao islã eram, por conseguinte, importantes, e possivelmente tiveram que ver com a rápida islamização das antigas regiões cristãs, tanto como as perseguições dos turcos ou suas tentativas persuasórias e pacíficas de conseguir conversos. Já em 1303 o patriarca Atanásio se lamentava: "Não só algumas pessoas, num excesso de fraqueza, repudiaram a piedade por decisão própria, mas, além disso, um número incontável de almas – maior que os grãos de areia da praia – foi involuntariamente levado a isso por uma irresistível necessidade". Diante de tal torrente de deserções, pode parecer surpreendente que ainda restassem cristãos na Ásia Menor no final do século XIV, donde ter escrito Demétrio: "Cada dia, ondas de cristãos são arrastados para a descrença". E, embora se possa pensar nos exageros da retórica bizantina, a norma geral da redução das congregações cristãs e do abandono por parte da hierarquia da Igreja da Ásia Menor é indiscutível. A relação entre isso e a decadência do Império bizantino é inegável.

Um avanço similar para a descrença parece ter afetado gravemente os centros europeus da ortodoxia na primeira metade do século XV. O arcebispo Simão de Tessalônica constitui um claro exemplo de prelado de grande prestígio e amplos poderes sobre sua comunidade. Simão atesta também a situação precária da Igreja diante do avanço irresistível dos turcos otomanos, e sua devoção convencional ao poder imperial é, por isso mesmo, mais patética.

Os escritos de Simão revelam que na própria Tessalônica havia muita gente que era partidária de submeter-se ao que considerava inevitável, rendendo-se aos turcos. Em 1413, uma delegação esteve a ponto de entregar a cidade ao sultão Musa, quando São Demétrio interveio em defesa dela e provocou a morte de Musa. Em 1422-1423, o mesmo Simão teve de opor-se à maioria dos cidadãos que "realmente se declaravam inclinados a entregar-se... ao infiel". Simão e outras autoridades foram atacadas por não ter mostrado interesse pelo bem-estar da população em seu conjunto. Os cidadãos em geral tinham sofrido muito por causa dos ataques e assédios dos turcos. A resposta do arcebispo Simão aos que desejavam render-se consistiu em denunciar sua "covardia" e "pusilanimidade", e seu desejo "de serem alimentados como animais de fazenda e de que não lhes falte nada das coisas que engordam o corpo". A decidida oposição de Simão tanto a render-se aos turcos como à ocupação veneziana da cidade lhe granjeou a inimizade geral: o povo "se manifestava publicamente contra mim, reunindo-se em grandes multidões, ameaçando derrubar as igrejas, e a mim com elas, se me negasse a fazer o que ele pedia de forma tão veemente quão decidida".

A maioria dos tumultos de Tessalônica foi provocada provavelmente pelo desejo de capitulação e pela necessidade de alimentos, mais que por uma inclinação decidida para o islã. Mas a indiferença diante dos valores da ortodoxia estrita é evidente. De fato, a interminável cadeia de desgraças que se abateram sobre os últimos bizantinos parece ter debilitado a fé de grande parte do povo laico. Quando Gregório Palamas foi preso pelos turcos em Lâmpsaco, homens, mulheres e crianças do lugar o cercaram. Alguns permaneciam firmes na fé, "mas a maioria perguntava a razão por que Deus havia abandonado a nossa raça".

IGREJA E ESTADO

As práticas estabelecidas no Ocidente
O imperador Carlos Magno escrevia ao papa Leão III como ao principal bispo de seu reino, e em seu Império os bispos desempenhavam a função de administradores reais, cobrando impostos, participando de missões diplomáticas e atuando como juízes. Durante todo o período carolíngio, o rei ou imperador nomeava bispos, provendo-os de terras e castelos, junto com suas igrejas, tanto na Inglaterra como na França, na Espanha ou no próprio Império. Até os sínodos realizados pela Igreja contavam amiúde com presidentes reais ou imperiais. Em 1046, o Sínodo de Sutri, presidido por Henrique III, depôs dois papas, viu abdicar um terceiro e elegeu outro.

O sistema funcionava bastante bem, principalmente porque era resultado de um compromisso hierárquico – a Igreja subordinada ao Estado – que tornava possível resolver a maioria das dificuldades práticas que podiam pôr em conflito as duas autoridades. Tratava-se de um sistema efetivo de reforçar uma autoridade por meio da outra. E assim continuou, até que nos séculos X e XI a alta nobreza laica e eclesiástica de grande parte da Europa começou a aumentar de poder com relação ao rei e ao imperador. Às vezes os nobres locais nomeavam os bispos, os reis tomavam as rendas da Igreja para seu próprio uso, e o latrocínio e a simonia se impunham.

As reformas de Gregório VII
Nesta situação surgiu um papa que decidiu impugnar as práticas estabelecidas. Hildebrando, que tomou o nome de Gregório VII, foi um reformador não apenas do relaxamento dentro da Igreja, mas também do modelo de relações Igreja-Estado, que considerava equivocado em todos os aspectos. Ratificou todas as reivindicações da "Doação de Constantino", documento de origem carolíngio que pretendia conter a concessão do imperador Constantino ao papa de muitas de suas prerrogativas imperiais, e que se entendia justificava as aspirações do papado ao poder político no Ocidente. Em sua reforma da chancelaria papal, procurou nos arquivos e encontrou documentos que confirmavam e ampliavam a "Doação".

Gregório redigiu uma lista de reivindicações (a qual se conserva num de seus livros de cartas, como uma série de notas que teriam sido recopiladas por um secretário e copiadas junto com outros papéis). Não se trata de um documento formal, mas é talvez mais impressionante por sua brevidade e precisão. Este *Dictatus Papae* inclui as seguintes declarações:

Que a Igreja Romana foi fundada somente por Deus.
Que somente (o papa) pode usar a insígnia imperial.
Que todos os príncipes devem beijar somente os pés do papa.

"A Doação de Constantino." Este imperador aparece ajoelhado diante do papa Silvestre, que o abençoa enquanto lhe entrega sua coroa como símbolo da doação por parte da autoridade secular à autoridade espiritual. Esta "Doação de Constantino" foi, na verdade, uma "invenção" carolíngia, mas durante a Alta Idade Média a fé em sua autenticidade serviu de base à querela das investiduras.

Igreja e Estado na Idade Média
O mapa mostra até que ponto coincidiam na Idade Média as jurisdições política e eclesiástica. Estas "províncias" só diferem das políticas nos lugares onde as guerras moveram as fronteiras políticas: a Borgonha ou a Sérvia-Croácia, por exemplo. Os bispos cristãos do Sul da Espanha se mantiveram sob a dominação muçulmana.

Que uma sentença aprovada por ele não pode ser revogada por ninguém; e que só ele pode revogá-la.
Que ele não pode ser julgado por ninguém.
Que a Igreja Romana não errou nunca, nem errará por toda a eternidade, tendo as Escrituras por testemunha.

Estas afirmações encontraram resposta hostil do imperador, o jovem Henrique IV, que havia subido ao trono ainda jovem e começava a defender seus próprios direitos em 1070. O papa discutiu o poder de Henrique de investir bispos entregando-lhes o anel e o báculo, que, como disse, são símbolos espirituais e só um sacerdote pode impô-los. Na medida em que Henrique insistiu em seu direito de nomear bispos na Itália imperial, o conflito se agudizou. Henrique foi excomungado, depôs Gregório e elegeu outro papa. Houve uma troca de cartas e se iniciaram as hostilidades. No entanto, as circunstâncias da Alemanha faziam com que a posição de Henrique fosse insegura, e para salvar o trono ele atravessou os Alpes no inverno e foi até Canossa para pedir a Gregório que lhe suspendesse a excomunhão, que dava a seus súditos liberdade para buscar outro monarca. Gregório o fez esperar na neve e depois o fez beijar seu estribo, num gesto de humilhação feudal, antes de anuir à reconciliação.

A realidade do poder de Gregório não estava muito distante do expresso na carta de excomunhão que enviou a Henrique: "Deus me deu através de São Pedro, o primeiro dos Apóstolos... o poder de atar e desatar no céu e na terra. Baseando-me neste artigo de fé... proíbo que o rei Henrique, filho do imperador Henrique, que se levantou contra a sua Igreja com incrível arrogância, governe na Alemanha e na Itália. E dispenso todos os cristãos dos juramentos que lhe fize-

Esquerda. As relações entre a Igreja e o Estado no Sacro Império se inspiraram no modelo de Constantino e Silvestre I do início do século IV, quando o Império se tornou um Estado cristão. Instaurou-se o costume de os imperadores serem coroados pelos papas em Aquisgran, como Carlos Magno, ou em Roma. A ilustração mostra a coroação do imperador Frederico III pelo papa Nicolau V em 1452, em Roma. Foi a última coroação de um imperador do Sacro Império em Roma.

***Direita*: Reforma monástica, experiências e expansão**
O monasticismo começou com um período de experiência, concretamente na cristandade oriental. A partir do século VI, a regra ocidental de São Benito foi seguida pela maioria das comunidades. Mas de vez em quando era necessário implementar reformas. A mais famosa dessas reformas, a de Cluny nos séculos X e XI, foi seguida no final do XI por um mais amplo movimento de reforma e experiência, dirigido pelos cistercienses. Estes seguiam a regra beneditina, mas com grande austeridade e insistindo no equilíbrio entre trabalho, oração e leitura, equilíbrio que eles julgavam ter sido menosprezado pelos cluniacenses. Sua popularidade conduziu a uma ampla difusão dos centros cistercienses. Os cônegos, sacerdotes que viviam sujeitos a uma regra, mas livres para trabalhar no meio da população, também se multiplicaram na ordem dos vitorinos ou na dos premonstratenses, no século XII.

ram ou possam fazer; proíbo todos os homens de lhe servir como a um rei... e faço cair sobre ele o anátema" (fevereiro de 1076). Dado que existiam súditos desafetos ou ambiciosos, e especialmente quando a alta nobreza buscava uma maneira de estender seu poder à custa do régio, essas ameaças não eram vazias de conteúdo. Além disso, como Gregório precisou numa carta dirigida ao bispo de Metz em 1081, há coisas de que um homem necessita *in extremis* e que somente um sacerdote pode proporcionar: "Todo rei cristão em seu leito de morte busca suplicante e desesperadamente a ajuda de um sacerdote para poder escapar da prisão do inferno... e aguardar que pelo juízo de Deus seja absolvido de seus pecados. Que leigo, para não falar dos sacerdotes, pediu em sua última hora a ajuda de um rei terreno para a salvação de sua alma?"

Disputa entre poder temporal e autoridade espiritual
A disputa prosseguiu por várias décadas, até que se chegou a um frágil compromisso na concordata de Worms, em 1122. Acordou-se que os reis e os imperadores teriam o poder de conferir a temporalidade de uma sede, enquanto a Igreja conservava o direito de outorgar a espiritualidade. Calisto II concede a Henrique V "que as escolhas de bispos e abades do reino alemão, que pertencem ao reino, tenham lugar diante da vossa presença, sem simonia nem violência". Henrique V concede, por seu lado, "que em todas as igrejas de meu reino haja eleições canônicas e consagrações livres".

Isso não significava de nenhuma maneira o final da querela. Acontecimentos recentes tinham transtornado o equilíbrio de séculos, e as posições respectivas de imperador e papa, Igreja e Estado, foram tratadas, entre a ansiedade e a urgência, por uma série de autores da Baixa Idade Média. Em meados do século XII, Oton da Frísia escreveu uma continuação da *Cidade de Deus*, na qual tratava a história das duas *Cidades* desde a época de Agostinho. Ele acreditava que algo importante havia ocorrido nos últimos tempos: a quebra de um antigo sistema de relações efetivo entre o Império e o papado, o que era sinal de desastres iminentes. Tinha certa esperança nos novos imperadores Staufens, cuja linha começou com a subida ao trono de Frederico Barba-Roxa em 1152; mas tinham de suceder-se pe-

MAR DO NORTE
OCEANO ATLÂNTICO
reformas cluniacenses 910-1150
centro principal de reforma
outras fundações reformadas de Cluny ou de influência cluniacense
expansão da reforma cluniacense
escala 1: 12.000.000
0 300 km
0 200 mi
Bermondsey
Lewes
Munique
Gante
S. Trond
Colônia
Siegburg
Liège
Malmedy
Stablo
S. Vaast
Brogne
Hildesheim
Merseburg
Hersfeld
Fulda
Lorsch
Feuchtwangen
Regensburg
Niederalteich
Fécamp
Rouen
Verdun
Metz
Gorze
Hirsan
Paris
Sena
Fleury
Auxerre
Vézelay
La Charité
Dijon
St. Blaise
Einsiedeln
Ebesberg
Tegernsee
Souvigny
Cluny
Sauxillanges
Fruttuaria
Moissac
Marselha
Sahagun
Ebro
Loire
Reno
Rhône
Garonne
Elba
Danúbio
Inn
Drava
Sava
Po
Classe
Córsega
Farfa
Subiaco
Roma
Monte Cassino
Sardenha
Sicília
MAR MEDITERRÂNEO
MAR DO NORTE
Rievaulx
Fountains
Roche
Chorin
Amelungsborn
Clairmarais
Savigny
Royaumont
Longpont
Clairvaux
Morimond
Bebenhausen
Pontigny
Fontenay
Cîteaux
La Ferté
OCEANO ATLÂNTICO
Loira
Chiaravalle
Obazine
Fontfroide
Las Huelgas
Poblet
Córsega
Fossanova
Sardenha
MAR MEDITERRÂNEO
expansão da ordem cirtensiense, séculos XII e XIII
centro principal de reforma
outras fundações cirtensienses
expansão da reforma cirtensiense
rota missionária
área da pregação cirtensiense para os hereges olbigienses
escala 1: 16.000.000
0 300 km
0 200 mi

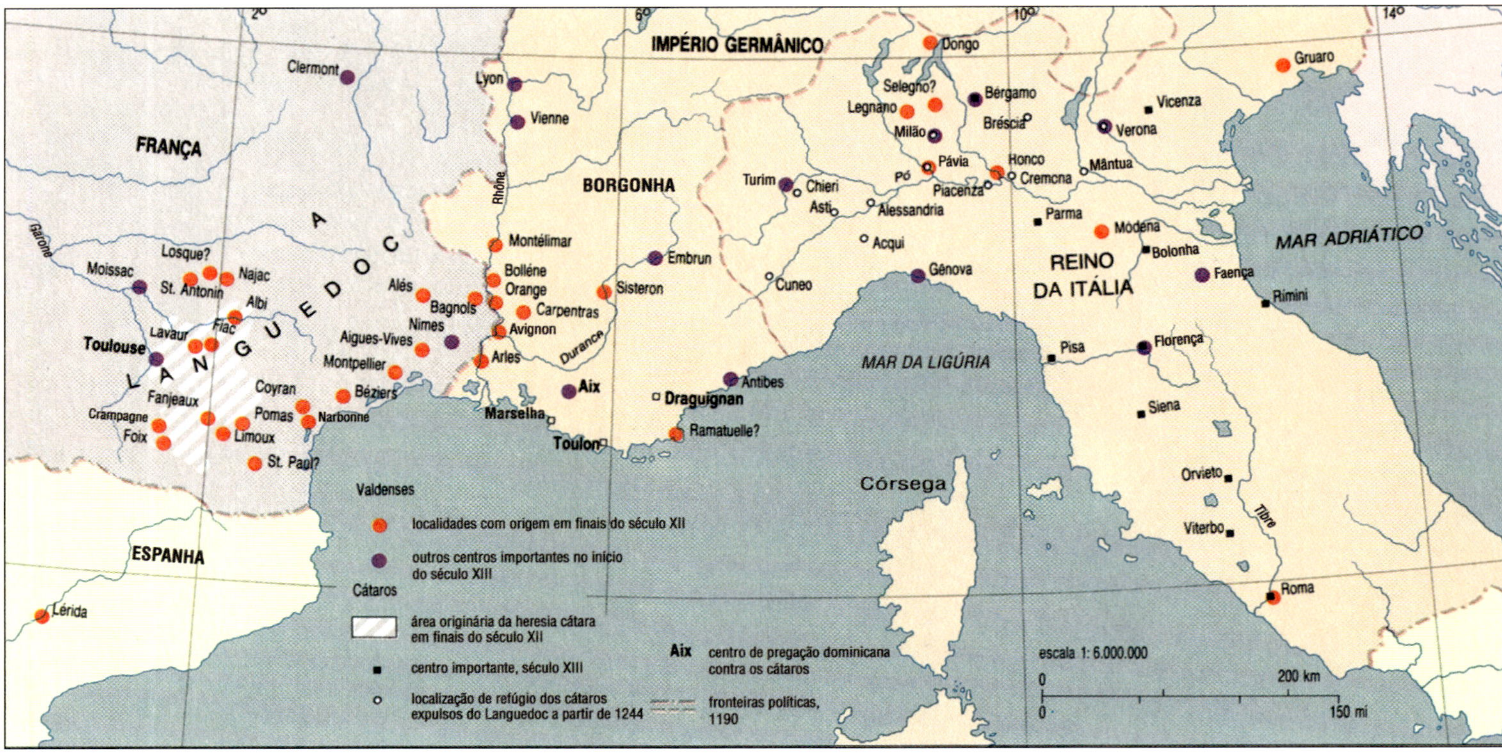

Acima: Heresia e dissidência
O mapa mostra a concentração das heresias populares no Sul da França e no Norte da Espanha e da Itália. Algumas variedades de heresias eram comuns nestas áreas, especialmente o dualismo (catarismo), cujos seguidores pertenciam à escola de pensamento dos antigos gnósticos e maniqueus. Eles defendiam que o Universo é governado por dois poderes, um bom e o outro mau, em eterno conflito. O anticlericalismo conduziu outros grupos populares, como os valdenses ou "pobres de Lyon", a rejeitar os sacramentos e afirmar que o cristão só tinha de renunciar às riquezas e seguir a Cristo.

ríodos conflituosos. A menoridade de Frederico II coincidiu com o pontificado de Inocêncio III, um papa resoluto, culto e jurista, que apoiou os príncipes alemães para enfraquecer a autoridade central do imperador. Frederico II respondeu instando os cardeais a considerar-se a si mesmos "sucessores dos Apóstolos", com direito a pedir "uma participação igual em tudo quanto aquele que preside a sede de Roma proponha como lei ou promulgue oficialmente". A longo prazo, ações desse tipo tinham de frear a posição papal, e um sistema de concílios havia de pôr à prova a monarquia papal.

Os apologistas das pretensões da Igreja tendiam de início a ver a questão à luz da grande guerra universal entre o bem e o mal, entre o espiritual e o temporal, movendo-se nessa guerra a Igreja e o imperador. Bernardo de Clairvaux (ou Claraval), pai dos numerosos cenóbios cistercienses que se difundiram por toda a Europa desde 1120, escreveu uma carta em cinco livros ao papa Eugênio II, que tinha sido monge cisterciense e com respeito a cuja capacidade Bernardo tinha algumas dúvidas. Bernardo estimula Eugênio a considerar-se senhor do mundo. Os Apóstolos haviam dito a Jesus: "Aqui há dois gládios" (Lucas, 22:38). Jesus respondeu: "É o bastante". Neste texto se fundava a doutrina dos dois gládios ou espadas, que renovou sua popularidade devido às circunstâncias das disputas dos séculos XI e XII. Bernardo diz a Eugênio que ambos os gládios, "quer dizer, o espiritual e o material, pertencem à Igreja; no entanto, o segundo é feito *para* a Igreja, e o primeiro pela Igreja. O gládio espiritual deve ser empunhado pela mão do sacerdote; o gládio material, pela mão do cavaleiro, mas claramente vinculado ao sacerdote e obediente ao imperador... Agora, toma o gládio que te foi confiado para que o utilizes, e por tua salvação fere, se não a todos, se não mesmo a muitos, ao menos os que possas" (*De consideratione*).

Direita: A Igreja e o ensino
A Igreja foi a principal promotora da cultura na Idade Média, direta ou indiretamente, dirigindo as escolas catedralícias e empregando como funcionários eclesiásticos os mais brilhantes homens formados nas universidades. O mapa mostra a coincidência entre catedrais e cidades universitárias e a extensão das escolas por toda a Europa.

Esquerda. Nesta ilustração do século XV da *Divina Comédia*, aparece Dante com Beatriz, sua guia nos círculos celestes, entrando num céu que é ao mesmo tempo astronômico e espiritual.

Escola monástica importante
Laon Escola catedralícia importante
Universidade fundada antes de 1300
Universidade fundada entre 1301 e 1400
Universidade fundada entre 1401 e 1500
Universidade fundada entre 1501 e 1700
MAR DO NORTE
MAR BÁLTICO
OCEANO ATLÂNTICO
MAR MEDITERRÂNEO
Uppsala 1477
Aberdeen 1494
St. Andreus 1411
Edimburgo 1582
Glasgow 1451
Jarrow
Wearmouth
Rievaulx
York
Dublin 1591
Peterborough
Cambridge 1209
Oxford n. 1190
Canterbury
Lund 1688
Copenhague 1478
Königsberg 1544
Kiel 1655
Rostock 1419
Greifswald 1456
Franeker 1585
Groningen 1614
Amsterdã 1631
Leiden 1575
Harderwijk 1648
Utrecht 1636
Oshabrück 1630
Paderborn 1614
Corvey
Helmstedt 1576
Magdeburgo
Hildesheim
Wittenberg 1502
Halle 1694
Leipzig 1409
Erfurt 1379
Jena 1558
Louvan 1426
Colônia 1388
Marburg 1527
Giessen 1607
Fulda
Tournai
Mainz 1476
Würzburgo 1402
Bamberg 1648
Praga 1348
Cracóvia 1364
Olmutz 1573
Rouen
Bec
Caen 1432
Laon
Beauvais
Reims
Tréveris 1473
Worms
Speyer
Heidelberg 1385
Regensburg
Mont St. Michel
Savigny
Paris n. 1150
Pont-à-Mousson 1572
Metz
Tübingen 1477
Dillingen 1549
Ingolstadt 1459
Tyrnan 1635
Chartres
Orleans 1235
Fleury
Clairvaux
Estrasburgo 1567
Friburgo 1457
Linz 1669
Viena 1365
Pressburgo 1467
Buda 1389
Salzburgo 1628
Nantes 1460
Loire
Angers 1337
Tours
Bourges 1464
Besançon 1485
Basiléia 1460
St. Gall
Graz 1585
Poitiers 1431
Citeaux
Dôle 1422
Cluny
Pecs (Fünfkirchen) 1367
Drava
Treviso
Vicenza 1204
Pádua 1222
Vercelli 1228
Milão
Pávia 1361
La Chaise Dieu
Grenoble 1339
Turim 1405
Piacenza 1248
Parma 1502
Ferrara 1391
Ravena
Bordeaux 1441
Garonne
Valence 1452
Cahors 1321
Orange 1365
Avignon 1303
Reggio 1188
Bolonha 1200
Urbino 1564
Santiago de Compostela 1506
Oviedo 1604
Orthez 1561
Toulouse 1229
Montpellier 1289
Aix 1409
Pisa 1343
Florença 1349
Siena 1246
Perugia 1308
Arezzo 1215
Ebro
Perpignan 1349
Palência 1208
Valladolid 1346
Huesca 1354
Duero
Salamanca 1243
Saragoça 1474
Lérida 1300
Barcelona 1430
Córsega
Roma 1303
Monte Cassino
Coimbra 1290
Alcalá 1499
Sigüenza 1489
Nápoles 1224
Salerno 1173
Tajo
Toledo
Sardenha
Lisboa 1290
Valência 1500
Palma 1483
Cagliari 1626
Évora 1550
Ilhas Baleares
Guadalquivir
Palermo 1637
Messina 1549
Monreale
Catânia 1434
Sevilha 1254
Granada 1540
Sicília
Elba
Oder
Vístula
Sena
Reno
Rhône
Danúbio
Po
escala 1: 12.000.000
0 400 km
0 300 mi

Os cristãos da Paris medieval

A Paris do século XII se tinha convertido talvez no primeiro centro educacional e universitário da Europa. A escola catedralícia de Ste. Geneviève, a escola da casa dos Cônegos de St. Victor e numerosos mestres e alunos rivalizavam para que sua reputação atraísse estudantes jovens e ambiciosos. Muitos deles pensavam em fazer carreira na Igreja ou como funcionários eclesiásticos. No século XIII, Paris se transformou no centro da doutrina escolástica, e foram fundados alguns colégios, entre os quais a Sorbonne, para acolher os estudantes pobres.

Esquerda. Esta cena de um tribunal de Paris mostra plasticamente um dos problemas das relações Estado/Igreja no século XII. Na Inglaterra, Henrique II polemizou com seu arcebispo Thomas Becket sobre suas respectivas jurisdições legais. Os tribunais eclesiásticos julgavam os clérigos e não podiam impor penas de morte. Os que não eram clérigos desejavam mostrar que o eram, para obter clemência. O rei tentou impor restrições a esses fugitivos de sua jurisdição. Na ilustração, o estamento clerical está presente no tribunal, mediante um grupo de bispos, e o rei preside.

Este relevo do século XIII da catedral de Nôtre-Dame de Paris faz parte de uma série de representações sobre a vida estudantil. Mostra o professor e seus alunos. As lições consistiam em comentários sistemáticos de determinados textos. No século

XIII, os estudantes podiam alugar os textos numa livraria, mas muitos assistiam às lições sem nenhum exemplar que os pudesse ajudar a seguir o que se dizia, e a maior parte dos mestres costumava ler a passagem antes de ela ser debatida.

Dante trata o tema por meio de uma imagem que aparece em *De Monarchia* (3.4): os que defendem que a autoridade do imperador é subordinada à da Igreja dizem que "segundo o Gênesis Deus criou dois grandes luminares, um maior e outro menor, um para governar o dia e o outro para a noite. Isso, dizem, é uma alegoria dos dois tipos de poder, o espiritual e o temporal. Depois afirmam que, como luminar menor, a Lua não tem luz própria, mas a recebe do Sol, e assim o poder temporal não tem autoridade, se não a receber do espiritual". O mesmo Dante não estava muito certo de sua posição sobre a questão, e outros autores da Baixa Idade Média tomaram essa imagem e a utilizaram de maneira muito diferente de como o fizeram Gregório VII e São Bernardo. João de Paris, por exemplo, em *Sobre o poder real e papal*, entende a "Doação de Constantino" não com base numa fraude (sua natureza espúria não foi demonstrada senão no final da Idade Média), mas com base em que afetava apenas uma parte concreta do Império e em que carecia de validade por razões que podem encontrar-se nas glosas ao direito civil (cap. 21). Quanto à argumentação de Bernardo em sua carta a Eugênio III de que "o poder de perdoar pecados" é maior que o de "distribuir governos", João responde que "nas questões temporais o poder temporal é maior que o espiritual, e nestas matérias não está sujeito de nenhum modo ao espiritual, pois não procede dele" (cap. 8). E, além disso, o reino existiu primeiro, dado que não havia verdadeiro sacerdócio antes de Jesus, e havia certamente reis antes de Jesus (cap. 4).

As relações Igreja-Estado se transformaram num tema acadêmico, mas este nunca foi exclusivamente acadêmico. No século XVI, na época da Reforma, voltou a ser assunto candente, como resultado da pressão da Igreja.

Acima. Nesta iluminura de um manuscrito hussita de Praga, o pintor reproduz a visão que tinham do papa os dissidentes: ensoberbecido, coroado com a tiara e ladeado por dois frades que, prosternados, lhe beijam os pés.

Abaixo. O vigário de Cristo na Terra, o papa, julga os hereges, que são condenados à fogueira. O inferno é simbolizado pela prisão a que são conduzidos os condenados (à direita). A imagem sublinha a autoridade conferida por Cristo a seu vigário.

Este mosaico do final do século IX, situado sobre a porta de entrada imperial de Santa Sofia, em Constantinopla, mostra Cristo em toda a sua majestade, adorado pelo imperador Leão IV, em sinal da submissão devida a Deus.

Imperadores e patriarcas orientais

Em Constantinopla e Antioquia, no período compreendido aproximadamente entre 969 e 1070, havia uma alternativa ao poder do patriarca: o do imperador. O papel deste se sobrepunha ao do patriarca e às vezes o esmagava. Também ele tinha sido encarregado por Deus da salvaguarda da fé, e tinha o dever específico de propagar a fé entre os infiéis: ostentava o título de "igual aos Apóstolos". Também era chamado de "a lei viva". Além disso, o conceito ocidental do papa como legislador era estranho aos bizantinos, por mais que os imperadores recorressem às vezes ao expediente de apelar para Roma para que julgasse contra o patriarca de Constantinopla. O conceito ocidental do papa como "fazedor de imperadores" também era estranho ao Oriente. A "Doação de Constantino" se estendia à esfera secular e política. A autoridade se fundamentava no texto que os "papistas" interpretavam como a concessão por parte de Cristo a Pedro da autoridade absoluta sobre a Igreja. "Tu és Pedro, a pedra, e sobre esta pedra edificarei minha igreja." "Eu te darei as chaves do reino dos Céus, e tudo o que atares na terra será atado nos Céus, e tudo o que desatares na terra será desatado nos Céus." (Mateus 16: 18-19.)

Nenhum dos outros patriarcas concebeu reivindicações similares de chaves ou reinos. Na verdade, o papel dos patriarcas de Constantinopla diante dos imperadores bizantinos era modesto. Normalmente, o patriarca colocava a coroa na cabeça do novo soberano, mas não tinha nenhum poder decisivo sobre o ritual da coroação. A coroação de associados como co-imperadores era realizada pelo próprio imperador. No período bizantino médio, não se deu unção alguma, nem a coroação teve o significado legal de ato pelo qual se outorgava a autoridade. Nem o patriarca solicitava do coroado mais que uma profissão geral de fé ortodoxa. O imperador não era de nenhum modo o lugar-tenente terreno do patriarca. O imperador recebia às vezes o nome de "coroado por Deus", e era comum representá-lo coroado diretamente por Cristo, pela Virgem ou pela mão de Deus. Essas representações indicavam que o imperador subia ao trono pela vontade do Senhor, e que nenhum clérigo concreto era o agente dessa vontade. Até patriarcas ambiciosos como Nicolau Místico se referiam à entronização do imperador como obra dos "inescrutáveis" caminhos de Deus. Nicolau tinha suas razões para fazer esse comentário, por ocasião da subida ao trono de Romano Lecapeno, mas a ausência de qualquer declaração formal sobre o direito de nomear imperadores é significativa. Não era fácil elaborar concepções sobre a autoridade do patriarca numa sociedade em que um alto hierarca da Igreja, Teofilato de Ocrida, descrevia um imperador como "coroado por Deus e, se posso dizê-lo, Deus do Universo".

É claro que os imperialistas bizantinos e a maioria das hierarquias da Igreja bizantina falavam um idioma diferente do dos "papistas" romanos.

TERCEIRA PARTE

SER UM PEREGRINO

A SANTA PEREGRINAÇÃO

Esquerda. Este pequeno medalhão de um peregrino grego contém uma representação singela da Virgem e do Menino. Foi achado na Igreja de São João de Éfeso. Este templo, onde se supõe transcorreu a velhice de São João, foi um importante centro de peregrinação até que os turcos invadiram a região. Então tal centro se transferiu para o templo de Patmos. Éfeso teve também a primeira igreja dedicada à Virgem.

A idéia de peregrinação se baseia em duas concepções muito antigas da tradição cristã. A primeira é a idéia de que a alma se encontra aqui na Terra como num exílio, mas viajando para Deus. A segunda concepção é a crença de que certos objetos e lugares são focos de santidade, onde o mundo espiritual pode ser "tocado". Visitar um templo ou um lugar onde se guardam as relíquias de um santo, ou ir a um lugar como Jerusalém, equivalia a aproximar-se de Deus. Estavam tão arraigadas essas duas idéias, que na mente das pessoas simples da Idade Média viajar para a Jerusalém terrena mal se diferenciava de viajar para a Jerusalém celeste, a própria Cidade de Deus. Fazer peregrinação constituía uma maneira de alcançar o céu.

Alguns dos primeiros peregrinos, como a Egéria do século IV, eram uma espécie de pioneiros, que caminhavam para lugares mal assinalados nos mapas e por rotas incertas e sumamente perigosas. Em contrapartida, pouco antes do século XI, as peregrinações maciças se tornaram cada vez mais populares. Junto com a autêntica piedade, reinava um espírito festivo. Essas "viagens organizadas" medievais incluíam diversões e *souvenirs*. Dos *Contos de Canterbury* de Chaucer se desprende o aroma de uma peregrinação inglesa da Baixa Idade Média.

Alguns templos de peregrinação se tornaram grandes e importantes. Os mais famosos na Europa durante a Idade Média foram Roma (São Pedro), Santiago de Compostela e Jerusalém inteira, além de outros lugares da Terra Santa, aqueles que estavam especialmente associados à vida de Jesus. Em meados do século XII, São Bernardo de Clairvaux escreveu um livro para a recém-fundada ordem dos Cavaleiros Templários, soldados que viviam sujeitos à regra monástica e dedicados ao serviço e proteção dos Lugares Santos. Foi-lhes oferecido como um "guia" destes últimos, com explicações de cada um deles e seu significado. Além disso, outros templos, como o de São Tomás Becket em Canterbury, se tornaram internacionalmente famosos. Becket tinha sido arcebispo de Canterbury durante o reinado de Henrique II da Inglaterra, e caiu em desgraça diante do rei, que o havia nomeado porque era amigo seu. Desavindos por causa dos respectivos direitos de jurisdição da Igreja e do Estado, Becket foi assassinado na catedral numa horrível profanação da paz de um lugar santo (santuário), por homens desejosos de congraçar-se com o rei. A reação pública imediata foi de tanto horror e desgosto, que Henrique teve de fazer penitencia pública para poder conservar o trono. Becket foi canonizado, e o caso se tornou tão célebre em toda a Europa, que o templo do arcebispo Becket atraiu peregrinos de todos os lugares.

Os templos se enriqueciam pelo comércio que os viajantes atraíam, e as igrejas e catedrais que abrigavam as relíquias eram amiúde esplêndidas. Em Lourdes, por exemplo, a bela Igreja do Rosário foi construída junto à igreja edificada sobre a gruta entre 1883 e 1901. Em Santiago de Compostela e em Canterbury, os edifícios das catedrais refletem a importância das relíquias que contêm. Isso era considerado si-

Abaixo. Um homem e uma mulher peregrinam juntos. Levam uma cruz no chapéu, baixam o olhar humildemente e põem as mãos em atitude de oração ou junto ao peito. Afresco do século XV da oficina de Ghirlandaio, igreja de São Martinho, Florença.

Abaixo. Neste vitral do século XIII da capela da Trindade da catedral de Canterbury, aparecem alguns peregrinos com a cabeça descoberta, providos de surrão, cantil e bastão. Este aspecto era uma proteção para os peregrinos em terras estrangeiras, onde normalmente lhes era permitida a passagem.

nal de respeito para com o santo e uma maneira apropriada de utilizar os fundos que afluíam em forma de doações e oferendas das pessoas piedosas.

As curas milagrosas que às vezes aconteciam diante dos sepulcros dos santos foram outro fator importante e consistente da história da peregrinação. Ocorria às vezes na Idade Média que, quando um abade ou bispo morria, seus restos provocavam alguma cura. Então se organizavam campanhas para a canonização, e o sepulcro podia converter-se num centro estável de peregrinação durante muitas gerações. O exemplo moderno mais notável é talvez o de Lourdes.

Lourdes pertence a um grupo de centros de peregrinação não associados à vida de Jesus na terra ou aos santos, mas sim à Virgem Maria. Em certo número de lugares, a Virgem se manifestou em visões (especialmente a crianças ou moças) ou mediante o movimento de uma estátua (amiúde de pouca importância artística). Um caso de imagem movente da Virgem, acontecido recentemente na Irlanda, começou a atrair numerosas pessoas com a esperança de que se repita o milagre. A importância dessas capelas marianas para a piedade popular é uma manifestação do lugar especial que ocupa a figura de Maria nos sentimentos dos católicos ortodoxos e romanos de todo o mundo, como exemplo de atenção e gentileza para com a Mãe de Nosso senhor. Em Tinos, na Grécia, a capela atrai os que desejam uma cura milagrosa igual às de Lourdes, e os doentes dormem do lado de fora da igreja a noite toda, esperando para entrar na capela.

No mundo moderno, a peregrinação tem amiúde um acentuado elemento testemunhal, quer dizer, de manifestação pública diante da Igreja e do mundo da solidariedade da comunidade cristã em todos os lugares e épocas. Os milhões de peregrinos que atravessam o globo todo ano se reúnem em multidões de todas as procedências diante das capelas. Os que fazem filas silenciosas e pacientes têm os olhos e o coração fixos num lugar de comprovada santidade, e esperam sem nervosismo e em ordem. Seu testemunho de paz e solidariedade é talvez em grande parte inconsciente, mas às vezes os estandartes ou faixas o manifestam claramente.

Para alguns protestantes, a noção de um foco local de santidade neste mundo associado a um santo ou à Virgem Maria constitui um desvio inaceitável da questão central da fé em Cristo, e um desvio também do espiritual para o material. No entanto, há quem considere que utilizar um objeto ou um lugar que possa ser visto ou tocado constitui uma ajuda – e não apenas para a gente simples – para concentrar-se na prece. Assim como uma flor ou uma paisagem pode elevar a alma a Deus, também um lugar sagrado ou um objeto santo pode constituir um passo para a compreensão espiritual.

A tradição e a prática destas devoções são muito antigas. O paduano Gabrielle Capodilista, que peregrinou a Jerusalém em 1458, registrou em seu diário suas meditações sobre os acontecimentos evangélicos nos mais importantes lugares santos, e às vezes as preces que pronunciava nesses lugares. As devoções formais não eram esquecidas. Quase cinco séculos depois, T. S. Eliot fez uma peregrinação à obscura aldeia de Little Gidding, que constitui o tema do último de seus *Quatro Quartetos*. Neste lugar, em 1625, Nicolau Ferrar fundou sua pequena comunidade dedicada à prece e às obras de caridade. Eliot expressa o sentimento do visitante diante da continuidade do culto, mediante suas próprias meditações:

> Não estás aqui para comprovar,
> Instruir-te, espiar ou informar.
> Estás aqui para ajoelhar-te, aqui
> onde a prece foi válida.

A atividade física de viajar para Deus pode ser também uma ajuda para a mente em sua própria viagem. Os que participam de procissões testemunhais, os que marcham em apoio da paz ou de boas causas, os que andam pelas ruas recolhendo dinheiro para obras de caridade, todos estão envolvidos nesta espécie de peregrinação.

Peregrinos poloneses num dia de chuva e debaixo de guarda-chuvas, numa procissão da Semana Santa em Kalwaria Zebrzydowska.

Esquerda. Peregrinos pascais na Praça de São Pedro, em Roma, no Ano Santo de 1975.

Abaixo destas linhas. A afluência de doentes a Lourdes, com a esperança de uma cura milagrosa, constitui uma das mais importantes tradições desse tipo. Lourdes é o cenário das visões que teve em 1858 Bernadette Soubirous, camponesa de quatorze anos. Viu a Virgem Maria numa gruta, surgindo uma fonte desse lugar. Os que se banhavam em suas águas se curavam. Em 1862, a Igreja reconheceu a gruta como templo de peregrinação, e ela se transformou no principal centro de acolhida dos que buscam a cura. Vão até ela milhões de pessoas todos os anos, especialmente no aniversario da aparição (11 de fevereiro).

Abaixo. Uma procissão do Domingo de Ramos desce o Monte das Oliveiras, em Jerusalém.

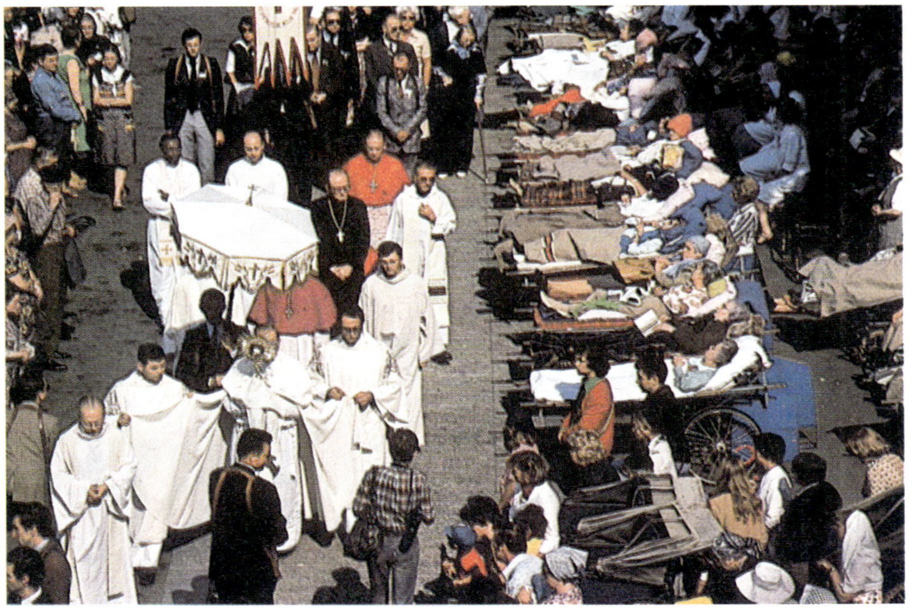

Acima. Um círculo de peregrinos assiste a um ofício sobre a neve, no exterior da Igreja ortodoxa de Suzdal, na Rússia.

Página seguinte. Em Fátima, Portugal, em maio de 1917, três crianças tiveram a visão da Virgem Maria. Ela lhes apareceu seis vezes. Em sua última visita, disse-lhes que era "Nossa Senhora do Rosário". Recomendou às crianças que rezassem o rosário todos os dias e que lhe edificassem um templo naquele lugar. Só uma das meninas chegou à idade adulta. Tornou-se freira carmelita e depois escreveu um relato das visões. Transmitiu a "tripla mensagem de Fátima": a penitência, a importância da reza do Rosário e a devoção ao Coração Imaculado de Maria. O lugar se transformou num centro de peregrinação de primeira grandeza. Na foto, o peregrino abraça a cruz que levou, com o rosto transfigurado pela devoção.

Direita. Uma procissão de peregrinos ao Santuário de Nossa Senhora de Copacabana, na Argentina.

Página seguinte. O Santuário de Loreto é também mariano, mas, enquanto Fátima é recente, Loreto é um antigo lugar de peregrinação que ainda hoje atrai numerosos fiéis. O santuário, perto de Ancona, Itália, ergue-se no lugar onde, segundo se crê, para onde foi levada a casa onde vivia a Virgem Maria quando recebeu a Anunciação. Segundo a crença, a casa foi milagrosamente levada de Nazaré pelos anjos. O primeiro registro histórico (em 1470) é contemporâneo da grande basílica edificada em honra de Maria. Loreto constitui um centro de peregrinação dos católicos de todo o mundo.

QUARTA
PARTE

REFORMA
E
REAÇÃO

O FINAL DA IDADE MÉDIA: VITALIDADE OU DECADÊNCIA?

Quando chamamos um período de "época da Reforma" ou do "Renascimento", imediatamente pensamos que os tempos anteriores devem ter sido de corrupção ou decadência. Portanto, a religião na Europa nos anos anteriores à rebelião de Lutero sempre foi considerada à luz do que estava *equivocado*. Mas nenhuma religião pode ser entendida se não contemplamos tanto seus aspectos positivos como seus defeitos, e há importantes aspectos que permitem considerar os anos anteriores a 1517 como de grande vitalidade espiritual. Devemos examinar as duas faces da moeda.

O papado no final da Idade Média

Dirigiremos o primeiro olhar para o lado negativo. O doente mais espetacular da Igreja era o papado. A fantástica rede de patronato, legislação e impostos que tinha sido aperfeiçoada sob Inocêncio III e seus sucessores persistia, mas o prestígio do papa como cabeça religiosa da Europa estava em seu ponto mais baixo. De 1378 a 1417, houve duas linhas de papas que pediam a submissão de uma Europa desconcertada, e a tentativa do Concílio de Pisa, em 1409, de resolver o problema só levou à eleição de um terceiro pontífice. Inevitavelmente, a incerteza levou ao enfraquecimento da importância da Santa Sé na mente dos homens, e ao surgimento de uma especulação teológica sobre os problemas de um papado dividido ou corrupto. O movimento conciliar, baseado na idéia de que o concílio geral era superior ao papa e podia destituí-lo, adquiriu cada vez mais penetração, e foi um concílio, o de Constança de 1417, o que acabou com o cisma. Nenhum papa posterior aceitou nunca a idéia de uma monarquia limitada, tal como o movimento conciliar a interpretava, mas a idéia se manteve nas mentes no início do século XVI.

Com o cisma se aprenderam outras lições. Era uma época em que as pretensões dos governos nacionais estavam crescendo, e os poderes seculares estavam ansiosos por estender suas jurisdições. A Igreja monolítica da Alta Idade Média tinha sido o principal obstáculo a essas pretensões crescentes, e muitos governantes receberam de bom grado a divisão do papado na medida em que diminuía o obstáculo. Lorenzo de Médici não era o único que pensava que, "se fosse possível sem escândalo, três ou quatro papas seria melhor que um". Entre os principais atrativos do protestantismo para os governantes do século XVI, contava-se precisamente essa divisão do centro da autoridade religiosa em unidades muito mais fáceis de controlar que o papado. A "cristandade" se estava dissolvendo.

No entanto, a principal fragilidade da Santa Sé residia no caráter dos próprios pontífices. O século XV havia conhecido grandes papas, mas, cada vez mais, a cátedra de São Pedro estava sendo ocupada por homens que agiam mais como príncipes italianos que como dirigentes espirituais universais, e alguns deles eram viciosos. Sisto IV (1471-1484) encarna uma das figuras-chaves nesse aspecto, pois suas ambições eram essencialmente as de um príncipe temporal. Envolvido numa série de lutas pelo poder com Lorenzo de Médici, com Ferrara e com Veneza, protegeu uma horda de sobrinhos miseráveis e rapaces numa medida e com um descaramento sem precedentes até na história de Roma. O mais famoso desses príncipes-papas do Renascimento foi o espanhol Rodrigo Bórgia (ou Borja), que, como Alexandre VI, presidiu o casamento de sua filha e exibiu sua jovem amante no próprio Vaticano. Seu filho César, modelo do *Príncipe* de Maquiavel, deu uma festa no Vaticano em 1502 na qual 50 prostitutas dançaram nuas, apanhando nozes no chão com os dentes, em concorrência com os convidados.

Mas a nenhum desses homens faltavam traços que os redimissem, mesmo como papas. O venal e ambicioso Sisto IV foi o segundo fundador da biblioteca do Vaticano, construiu a Capela Sistina e foi patrocinador generoso de instituições de caridade, e o próprio Alexandre VI criou em 1497 uma comissão de cardeais com o objetivo de elaborar um esquema de reforma da Igreja. Mas suas virtudes eram virtudes seculares, como a magnificência no mecenato das artes, especialmente sob o papa-soldado Júlio II, para o qual Rafael decorou o Vaticano; além disso, ele encomendou a Michelangelo a reconstrução de São Pedro. Essa reconstrução é muito significativa, pois nos esclarece a personalidade desses papas. Em certo sentido,

Posições diante do Grande Cisma de 1378-1417
A divisão do papado dividiu politicamente a cristandade ocidental por uma série de complexas razões que os dirigentes políticos tinham em conta. De 1309 a 1377, os papas residiram em Avignon. Depois de a corte papal regressar a Roma em 1377, os antipapas, contrários ao pontífice reintegrado à sua sede, mantiveram sua corte naquela cidade francesa, primeiro Clemente VII e depois Bento XIII, que foi deposto pelo Concílio de Constança de 1417. Esses fatos foram conhecidos como o Grande Cisma ou Cisma do Ocidente. Começaram após a eleição do papa Urbano VI, quando o futuro Bento XIII, Pedro de Luna, mudou de aliança e apoiou o candidato rival, o antipapa Clemente. Quando Clemente morreu em 1394, Bento foi eleito sucessor, com a promessa de acabar com o cisma. Uma vez no trono, não fez nada para cumprir o acordado, e se sucederam várias tentativas de depô-lo. O cisma entre papas rivais não era algo novo, mas esses episódios se deram em momentos em que o pontificado era o centro dos ataques dos dissidentes, que

consideravam inadmissíveis as pretensões do papa de um poder absoluto. A França foi leal aos papas de Avignon por razões geográficas. Seus inimigos tradicionais apoiavam Roma (a Inglaterra, o Norte da Itália). Os italianos do Sul e os sicilianos se alinharam contra seus inimigos setentrionais. Os príncipes alemães faziam seu jogo apoiando, segundo suas posições, um ou outro papa.

Direita, junto a estas linhas. Apesar de sua atitude piedosa no quadro de Pinturicchio, Rodrigo Bórgia, que como papa tomou o nome de Alexandre VI (1492-1503), foi o mais extravagante de todos os pontífices, um mulherengo que se preocupou antes de tudo em enriquecer seus filhos. Responsável pela tortura e morte na fogueira do frade reformista Savonarola, crê-se que Alexandre morreu ao ingerir o veneno que ele mesmo havia destinado a um de seus cardeais.

Direita, acima. Leão X (papa de 1513 a 1521) foi nomeado cardeal aos treze anos e papa aos trinta e sete. Filho mais novo de Lourenço de Médici (Lourenço, o Magnífico), era um político astuto e desonesto e um grande protetor das artes. Sua difícil situação financeira (uma vez teve de empenhar seu mobiliário) o levou a vender a indulgência contra a qual Lutero proclamou suas 95 teses. Foi o papa que concedeu a Henrique VIII o título de Defensor da Fé por seu livro contra Lutero. Os monarcas ingleses usaram esse título a partir de então.

Direita. Sisto IV (papa de 1471 a 1484) personifica as contradições do papado do Renascimento. Pessoalmente piedoso, bom pregador e competente teólogo, foi devoto da Virgem Maria, fundou o coro da Capela Sistina e edificou muitas igrejas. Mas suas extravagâncias endividaram a Santa Sé, e seus vínculos familiares (um de seus sobrinhos se converteu em Júlio III) envolveram o pontificado na política de poder italiana. Neste afresco da Biblioteca do Vaticano, obra de Melozzo de Forlì, ele aparece recebendo o humanista Bartolomeu Platina (1421-1481), a quem nomeou seu bibliotecário apesar dos rumores que o apontavam como herege e até pagão. Por outro lado, Sisto IV foi o fundador da Inquisição espanhola.

tratava-se de um ato de piedade e uma homenagem à verdade religiosa; mas, em outro sentido, constituía um ato de soberba, de incrível arrogância e extravagância que implicava a destruição do relicário central da cristandade.

Produtos da nova fé no homem e em suas capacidades, do compromisso com este mundo e da crença de que sua beleza não é obra do diabo, mas de Deus, só podemos entender esses homens no contexto do Renascimento italiano. Não é por acaso que desde 1480 os assuntos da cúria papal não fossem redigidos na língua franca universal, o latim, mas em italiano. Os observadores não-italianos tinham perfeita consciência dessa tendência. Os tratados reformistas, como o alemão "sobre a imundície da cúria romana", o denunciavam, e um católico tão devoto como Thomas Morus recordava a seu rei que o papa não era só o chefe da Igreja, mas também um príncipe italiano, com o qual toda aliança, até religiosa, devia ser muito meditada.

Corrupção e degradação da Igreja

O restante da hierarquia dificilmente podia ser melhor. A estrutura da Igreja medieval estava minada de inconsistências, desigualdades e ineficácias. Dos 760 bispados da Europa, mais de 300 ficavam na Itália, enquanto em toda a Alemanha e na Europa central só havia 90. A Irlanda remota e tribal, com 35, tinha mais que a Inglaterra, o País de Gales e a Escócia juntos. Entre os bispados havia grandes diferenças de rendas e recursos. Os bispos de Winchester, na Inglaterra, e de Rouen, na França, tinham rendas estimadas pela chancelaria papal em doze mil florins, enquanto o bispo de Ross, na Irlanda, ou de Ruvo, na Itália, recebiam miseráveis 33 florins. As sedes mais importantes eram avidamente buscadas pelas famílias nobres para seus filhos menores, e se compravam e vendiam. Ludovico Sforza conseguiu o arcebispado de Milão para seu filho bastardo de nove anos de idade, e o papa Médici Leão X foi nomeado cardeal com a idade de treze anos. Muitos prelados, como o cardeal Wolsey, foram altos funcionários de Estado, que ostentavam numerosos postos eclesiásticos e que, por conseguinte, descuidavam de todos. Tanto os papas como os príncipes seculares utilizavam os bispados e outros cargos eclesiásticos para recompensar seus subordinados. Em diferentes momentos dos séculos XIV e XV, as arquidioceses de Buckingham, Leicester, Northampton e Oxford estavam em mãos de cardeais franceses ou italianos.

No humilde nível do clero paroquial, as coisas não iam melhor. Praticamente não havia seminários, de maneira que o clero só podia formar-se nas universidades ou escolas catedralícias, ou aprendendo com algum sacerdote. Apenas a elite ia para a universidade ou para as escolas, e depois passava para a administração secular ou eclesiástica. A maioria dos clérigos aprendia letras e os rudimentos de latim necessários para as cerimônias com algum sacerdote que tinha muito pouco ou nada para ensinar. Os exames para as ordenações eram puramente formais, e o grande pregador do século XV São Bernardino de Sena fala de um sacerdote que só sabia a Ave-Maria, e que a recitava até na consagração da missa. O concubinato estava muito difundido: sacerdotes pobres e cheios de filhos, celebrando a liturgia dos domingos, indistinguíveis de seus fiéis, com os quais trabalhavam a terra no restante da semana, eram muito comuns em toda a Europa. O absentismo era corrente. Um quarto das paróquias da diocese de Estrasburgo estava sem clero residente em 1520, enquanto na diocese de Genebra, uma área muito montanhosa e pior que muitas outras, a proporção pode ter sido de 80%. E, no entanto, ali como em outras partes da Europa, havia um excesso de clero: Genebra contava com dois mil sacerdotes para suas 453 paróquias. Eram em sua maioria capelães que serviam em altares não paroquiais.

A vida monástica participava da decadência geral. Na Inglaterra prevalecia uma mediocridade confortável. Em todas as partes, como na Itália e em certos lugares da França, havia conventos abertamente escandalosos. A diminuição em números era evidente, e alguns monges viviam no medio do luxo, com rendas que podiam sustentar centenas de pessoas. A devassidão não era infreqüente, embora se encontrassem poucos bispos como um abade do Sul da Itália, que tinha uma concubina e cinco filhos, aos que se negava a mandar embora porque, como dizia ao bispo, amava muito os filhos, e seu médico lhe havia prescrito relações sexuais como remédio para seus cálculos hepáticos.

A situação era talvez pior nos conventos de freiras. Eram em sua maioria filhas "sobejas" de famílias médias, que consideravam a quantidade requerida para ingressar num convento menor que o dote para um casamento. Poucas tinham vocação, e o isolamento forçado em que viviam alimentava a malícia, a maledicência, a mundanidade e, inevitavelmente, a intriga sexual. Era uma brincadeira comum, com um núcleo de verdade, dizer que metade das relíquias dos Santos Inocentes encontradas em toda a Europa eram, na verdade, ossos de assassinatos monásticos acidentais.

Os frades e a piedade laica

Naturalmente, havia exceções. Grupos "reformadores" ou "observantes" existiam em todas as ordens religiosas, e edificavam mosteiros como o Charterhouse de Londres. Havia prelados santos, como o arcebispo Antonino de Florença. A voz da reforma era ouvida ao longo de todo o século XV, e o movimento conciliar se manifestava em figuras como o cardeal alemão Nicolau de Cusa ou o dominicano Savonarola. Era uma época ávida de pregações, e os sermões em línguas vernáculas dos frades franciscanos ou dominicanos levavam amiúde a espetaculares conversões em massa, ainda que às vezes de curta duração. Tudo isso constituía um traço característico da vida cidadã do século XV. Savonarola, o dominicano espanhol São Vicente Ferrer e o franciscano São Bernardino de Siena são, de todos os pregadores populares, os três mais famosos. São Bernardino chegou até a dizer que os sermões eram mais importantes na liturgia que a própria missa.

Seria fácil fazer uma descrição da piedade laica do final da Idade Média ressaltando certos componentes, como o elemento "mágico" ou "supersticioso". Essa descrição insistiria nos complexos rituais, procissões, peregrinações e vigílias diante dos sepulcros dos santos, no culto às relíquias, e na obsessão por tudo o que fosse relativo à morte e ao além, elementos que contribuíam para a multiplicação de missas e altares (e para superpopulação clerical), para a avidez de homens e mulheres de obter indulgências que aliviassem suas penas e as de seus parentes no purgatório. Mas existe o perigo de que uma lista como essa faça esquecer o núcleo da religião da Baixa Idade Média: seu interesse pela comunidade e pelas relações sociais, com o papel

Direita: Peregrinações na Idade Média
As rotas dos peregrinos medievais dependiam, de certo modo, da segurança dos caminhos. Amiúde tinham muito a ver com as rotas comerciais: os mercadores seguiam os peregrinos e vice-versa, com o que se beneficiavam mutuamente. Na Terra Santa, onde existia o perigo de ataque tanto dos "infiéis" como dos salteadores de caminhos, no início do século XII se fundou a ordem dos Templários ou Cavaleiros do Templo, para proteger os peregrinos e assegurar-lhes a livre circulação.

Abaixo. Na Idade Média, a devoção aos santos se centrava em seus sepulcros ou em partes de seu corpo (relíquias), às quais se atribuía um poder mediador em favor do fiel, o qual também podiam curar ou purificar. As relíquias representavam, da maneira mais concreta imaginável, a convicção do católico medieval da presença universal do divino na vida humana. Neste relicário italiano do século XIV, as relíquias, expostas no meio de cada painel, se acham sob as imagens da Encarnação e da Paixão de Cristo, mistérios dos quais os santos obtinham seu poder.

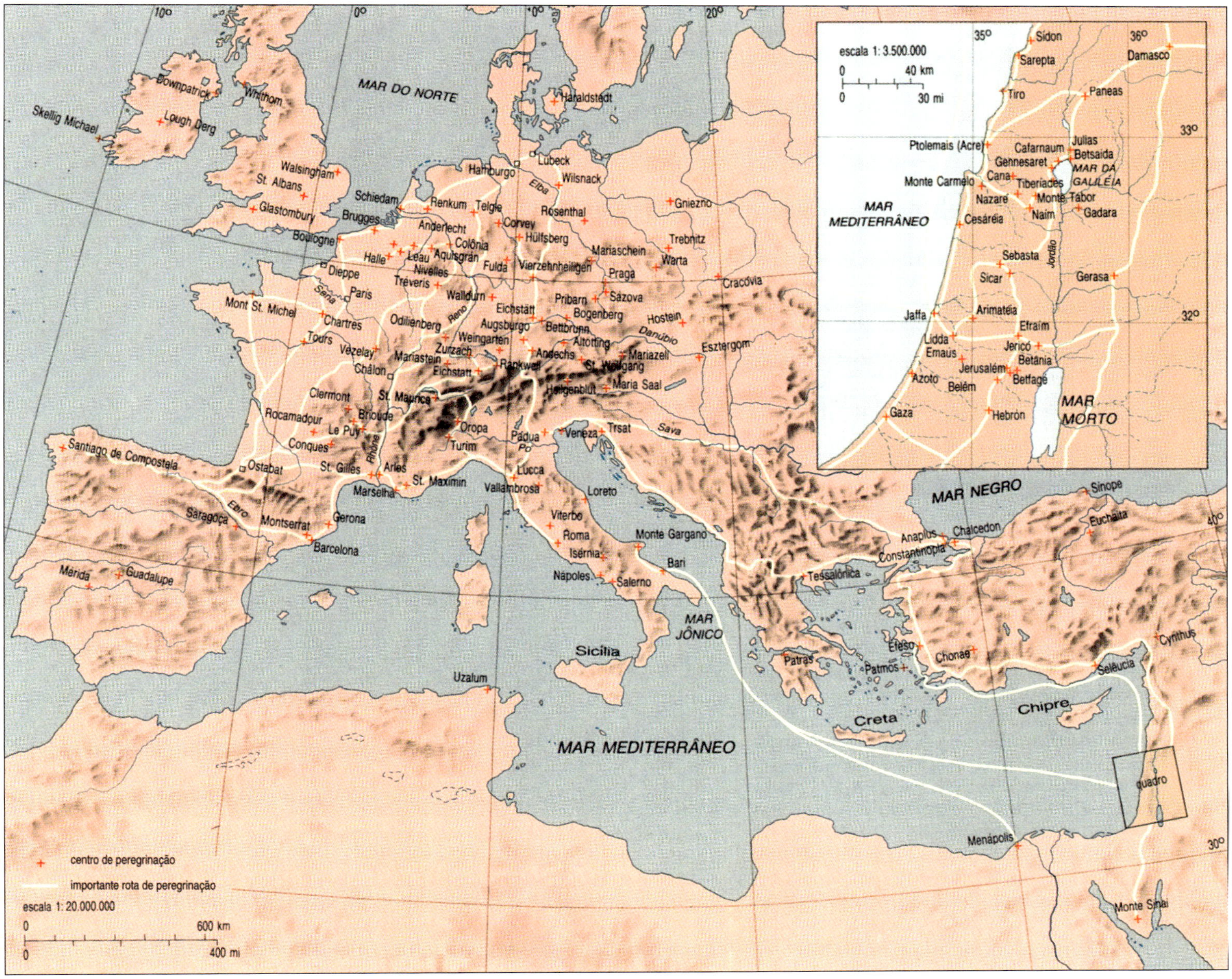

do sagrado como base e suporte da comunidade humana. O cristianismo estava sobretudo interessado na construção da "unidade do Espírito na paz".

Esse interesse comum se manifesta sobretudo na preocupação com a morte. Era crença admitida que até os bons cristãos morriam imperfeitos. Todo homem, mulher ou criança devia, portanto, sofrer indizíveis tormentos no purgatório para a expiação dos pecados. Esses tormentos podiam ser abreviados mediante as orações dos santos e dos amigos e parentes vivos, mediante missas pelos defuntos e com os perdões papais conhecidos como indulgências. Tais práticas impregnavam todos os aspectos da piedade laica. Os testadores deixavam dinheiro para que se rezassem missas por sua alma, em seus funerais ou no aniversário da morte. Todas as famílias rezavam por seus parentes, esperando que os demais rezassem, por sua, vez por eles.

Confrarias e o culto dos santos

As instituições religiosas mais vitais da época eram as confrarias, irmandades religiosas constituídas por leigos e consagradas a um santo padroeiro, à Virgem ou a alguns aspectos da Paixão de Cristo ou de sua humanidade glorificada (as Cinco Chagas, o Precioso Sangue, o Santo Sacramento). Todas as paróquias contavam pelo menos com uma dessas confrarias. No século XV havia em Norfolk mais de 900. Esses grupos, dirigidos normalmente por leigos, organizavam os funerais de seus membros, pagavam missas, faziam caridade a órfãos e viúvas, e davam esmola aos pobres, cujas preces pelos mortos eram consideradas especialmente agradáveis a Deus. Desse modo, toda a comunidade se sentia unida por um interesse comum, ricos e pobres, santos e pecadores.

As confrarias e irmandades promoviam a comunidade de diferentes formas. Na Itália, em especial, existiam muitas confrarias dedicadas às obras de beneficência – assistir os moribundos, os pobres, os presos –, e esse "cristianismo cívico" se concretizou em grande quantidade de orfanatos, hospitais e casas de caridade. Em todas as partes, irmandades profissionais uniam artesãos e trabalhadores com um sentimento de identidade corporativa. Os ciclos de representações teatrais religiosas, realizadas em muitas cidades medievais, eram organizados por essas confrarias, e sua importância era vital para a manutenção da paz e da ordem social. As procissões de irmandades em festas como a de Corpus Christi cumpriam idêntica função. A própria presença sacramental era uma expressão de consciência comunitária. Em Provins, França, as confrarias organizavam a procissão e a missa de Corpus Christi. O culto do corpo de Cristo era seguido por uma celebração do corpo social, com festas populares, jogos e danças, e "por esses meios mantêm a paz, a concórdia e a amizade mútua... tanto os pobres como os ricos..." É evidente que essas celebrações expressavam um aspecto real dos Evangelhos, e é igualmente claro que tais expansões podiam produzir resultados pouco respeitáveis. Por esta razão, os reformadores clericais não as viram com bons olhos, e dessa circunstância fizeram eco historiadores posteriores com demasiada facilidade.

O culto dos santos refletia preocupações similares. Se o morto comum necessitava das preces dos vivos, os vivos necessitavam, por sua vez, das preces do morto santo. Todo cristão tinha um santo padroeiro, cujo nome adotava no batismo. Os povoados tinham um padroeiro comum, cuja relíquia ou imagem se conservava na igreja ou santuário local, e que costumava ser levado em procissão em todos os momentos de crise social, como epidemias ou más colheitas. Esse culto às relíquias e imagens sagradas ajudava a localizar o sagrado, tornava visível e concreto o significado eterno das preocupações e aflições cotidianas da humanidade. Terra e Céu ficavam assim unidos numa grande comunidade de interesses.

Naturalmente, muitas dessas práticas eram "supersticiosas" e "mágicas". Naquela época, eram poucos os clérigos que estavam suficientemente preparados para poder exercer qualquer influência corretiva, e as tentativas dos bispos de mentalidade reformista ou dos pregadores para regulamentar os aspectos mais duvidosos da observância religiosa leiga eram rejeitadas, ou ignoradas como se se tratasse de interferências estranhas. A fé sacramental chegava a transformar-se num animismo. A água benta e até o pão sacramental roubado eram utilizados para conjurar as doenças. A multiplicação do culto dos santos e das relíquias tendeu a rebaixar a dignidade do sagrado.

A "domesticação" do sagrado se refletia de maneira comovente na familiaridade com que eram tratados os santos, como "senhor São Cláudio, meu padrinho", ou no modo como eram representados na escultura e nos vitrais usando a indumentária da época e com rosto e mãos de camponeses. Uma dimensão menos comovente se refletia em incidentes totalmente isolados, como o do florentino que esfaqueou um quadro da Virgem porque não lhe havia dado sorte no jogo, ou no sentimento corrompido de onipresença do sobrenatural associado com o crescente temor à bruxaria. Típico da ambivalência da religião do final da Idade Média é o fato de que o principal propagador da terna e evangélica devoção do rosário na Alemanha, o dominicano Jacob Sprenger, fosse também, ao mesmo tempo, um dos autores do *Malleus Maleficarum*, o horripilante tratado que deu as bases para as cada vez mais numerosas matanças de bruxas.

A *Imitação de Cristo* e o humanismo cristão

A menção do rosário deixa claro que a energia espiritual da Baixa Idade Média não se expressou somente na religiosidade corporativista. Isso foi especialmente verdadeiro no Norte da Europa, onde havia surgido uma piedade fervorosa e introspectiva baseada na meditação dos Evangelhos e dos mistérios da religião: a *devotio moderna*. Essa tendência engrandecia a vida simples de oração e autonegação, e as obras de caridade. Foi chamada "misticismo do senso comum", e sua expressão clássica foi a *Imitação de Cristo* de Tomás de Kempis. Esse livrinho, publicado em 1418, continha muito do mais característico do cristianismo da Baixa Idade Média: por exemplo, sua preocupação com a morte e o juízo e seu caráter penitencial, bem como sua reverência ao sacerdócio e ao sacramento do altar. Mas continha também muito da tendência antes descrita, como a desaprovação dos que "se vão apressadamente de um lugar a outro para visitar as relíquias dos santos... e para contemplar as grandes igrejas construídas em sua honra e beijar os ossos sagrados, tudo por simples curiosidade humana". Essas práticas eram consideradas estéreis pelo autor, e para ele os homens fariam melhor se se aproximassem com amor e devoção do sacramento do altar em suas próprias paróquias. Tomás pregava uma peregrinação interior de arrependimento e piedade, oposta a uma religião baseada em atos exteriores.

Trata-se, pois, da religião de um leitor individual, que deve ficar no silêncio e retiro do próprio quarto (e convém recordar que só as pessoas ricas tinham quarto próprio na Baixa Idade Média européia). Essa prática encontrou eco num movimento igualmente contrário ao panorama religioso de então; o humanismo cristão, a dimensão religiosa do Renascimento.

Amiúde o Renascimento foi considerado como um movimento anti-religioso, como uma renovação dos valores pagãos clássicos, com a conseguinte preocupação por este mundo, por sua beleza e seu poder, e a visão do homem não como pecador caído, própria da

Acima. As procissões eram (e em muitos lugares continuam a ser) um aspecto fundamental da piedade católica. Representavam a idéia da vida como viagem, possibilitavam o desdobramento da solidariedade da comunidade, da ordem e da ortodoxia e santificavam as fronteiras que delimitavam o lugar onde se vivia.

Acima. Erasmo, o crítico mais influente da religião no final da Idade Média, é aqui retratado por Dürer dez anos antes de sua morte, com o tinteiro e a pena na mão, rodeado de seus escritos e com uma inscrição em latim e em grego. A gravura é realmente um "ícone" do santo padroeiro da nova cultura.

Esquerda. Ao longo de toda a história do cristianismo, os intelectuais e os reformistas sempre se sentiram desconfortáveis diante dos excessos e abusos da religião popular. Na cena do jovem Holbein, pertencente a um exemplar da sátira reformista de Erasmo *Elogio da loucura*, um viajante néscio tenta tornar segura a viagem recorrendo a São Cristóvão. Era crença geral que, se alguém olhasse uma representação de São Cristóvão, não podia acontecer-lhe nada de mau nesse dia.

piedade medieval, mas como o senhor da criação, para o qual todas as coisas são possíveis. A arte do Renascimento glorifica o corpo, com freqüência nu. Abunda em palácios e edifícios comunais a riqueza e grandiosidade que a Idade Média havia reservado às catedrais. Na verdade, a visão positiva sobre o potencial humano que subjaz no grande florescimento de energia criadora que começou em Florença tem raízes no pensamento cristão, em especial nos escritos da tradição neoplatônica transmitidos por autores como Origens e Santo Agostinho e no relato tradicional da criação do homem contido no Gênesis. A arte do Renascimento teve um caráter predominantemente religioso: calculou-se que só 13 por cento das obras de arte produzidas na Itália entre 1420 e 1539 são de tema secular. As elaboradas procissões religiosas que marcam a vida das grandes cidades do Norte da Itália e a avidez com que os governantes de Veneza adquiriam custosas relíquias dão testemunho da importância que a religião tinha para eles. Como também dá testemunho o efeito extraordinário das pregações apocalípticas de Savonarola por volta de 1490, que se transformou praticamente em governante da cidade e entre cujos conversos se contava Botticelli.

Erasmo e o Renascimento religioso

Mas foi sobretudo no Norte da Europa que o Renascimento adotou mais diretamente uma forma religiosa. Ali, o desejo de retorno às fontes puras da cultura, aos "clássicos", levou ao desejo de forçar o impulso puro do cristianismo, limpando-o dos acréscimos de uma teologia ritual e complexa que tinha transformado um espírito vivo num sistema. Homens como Johannes Reuchlin (1455-1522) na Alemanha ou Jacques Lefèvre d'Étaples (1455-1536) na França passaram do estudo dos clássicos pagãos e da filosofia para o estudo das Escrituras em suas línguas originais. A gramática e o dicionário hebraico de Reuchlin revolucionaram o estudo do Antigo Testamento, provocando o furioso ataque dos dominicanos de Colônia, que discutiam sua ortodoxia, e esse foi o começo de um longo confronto entre tradicionalistas e humanistas.

Em Desidério Erasmo (1466-1536) o humanismo nórdico encontrou sua expressão mais característica. Educado pelos Irmãos da Vida Comum, propagandistas da *Devotio Moderna*, Erasmo combinou a piedade prática interiorizada da *Imitação de Cristo* com os novos conhecimentos. Suas edições das obras dos santos Jerônimo, Irineu, Ambrósio e Agostinho e de outros Padres foi um tentativa de voltar, para além das complexidades da teologia medieval, às fontes "clássicas". Sobretudo, sua edição do Novo Testamento grego, com uma tradução latina moderna (1516), pretendia pôr diante dos homens "Cristo falando, vivendo, morrendo e ressuscitando". Para Erasmo, Cristo era "nosso único mestre… Que encontrarás em Tomás, em Scott, comparado com seus ensinamentos?" Desejava ver as Escrituras nas mãos "do fazendeiro, do alfaiate, do viajante e do turco", e ouvir o lavrador com seu arado cantar os Salmos.

Ele mesmo, uma pessoa não arraigada, que da Holanda viajava para Paris, Inglaterra, Roma, Suíça, um homem que vivia dentro de sua cabeça, não tinha nenhuma simpatia pela religião do lugar e da comunidade. Relíquias, peregrinações, mosteiros, hierarquias e até os sacramentos eram para ele o mais secundário, e com maior freqüência não substitutivos do verdadeiro cristianismo, o espírito de Jesus. No manual da vida cristã que publicou em 1504, escreveu: "De que te serve ser aspergido com água benta por fora se estás sujo por dentro? Se queres agradar a Pedro e Paulo, imita-os. Não te condeno por venerar as cinzas de Paulo, mas, se prescindes de sua imagem viva, que fala em suas cartas, tua devoção é absurda. Dás a maior importância a um fragmento de seu corpo, encerrado num relicário: admiras toda a palavra de Paulo conservada em suas epístolas?"

Em uma série de obras cômicas e sérias ao mesmo tempo, Erasmo ataca principalmente as ordens monásticas por sua cobiça e preguiça, a hierarquia e os clérigos por sua ignorância e imoralidade, e até o pontificado numa sátira anônima na qual Júlio II se encontra diante da porta do Céu fechada por São Pedro, que não reconhece no príncipe-soldado seu próprio sucessor. Erasmo oferece, em contrapartida, uma religião razoável, um desprezo pela teologia técnica, uma insistência na imitação de Jesus, que revela sua dívida para com a *Devotio Moderna*. Não quer derrubar; só reformar. Protegido por papas, por homens da hierarquia eminentes, como o arcebispo Warham de Canterbury, por sábios e homens de Estado como Thomas Morus, por reis como Henrique VIII e Carlos V, a influência de Erasmo foi imensa. A Europa culta gargalhava com seu *Elogio da loucura* e seu *Julius Exclusus*, rezava com seu *Enquirídio* e descobria em sua tradução do Novo Testamento razões para duvidar de muitos dos ensinamentos e práticas da religião da Baixa Idade Média. Onde a versão oficial (a Vulgata) fazia Jesus dizer em Mateus 4:17 "Fazei penitência e crede na boa nova", Erasmo traduz: "Arrependei-vos e crede na boa nova". Se a tradução que fez Erasmo era a correta, Jesus mandava os homens mudar seu coração e sua mente, não confessar-se ou fazer atos de penitência. Aí, em latim elegante, estava a revolução.

A religião da Baixa Idade Média era rica e complexa. A decadência era evidente em muitas de suas instituições, mas mais surpreendente era sua vitalidade e diversidade. E é precisamente essa extrema diversidade o que dificulta fazer um balanço. O papado perseguia seus objetivos artísticos e políticos, ressentido com os alemães e ingleses, cuja contribuição econômica esperava. Os bispos e os administradores cultos tentavam pôr ordem e media na anarquia das celebrações populares, e viam com desconfiança ou desespero o entusiasmo individualista dos eremitas meridionais e dos místicos nórdicos. O clero diocesano denunciava os frades pregadores que levavam seus fiéis e, em conseqüência, suas rendas. As lealdades religiosas locais se impunham às estruturas externas e à ortodoxia oficial. Os humanistas fustigavam a corrupção da hierarquia e o abuso da ignorância. Em sua busca da consolidação territorial e da independência jurídica, os príncipes cortavam os vínculos de obediência e de dever, que constituíam os nervos da cristandade. Era como um barril de pólvora do qual bastava aproximar um fósforo. Em 1517, um obscuro professor de teologia de uma universidade provinciana da Alemanha o acendeu.

REFORMA: OS ALICERCES TREMEM

Martinho Lutero

Martinho Lutero (1483-1546) é em muitos aspectos uma figura medieval. Nascido de família camponesa numa das regiões menos civilizadas da Alemanha, nunca se desprendeu de todo da mentalidade rural. Abraçou a vida monástica depois de ter recebido formação universitária em leis: uma existência que parece tirada da biografia de algum santo contida na *Legenda Áurea*, pois foi resultado de uma promessa a Santa Ana, induzida pelo terror que lhe causou uma tempestade. Mas, se em um sentido é produto do mundo mágico da Baixa Idade Média, esse homem, transformado em símbolo, corresponde por outro lado à cultura individualista da palavra, reapresentada de diferentes maneiras pelos místicos nórdicos, pela *Devotio Moderna*, por Erasmo. Ambos os elementos mencionados contribuíram de maneira decisiva para definir o caráter da reforma luterana.

Lutero foi um monge modelar, que logo alcançou posições de autoridade na ordem agostiniana. Em 1511, foi nomeado professor de filosofia da nova Universidade de Wittenberg. Alo o terror tornou a se manifestar. Seu profundo senso da indignidade diante da ira de um Deus justo o levou a extravagantes penitências e a obsessivas confissões diárias. Emagreceu, e seu olhar se tornou duro, tal como ainda se pode ver em seus primeiros retratos. Sofria de escrúpulos, condição mórbida registrada nos manuais de confessionário na qual o penitente se sente mais preocupado com sua própria indignidade do que confiante na graça de Deus que o sacramento dá. Com visão inspirada, seu confessor o convenceu a que ensinasse na cátedra de

Direita. Cranach produziu uma curiosa série de imagens de propaganda de Lutero ao longo de sua vida, que culminaram com um estranho retrato do reformista em seu leito de morte. Esta gravura pertence ao princípio de sua dissidência, mas ele ainda usava tonsura e capuz. Em representações semelhantes, Lutero aparecia com um halo e sob a pomba do Espírito Santo. Produzidas em massa, essas estampas contribuíram para criar o mito de Lutero.

Direita. Em uma época em que predominava o analfabetismo, as imagens eram vitais para a propaganda da Reforma. Nesta elaborada gravura luterana de 1545, a "verdadeira" Igreja protestante aparece contraposta à Igreja papal do Anticristo. À esquerda, Lutero prega, enquanto o piedoso príncipe eleitor João Frederico escuta. Este leva a cruz como bom cristão e bom príncipe. Os ministros luteranos, rodeados por leigos devotos e cultos, administram os dois sacramentos evangélicos do batismo e da Ceia do Senhor. Observe-se que os comungantes recebem a comunhão da maneira tradicional, ajoelhados e diretamente na boca; que um dos ministros usa a indumentária própria da missa católica; e que sobre o altar há uma cruz. À direita, o diabo cochicha ao ouvido de um monge enquanto este prega (em contraste com o Espírito Santo, que inspira Lutero). O papa negocia com as indulgências e os falsos perdões, enquanto, ao fundo, se satirizam vários aspectos das cerimônias e observâncias católicas. Acima, um Deus furioso lança fogo e enxofre, que os méritos dos santos, simbolizados por São Francisco, não podem evitar.

Esquerda. A extraordinária pintura do Bosch sobre os Sete Pecados Capitais descreve com vivos detalhes contemporâneos o sentimento do homem medieval acerca da variedade e do poder do mal humano. É um exemplo contundente da maneira como os ensinamentos morais da Igreja podiam ser comunicados dentro de uma cultura analfabeta. De baixo para cima e em sentido anti-horário, podemos ver a Ira, a Soberba, a Luxúria, a Preguiça, a Gula, a Avareza e a Inveja. No centro, é representado Cristo ferido. Um tema constante da piedade medieval era a tentativa de mover os homens ao arrependimento mediante o contraste entre a generosidade amorosa de Cristo, traspassado por nossos pecados, e a enorme ingratidão humana. Ao redor, aparecem as representações da morte, do juízo, do inferno e da glória.

Bíblia de Wittenberg. Entre 1513 e 1518, Lutero pregou e ensinou os Salmos, as epístolas aos Romanos, aos Gálatas e aos Hebreus com base em sua língua original. Nesse processo, encontrou paz espiritual e desenvolveu uma teologia revolucionária.

O temor de Deus que experimentava Lutero se baseava sobretudo na idéia de justiça divina, com todas as suas conotações medievais de fatalidade. Ele descobriu que o conceito bíblico de justiça se referia à bondade e retidão do próprio Deus, livremente dada aos que confiavam nele através de Cristo. Nas palavras paulinas "a justiça viverá pela fé" ele encontrou a confirmação que buscava. O santo não era um homem que já não pecava; era um pecador que depositava toda a sua fé em Cristo. As boas obras não contribuíam gradualmente para a salvação. A fé era uma dependência quase infantil de Deus: a isso se reduzia tudo. Havia um lugar para o esforço moral e as boas obras na vida cristã, mas esse esforço era a resposta agradecida do homem redimido a um Deus amoroso, uma tentativa de transformar-se no que aos olhos de Deus já era. Uma frase de suas lições sobre Romanos é significativa: "Sempre pecador, sempre penitente, sempre de bem com Deus".

Lutero havia bebido em muitas fontes: os místicos nórdicos, Santo Agostinho e seus comentadores alemães, e a filosofia n ominalista, na qual tinha sido formado. Mas foi muito além de todos eles em sua insistência na corrupção total do ser humano e no desamparo que se encontra diante de Deus. Neste aspecto, iria romper espetacularmente com Erasmo em 1525, mas o humanismo também teve um papel importante em seu desenvolvimento, pois com a ajuda da filologia grega e do Novo Testamento de Erasmo Lutero chegou à sua interpretação de São Paulo. Como Erasmo, Lutero pensava que o Novo Testamento convidava os homens a "arrepender-se", a mudar o coração e a mente, e não a "fazer penitência" no sentido de obras de reparação. Mas, ao contrário de Erasmo, pensava que, se era assim, a estrutura medieval da penitência e do mérito e, sobretudo, a prática das indulgências vinham abaixo.

A prática das indulgências

Uma indulgência era, em sua origem, uma dispensa da pena ou satisfação exigida ao penitente. Por exemplo, um homem podia trocar uma peregrinação à Terra Santa por uma doação de esmola aos pobres, ou a uma igreja, ou pela realização de atos piedosos mais leves. Gradualmente, os teólogos elaboraram esta idéia. Cristo havia adquirido um infinito "tesouro de méritos" para a humanidade. O papa podia aplicar esse mérito aos pecadores arrependidos, assim como um banqueiro transfere quantias de uma caixa para outra. E a caixa se tornou algo decisivo. Com o tempo, as esmolas para os pobres se transformaram em pagamentos ao papa, em fonte indispensável das rendas pontifícias. A imaginação popular distorceu a doutrina. Chegou a ser crença amplamente admitida, e até ensinada, que as indulgências podiam apagar os pecados e podiam ser aplicadas às almas atormentadas do purgatório. As indulgências, unidas a relíquias, templos e determinadas orações, multiplicaram-se.

Lutero, como outros intelectuais, havia criticado esse desenvolvimento em várias ocasiões, mas em 1517 voltou a centrar nela a atenção, mas com um critério novo. O príncipe Alberto de Brandenburgo, arcebispo de Magdeburgo, se tinha tornado também arcebispo de Magúncia e em primado da Alemanha. Os gastos e subornos para consegui-lo eram elevados, e tinham ficado com os grandes bancos dos Fugger. Para pagar suas dívidas, promulgou na Alemanha a indulgência de Leão X destinada aos que contribuíssem para a reconstrução de São Pedro de Roma. Metade das rendas iria para o papa, e a outra metade para Alberto e seus banqueiros. Até para o estilo da época, a oração pró-indulgência do dominicano Tetzel era ultrajante:

> Põe teu dinheiro na bandeja,
> abre as portas peroladas e entra sem dar um pio.

Lutero, ainda recém-saído de sua crise espiritual, viu nessa iniciativa um abuso cruel e blasfemo da ignorância. Redigiu uma lista de 95 proposições em latim para debate acadêmico, todas relativas aos excessos em matéria de indulgências, não à prática em si. Traduzidas para o alemão, as "teses" se transformaram num *best-seller*, e Lutero se encontrou com a língua da Alemanha.

No debate subseqüente, publicou uma série de folhetos que, à medida que as autoridades religiosas se manifestavam contra ele, se tornavam cada vez mais duros. Deixando o tema das indulgências, lançou um ataque contra toda a linha dos ensinamentos e práticas católicos. Se só a fé importava, e a fé só vinha de escutar a pregação da palavra, então a fé dos homens nas peregrinações, nas relíquias, nos santos, nas boas obras, no sacerdócio ou nos próprios sacramentos era vã. Diante do abismo entre seus ensinamentos e a tradição católica, teve de rejeitar tanto a primazia do papa como a infalibilidade dos concílios gerais. Condenado pelo pontífice em 1520, foi convocado para que respondesse às acusações de heresia diante do imperador Carlos V e da Dieta de Worms em 1521. Lutero pronunciou um discurso emocionante no qual se negou a retratar-se, e foi proscrito e solenemente excomungado. Então se foi para esconder-se.

O papel da imprensa

Lutero era um escritor popular bem dotado, e a Baixa Idade Média havia conhecido um importante aumento da alfabetização na Alemanha. Pela primeira vez, a imprensa se converteu num veículo de persuasão de massa. Em 1521, circulavam 350 mil livros de Lutero. Sua mensagem foi parar ouvidos receptivos. A coerência política da Alemanha sob Carlos V era precária,

Acima. O catecismo alemão de Lutero constituiu a base da educação religiosa nas escolas luteranas, e até chegou a ser imitado pelos católicos contrários a Lutero. Normalmente se baseava no Credo, nos Mandamentos e no Pai-Nosso. O catecismo se converteu num instrumento vital para a doutrinação tanto de protestantes como de católicos, e contribuiu para transformar o cristianismo de um sistema ético e ritual em um sistema mais ideológico ou doutrinal.

Esquerda: Centros de imprensa
A imprensa desempenhou um papel fundamental no fomento e propagação dos ideais humanistas nos últimos anos do século XV e primeira metade do XVI. No final do século XV, quase um quarto dos livros eram impressos em Veneza; seguiam-se por ordem de importância: Paris, Lyon, Florença, Leipzig, Deventer, Milão, Estrasburgo, Colônia, Augsburgo, Nuremberg e Basiléia. A Inglaterra dependia em grande parte das importações de livros do estrangeiro. O número de cidades alemãs da lista testemunha o espantoso auge que a imprensa teve ali na mudança de século, fato que foi crucial para o êxito da Reforma.

com muitas zonas governadas por cavaleiros locais não melhores que bandidos, e desejosos de ter uma desculpa para livrar-se de suas obrigações. Suas fronteiras eram mordiscadas tanto no Leste como no Oeste. Os alemães se sentiam ofendidos pelos estrangeiros, sobretudo pelos representantes papais, com suas incessantes demandas econômicas. A polêmica luterana incidiu nessa xenofobia. As cidades do Império também eram barris de pólvora aguardando a fagulha. Agitadas por tensões entre as oligarquias governantes, os grêmios profissionais e os trabalhadores sem qualificação, só as unia a repugnância pelo clero, que gozava de isenções legais e fiscais e se mostrava leal a senhores eclesiásticos forâneos. Foi ali, sobretudo, que a mensagem de Lutero deitou raízes.

Sua denúncia do custoso aparato ritual da Idade Média, sua afirmação de que *todos* os crentes eram sacerdotes, sua insistência em que ninguém podia impor leis a uma consciência cristã, e em que se a lei ia contra a liberdade da Palavra devia ser ignorada, seus ataques à teologia escolástica e às altas finanças chegaram aos humanistas e aos intelectuais. Mais ainda: chegaram à camada mais baixa da pirâmide social, para a qual os ataques à lei e as chamadas à liberdade da Palavra tiveram ressonância talvez não esperadas pelo próprio Lutero. O ataque do reformador à mendicância religiosa, sua proposta de que os governantes ou as comunidades locais tomassem as rendas da Igreja, suas sugestões sobre a absorção e confisco das propriedades monásticas chegaram aos governantes das cidades, desejosos de livrar-se do clero. A mensagem de Lutero tinha caráter espiritual, mas suas implicações eram muito concretas. As cidades, uma após outra, pronunciavam-se pela Palavra.

A Reforma provoca revoltas

À medida que os pregadores e as publicações difundiam a mensagem de Lutero na Alemanha, outros teólogos foram aderindo. Em Wittenberg, seu lugartenente foi o pacífico humanista Filipe Melanchton (1497-1590), cuja obra *Lugares-comuns* (1521) constitui a primeira teologia sistematicamente protestante. Também redigiu a Confissão de Augsburgo de 1530, que iria ser o modelo da profissão de fé luterana. Mas o movimento de Lutero foi arrastado para uma voragem política e social muito longe de ser pacífica. Quando, depois de Worms, Lutero ainda permanecia escondido, outro professor de Wittenberg, Andreas Carlstadt (1480-1541), tomou as rédeas da Reforma. Foi abolida a missa e introduzida a comunhão sob as duas espécies, e monges e freiras saíram dos mosteiros e conventos e se casaram. Estudantes revoltosos saqueavam imagens e altares e insultavam o clero. Carlstadt começou a aparecer descalço, vestido como um camponês e fazendo-se chamar "irmão Andreas", para denunciar a instrução. Um grupo de "profetas" patriarcais de Zwickau apareceu na cidade, proclamando a posse mística do Espírito e falando de sonhos e visões.

Lutero saiu de seu esconderijo e acalmou a tormenta com uma série de sermões em que instava à caridade e às reformas graduais, mas o radicalismo foi crescendo. Thomas Münzer (1490-1525) era um sacerdote saxão influenciado não só por Lutero, mas também pelo milenarismo medieval e pelas tradições místicas. Rejeitava a autoridade das Escrituras em favor da revelação direta do Espírito, e ensinava que a Igreja consistia apenas nos eleitos renascidos no Espírito. Münzer proclamou a obrigação dos cristãos de tomar a espada contra os descrentes, e predisse uma luta apocalíptica na qual muitos justos sofreriam. Acreditava que Lutero estivesse vendendo a Palavra às classes dominantes e o denunciou como "doutor Mentiroso". Com base em Allstadt, onde elaborou a primeira liturgia em alemão, organizou grupos de trabalhadores e mineiros para a luta. A cidade de Carlstadt se uniu a ele.

Em 1524, teve início uma série de sublevações dos camponeses oprimidos e famintos que reivindicavam direitos mais amplos, desde a abolição da servidão até a eleição dos próprios pastores religiosos. Embora predominasse o componente social, a dimensão religiosa da revolta também era inegável. A propaganda pictórica luterana havia retratado sempre o camponês com sua enxada como o principal defensor da Palavra contra a mundanidade e o papado: agora, a imagem retórica adquiria uma terrível realidade, quando bandos de camponeses percorriam a Alemanha central e meridional incendiando castelos e mosteiros. Münzer se apresentou como teólogo da revolta, convocando o campesinato a instaurar o reino dos santos: "Adiante, adiante, não te detenhas, não tenhas piedade [...], golpeia". Lutero ficou horrorizado, entre outras coisas, porque seus ensinamentos estavam servindo para incitar à revolta. Em um opúsculo muito duro, *Contra as hordas de camponeses, assassinos e ladrões*, instou os príncipes alemães a "esmagar e matar... recordando que nada pode haver mais peçonhento e diabólico que uma rebelião". A revolta foi esmagada em 1525, e Münzer, torturado e decapitado.

A Palavra de Lutero ficou de maneira irremediável desacreditada em grande parte do campesinato, que se considerava traído em suas aspirações. Estava claro que Lutero tinha consciência da dependência da Reforma com relação aos príncipes protestantes, em muitos dos quais o desejo de dominar a Igreja era mais forte que o zelo evangélico, e a nenhum dos quais teria convencido a idéia de que protestantismo e revolta social eram aliados naturais.

Nas décadas de 1520 e 1530, o protestantismo adquiriu suas características distintivas. Lutero aboliu todos os sacramentos menos três – o batismo, a eucaristia e a penitência –, mas muito do cerimonial da antiga Igreja perdurava, incluído o latim. O núcleo do culto alemão era a tradução de Lutero da Bíblia e a rica coleção de hinos que ele mesmo compôs. No *Grande catecismo* ofereceu um modelo de doutrina para os ministros; no *Pequeno catecismo*, uma soberba e original combinação de instrução e orações numa prosa alemã simples e direta. Ele não se mostrava muito interessado no governo da Igreja. De fato, o episcopado estava destinado a desaparecer, passando suas funções administrativas essenciais para tribunais mistos de ministros e letrados responsáveis diante dos príncipes. Em geral, a dependência de Lutero com relação aos príncipes protestantes, organizados para a defesa mútua na Liga de Esmalcalda, forçou-o a conceder maior intervenção do braço secular nos assuntos eclesiásticos do que desejava. Ensinou que o príncipe podia e devia reformar ainda que o clero não o quisesse: o príncipe era *Summus Episcopus*. Embora acreditasse numa rígida distinção entre as jurisdições espiritual e secular, a realidade política levou-o a apagar as distinções, e o próprio Lutero chegou a justificar a repressão da dissidência religiosa pelo governante, o que ele havia condenado em 1520.

Diversidade pós-reformista

Todos os Estados modernos aspiravam à uniformidade religiosa: católicos e protestantes acreditavam igualmente que as discrepâncias em matéria de fé aborreciam a Deus e ameaçavam a estabilidade do governo. Mas a política da Reforma com respeito à leitura livre da Bíblia tornou impossível chegar a essa uniformidade, e levou a que muitos reformadores, como seus predecessores humanistas, reconsiderassem se era sensato oferecer a Bíblia aos ignorantes para que a interpretassem segundo o "Espírito". Depois da revolta dos camponeses de meados da década de 1520, Lutero chegou à conclusão de que deviam tomar-se precauções ao expor aos ignorantes textos não interpretados, e a Bíblia deixou de ser utilizada nas escolas luteranas, ficando reduzida a servir na instrução bíblica das classes superiores, e a partir do Novo Testamento latino. Essas tentativas de conter o incontível não deram resultado, e a diversidade religiosa se transformou no traço característico do protestantismo continental e britânico. Só depois de a maioria dos Estados europeus fracassar em sua tentativa de esmagar a diversidade, as noções de coexistência e tolerância começaram a difundir-se amplamente, ainda que essas idéias já tivessem sido totalmente formuladas por Erasmo em 1520.

Até dentro do catolicismo da Contra-Reforma, coexistiram, amiúde com muitas dificuldades, teologias e estilos devocionais em conflito, e em toda a Europa rigoristas e puritanos se viram continuamente face a face, e às vezes espada a espada, com os que tinham uma visão mais ampla ou liberal das exigências dos Evangelhos.

Abaixo, esquerda. Na Inglaterra, como em outras partes, as energias da Reforma foram desviadas e debilitadas pelas divergências teológicas e pelos conflitos sociais. Nesta ilustração contemporânea do *Dies Dominica*, o Dia do Senhor, as atividades dos piedosos (à esquerda) – rezando, escutando sermões, meditando sobre a Bíblia, visitando os doentes, ajudando os pobres – aparecem contrastadas com as obras das trevas: discutindo, bebendo, jogando e profanando o dia de descanso com trabalhos servis.

Abaixo. Mas as divisões religiosas também tinham raízes doutrinais. Nesta gravura de um folheto religioso conservador (1641), os inimigos do verdadeiro protestantismo – anabatistas, congregacionistas, "familiaristas" e papistas – manteiam a Bíblia, símbolo da religião verdadeira.

Acima. Nesta irônica tela, Van de Venne retrata satiricamente a maneira como o zelo evangélico pelas almas se converte em concorrência entre os fiéis das ideologias rivais. Protestantes e católicos aparecem frente a frente nos dois lados de um rio. À direita estão os católicos; os teólogos em primeiro plano, e atrás deles, empunhando um bastão, o rei Filipe III da Espanha, e ao fundo o papa e os cardeais. Os chefes de Estado protestantes, à esquerda, incluem Maurício de Orange, Jaime I da Inglaterra, Cristiano IV da Dinamarca e o jovem Luís XIII da França, supostamente favorável à Reforma. No rio, os barcos rivais, tripulados por sacerdotes e ministros protestantes, tentam resgatar aos nadadores nus para somá-los a seu grupo. O quadro é presidido pelo arco-íris, símbolo tradicional do juízo de Deus.

As duas imagens de fiéis luteranos *(direita)* e calvinistas *(esquerda)* ilustram, por um lado, a ruptura com o passado católico defendida pelo calvinismo e, por outro, o conservadorismo cerimonial das igrejas luteranas.

Zuínglio e a Reforma na Suíça

Pouco depois de 1520, uma forma característica de protestantismo começou a surgir nas cidades da confederação suíça, a qual havia de dominar o mundo reformado na segunda metade do século. Seu criador foi Ulrico Zuínglio (1484-1531), pregador na cidade de Zurique desde 1518. Zuínglio era, por temperamento, o pólo oposto de Lutero: otimista, nacionalista suíço apaixonado, antigo capelão do exército com mais de um obscuro caso amoroso nas costas. Formado no humanismo erasmiano, a reforma de Zuínglio era racionalista, crítica e impregnada de senso de ordem, disciplina e comunidade, de fundo caracteristicamente suíço. Ao contrário de Lutero, dedicou-se a eliminar de forma sistemática todo e qualquer aspecto do catolicismo que não tivesse fundamento claro nas Escrituras: a missa, o celibato do clero, as festividades, os santos, a música religiosa. As preocupações humanístico-didáticas de Zuínglio se refletiram na organização das "profecias", seminários abertos em que clérigos e leigos expunham e discutiam as Escrituras. O conselho municipal colaborava estreitamente com os ministros na vigilância da moral pública, e era até o responsável pelas excomunhões. Essa colaboração entre governante e ministro para a observância da piedade iria ser uma das características mais influentes da Reforma na Suíça.

Embora Zuínglio aceitasse em geral a posição teológica de Lutero, teve uma concepção mais positiva da capacidade do homem para colaborar com Deus, e até pensava que os pagãos bons, como Sócrates, podiam salvar-se. Em um aspecto concreto, eles eram diametralmente opostos. Embora rejeitasse a transubstanciação, Lutero insistia na presença real de Cristo na missa. Para ele, as palavras de Jesus "este é meu corpo" significavam exatamente isto: "Se Deus diz essas palavras, não busques nada mais, mas descobre-te". Para a mente racionalista de Zuínglio, isso era superstição grosseira. Como Erasmo, vivia com a cabeça, e não tinha nenhum senso do sacramental. A Ceia do Senhor era meramente simbólica, uma cerimônia de recordação e de ação de graças por um Senhor ausente. As tensões políticas aumentaram, a discrepância se transformou em pedra de escândalo na qual a própria existência do protestantismo podia fazer-se em pedaços. Em 1529, levou-se a efeito uma tentativa de resolver o problema em Marburgo. Melanchton convenceu Lutero a que se reunisse com Zuínglio, com o pacífico Martin Bucer de Estrasburgo de mediador. No entanto, num gesto dramático, Lutero rabiscou com giz na mesa de conferências "Este é meu corpo", e o encontro fracassou. Dois anos depois, Zuínglio morria nas guerras contra os cantões católicos suíços, com o protestantismo ainda dividido. Sua tentativa de formular um protestantismo de alcance internacional foi, no entanto, realizado em outra cidade suíça.

João Calvino

Em 1536, João Calvino chegou acidentalmente à turbulenta cidade-fortaleza de Genebra, com a intenção de pernoitar nela. No entanto, com um intervalo de três anos em Estrasburgo, havia de permanecer ali toda a vida. Era um humanista formado em línguas e em direito, cuja primeira obra tinha sido um comentário sobre Sêneca. Importante para a compreensão de sua obra é o fato de ter alcançado a maturidade intelectual quando a Reforma já estava consolidada. Educado entre os humanistas evangélicos da França, passou do catolicismo para a reforma insensivelmente, como uma escolha entre duas formas alternativas. Expulso da França em conseqüência da atitude cada vez mais hostil da monarquia contra os "luteranos", Calvino publicou na Basiléia (1536) a primeira edição de seu compêndio da fé protestante, *Instituição da religião cristã,* que num alarde de otimismo dedicou ao rei. Até sua morte, trabalharia na ampliação e revisão dessa obra. Com relação a seu efeito no pensamento contemporâneo e seu impacto na política prática, merece ser considerado o livro mais importante do século.

A teologia de Calvino não difere em essência da de Lutero, a quem reverenciava fervorosamente, mas era estruturada num sistema mais sólido e consistente, no centro do qual se acha a importância diversa que Calvino dá à soberania e liberdade de Deus. O homem se conhece somente com relação a Deus e, em última instância, é um instrumento para a realização da vontade de Deus. Assim, sua salvação está predestinada, fixada na intenção do Senhor antes do princípio dos tempos, e para a qual ele não pode contribuir em nada. "Para alguns está predestinada a vida eterna; para outros, a condenação." Calvino tenta transformar esse terrível ensinamento numa doutrina consoladora: nossa salvação não depende de nossa frágil natureza, mas sim da firme vontade de Deus. Sua teologia se centra na figura de Cristo, na qual Deus se uniu aos homens, e insiste menos no lado negativo da predestinação que muitos de seus seguidores. Sua doutrina ensinava que devemos viver na esperança, sem tentar perscrutar ao mistério da eleição, conformando nossa vida da melhor maneira à vontade de Deus.

Na busca de essa conformidade, Calvino desenhou um modelo detalhado de Igreja, que deve governar todos os aspectos da vida cristã. Ordem, disciplina e vida piedosa eram seus primeiros objetivos. O ministério tinha quatro manifestações. Os pastores cuidavam da Igreja pregando, repreendendo e alentando. Os mestres garantiam a pureza doutrinal por meio da explicação das Escrituras. Os leigos velhos administravam a disciplina moral, e com os ministros formavam um tribunal ou consistório que castigava as infrações, em último caso com a excomunhão. Os diáconos se ocupavam das finanças e dos pobres. O elemento de censura, a estrita observância das normas morais dentro da comunidade, na qual se estimulava tanto o "conselho fraterno" como a espionagem, é para o observador moderno um dos aspectos menos atraentes do sistema de Calvino. A cidade tinha sido protestante desde o princípio, principalmente como reação à autoridade de seu senhor secular, que era também o bispo, mas ao final de sua vida Calvino, que não tolerava facilmente nenhuma oposição, não conseguiu conquistar todo o conselho municipal. No entanto, foi precisamente essa "disciplina", como meio poderoso de transformar a comunidade numa "república piedosa", o que tornou o calvinismo tão influente na Europa. Ajudado pelo rigor e pela clareza na exposição

Direita. O calvinismo rompeu decididamente com o passado católico. As igrejas já não eram grandes espaços onde se desenrolava o drama santo, mas sim auditórios em que os fiéis escutavam e aprendiam. Este quadro que representa o culto calvinista francês no século XVI ilustra claramente a mudança. Observe-se a importância das mulheres, que desempenharam um papel de primeira grandeza na expansão da Reforma.

EMPLE DE LYON, NOMMÉ PARADIS.

de sua doutrina, a remodelação que Calvino fez do protestantismo cívico da Suíça se transformou, ainda durante a vida desse reformador, no principal modelo para experiências similares em outras latitudes.

Como Zuínglio, Calvino excluiu do culto todos os elementos "não-escriturísticos". Assim, ainda que participasse do entusiasmo de Lutero pelos cantos congregacionais, proibiu os hinos, permitindo apenas declamações metrificadas da Bíblia. Como Zuínglio, rejeitou a crença de Lutero na presença corporal de Cristo na eucaristia, ainda que sua doutrina fosse sutil e admitisse uma presença espiritual e "real" ou "efetiva". Ele acreditava que a eucaristia devia ser celebrada diariamente ou ao menos uma vez por semana, mas nunca foi capaz de convencer os não comungantes genebrinos a assistir a celebrações mais assíduas que as mensais.

No entanto, quando morreu, Genebra havia mudado. Embora algumas de suas experiências tenham fracassado, como os estabelecimentos municipais onde se podia beber em pequenas quantidades enquanto se liam textos da Bíblia nas paredes, a cidade parecia ordenada, sóbria e, ao menos na superfície, piedosa. Os pobres, doentes e velhos eram bem atendidos, o crime e a imoralidade eram castigados, e o colégio e a universidade tinham transformado Genebra na Meca da Europa protestante. John Kinox a chamou de "a mais perfeita escola de Cristo que já houve na face da Terra desde os dias dos apóstolos".

O protestantismo conseguiu implantar-se no Leste e no Centro da Alemanha e em outras grandes regiões da Europa central e oriental devido, em grande parte, a fatores externos. Apesar da imagem que Carlos V dava de si mesmo, de defensor do catolicismo designado por Deus, não podia combater adequadamente a ameaça protestante por causa do grande perigo de invasão muçulmana pelo Leste e pelo Sul, e do crescimento da casa Valois francesa no Oeste. Francisco I se havia aliado aos turcos e aos protestantes alemães, e, quando em 1546 Carlos V se viu livre para atacar a Liga de Esmalcalda, já era tarde demais. A tomada de Wittenberg em 1547 foi um triunfo efêmero, mas em 1555 o imperador se viu forçado a aceitar a existência permanente da Reforma.

Na Paz de Augsburgo, estabeleceu-se o princípio *cuius regio, eius religio*, que dava a cada governante o direito de determinar a obediência religiosa de seu território. O calvinismo não foi levado em conta.

Direita. Sob o conservador Henrique VIII, a Reforma inglesa tinha sido ambígua. Com seu sucessor, o rei menino Eduardo VII, se produziu uma mudança dramática e radical para o protestantismo de estilo suíço. Neste quadro de propaganda, o moribundo Henrique aponta para a nova ordem. Eduardo, acompanhado de seu Conselho protestante, humilha o papa e seus frades. Através da janela, pode ver-se a "limpeza" do erro e da superstição, em forma de "iconoclastia" ou violenta destruição das imagens religiosas.

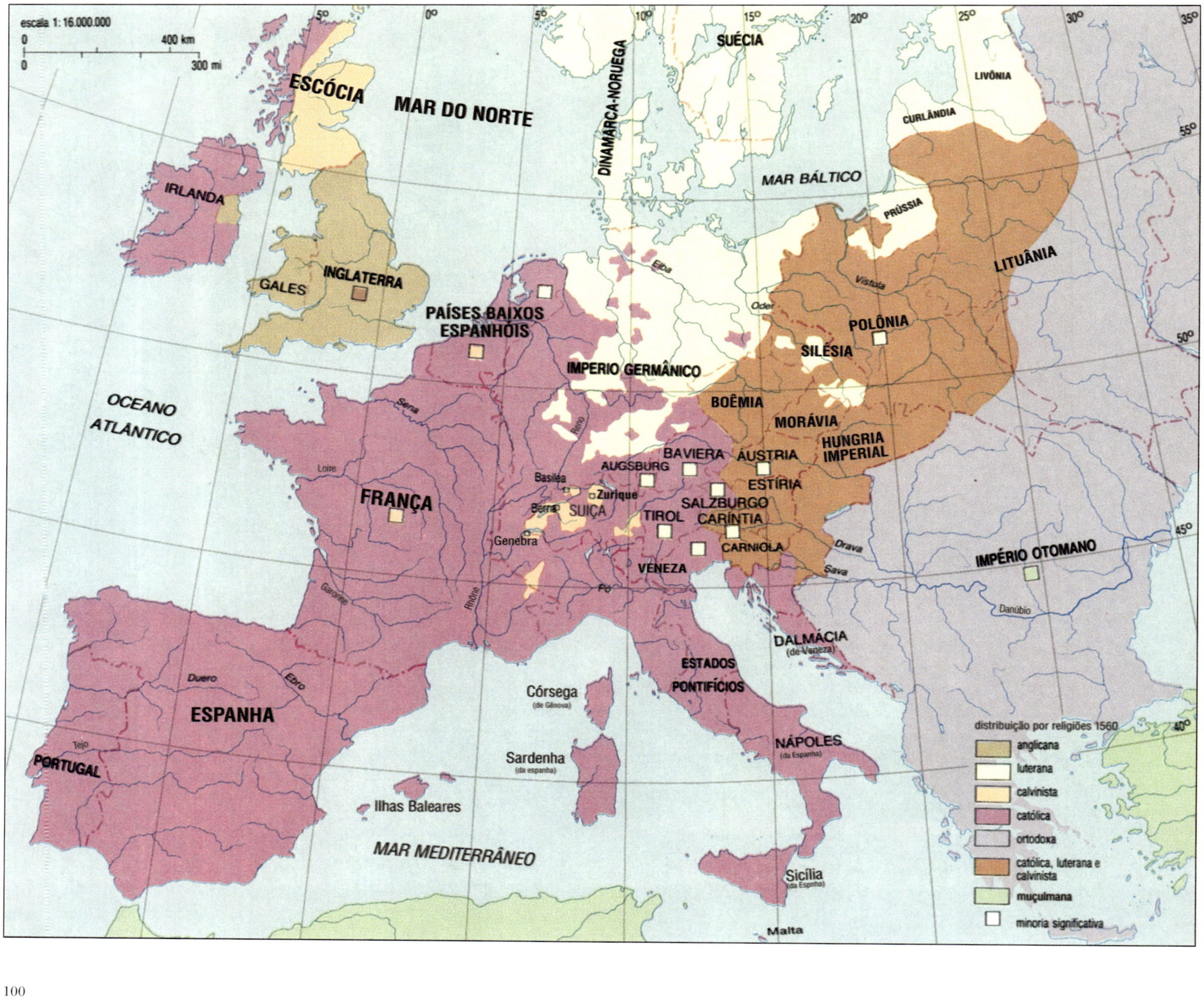

Esquerda: A situação religiosa da Europa em 1560
Lutero morreu em 1546; Calvino, em 1564. Por volta desta última data, a Europa havia ficado profunda e, na opinião de muitos, permanentemente dividida pela religião. Toda a Alemanha nordeste e grande parte da central, bem como a Dinamarca e a Suécia, eram luteranas; e o luteranismo havia conseguido também fortes posições em partes da Baviera e nas terras dos Habsburgos de Caríntia e da Áustria. A Boêmia, a Silésia e grande parte da Polônia igualmente abrigavam comunidades protestantes. Zurique, Basiléia, Berna e Genebra formavam um bloco calvinista, e na Escócia se estabeleceu uma Igreja de estilo suíço em 1560. A Inglaterra, que conservou o episcopado e muitas práticas religiosas tradicionais, constituía um caso especial entre as confissões protestantes, mas a verdade é que em 1560 seus dirigentes já se inspiravam especialmente na Suíça. O calvinismo, além disso, representava o futuro do protestantismo e se estenderia à Holanda, à Hungria e à Alemanha oriental e central. O fracasso da paz de Augsburgo (1555), ao não reconhecer a realidade na Alemanha dessa força nova e poderosa em expansão, iria traduzir-se numa longa instabilidade política.

A Reforma em outras partes da Europa

O luteranismo se havia difundido rapidamente fora da Alemanha. Na Escandinávia, fez velozes progressos, com o respaldo das monarquias dinamarquesa e sueca e o incentivo da expropriação dos bens da Igreja. O avanço foi muito mais lento na Noruega, onde a Reforma foi vista – com toda a razão – como um instrumento do imperialismo dinamarquês. No Sul, o protestantismo fez muito poucos progressos na primeira metade do século. A França contava com numerosos humanistas e anticlericais; nela se podia ler a Bíblia em francês, e o círculo dos "evangélicos", com centro em Meaux, cuja cabeça era Lefèvre d'Étaples, defendia muitas das reformas realizadas pelos protestantes. Mas, ainda que Francisco I praticasse uma política de flerte com os príncipes alemães protestantes, não tinha nenhum desejo de romper com Roma, e o simples incidente de ter aparecido um cartaz anticatólico na porta de sua vivenda de Amboise, em 1534, levou a uma severa perseguição dos protestantes franceses, que impeliu Calvino a tomar o caminho de Genebra.

O protestantismo italiano foi ainda mais frágil e se associava a um grupo de intelectuais e nobres, em particular o círculo do espanhol Juan de Valdés e das casas do cardeal Ercole Gonzaga e de Vittoria Colonna em Nápoles. Mas a doutrina de Valdés era mais mística e quietista do que protestante. A maioria dos reformistas italianos guardava suas opiniões para si, enquanto externamente se manifestavam conformes: era o "nicodemismo" duramente condenado por Calvino. As grandes exceções foram os frades Bernardino Ochino e Pedro Mártir, que fugiram da Itália no ano de 1540. Ambos tomaram o caminho da Inglaterra, e Pedro Mártir se tornou Professor Régio de Divindade em Oxford sob Eduardo VI.

A implantação na Inglaterra

A Reforma na Inglaterra foi talvez a mais complicada e confusa da Europa. O humanismo erasmiano havia causado profundo impacto no país, e era indubitável que o lollardismo, a tradição herética autóctone, predispunha ao protestantismo. No entanto, Henrique VIII era um católico piedoso que havia obtido o título papal de "Defensor da Fé" por sua *Defesa dos sete sacramentos*, publicada em 1521 contra Lutero. Embora circulassem os livros luteranos e tivesse aparecido em 1526 o Novo Testamento inglês de Tyndale, e um grupo de professores de Cambridge manifestassem idéias protestantes, a Reforma fez poucos progressos até que o rei quis divorciar-se de sua esposa, Catarina de Aragão, que não lhe tinha dado um herdeiro masculino. Catarina era tia de Carlos V, cujas tropas tinham saqueado Roma recentemente e feito prisioneiro o papa. O divórcio foi recusado, e Henrique se afastou da Igreja. Cortaram-se os laços com Roma, e em 1534

Esquerda. A época da Reforma, com suas comoções religiosas e políticas, suas guerras e rumores de contenda, assim como pelos desastres naturais como fome e epidemias, convenceu muitos homens de que o fim do mundo estava próximo. A expectativa apocalíptica alimentou grande parte do radicalismo religioso da época. A magnífica série de ilustrações do Apocalipse, gravadas por Dürer em 1498, transmite algo da ansiedade espiritual e psicológica de muitos alemães às vésperas das pregações de Lutero.

Henrique se declarou chefe supremo da Igreja da Inglaterra. Os mosteiros foram suprimidos. Alguns clérigos incluindo o grande mecenas das novas letras inglesas, o bispo Fisher de Rochester, resistiram e foram executados, bem, como o antigo lorde chanceler de Henrique, Thomas Morus.

De início, as mudanças doutrinais ou litúrgicas foram inexistentes ou muito pequenas, e Henrique perseguia tanto os protestantes como os papistas. Mas, sob a influência do arcebispo de Canterbury, Thomas Cranmer, e do secretário do conselho, Thomas Cromwell, as idéias reformistas foram progredindo lentamente. Com a subida ao trono de Eduardo VI, a Reforma obteve caminho livre, a missa foi proibida, e em dois livros de orações ingleses sucessivos (1449 e 1552) Cranmer proporcionou à Igreja inglesa uma liturgia que conservava material medieval, mas que em 1552 foi completada com uma teologia essencialmente suíça. Com a subida ao trono da rainha Mary, filha de Catarina de Aragão, a Inglaterra voltou à obediência papal, e, com o casamento de Mary com seu sobrino Filipe da Espanha, ao bloco católico. Mary e seu arcebispo, o cardeal Polo, preocuparam-se em restaurar o culto e a disciplina católicos e acabar com os radicais protestantes. Trezentos morreram na fogueira, incluindo Cranmer. Essa impopular campanha não foi prosseguida de maneira coerente, nem acompanhada de pregações positivas. Quando seis anos depois sucedeu a Mary sua irmã protestante Elizabeth, o processo se inverteu.

O sistema religioso elizabetano era ambivalente. O modelo doutrinal adotado pela Igreja (os 39 Artigos) era em parte calvinista – mais difícil de enquadrar era o ensinamento eucarístico contido no Livro de Orações –, mas o episcopado e o sistema medieval de disciplina eclesiástica foram mantidos. O Livro de Orações continha muitos elementos que aos olhos de Genebra pareciam papistas, e o clero foi obrigado a usar os trajes católicos. Elizabeth se viu forçada designar como bispos muitos clérigos que, sob Mary, tinham tido de fugir para a Suíça e que, em seu regresso, encontraram no sistema demasiadas medidas tomadas pela metade. Essa insatisfação, em todos os níveis da Igreja, se mostraria como um fator de divisão. No entanto, a maior parte do clero fiel à rainha Mary continuou em seus postos e, ainda que pouca gente se preocupasse com o papado, nas regiões meridionais e orientais do país o protestantismo fez poucos avanços até o final do período elizabetano.

Anabatismo

A maioria dos reformistas tentava introduzir as mudanças numa base territorial, para atrair multidões para suas igrejas. Com o anabatismo, a Reforma produziu uma corrente radical que questionou a validade das igrejas regionais ou locais. Se os homens se salvavam somente pela fé, então se devia afirmar que só os adultos capazes de viver essa fé podiam contar-se entre os eleitos. Muitos defendiam que só os eleitos podiam proclamar que pertenciam à Igreja, e que esta era algo totalmente diferente da sociedade em seu conjunto. Tal era a base da doutrina de Münzer. Em Zurique, um grupo encabeçado por Conrad Grebel seguiu a lógica dessa afirmação, rejeitou o batismo das crianças e se separou da comunidade da cidade. A teologia racionalista de Zuínglio era muito vulnerável a esses argumentos, mas justificou a supressão do grupo, muitos de cujos membros foram executados.

À medida que a Bíblia era posta ao alcance de todo o mundo, movimentos separatistas dessa espécie começaram a propagar-se como rastilho de pólvora entre os pobres urbanos e rurais de muitos lugares da Europa. O tom apocalíptico de numerosas pregações anabatistas e o baixo nível social de seus membros alarmaram os governos, que recordavam as revoltas camponesas. Os pregadores anabatistas foram presos ou executados. Os temores pareceram confirmar-se em 1534, quando os anabatistas se apoderaram da cidade de Münster. Os católicos e os luteranos fugiram, e se declarou a propriedade comum de todos os bens. Um holandês, Jan van Leiden, fez-se rei, proclamou a Nova Jerusalém e estabeleceu a poligamia. O rei Jan tomou 16 esposas, uma das quais foi decapitada por insolência. Em 1535, a cidade foi tomada pelo príncipe-bispo, e os chefes da revolta foram torturados até a morte.

O anabatismo não era só uma seita concreta, mas um termo de referência para os reformistas que acreditavam que o princípio da justificação pela fé não se havia realizado em sua totalidade em nenhuma das formas clássicas de protestantismo, ou que buscavam uma religião do Espírito que estivesse livre do formalismo que eles percebiam tanto na reforma como no catolicismo. Eles incorporavam influências místicas e apocalípticas junto com um racionalismo renascentista, e muitos anabatistas – entre os mais famosos se contavam Miguel Servet e Fausto Sozzini – rejeitavam a doutrina tradicional sobre a Trindade. As diferenças entre esses grupos eram mais significativas que as semelhanças, mas todos ficaram desacreditados pelo episódio de Münster, que estaria presente na imaginação de protestantes e católicos por mais de um século.

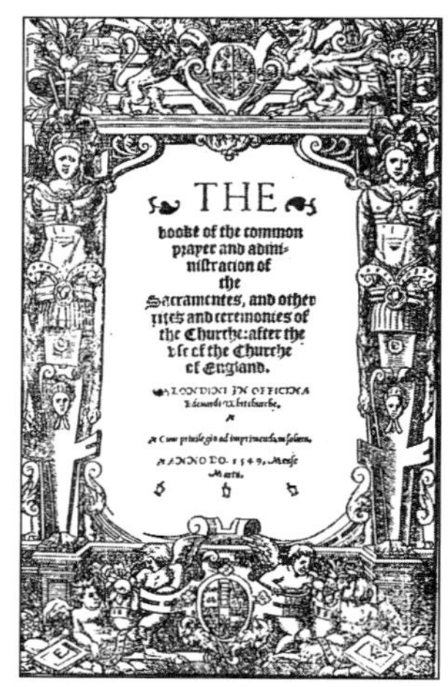
THE
booke of the common prayer and administracion of the Sacramentes, and other rites and ceremonies of the Churche: after the use of the Churche of England.

Acima. O *Livro de Oração Comum* (1549), de Cranmer, introduziu o inglês na missa e em outros ofícios públicos. No entanto, era bastante tradicional para conseguir certo apoio católico, ainda que tenha provocado uma revolta armada no Oeste conservador (Devon e Cornuália). Em 1552 foi substituído por um livro mais marcadamente protestante.

A CONTRA-REFORMA

Tentativas de reforma católica

A Reforma foi em grande parte um fenômeno nórdico. No Sul católico, operou-se uma transformação paralela, algo menos profunda, que já havia começado antes da revolta de Lutero. O humanismo foi em si mesmo uma manifestação desse despertar do impulso religioso católico, e recebeu um impulso notável na Espanha. Sob o austero cardeal primado Ximénez de Cisneros (1436-1517), inaugurou-se uma reforma ordenada, a começar pela sua própria ordem franciscana, que, em 1506, ele obrigou a uma estrita observância. Para definir os modelos eclesiais, criou a Universidade de Alcalá, uma das numerosas fundações desse estilo que se fundaram por toda a Europa. Em 1502, Cisneros encomendou a seus professores de Alcalá a elaboração de uma edição crítica da Bíblia em sete línguas, a *Poliglota Complutense* (impressa em 1514-1517). Convidou Erasmo à Espanha, e, embora este nunca tenha ido, sua influência constituiu um fator importante no surgimento na península de um ambiente humanista, que fez do clero espanhol um dos mais edificantes da Europa. Cisneros proibiu a pregação das indulgências em sua diocese de Toledo, mas, por outro lado, foi um rígido católico ortodoxo, e Grande Inquisidor desde 1507.

A busca de uma renovação mediante o retorno às fontes bíblicas também se deu na Itália, e um renovado rigor religioso se evidencia nas pinturas do período, na tranqüila adoração da Sistina de Rafael e das Virgens grão-ducais (1513 e 1505) ou na decoração que Michelangelo executou no teto da Capela Sistina entre 1508 e 1512. O mesmo espírito que inspira essas obras aparece no Oratório do Amor Divino, fundado em Roma durante o pontificado do piedoso mas acomodatício Leão X. Esse grupo aristocrático de clérigos e leigos devotos era encabeçado por um bispo napolitano, Giovanni Pietro Caraffa, depois papa Paulo IV, e pelo conde Gaetano da Thienne, depois canonizado como São Caetano. Do Oratório surgiu a Ordem Teatina, grupo experimental de clero secular cujo labor fundamental era a dedicação aos pobres e à observância heróica da vida apostólica. Os teatinos nunca constituíram um grupo amplo, mas foram fermento de piedade e se ofereceram como modelo para os reformadores clericais.

No entanto, nenhuma dessas tentativas de reforma católica conseguiu sequer tentar fazer frente ao desafio de Lutero. Até Adriano VI, o austero holandês que sucedeu a Leão X e que viveu uma vida monástica no Vaticano, viu a reforma em termos de limpeza da cúria e da cidade de Roma, e parece que não captou toda a importância do que estava ocorrendo na Alemanha. No entanto, o saque de Roma pelas tropas imperiais, entre as quais havia muitos luteranos, significou um giro decisivo. Durante oito dias terríveis de maio de 1527, os soldados do Norte saquearam, espoliaram e incendiaram Roma. Nessa devastação, morreram quatro mil de seus habitantes, e o restante optou por abandonar imediatamente a cidade. A comoção causada por esse incidente projetou uma nova sombra na concepção do Renascimento italiano, fomentando o pessimismo com respeito à natureza humana e contribuindo para acelerar o pulso religioso da urbe. Uma idéia dessa mudança é dada pela comparação do Juízo Final sistino, pintado quando já se havia enraizado esse novo pessimismo, com as representações da abóbada, situadas acima.

O papa Paulo III e os espirituais

Nesse período surgiu um círculo de eclesiásticos de mentalidade reformadora que incluía Giovanni Matteo Giberti, bispo de Verona, Caraffa, o leigo veneziano Gasparo Contarini e o inglês Reginald Pole. Decididos defensores da reforma, acharam inadequada a atmosfera de Roma. Arraigados interesses dentro da cúria resistiam à mudança, e o papado não se mostrou disposto a convocar o concílio geral que agora todos consideravam necessário. Mas a eleição do papa Paulo III Farnésio determinou uma mudança geral. Em 1536, ele criou uma comissão para propor reformas. Não foi designado para ela ninguém da cúria, e ela foi dominada pelos reformadores – o bispo Giberti, o já cardeal Contarini, Caraffa, Pole e o humanista Jacopo Sadoleto –, todos nomeados cardeais no final do ano. O informe apresentado ao pontífice em 1537 como o título de *Consilium de Emendenda Ecclesia* era espantoso. Numa linguagem rude, atacava todos os males da Igreja, incluindo a Reforma, considerando-os conseqüência da corrupção do papado, da hierarquia e do clero. Reproduziam-se com detalhes os abusos da época, e eram atacadas em especial as ordens religiosas. O informe se pronunciava até pela abolição de muitas ordens e pela fusão de outras. Como era inevitável, o informe encontrou a firme oposição do clero funcionário de Roma, e uma cópia foi publicada. Lutero difundiu uma versão em alemão com saborosos comentários, e a publicidade subseqüente acabou com qualquer possibilidade de aplicação. Mas era evidente que a reforma já estava no ar.

No entanto, o partido reformista se achava profunda e tragicamente dividido. Todos se mostravam de acordo em que a Igreja se havia engolfado na corrupção e que necessitava de uma limpeza. Mas muitos, como Contarini e Pole, acreditavam que essa corrupção não radicava simplesmente nas práticas da Igreja, mas também na doutrina. Na questão da autoridade eclesial e dos sacramentos, Lutero estava profunda e pecadoramente equivocado, mas no relativo ao tema da justificação tinha razão, e a Igreja devia voltar à sua antiga e verdadeira doutrina. Impregnados da renovação paulina e agostiniana que se havia desenvolvido junto com o humanismo, aceitaram a justificação pela fé, ainda que não as negações da tradição católica em que a baseava Lutero. Como escreveu Pole, "os hereges não são hereges em tudo". Em conseqüência, trabalharam pela reconciliação com os luteranos.

Esses homens, chamados *Spirituali* (espirituais), se consideravam bons e leais católicos. No entanto, a ambigüidade de sua posição aparece com clareza no conteúdo de seu tratado de devoção *Beneficio di Christo*,

Esquerda. A Inquisição simbolizava para os protestantes tudo o que de repressivo e cruel eles viam na Igreja católica. A Inquisição romana, fundada em 1542, tinha ampla competência para castigar delitos morais como o incesto. As modernas pesquisas assinalam que é provável que os acusados diante da Inquisição tivessem um julgamento mais justo do que os acusados por qualquer tribunal secular. A Inquisição espanhola, não controlada pelo papa, mas pela monarquia, foi fundada para acabar com os falsos conversos do judaísmo e do islã (a questão racial era tão fundamental como a perseguição da heresia). No entanto, a Inquisição entrou para a "lenda negra" da Contra-Reforma católica. O quadro de Berruguete sobre um auto-de-fé, solene cerimônia em que os hereges abjuravam de seus erros e faziam penitência ou eram executados, representa na verdade a Inquisição medieval castigando os hereges cátaros. Contém, não obstante, todos os estereótipos negativos convencionais sobre a soberba dos clérigos, a humilhação ritual e a morte na fogueira.

Acima. O Concílio de Trento, reapresentado aqui durante uma sessão, foi interrompido em muitas ocasiões por calamidades e guerras. Também foi prejudicado por divisões internas e pela rivalidade entre a França e os Habsburgos. No entanto, suas formulações doutrinais foram aceitas por todos os Estados católicos da Europa, e representaram uma importante consolidação e esclarecimento da doutrina tradicional. Suas reformas relativas à formação e disciplina do clero e à regulamentação da vida dos leigos em temas como o matrimônio iriam construir a infra-estrutura do catolicismo até a década de 1960.

que circulou no início da década de 1540. Dado que ele ensinava a justificação pela fé, foi recebido com entusiasmo pelos espirituais, e um deles, o cardeal Morone, que depois seria legado papal em Trento, o leu "avidamente" e o fez circular em sua diocese. Agora se demonstrou que é em grande parte uma paráfrase da segunda edição da *Instituição* de Calvino, de 1539.

Aos espirituais se opuseram figuras intransigentes como Caraffa, que também aceitava a necessidade da reforma moral e institucional, mas rejeitava qualquer aproximação com a doutrina de Lutero, porque a considerava uma simples heresia. Para Caraffa, os espirituais se estavam transformando numa quinta coluna. O tema doutrinal devia ser solucionado não mediante discussão, mas procedendo à caça sem trégua de todos os hereges. Seu partido obteve uma enorme vitória em 1541, quando fracassaram as conversações entre Contarini, Melanchton e Bucer em Regensburgo. Contarini regressou à Itália profundamente desiludido, e morreu no ano seguinte. Agora Caraffa se tinha tornado o chefe. Perguntado por Paulo III "que remédio se deve aplicar a esse mal", propôs uma Inquisição para "suprimir e desarraigar os erros... e não permitir que fique nenhum vestígio". Nomeado um dos seis inquisidores gerais em julho de 1542, preparou uma prisão com o seu próprio dinheiro, dotando-a de grilhões e correntes. No ambiente de desconfianças assim criado, dois dos principais pregadores dos espirituais, Bernardino Ochino e Pedro Mártir, fugiram para a Suíça e se tornaram protestantes. Os dois tinham sido protegidos de Contarini e Pole, e sua apostasia fechou as portas para a reforma doutrinal. A posição intransigente de Caraffa triunfaria completamente em 1555, quando ele se tornou papa, tomando o nome de Paulo IV. Foi ele quem introduziu o Índex Romano de Livros Proibidos, e um dos primeiros que incluiu nele foi o *Consilium de Emendenda Ecclesia.*

O Concílio de Trento

Nessas circunstâncias, reuniu-se o Concílio de Trento. Desde o princípio da década de 1520, era majoritária a opinião de que era necessário um concílio que devolvesse a paz à Igreja. Os papas, temerosos de uma renovação das idéias conciliares e dos possíveis ataques à cúria, tinham ido adiando a convocatória, mas Paulo III se decidiu, e o Concílio se reuniu em Trento, nos Alpes italianos, em dezembro de 1545. Prolongou-se até 1562, com intervalos – incluindo um de dez anos – motivados pela guerra. Desde o princípio foi uma assembléia controvertida e dividida. À sua abertura não assistiram mais de 31 bispos, e só um deles era alemão; até nos momentos de maior assistência, o número de bispos presentes não passou de 270, e em nenhum caso houve mais de 13 alemães. Desde o princípio se temeu a excessiva influência papal – um bispo francês disse que, se o Espírito Santo fosse ao concílio, chegaria na correspondência do papa –, conquanto se deva recordar que depois do concílio nenhum Estado católico da Europa questionou suas formulações doutrinais.

O imperador desejava a realização do concílio para acabar com as práticas abusivas, reservando-se o direito de negociar os temas doutrinais com seus súditos protestantes. O papa queria reafirmar a doutrina católica, reservando-se, por sua vez, a reforma dos abusos. A Coroa francesa estava empenhada em evitar qualquer resultado que pudesse pacificar a Alemanha e, por conseguinte, facilitar a Carlos V o ataque à França. Enquanto isso, o concílio elaborou formulações sobre os principais temas controversos, calculadas para desagradar até os protestantes moderados. Reafirmou-se a doutrina da transubstanciação, bem como a dos sete sacramentos, do purgatório, do sacrifício da missa, das indulgências e da invocação dos santos. Sobre o tema crucial da justificação, conquanto insistindo em que o homem só se justifica completamente pela graça e não pode fazer nada por si mesmo para merecer a justificação, o concílio ensinou que ele pode e deve cooperar com a graça mediante o livre-arbítrio. O concílio rejeitou a distinção de Lutero entre santificação e justificação, e com ela a noção de que a justificação é meramente extrínseca, deixando sempre que homem continue pecador. A graça da justificação muda o homem, infundindo-lhe esperança, caridade e fé na alma, e proporcionando a suas boas obras o poder de agradar a Deus, que constitui o mérito para a recompensa. Essa cuidadosa fórmula evitava com êxito o pelagianismo, mas frustrava as esperanças dos espirituais de uma reconciliação com os protestantes.

A obra doutrinal do concílio conseguiu que protestantes e católicos ficassem definitivamente divididos. Seu programa disciplinar e prático constituía um roteiro para a reconstrução de um catolicismo militante. O concílio apresentou uma visão da Igreja como exército bem disciplinado, com seus membros estritamente organizados em paróquias e dioceses, e a vida cristã regulamentada pelas normas da Igreja, sob o princípio central da hierarquia. Assim, os bispos tinham de ser residentes e pregar, fazer visitas regulares e realizar sínodos. As ordens religiosas deviam estar sob controle episcopal, pregando só com permissão do bispo, sujeitas à sua visita canônica. O clero paroquial devia vestir indumentária clerical, observar a residência e mostrar seriedade, modéstia e devoção. As igrejas deviam ser mantidas, e o culto, purgado de irreverências, simonia e superstição. Os leigos deviam receber instrução através de sermões e catequese. E, sobretudo, tinham de estabelecer-se seminários em cada diocese para formar um clero consciente, piedoso, casto e culto.

Na verdade, o concílio procurava conscientemente combater tanto a anarquia religiosa da Europa católica quanto a heresia da protestante. Durante o século e meio seguinte, o clero tentou impor à religião do povo uma estrutura disciplinada e autoritária que amiúde provocou conflitos com os sentimentos religiosos populares e com os governos seculares. A paróquia devia ser o centro da vida religiosa dos leigos. Por conseguinte, as atividades empreendidas fora da paróquia deviam ser desestimuladas ou pelo menos controladas. Trento deu aos bispos o controle das confrarias, até as dirigidas por leigos ou as que gozavam de isenções de qualquer tipo. Por essa razão, muitos prelados tentaram suprimir confrarias independentes, substituindo-as por irmandades paroquiais, sob controle do clero. Em seu decreto sobre as relíquias e as imagens, o concílio reafirmou o uso piedoso de tais objetos de culto, mas atacou os abusos populares que dele decorriam, como "celebrações tumultuosas e ébrias" nas festividades ou "imagens inusuais" nas igrejas. De 1570 em diante, esse decreto foi utilizado para controlar o conteúdo das pinturas religiosas, excluindo qualquer coisa "supersticiosa, apócrifa, falsa, estranha, nova e inusual". Isso levou a um estreitamento do espírito. Pintores como Veronese tiveram de comparecer diante da Inquisição por desviar-se da literalidade bíblica em suas cenas dos Evangelhos. A obra de Michelangelo no teto da Capela Sistina foi atacada pela inclusão de figuras clássicas, enquanto uma sucessão de papas cobria a nudez das figuras do Juízo Final. Suscitaram-se conflitos entre os bispos e o clero por um lado, e os fiéis por outro. Nicolau Pavillon, bispo do século XVII de Alet, no Sul da França, passou vinte anos tentando desarraigar as celebrações semipagãs nos sepulcros dos santos locais de sua diocese, para conseguir apenas que a população reconhecesse sua santidade realizando o mesmo tipo de festa em seu próprio sepulcro quando ele já não podia protestar.

O ministério de Carlos Borromeo

O funcionamento do modelo tridentino de cristianismo pode ser contemplado no ministério de Carlos Borromeo, arcebispo de Milão entre 1562 e 1584. Borromeo era sobrinho de Pio IV e havia desempenhado papel essencial na direção das últimas fases do Concílio de Trento. Tomou posse de sua diocese em 1566, após a morte de Pio, o primeiro bispo residente de Milão desde 80 anos antes. Austero, ascético, usava camisa de crina e vivia pobremente, chegando até a vender as cortinas de seu palácio para socorrer os pobres. Borromeo acabou com o regime relaxado que encontrou nos mosteiros milaneses, reforçou a regra, e acentuou a clausura das freiras. Inaugurou uma série de sínodos diocesanos e inspeções para expurgar o clero negligente e dissoluto, criou uma série de escolas e seminários para os novos sacerdotes e fundou uma congregação como a dos teatinos, chamada oblatos de Santo Ambrósio, que forneceu o pessoal de que precisavam suas iniciativas educativas e pastorais. Mais de vinte clérigos formados à sua volta se transformaram em bispos reformadores.

Embora tenha acolhido com boa vontade alguns aspectos da religião popular, como as peregrinações a Loreto e a veneração do lençol ou sudário de Turim, e ele mesmo tenha levado a relíquia do Santo Cravo numa procissão rogativa durante a epidemia de 1576, Borromeo opôs-se totalmente a muitas formas de cultura religiosa popular e anárquica que encontrou entre os leigos. Tentou sem sucesso suprimir o carnaval e foi um ativo perseguidor da bruxaria das áreas montanhosas da diocese. Para combater a ignorância, foram criadas escolas ou confrarias para a catequese dominical, e enviados missionários às zonas rurais, especialmente aos vales suíços. Borromeo dedicou especial interesse ao sacramento da penitência como meio de conversão e instrução individual. A fim de reduzir a variedade litúrgica, impôs um ritual uniforme, deliberadamente baseado no ambrosiano milanês, não no tridentino, pelo qual tinha sido em grande parte responsável.

Esquerda. A Contra-Reforma tinha muito de puritano, e grande parte da concepção humanista da Igreja do Renascimento foi repudiada. A estátua de Michelangelo que representa Cristo ressuscitado, nu, da igreja dominicana onde foi enterrado Fra Angelico, Santa Maria Sopra Minerva, esculpida sob o papa liberal e amante das artes Júlio II, foi "moralizada" mediante um grosseiro tapa-sexo de bronze dourado.

Abaixo. No quadro de El Greco *A alegoria da Liga Santa*, aparece reapresentada a contenda religiosa que tinha lugar na Europa. Filipe II está ajoelhado entre o Dux de Veneza e o papa, chefes dos exércitos da Igreja militante. Adoram o santo nome de Jesus, que aparece no céu, enquanto atrás de Filipe a boca do inferno se abre para engolir o erro protestante e a maldade.

Tudo isso não podia ser levado a efeito sem oposição. Os governantes espanhóis de Milão eram católicos devotos, mas, quando as novas reformas interferiam em assuntos de Estado, opunham-se a Borromeo. Este havia decidido que os cargos eclesiásticos chaves deviam caber aos homens mais bem qualificados, qualquer que fosse sua nacionalidade, mas os espanhóis estavam decididos a que fossem dados somente aos leais. Além disso, Borromeo não podia levar a efeito suas reformas apenas com exortação piedosa. Organizou um tribunal episcopal, e os que infringiam as leis eclesiásticas eram presos e ficavam reclusos na prisão arcebispal. Suas tentativas de abolir a simonia e de desembaraçar-se do clero imoral chocaram-se com o patronato e os direitos de propriedade. Borromeo se viu obrigado, então, a utilizar o púlpito e até a recorrer à excomunhão e à interdição para forçar as autoridades a atender a seus desejos. Também os clérigos se ressentiram de sua severidade, e em 1567 foi ferido com um tiro por um membro da Ordem dos Humiliati, que ele havia reformado. No entanto, o modelo de sacerdócio e episcopado estabelecido por Borromeo se espalhou pela Europa. Suas atas sinodais e artigos de visitação foram impressos ainda em vida do autor, como modelos para outros.

Formação do clero

O êxito de Borromeo não foi igualado facilmente em outros países. Tanto o governo espanhol como o francês estavam receosos diante da interferência papal nos assuntos religiosos de seus reinos, e a própria Inquisição espanhola foi um instrumento da autoridade real, não da papal. Ambos os governos proclamavam o direito de restringir ou até de impedir a circulação das bulas papais em seus reinos. As disposições disciplinares de Trento não foram admitidas na França, ainda que a doutrina tenha sido seguida. A rede de patronatos, finanças e legislação que unia a Igreja e os Estados em toda a Europa impedia qualquer vitória fácil ou uniforme das simplificações radicais de Trento. Até quando não surgiam essas dificuldades, a pura inércia ou a falta de dinheiro ou de pessoal adequado podia obstaculizar a mudança. Também isso era óbvio, ainda que não tanto, naturalmente, em matéria de formação do clero.

A legislação tridentina sobre os seminários foi sem dúvida um dos êxitos mais impressionantes do concílio. Na Espanha e nas regiões mais prósperas da Itália, ela logo foi posta em prática, e o próprio papado encabeçou a iniciativa fundando ou financiando colégios missionários para a formação de sacerdotes destinados àquelas partes da Europa que tinham sucumbido à Reforma, entre os quais o colégio inglês de Douai e o de Roma. Mas pouco mais se fez. Trento estipulava que os seminários deviam ser fundados mediante uma apropriada proporção das rendas catedralícias, monásticas etc., bem como das confrarias, estando obrigados a tal todos os titulares, "ainda que com a ajuda do braço secular". Isso era mais fácil de dizer que de fazer, e, até quando não faltava o financiamento, nem sempre se encontrava o pessoal adequado.

Em muitas dioceses italianas, muito pouco se conseguiu até o final do século XVI, e na França praticamente não se fez nada até a década de 1620, quando São Vicente de Paulo organizou uma série de cursos acelerados para instruir os aspirantes ao sacerdócio nas bases da doutrina, na teologia moral, na liturgia e no direito canônico. A obra de Vicente atendeu ao desejo de atividade religiosa dos pobres da França rural. As atividades de seus sacerdotes das missões e das Irmãs da Caridade tiveram um importante papel na renovação pastoral francesa. Os objetivos de Vicente eram bastante modestos, e estritamente tridentinos: estabelecer em cada cidade ou povoado um sistema de atenção regular para a confissão e a comunhão, e leigos bem formados no Credo e nos Mandamentos. Sua obra de instruir um clero capaz de realizar esses objetivos foi continuada por outros, principalmente por São João Eudes, e no final do século XVII o clero francês era o modelo de toda a Europa. Nesse processo, a influência e o exemplo de Borromeo foram fundamentais.

Esses esforços em favor da formação do clero assinalam uma mudança na concepção da vida do sacerdote. Já não é tanto uma figura ritual, um mero oficiante, mas antes um mestre e um pregador. Essa mudança para um entendimento mais ativo do ministério é especialmente evidente no maior êxito singular da história da reforma católica: a fundação dos jesuítas.

Inácio de Loiola e a Companhia de Jesus

Os jesuítas eram uma nova espécie de ordem religiosa. Isso já é em si paradoxal, pois a maioria das mentes inclinadas à reforma do século XVI, católicos ou protestantes, falavam em abolir as ordens, não em aumentar seu número. Mas a Companhia de Jesus era precisamente o exemplo de um novo florescimento da vida religiosa: não enclausurada e retirada, mas impregnada do senso de ação, da capacidade do homem de cooperar com a graça de Deus a fim de transformar-se a si mesmo e ao mundo. É significativo que tenha sido fundada por um soldado, Inácio de Loiola (cerca de 1491-1556), um nobre basco empobrecido, convertido após ser ferido em combate em 1521. Depois de sua conversão, Inácio encarnou uma figura muito característica da Idade Média hispânica: o santo mendicante que peregrina de santuário em santuário. Mas uma profunda experiência mística e dez meses de meditação numa caverna junto a Manresa se traduziram na formulação de um método espiritual muito disciplinado, no qual a evocação sistemática e intensa da vida e da paixão de Cristo leva a dobrar a vontade e a escolher uma forma de vida a serviço de Deus.

Inácio teve educação universitária, reuniu um grupo de companheiros e começou a ensinar seus *Exercícios*, sendo repetidamente preso por causa das suspeitas da Inquisição. Não podendo ir pregar na Terra Santa devido à presença da frota turca no Mediterrâneo, em 1538 Inácio e seus companheiros viajaram a Roma e se puseram a disposição do papa Paulo III. Em 1540, foram aprovadas as constituições da ordem, e Inácio se tornou o geral da nova Companhia de Jesus. Era uma ordem nada convencional, cujos membros não usavam hábito, não cantavam os ofícios comuns e cuja regra era muito flexível em tudo menos na obediência ao geral e ao papa. Suas principais preocupações eram a missão na Europa protestante e no mundo pagão, a educação da juventude e a instrução religiosa dos pobres. Sua formação era rigorosa e muito prolongada, e as duas primeiras gerações de jesuítas incluem alguns dos homens mais dotados do século. Quando Inácio morreu, havia um milhar de jesuítas (ainda que só trinta e três tivessem professado totalmente). Um século depois eram quinze mil.

A importância capital dos jesuítas na reforma católica se patenteia na obra do holandês Pedro Canísio no Império alemão. Canísio entrou na ordem jesuíta em

SUÉCIA
DINAMARCA-NORUEGA
ESCÓCIA
MAR DO NORTE
MAR BÁLTICO
IRLANDA
INGLATERRA
GALES
PROVÍNCIAS UNIDAS
Londres
Amberes
St. Omer
Donai
Rouen
Reims
Paris
Verdun
Liège
Mons
Tréveris
Fulda
Mainz
Bamberg
Praga
Kuttenberg
Glatz
Olmutz
Brünn
Wurzburg
ALTO PALATINADO
BOÊMIA
MORÁVIA
Krumlan
Ingolstadt
Dillingen
Molsheim
Nancy
Pont-à-Mousson
La Flèche
Bourges
Dôle
FRANÇA
Lyon
Bordeaux
Toulouse
Avignon
CONFEDERAÇÃO HELVÉTICA
IMPÉRIO GERMÂNICO
SILÉSIA
Cracóvia
Braunsberg
Vilna
POLÔNIA
BAVIERA
ÁUSTRIA
Viena
Trnava
HUNGRIA IMPERIAL
ESTÍRIA
Graz
Neuhaus
CARÍNTIA
CARNIOLA
VENEZA
Milão
Parma
Gênova
Ravena
ESTADOS PONTIFÍCIOS
DALMÁCIA
IMPÉRIO OTOMANO
Roma
Nápoles
NÁPOLES (da Espanha)
Córsega (de Gênova)
Sassari
Sardenha (da Espanha)
Cagliari
Palermo
Messina
Sicília (da Espanha)
Malta
OCEANO ATLÂNTICO
Santiago de Compostela
Valladolid
Salamanca
ESPANHA
Toledo
Madri
PORTUGAL
Lisboa
Valência
Sevilha
Ilhas Baleares
MAR MEDITERRÂNEO
Elba
Oder
Vístula
Reno
Sena
Loire
Garonne
Rhône
Ebro
Duero
Tajo
Pó
Drava
Sava
Danúbio
Centro jesuíta importante, 1540
Instituição jesuíta
Mons Seminário jesuíta
Fronteira política
Áreas católicas, 1560
Áreas conquistadas até 1648
Áreas perdidas a partir de 1560
Distribuição de outras religiões, 1560-1648
Protestante
Ortodoxa
Muçulmana
escala 1: 15.000.000
0 400 km
0 300 mi

Acima. Inácio de Loiola (c. 1491-1556), fundador da ordem jesuíta, foi provavelmente a figura mais importante da Contra-Reforma. Soldado pertencente a uma família nobre espanhola empobrecida, transformou-se em peregrino errante e mestre espiritual, e com freqüência foi encarcerado pelas autoridades eclesiásticas por suspeita de heresia.

Direita. O quadro de Rubens *O triunfo da Igreja Católica* (1628) constitui uma manifestação do vigor agressivo e triunfalista da Contra-Reforma. A Santa Madre Igreja (no carro) é reapresentada como um general vitorioso que regressa com seus cativos. Leva nas mãos o Santíssimo Sacramento, de onde procedem a glória e o poder. Em sua cabeça se deposita uma tiara papal, e um anjo leva as chaves pontifícias sob um pálio. O erro é reapresentado por um prisioneiro de olhos vendados, enquanto os inimigos da Igreja são esmagados pelas rodas do carro.

Esquerda: Recuperação católica e centros jesuítas
Em meados do século XVII, o protestantismo tinha perdido muito terreno. Os êxitos dos Habsburgos na primeira fase da guerra dos Trinta Anos levaram a que a Carintia, a Estíria e a Baviera passassem para o catolicismo. A Polônia, antes exemplo de pluralismo religioso, se tornou monoliticamente católica, e a Reforma ficou reduzida ao Extremo Nordeste da Europa. Uma das forças-chaves desse processo foi a Companhia de Jesus. No magnífico livro de celebração do centenário publicado pela Companhia em 1640, *Imago Primi Saeculo*, aparecem relacionados as escolas, universidades, colégios e conventos jesuítas. Passados para o mapa de acordo com essa relação, constituem um símbolo eloqüente do vigor da Contra-Reforma católica.

1543 em Colônia, onde dirigia o contra-ataque católico ao arcebispo, que havia passado recentemente para o campo luterano. Canísio logo adquiriu grande reputação como pregador e polemista, e participou do Concílio de Trento como conselheiro teológico do bispo de Augsburgo. Consagrou-se desde 1549 ao objetivo de deter o progresso do protestantismo no Império. Até nas áreas em que a Reforma não estava implantada, as concepções humanistas tinham adquirido uma ampla influência e produzido um catolicismo laxo e tolerante, vulnerável ao evangelismo protestante. Em Ingolstadt, aonde foi a pedido do duque da Baviera em 1549, Canísio encontrou estudantes que sem maiores preocupações liam Lutero, Bucer e Melanchton. Um deles lhe pediu até que lhe guardasse esses livros durante as férias. E o reitor do seminário local era um leigo que colecionava literatura luterana. Em Viena, onde trabalhou a partir de 1552, não se havia ordenado nenhum sacerdote desde vinte anos antes, e mais de 250 paróquias da área circundante permaneciam vacantes.

Canísio se lançou a uma atividade destinada a reverter essa situação. Negociou a entrada dos jesuítas na Holanda, na Boêmia, no Tirol, na Prússia, na Polônia e na Hungria, e fundou universidades e escolas em Viena, Praga, Munique, Innsbruck, Halle, Nimega, Magúncia, Tréveris, Wurzburgo, Osnabrück e Münster. Viajou sem descanso por todo o Império, pregando nas universidades, nas cidades catedralícias, nas aldeias das montanhas e nas cortes principescas, onde tentou assegurar a proibição do protestantismo, "de cujas raízes surgem a divisão, a desordem, a rebelião, a insolência e todo o gênero de excessos". Foi propagandista incansável do Concílio de Trento, difundindo sua mensagem, defendendo seus decretos e proporcionando-lhe materiais em forma de fragmentos de livros protestantes para que fossem refutados. A contribuição mais importante para a contra-ofensiva católica foram seus três catecismos, principalmente o *Breve catecismo de católicos*, de 1558.

Era um livro sugestivo, profusamente ilustrado com gravuras da vida de Cristo e dos sacramentos, das cerimônias e dos santos da Igreja. Era ao mesmo tempo manual de doutrina católica e livro de preces e meditações, baseado principalmente na Bíblia, nos Padres e no espírito do misticismo germânico, adaptado às rimas tradicionais para torná-lo facilmente memorizável. Todos os catecismos católicos posteriores foram pensados sobre o modelo da obra de Canísio, e quando ele morreu já se tinham feito 200 edições em quinze idiomas, incluídos o escocês e o hindustâni. Além disso, publicou uma série de livros muito mais extensos, desde edições dos Padres até comentários às Epístolas e Evangelhos do domingo. Sua obra conseguiu efetuar um giro decisivo na história religiosa da Alemanha e do Nordeste da Europa: somente na Polônia, no ano de sua morte, havia mais de quinhentos jesuítas. Transformou as universidades de Ingolstadt e Dillengen em fortalezas católicas, enquanto sua influência sobre os sucessivos duques da Baviera estabeleceu a pauta da ação coordenada entre o braço secular e a evangelização, que iria inverter a tendência ao avanço protestante nos domínios dos Habsburgos.

A gravura de Antoine Lafrery sobre as sete basílicas de peregrinação romanas foi uma das muitas publicações relacionadas com o jubileu do Ano Santo de 1575. Declarado por Gregório XIII, o jubileu representava a recuperação da confiança na autoridade espiritual por parte do papado e a reafirmação do valor das práticas católicas tradicionais, como a peregrinação e as indulgências. O pontificado de Gregório foi marcado pela expansão do corpo diplomático papal e sua utilização como instrumento de reforma religiosa, e pela criação em Roma de muitos seminários e colégios (para alemães, ingleses, gregos, armênios e húngaros). Também protegeu e deu apoio a reformadores como Teresa de Ávila e Felipe Neri. Tudo isso contribuiu para devolver ao papado a importância fundamental que estivera em risco de perder no início de século.

Renovação espiritual e renascimento papal

Muitos aspectos da obra de Canísio têm paralelo na obra de outros jesuítas, como São Edmundo Campion, que pregou e ensinou no colégio jesuíta de Praga antes de padecer martírio na Inglaterra elizabetana. Mas a influência da ordem foi menos tangível, ainda que efetiva, no impacto universal da piedade inaciana sobre as sensibilidades religiosas católicas e até protestantes. Os *Exercícios*, com sua insistência na evocação intensa de imagens religiosas com o fim de mover a mente e o coração a uma mudança, alimentaram uma multidão de escritos devotos, muitos deles adaptados pelos protestantes para seu próprio uso.

Um dos aspectos mais positivos da militância do catolicismo foi o ressurgimento da vida interior do espírito. Se esta foi a época da Inquisição e do Índex de Livros Proibidos, também foi a época dos místicos. Na Espanha, Teresa de Ávila e João da Cruz foram os maiores de uma rica variedade de exploradores da viagem interior da alma para Deus. Seus escritos, e a pronta canonização de Teresa, deixaram bem situada a vida espiritual entre as prioridades de um período cujo ativismo apaixonado podia acabar perdendo a direção. Na França do século XVII, os sublimes ideais da escola mística espanhola foram modificados e adaptados, especialmente por Francisco de Sales, o bispo modelar de Genebra, cuja *Introdução à vida devota* (1608) insistia na possibilidade de viver uma vida santa no mundo, e ensinava uma piedade humana baseada na meditação inaciana e na comunhão freqüente. Aproximou a *Imitação de Cristo* da mentalidade popular.

Talvez a transformação mais notável produzida pela reforma católica tenha consistido no papel central que o papado ocupou desde então. Na verdade, Lutero havia salvado o papa. Trento foi um concílio papal, e ao pontífice havia sido confiada a promulgação de seus acordos, compilando-os num novo catecismo, e a reestruturação de uma liturgia uniforme. Era o papa quem agora oferecia um símbolo de unidade, e as forças dispersas do catolicismo podiam reagrupar-se ao redor dele. Só o papa podia cortar e desenredar o emaranhado de isenções e privilégios que paralisava os bispos em seu trato com os capítulos catedralícios, e as ordens monásticas com as confrarias laicas. Só o papa podia coordenar os esforços missionários para o Novo Mundo, a oeste, para as antigas civilizações do Leste e para as regiões majoritariamente protestantes.

A Roma papal do final do século XVI e de todo o XVII era, de novo, um centro de peregrinação e de aspirações religiosas, a *Roma Sancta* à qual afluíam os peregrinos para alcançar o jubileu de 1575. Suas igrejas se erguiam sobre as ruínas para a glória do novo estilo barroco católico, cheio de cor, com seus santos gesticuladores e em movimento, visível representação dos ensinamentos do concílio de que o homem deve transformar a fé em ação se quer salvar-se, com suas nuvens pintadas, suas abóbadas cobertas de anjos proclamando a onipresença do milagroso e do divino, manifestando-se através do fino véu da realidade externa na doutrina da Igreja e em seus sacramentos. Inevitavelmente, essa concentração supunha um estreitamento, uma rejeição do catolicismo amplo do período pré-conciliar, simbolizado pela inclusão no Index dos escritos de Erasmo. Mas, se o catolicismo papal era estreito, também era forte. Diante de sua ofensiva, o avanço da Reforma se deteve, e depois retrocedeu.

GUERRA E DESUNIÃO

No século XVI, reformar a Igreja significava mudar o mundo, porque a Igreja era o mundo. Uma mudança de religião significava o transtorno de um Estado ou seu conserto. A Reforma podia ser vista como um meio de unir um Estado contra todas as ameaças externas, como era o caso nas cidades imperiais da Alemanha, ou como um poderoso dissolvente da precária unidade ideológica e espiritual de um reino, como era o caso da Espanha. O cruel extermínio organizado pela Inquisição deste país contra a heresia na geração seguinte a Lutero esmagou o movimento erasmiano, que tinha sido tão promissor para a religião espanhola. E tal foi feito a pedido da coroa, que via no catolicismo não só a verdade de Deus, mas também o meio de união de uma sociedade recentemente formada com base nos diferentes reinos da península. Mas em nenhum lugar da Europa se pensava que a tolerância religiosa pudesse ser compatível com a estabilidade civil, e as isoladas vozes erasmianas que defendiam essa tolerância foram abafadas pelo clamor geral que buscava a uniformidade religiosa, fosse ela protestante ou católica.

Retrocesso e ressurgimento do catolicismo

Em meados de século, parecia que a uniformidade iria ser protestante, com a Reforma triunfante em todas as partes menos nos países latinos. A Alemanha central e setentrional era protestante, bem como o Palatinado, Baden, Württenberg e Ansbach no Sul. Parecia ser só uma questão de tempo para que os grandes bispados e principados do Norte se unissem também, apesar do acordo de Augsburgo conhecido como *Reservatum Ecclesiasticum*, que estipulava que nenhuma outra terra da Igreja poderia ser protestante. Na Baviera, na Áustria, em Caríntia e na Silésia, as terras dos Habsburgos estavam muito penetradas de protestan-

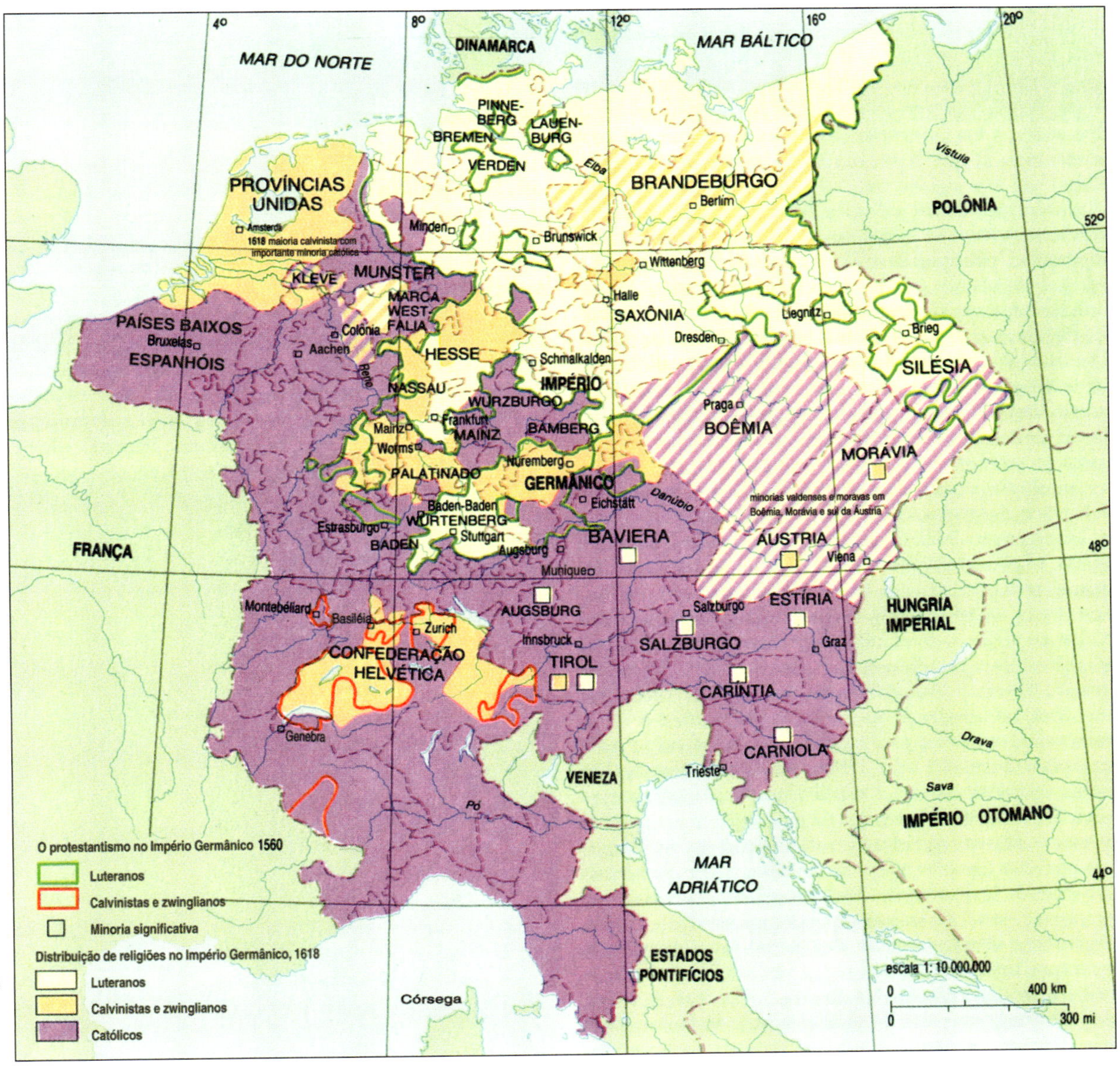

O protestantismo na Alemanha
O protestantismo alemão era, em princípio, luteranismo. Mas na segunda metade do século XVI a Reforma de estilo suíço, com a grande coerência ideológica que lhe havia dado Calvino e sua recusa militante a todo e qualquer compromisso com os rituais e crenças tradicionais, se converteu numa força poderosa na Alemanha. Embora a Paz de Augsburgo não tenha incluído reconhecimento algum do calvinismo, o princípio de *cuius regio eius religio* deu ao príncipe o poder de decidir a religião de seu Estado. Isso, unido à política versátil dos Estados alemães em geral, levou a estranhas variações: Baden foi protestante na década de 1550, católica na de 1570 e luterana outra vez na de 1590.
O protestante Palatinado foi luterano na década de 1550, calvinista na de 1560, outra vez luterano em 1573 e de novo calvinista em 1580. Tais flutuações tornaram impossível a uniformidade, e o mapa religioso da Alemanha às vésperas da guerra dos Trinta Anos era uma espécie de palimpsesto revelador de três quartos de século de comoções religiosas.

tismo. A maioria dos que professavam essa doutrina eram luteranos, mas o calvinismo já se estava mostrando como a mais militante das confissões reformadas, inimiga do catolicismo de maneira apaixonada e combativa. Na Polônia e na Hungria, ele estava crescendo rapidamente ao lado dos luteranos, dos irmãos boêmios e dos anabatistas.

No entanto, desde a década de 1560 o avanço protestante começou a deter-se. Em grande parte os jesuítas foram os responsáveis. Armada por Trento com algumas certezas doutrinais tão contundentes como as calvinistas, a ordem infundiu vida nova às decaídas forças do catolicismo. A obra de Canísio deu fruto, não só num clero pregador e culto, mas também numa nova geração de dirigentes ardorosamente católicos, comprometidos com a aplicação da ortodoxia tridentina. Na Baviera, uma série de duques construiu um modelo de reforma católica, com uma universidade rigidamente ortodoxa em Ingolstadt, um índex, uma forte presença jesuíta e um príncipe disposto a esmagar a oposição. Os imperadores Habsburgos se mostraram menos decididos; suas terras constituíam um mosaico de raças e línguas, onde a diversidade religiosa parecia poder ser mais bem tratada mediante concessões e compromissos. Até o final do século prevaleceu o catolicismo humanista e tolerante. Não havia Inquisição nem índex, e Trento não era aplicado de maneira rígida, porque o indubitável compromisso imperial com o catolicismo era temperado pelas desconfianças diante da crescente influência papal. No entanto, prosseguiu a criação de universidades, escolas e tipografias, e a renovação da vida monástica. No final do século, o catolicismo era muito mais forte em todas as terras dos Habsburgos do que tinha sido quarenta anos antes, e os protestantes batiam em retirada diante de um inimigo que até então tinham feito retroceder.

A escolha do arquiduque Fernando da Áustria primeiro para rei da Boêmia e em 1619 para imperador precipitou a crise. Fernando tinha sido educado em Ingolstadt pelos jesuítas, e ao alcançar a maioridade em 1595 se propôs a extirpar sistematicamente o protestantismo na Áustria. Na Boêmia, onde se tinham unido para conseguir amplas concessões dos imperadores anteriores, calvinistas, luteranos e humanistas se sublevaram contra o novo rei. A subseqüente guerra dos Trinta Anos mergulhou a Europa e a Alemanha em particular num banho de sangue, cujas origens ideológicas foram apagadas pela decisão da França de apoiar os exércitos protestantes contra os Habsburgos. Mas a principal vítima foi, sem dúvida alguma, o protestantismo. Em terras imperiais, o catolicismo se transformou em sinônimo de lealdade política. Quando em 1648 terminou a guerra, a antiga política de compromisso dos Habsburgos desapareceu. Grupos de sacerdotes invadiram as terras protestantes da Áustria, da Silésia e da Hungria, seguidos muito de perto pelas tropas: as igrejas protestantes foram fechadas, e os casamentos e enterros protestantes ficaram fora da lei. Só durante o ano de 1652 na baixa Áustria, 235 nobres se converteram ao catolicismo, e muitas paróquias tinham mais fiéis novos que velhos. As ordens religiosas foram decisivas nesse processo, já que o clero secular bem formado era escasso. Os esplendores barrocos da abadia de Melk, junto ao Danúbio, dão testemunho tanto da participação monástica no ressurgimento católico como do impressionante triunfalismo que o caracterizou.

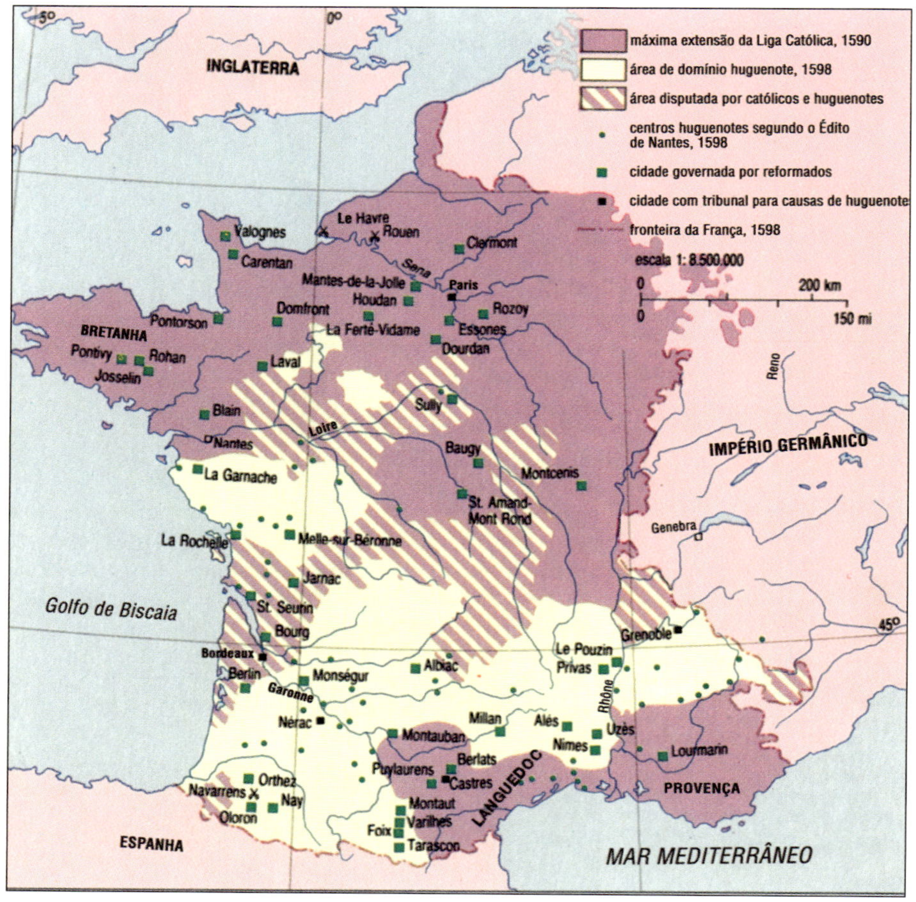

Acima: O protestantismo na França
A missão calvinista na França, dirigida de Genebra, se centrou na conversão da nobreza. A fragilidade da monarquia na segunda metade do século XVI atiçou os conflitos sociais e fomentou a guerra civil. O catolicismo militante se armou sob a forma da Liga Católica, que dominou a maior parte do Nordeste da França. Embora algumas regiões tivessem permanecido relativamente à margem dos conflitos (como a Bretanha), as guerras religiosas entre católicos e huguenotes afetaram quase todo o país. Travaram-se batalhas campais e organizaram-se assédios importantes em lugares tão afastados entre si como Navarrens, perto da fronteira espanhola, e Le Havre e Rouen, no Norte. No final do século, o protestantismo se havia consolidado como uma presença permanente na metade Sul da França, ao sul e a oeste do Loire. Também foi importante no Languedoc e em regiões da Provença.

Em todo esse processo, a força bruta foi decisiva, mas de nenhum modo o fator único. A Polônia era o único país da Europa que havia evoluído para uma autêntica política de tolerância. O luteranismo, o calvinismo e todas as variedades de anabatismo tinham ali seu lugar, e a aristocracia via a diversidade religiosa, pelo menos dentro da sua própria classe, como parte de sua independência zelosamente guardada ante a Coroa. Apesar de uma série de reis sinceramente católicos, a liberdade religiosa foi o distintivo da sociedade polonesa, e Cracóvia se transformou no centro mais importante de toda a Europa do movimento sociniano antitrinitário. Os radicais católicos e protestantes deploravam o que o sucessor de Calvino em Genebra havia chamado "diabólica liberdade de consciência". A unidade não foi conseguida pela força, mas pelo movimento gradual para o catolicismo das classes ricas, cujos filhos eram educados em excelentes colégios de jesuítas, pela proteção que a Coroa dava a essa tendência, e pela urgente necessidade de unidade nacional diante da Prússia protestante a oeste e da Rússia ortodoxa a leste. Esse processo se completou em 1668, quando a Dieta polonesa condenou a deserção do catolicismo com a morte e o confisco da propriedade.

As guerras de religião na França e na Holanda

Na Europa ocidental, a fé reformada havia penetrado em importantes setores da sociedade francesa, e em meados de século um grande número de nobres havia abraçado o calvinismo. A vitalidade dessa confissão na França foi espantosa, e em 1562 havia 2.000 tempos dela em todo o país, organizados em consistórios e sínodos. Os missionários de Genebra tiveram um papel muito importante nesse crescimento, e Calvino bus-

Acima. Durante a segunda metade do século XVI, a França se viu dilacerada pelas guerras civis religiosas. O auge do calvinismo deu justificação ideológica e religiosa ao esforço das grandes famílias por controlar uma monarquia fraca. A matança dos dirigentes huguenotes em Paris no dia de São Bartolomeu de 1572 levou a outros banhos de sangue em toda a França e gravou nas mentes protestantes a convicção indelével de que o catolicismo era uma religião sanguinária e traiçoeira. Ao saber da matança, Gregório XIII ordenou a celebração de um Te Deum de ação de graças em Roma, já que o fato representava o compromisso irrevogável da monarquia francesa de suprimir o protestantismo.

Abaixo. A subida do rei de Navarra, protestante, ao trono da França como Henrique IV atemorizou e irritou os católicos. Henrique aceitou o catolicismo com a finalidade de pacificar a França, e pelo Edito de Nantes garantiu a seus antigos correligionários liberdade de culto em certas cidades e o direito de manter defesas próprias. A existência dentro do reino de fortalezas protestantes como La Rochelle (que é reproduzida aqui) seria intolerável para os sucessivos monarcas. A erosão das liberdades protestantes continuou durante o século XVII, e culminou em 1685 quando Luís XIV revogou o Edito de Nantes.

cou deliberadamente converter nobres que pudessem proteger os tempos diante da Coroa. Mas o calvinismo foi arrastado pelas lutas pelo poder de uma nação desunida, e sob o patronato das famílias Condé, Coligny e Bourbon se transformou na principal ameaça à unidade nacional. A França mergulhou na guerra civil, na qual os huguenotes, como se chamavam ali os calvinistas, estiveram prestes a conseguir o controle do rei Carlos IX, ainda na menoridade. A matança do dia de São Bartolomeu, em agosto de 1572, na qual a rainha regente e o partido dos Guisas assassinaram 3.000 protestantes em Paris, desdobrou-se num banho de sangue nacional, e a agonia de França só terminou quando o huguenote Henrique de Navarra subiu ao trono e, decidindo que "Paris vale uma missa", se converteu ao catolicismo. Pelo Edito de Nantes de 1593 se concedeu aos huguenotes liberdade de culto fora de Paris, e permissão para fortificar, a expensas do rei, uma centena de pequenas cidades. Esse "Estado dentro do Estado" era precisamente o que mais temia qualquer governo, católico ou protestante, e a Coroa foi cerceando as liberdades dos huguenotes até que em 1685, após uma política de conversão forçada, Luis XIV revogou todo o Edito.

Uma das conseqüências mais importantes das guerras de religião foi a transformação das atitudes reformistas diante do poder civil. Calvino havia distinguido claramente entre os direitos e jurisdições da Igreja e do Estado, insistindo no dever do magistrado de apoiar a obra da Igreja. Mas também havia afirmado que o dever do cristão diante do governante tirânico ou injusto era a obediência sofrida e paciente. Sob a pressão da guerra, essa doutrina veio abaixo, e o sucessor de Calvino, Teodoro Beza, formulou uma teoria da resistência ao príncipe não por parte dos indivíduos, mas dos “magistrados inferiores”, que outros desenvolveram. Isso marcou uma separação entre os calvinistas e outros protestantes, e aumentou o poder de convocatória do calvinismo com relação às minorias militantes. Sua criação ideológica se manifestou na Revolta Holandesa contra Filipe II.

A rebelião foi em sua origem muito complexa. O descontentamento da nobreza tradicional dominante por sua crescente perda de poder, o ressentimento dos conselhos de cidadãos com a intervenção real em seus assuntos, os agravos sociais e religiosos sentidos pelos artesãos e pelos pobres das cidades, a recusa dos católicos moderados à perseguição espanhola da heresia na Holanda foram outros tantos fatores que desempenharam um papel. O calvinismo popular da Holanda, patente nas pregações camponesas maciças pintadas por Brueghel em 1566, provavelmente diferia só em questão de grau da religião erasmiana e anticlerical dos católicos cultos do país. Mas a selvagem perseguição desencadeada pelo duque de Alba em 1567, após uma explosão de iconoclastia protestante, polarizou as opiniões. Em 1570, o calvinismo se apresentou como uma ideologia combativa na qual a aliança entre protestantes holandeses e franceses era contemplada como parte de uma confrontação mundial entre as forças da luz reformista e das trevas católicas. O calvinismo foi derrotado no Sul da Holanda, mas se entrincheirou com firmeza nas cidades de Holanda e Zelândia.

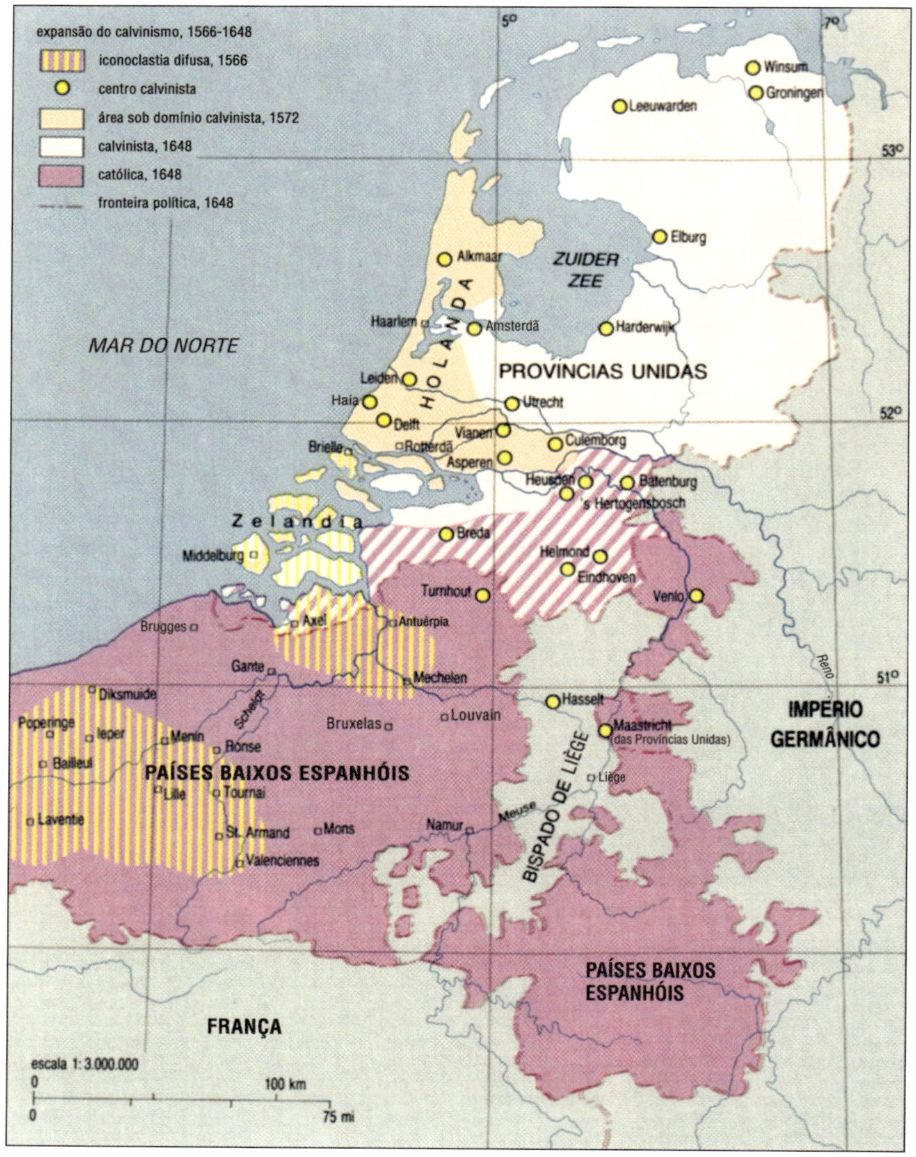

Polarização religiosa e contrastes marcantes

No princípio do século XVII, a polarização religiosa da Europa estava clara. Na Inglaterra protestante e na Espanha católica, os dissidentes religiosos eram perseguidos, encarcerados e executados, mas, como na Inglaterra não havia Inquisição, tais dissidentes, fossem sacerdotes jesuítas ou protestantes sectários, eram executados como réus de traição.

Existe a tendência a estender essa polarização a todos os aspectos da sociedade, e a pintar um quadro de contrastes em branco e preto. A Europa católica era hierárquica. Sua religião era feita de observância externa, de obras de caridade e da mediação da graça através dos sacramentos. Esta última se achava presente no majestoso estilo barroco de gigantescos altares que mostravam os milagres ou os méritos dos santos. A ideia católica da vida religiosa era monástica e clerical. A ênfase que o catolicismo dava à autoridade se refletia na Inquisição e na proibição da liberdade de pensamento ou de investigação científica, como ficou patente na condenação de Galileu. Sua forma de governo característica era a monarquia absoluta: Filipe II da Espanha, Luís XIV da França. Como contraste, o protestantismo deu maior importância ao individual: sua arte era doméstica. Nesse sentido, os tranqüilos quadros de interiores holandeses, os rostos de expressão sensata e comedida dos mercadores e dirigentes cidadãos que nos olham das telas de Rembrandt constituem a personificação da importância que a Reforma dá ao sacerdócio de todos os crentes, e em particular da insistência de Calvino na natureza religiosa de toda vocação ou estado de vida honrado. A república e a monarquia constitucional são a expressão política característica do protestantismo, e foi nos países desta confissão que tiveram lugar a liberdade de pensamento e o avanço científico.

Mas também é verdade que, seguindo esses contrastes, se pode cair em lamentáveis interpretações distorcidas. É evidente a distinção entre os estilos de culto e piedade católicos e protestantes. E não é menos verdade que a Contra-Reforma procurou por todos os meios depurar a religião de analfabetismo, e vinculá-la mais estreitamente à autoridade da Igreja, tornando-a mais cristocêntrica: a contínua queda do culto às relíquias dos santos que se deu na Espanha a partir do final do século XVI, e o ininterrupto crescimento de templos e confrarias dedicados a Cristo ou a Maria como sujeito ou testemunha da Paixão, mostram o grande êxito que coroou esse esforço. No entanto, a Contra-Reforma pretende endireitar e reorientar formas de piedade já existentes, e o catolicismo continua a ser uma religião de cerimonial e de observância comunitária, centrada não na Bíblia, mas nos sacramentos e nas obras santas e piedosas. Ao contrário, os elementos definitórios da piedade protestante são leigos e bíblicos, centrados tanto no lar como na Igreja. A figura arquetípica protestante não é o ministro ou sacerdote, mas sim o pai de família que reúne os seus para ouvir a palavra de Deus e cantar seus louvores.

Mas é preciso ter cuidado com as generalizações fáceis. Em religião, como em outros aspectos da vida, os homens são conservadores, e as continuidades e sobrevivências complicam o quadro. “Então [o pai] se senta rodeado de sua boa esposa, de seus filhos e de

Esquerda: O protestantismo na Holanda
Antes da rebelião da Holanda, a dissidência religiosa em forma de luteranismo ou do conjunto de crenças mais radicais conhecido como anabatismo já tinham estado presentes no território e tinham sido objeto de duras perseguições. Em meados de século, surgiu o calvinismo, que se radicou primeiro nas províncias do Sul, especialmente nas cidades, como Amberes. Paradoxalmente, o efeito da rebelião foi que as províncias do Norte, que tinham mostrado parco apoio popular ao protestantismo, se converteram no bastião dos rebeldes calvinistas. Em 1618, a religião reformada tinha sido erradicada de seus antigos territórios do Sul, e nas Províncias Unidas se impôs o calvinismo, ainda que se tenha mantido uma importante população católica.

Direita. A "limpeza" de qualquer rastro de "superstição" católica nas igrejas foi fundamental para a Reforma em quase todas as partes fora da Alemanha luterana. Nesta pintura de Saenredam, que representa uma igreja reformada holandesa, os fiéis voltam a espalda para a cabeceira, outrora a parte mais importante do templo. Eles se reúnem em torno do púlpito, numa construção despojada de tudo quanto possa distrair a atenção da Palavra de Deus que está sendo pregada.

Abaixo. Em 1560, a oposição da Holanda a seus dominadores espanhóis não se baseava somente em motivos religiosos, mas a pregação ao ar livre de calvinistas radicais foi um fator essencial na obtenção de apoios para a rebelião holandesa. O quadro de Brueghel *São João Batista pregando*, pintado no ano crítico de 1566, constitui uma evocação clara dos ministros do calvinismo que pregavam no campo.

seus criados, e lhes pergunta o que eles lembram do sermão, e lhes explica o que ele mesmo lembra. Pergunta-lhes também se conhecem e entendem os mandamentos, os pecados mortais, o Pai-Nosso e o Credo. Finalmente, oferece-lhes um pouco de bebida e os faz cantar um breve hino… e se regozija em Deus com todos os de sua casa." E isso não ocorre na Inglaterra de Elizabeth, nem na Genebra de Calvino, nem na Wittenberg de Lutero: a passagem é de uma obra de antes da Reforma publicada na Áustria. Também no catolicismo floresceu a piedade individual e familiar, e a grande renovação espiritual da França do século XVII, que deriva dos escritos de Francisco de Sales, foi precisamente uma renovação da piedade laica, individual e familiar.

Os contrastes mais amplos também devem ser considerados. Os ministros calvinistas desenvolveram a teoria da resistência ao tirano. Mas essa doutrina foi defendida e desenvolvida, por seu lado, pelos jesuítas enquanto missionários em territórios reformados, principalmente na Inglaterra, enquanto os huguenotes do século XVII eram tão ardentes devotos da monarquia como os católicos. O julgamento de Galileu e a fama das inquisições espanhola e romana abonam a idéia de uma conexão entre o catolicismo e o obscurantismo científico e filosófico. Mas o próprio Galileu foi um católico devoto, a quem silenciaram mais por suas incursões na teologia do que por suas teorias científicas, e sua obra faz parte do renascimento das ciências naturais e médicas que se produziu na Itália, e que continuou ao longo de todo o século XVII. Os governos católicos, assim como os protestantes, favoreceram os avanços tecnológicos práticos em óptica, matemática e astronomia, porque traziam benefícios materiais. O filósofo mais influente do século, Descartes, considerou sua filosofia, profundamente cética, como capaz de contribuir de forma valiosa para a apologética do cristianismo e do catolicismo.

Divisões no seio do protestantismo

Talvez o aspecto mais importante quanto ao contraste real entre a civilização protestante e a católica deva ser procurado nas divisões dentro de cada um dos blocos opostos. O protestantismo rejeitava a autoridade do papa e da Igreja e a substituía pela autoridade da Palavra de Deus na Bíblia. A diversidade de interpretações resultante no seio do protestantismo iria ser algo endêmico. Não era só uma questão de atividade sectária nas margens das igrejas (anabatistas na primeira geração de reformistas, independentes ou batistas no início do século XVII na Inglaterra e na Holanda). Quanto ao calvinismo e ao luteranismo, congelaram suas ortodoxias, e surgiram escolas rivais e reações críticas. Alguns desses movimentos eram renovadores e pretendiam fazer a ortodoxia voltar a suas origens. O movimento pietista foi iniciado dentro do luteranismo por P. J. Spener na década de 1670, e constituiu uma tentativa de reviver uma compreensão experiencial da justificação pela fé como renascimento e reorientação total do crente, diante do fato puramente casuístico em que se tinha transformado na ortodoxia luterana. Na verdade, o movimento representava uma interpretação nova e moralista da doutrina, com insistência numa vida cristã como luta contra alguns pecados concretos e na busca da ação virtuosa. A aversão pietista às barreiras confessionais, ao dogma ou à teologia acadêmica, junto com sua crença de que a realidade de Cristo se manifesta dentro dos pequenos grupos de cristãos que "despertaram", transformou o movimento em objeto de suspeita e oposição por parte da mais ampla Igreja luterana.

Dentro das Igrejas reformadas, o surgimento na Holanda do movimento conhecido como arminianismo foi ainda mais importante. Armínio e seus seguidores rejeitaram a doutrina da predestinação, fundamental na teologia calvinista, e afirmaram a liberdade da vontade humana para o bem e para o mal. As conseqüências eram do maior alcance. Cristo não havia morrido por uma minoria escolhida por Deus, os eleitos, mas sim por todos quantos decidem segui-lo. Desse modo, fugia-se do poder inexorável do Deus insondável de Calvino, e em seu lugar se colocava um Deus que valorizava os homens por suas ações. A moralidade, não a fé, transformou-se no centro principal da vida cristã. E, dado que Deus podia ser buscado e achado por todos os homens, arminianos como Hugo Grócio (1583-1645) insistiram em sua razoabilidade, manifesta nas normas morais, racionais e jurídicas, e viram a ordem da sociedade humana como um reflexo da ordem divina ou natural. O grande abismo que Calvino havia aberto entre natureza e graça desaparecia. Era uma religião diferente, fria, otimista, que deixava de lado o misterioso e o sobrenatural, para acomodar o cristianismo às melhores tendências da humanidade de todas as épocas e lugares. Duramente perseguido na Holanda, o impacto do arminianismo alcançou de maneira sutil mas profunda toda a Europa protestante, esfriando as paixões religiosas e conseguindo que as barreiras dogmáticas dos radicais parecessem estúpidas e a reunificação das igrejas, possível.

O arminianismo havia revelado uma ambivalência subjacente na doutrina central da Reforma. A salvação era para todos ou só para os eleitos? Se era para todos, a pregação dos Evangelhos deveria acomodar-se às fraquezas humanas. O modelo que se devia seguir não podia situar-se demasiado alto, e era preciso satisfazer a necessidade humana de entregar-se a atividades externas e rituais. Se era somente para os eleitos, os piedosos constituiriam a norma pela qual os outros homens seriam julgados, e os esforços dos ministros deveriam concentrar-se em reunir os piedosos e ajudá-los a corresponder ao chamado. Na Inglaterra elizabetana e dos Stuarts, esse dilema deu origem ao chamado "movimento puritano". A maioria dos anglicanos era calvinista, mas os puritanos seguiam a doutrina dos eleitos até suas conclusões lógicas, permanecendo dentro da estrutura da Igreja nacional, mas praticando uma piedade que tinha o efeito de distingui-los claramente dos "ímpios". A família piedosa se reunia aos domingos de tarde para escutar a leitura das Escrituras, afastada dos barulhos de seus vizinhos profanos, que se divertiam nas ruas ou nas tabernas. O protestantismo, com sua grande insistência na Palavra, tendia a excluir o que Richard Baxter chamou "a gentalha que não sabe ler". A fé reformada foi inimiga declarada dos sentimentos e da cultura religiosa populares, com seus ritmos profundos e sobrevivências rituais, que os reformadores viam como resíduos do papismo. Para a visão puritana do mundo, qualquer compromisso com as formas profanas era uma apostasia, e essa intransigência, essa contundente oposição entre natureza e graça, explica seu colapso depois de um breve tempo de triunfo durante a Revolução inglesa.

Divisões no seio do catolicismo

As divisões dos protestantes tiveram sua contrapartida no catolicismo. É preciso levar em conta que a Contra-Reforma foi motivada por uma diversidade de energias e não por uma só, e que com freqüência elas entraram em conflito. A hierarquia episcopal era fundamental na concepção tridentina do catolicismo. Ordens como a dos jesuítas aceitavam totalmente o valor da hierarquia, mas sua própria natureza de forças de choque da renovação católica os induzia a mostrar-se impacientes com a enervante estrutura que a hierarquia implicava. Por essa razão, às vezes eles se opuseram à introdução da função episcopal em território missionário, e o cardeal Manning pensava que só havia a grossura de "uma tábua" entre os jesuítas e os presbiterianos. Quando na década de 1590 o jesuíta Robert Parsons traçou um plano para a recatolicização da Inglaterra, não teve a menor dúvida em varrer as ordens religiosas contemplativas, desviando suas rendas monásticas para fins educacionais, caritativos e missionários, nem em substituir os feudos paroquiais por um clero ativista que seria contratado e despedido à vontade.

O novo catolicismo era uma reafirmação do valor da atividade. Seus santos levavam a cabo obras concretas, fundando ordens religiosas, orfanatos e hospitais, ou eram missionários heróicos em terras remotas. Mas

Direita. Em uma religião em que a imagem e o rito eram tabus, a alfabetização e o acesso à palavra escrita eram essenciais para a salvação. Com isso o protestantismo se somava ao que o islã chamava de "a religião do livro". O quadro de Gerard Dou, de uma anciã absorta na leitura de fragmentos dos Evangelhos recolhidos num devocionário com ilustrações para ajudar a interpretar o texto, reflete essa profunda mudança na piedade cristã.

Abaixo. No século XVII, a França conheceu um grande auge do fervor católico, do qual foi expressão o jansenismo, austero e exigente forma de catolicismo baseada nos últimos ensinamentos de Santo Agostinho. O centro do movimento jansenista foi o prestigioso convento de Port-Royal, ao qual afluíam homens e mulheres piedosas. O quadro de Champaigne transmite algo dessa atitude de austera recusa do mundano exigido pela piedade jansenista. Representa a filha do pintor, Catherine, freira de Port-Royal, que foi milagrosamente curada de paralisia em 1661 após as preces da superiora, a madre Agnes Arnauld (de joelhos no quadro). A inscrição da parede recorda o milagre.

havia almas que buscavam a Deus não na ação, mas na contemplação interior, e esses místicos se foram tornando cada vez mais suspeitos. Em uma Igreja que ensinava a necessidade das boas obras e dos sacramentos para obter a salvação, a viagem interior do místico, sua busca do conhecimento de Deus sem intermediário algum podia parecer herético. O choque mais importante entre essas duas energias opostas se deu no final do século XVII, quando o arcebispo de Cambrai, François Fénelon, foi condenado por quietismo. Fénelon ensinava uma doutrina de "amor desinteressado". O amor a Deus mais perfeito é desinteressado; o cristão é passivo diante de Deus, despreocupado de qualquer recompensa, até de sua própria salvação. Para Bossuet, que se opôs a Fénelon, essa doutrina conduzia ao abandono do esforço moral e da freqüentação dos sacramentos. Fénelon se submeteu rapidamente diante da rejeição do papa à sua doutrina, mas a condenação serviu para amolecer a fibra do catolicismo e canonizar o auto-interesse espiritual como fonte principal da vida cristã.

A fissura mais profunda dentro do catolicismo contra-reformista se manifestou na polêmica jansenista. A doutrina de Trento sobre a justificação e a graça não havia eclipsado a tradição agostiniana. Com efeito, muitos católicos acreditavam que o homem estava mergulhado no pecado, que poucos poderiam salvar-se, que só a penitência e a conversão interior convinham ao estado de queda do homem. Esse ponto de vista encontrou sua expressão extrema em *Augustinus*, obra póstuma de Cornélio Jansênio, teólogo holandês e bispo seguidor de Carlos Borromeo. Os partidários de Jansênio se reuniram em torno do convento de Port-Royal, onde sua versão sombria do cristianismo foi ganhando fama e certo apoio da nobreza. Jansênio ensinava que só os predestinados podiam salvar-se, que Cristo não havia morrido por todos os homens e que o ser humano não era livre para resistir à graça de Deus. Essas doutrinas foram condenadas, mas não constituíam o centro da questão.

O jansenismo rejeitava o compromisso com o mundo. Ardentemente católicos em sua veneração dos sacramentos, os jansenistas lamentavam o acesso demasiado fácil que a eles tinham os pecadores. A absolvição só devia ser dada aos que podiam provar seu arrependimento; da comunhão era preciso aproximar-se com temor e tremor, e a maioria das pessoas, com muito pouca freqüência. Detestavam os jesuítas, cujos ensinamentos otimistas sobre o homem favoreciam o orgulho, cuja defesa da comunhão freqüente estimulava os pecadores a profanar o que há de mais sagrado, e cujas absolvições eram dadas muito ligeiramente. Embora a doutrina jansenista contivesse muitos elementos estimulantes, e participasse do mesmo fundo comum da renovação espiritual francesa, a condenação do movimento se revelou tão inevitável quanto necessária. Se sua concepção tivesse prevalecido, todas as tentativas de conversão em massa de parte da Europa e das missões da Ásia, das Américas e da África teriam perdido sentido. Os bispos jansenistas encabeçaram o ataque à piedade popular, e é significativo que São Vicente de Paulo, que tinha certas afinidades com os jansenistas, os considerasse inimigos de seu próprio labor no meio da "gentalha que não sabe ler", e trabalhasse pela condenação do movimento.

A LESTE E A OESTE

A expansão do cristianismo no Novo Mundo e no Extremo Oriente se iniciou antes da Reforma, da qual parecia uma compensação providencial. Seus avanços, e em maior medida seus estorvos e obstáculos, realçam as complexidades, contradições e fraquezas do cristianismo organizado da época.

Em uma série de bulas promulgadas entre 1456 e 1514, os papas tinham cedido às coroas espanhola e portuguesa a importante tarefa de converter ao cristianismo os povos pagãos cujas terras estavam explorando. Em 1493, o papa Alexandre VI dividiu o mundo em duas regiões, a oeste e a leste das ilhas de Cabo Verde, para que os espanhóis governassem a oeste e os portugueses, a leste. O poder assim outorgado aos monarcas da Península Ibérica fez parte de suas prerrogativas mais apreciadas, e no caso espanhol, em particular, proporcionou à Coroa o controle total sobre o pessoal e as rendas da Igreja no Império mais vasto que o mundo havia conhecido até então. Em conjunto, a Coroa espanhola desempenhou seu papel de evangeli-

Viagens missionárias
Os reinos da Península Ibérica desempenharam um papel-chave para o começo dos empreendimentos missionários, e a imensa maioria das viagens de evangelização do século XVI, como de seus predecessores do século XV, teve origem nos portos da Espanha ou de Portugal. Os espanhóis levaram a sério a tarefa de dividir os novos territórios em dioceses, enquanto os portugueses viam as missões mais como

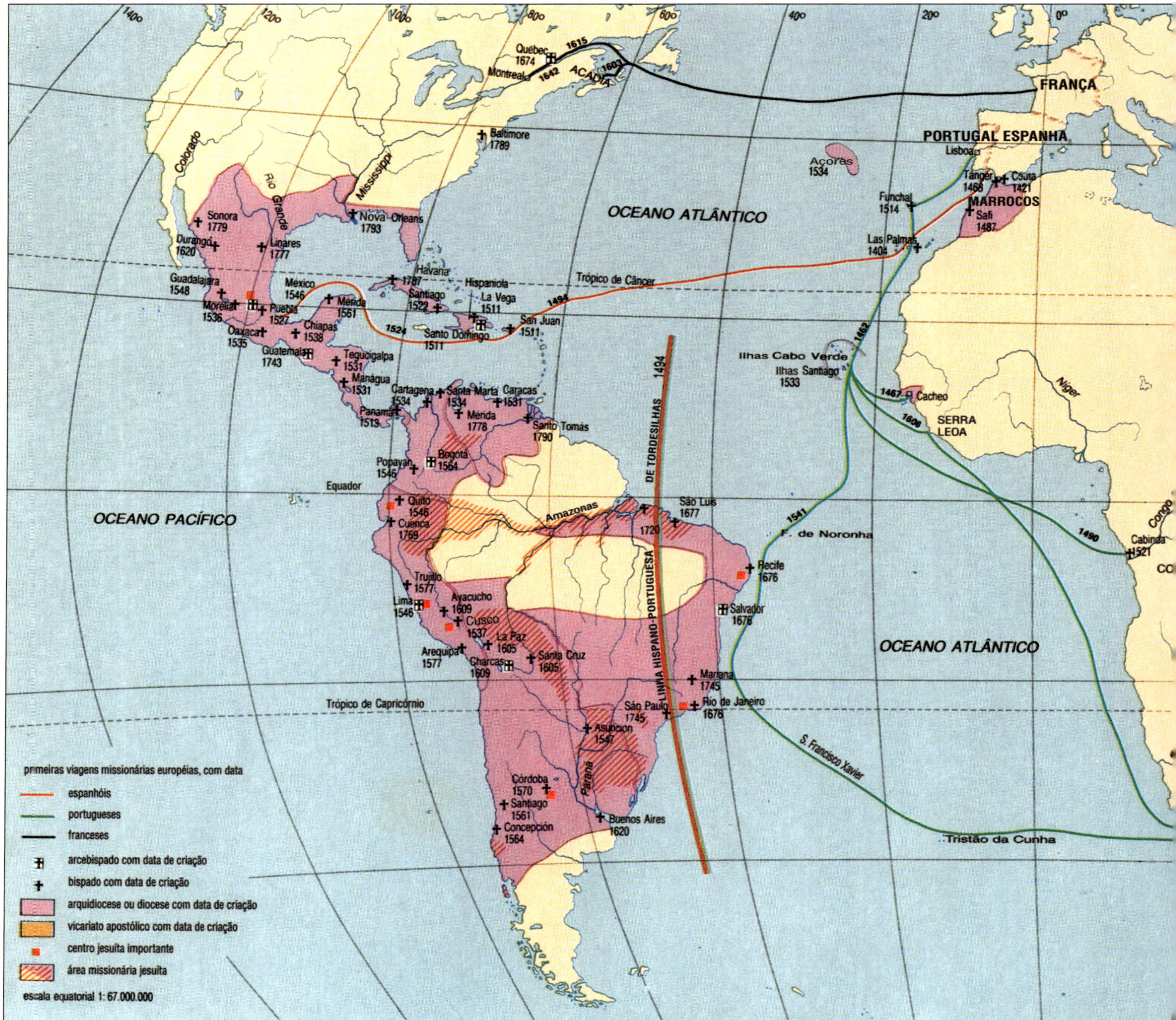

Nessa situação, vossa salvação não é mais certa que a dos turcos". Bartolomeu de las Casas, bispo dominicano de Chiapas, dedicou toda a sua vida, entre 1514 e 1566, a uma incessante campanha para assegurar justiça aos índios e conseguir a proibição de escravizá-los incluída nas "Novas Leis" de Carlos V, de 1542.

Mas as iniqüidades dos colonos constituíam só uma parte dos problemas das missões. Dado o enorme número de pessoas envolvidas, o arraigamento da maioria dos conversos em sua nova religião era, pelo menos, vago, e entrelaçado de crenças e práticas pagãs. Em conseqüência, adotou-se o costume de limitar a comunhão aos nativos mais piedosos e mais bem instruídos. O resultado foi uma Igreja em grande parte não comungante. As primeiras esperanças de conseguir um clero nativo se desvaneceram, e foi abandonado o colégio franciscano fundado em 1536 em Tlatelolco com esse fim. Em meados do século, os próprios frades se questionavam sobre a efetividade de sua missão, e grande parte do zelo inicial se evaporou. Além disso, o estabelecimento das nove dioceses da Nova Espanha levou a um conflito entre as ordens religiosas e os bispos e o clero secular, e houve disputas com respeito a títulos e jurisdições que esfriaram o fervor missionário.

As missões da América do Sul

A conversão da Nova Espanha foi, no entanto, um êxito de primeira grandeza, superado somente pelo das Filipinas, que em 1620 contava com dois milhões de conversos. Ao sul de Panamá, no Peru, o avanço era obstaculizado pelas grandes distâncias e pela dispersão das tribos. Por volta de 1540, o fervor religioso que havia produzido uma notável primeira geração de frades missionários foi afetado pela reação temerosa da Inquisição espanhola diante da Reforma. As dioceses peruanas, sob a autoridade do arcebispo de Lima, eram imensas, e a evangelização, forçosamente superficial: o campesinato adotava o cristianismo como um acréscimo ao seu já complexo politeísmo. As imagens dos santos das procissões e festas mostravam, diante de uma observação detida, sua identidade com as dos deuses indígenas, e a antiga religião sobrevivia ao lado da nova. Na mesma época de Trento, o episcopado peruano teve de fazer frente a um conflito entre a religião popular e a oficial muito mais duro e manifesto que o que podia haver na Europa, mas sem dispor de poder ou de recursos para tratá-lo adequadamente. O Peru teve seu Carlos Borromeo em Toribio de Mogrovejo, segundo arcebispo de Lima (1579-1606), evangelizador incansável que morreu numa remota aldeia indígena em sua terceira viagem de inspeção pela diocese. Através de uma série de sínodos diocesanos e provinciais, Mogrovejo tentou controlar o paganismo, idealizou três catecismos graduados, limitou o acesso dos índios à comunhão, regulamentou o uso das imagens no culto e denunciou a persistência de ritos e costumes idólatras. Mas a Igreja peruana continuou a ser em grande parte a Igreja dos espanhóis e dos índios hispanizados, uma fina camada sobre um espesso estrato pagão.

A chegada dos jesuítas à América do Sul deu novo vigor à atividade missionária no final do século XVI. Sua realização mais espetacular foi a criação de uma cadeia de missões entre os índios guaranis dos vales do rio Paraná, iniciada em 1610. Os jesuítas agruparam os índios numa série de "reduções" (34 em 1630, com um total de 100.000 habitantes) em territórios autônomos cedidos pela Coroa espanhola. Sujeitos às contínuas incursões portuguesas em busca de escravos, eles armaram os índios, e em 1649 organizaram a República Independente do Paraguai, que se manteve até a dissolução da ordem na década de 1770. As reduções eram comunidades utópicas, amplas, limpas, bem pavimentadas, onde a educação era obrigatória; eram governadas por conselhos democráticos, e a pena de morte era desconhecida. Não havia moeda, e toda a propriedade era comum. Cultivavam-se hortaliças, açúcar, algodão e tabaco, e os índios teciam, trabalhavam o metal, construíam relógios e manejavam máquinas tipográficas. A música e o drama religioso tinham importância fundamental. Embora aos índios se desse pouca iniciativa e os padres dominassem sua vida, as reduções constituíram uma tentativa única de pôr em prática uma sociedade cristã e, num mundo pós-tridentino, representaram uma das sobrevivências mais significativas do impulso humanista.

Os primeiros missionários no Novo Mundo se tinham sentido predispostos a rejeitar a religião nativa como inimiga essencial do cristianismo, devido à sua experiência com o islã militante. A maioria dos primeiros franciscanos da Nova Espanha tinha participado da conquista espiritual de Granada, onde haviam aplicado uma política similar de tábula rasa. O colapso metódico das culturas asteca e inca sob a crueldade colonial deixou o cristianismo praticamente sem rival. Ao contrário, na Índia, na China e no Japão, os missionários europeus encontraram culturas tão elaboradas como a sua e com sistemas religiosos que não podiam ser desqualificados facilmente como bárbaros ou diabólicos.

Algumas das dificuldades implícitas no encontro das duas culturas na América se evidenciam nesta representação do batismo de um índio por um frade franciscano, do Códice Azcatitla. Aqui a representação do sacramento aparece rodeada por imagens estranhas à tradição cristã. O Novo Mundo iria suscitar para os evangelizadores grandes problemas quanto à realidade e profundidade da "conversão" da cultura indígena.

Os portugueses na Índia

Assim como a conquista espanhola o tinha sido no Oeste, as explorações e o comércio portugueses foram os principais veículos das missões no Leste. Com base em Goa a partir de 1510, o interesse religioso inicial dos portugueses consistia em prover de capelães suas próprias comunidades e latinizar os cristãos nestorianos indígenas, chamados "de Santo Tomás". Em 1534 se havia estabelecido um bispado em Goa, e ele deu início a uma importante obra missionária. Imediatamente se alcançaram êxitos espetaculares. A casta bharata de pescadores da costa de Coromandel sempre fora vítima das incursões muçulmanas. Analfabetos, pobres e desorganizados, os bharatas eram indefensos. Eles voltaram-se para os portugueses, e o preço da proteção foi a conversão. Todos os componentes da casta foram batizados. A notícia das dezenas de milhares de batismos chegou a Lisboa, e levou o rei João III a enviar missionários para consolidar e ampliar a obra iniciada. O principal deles foi Francisco Xavier, um dos primeiros companheiros de Inácio, e o primeiro e mais destacado da série de missionários jesuítas no Oriente.

Francisco Xavier foi parar de início numa missão da própria Goa, terrível poço de maldades, onde os escravagistas portugueses passavam as contas do rosário dando pauladas nos escravos, e com uma população flutuante de conversos semi-instruídos que se tinham tornado cristãos "para conseguir um chapéu novo ou uma camisa, ou para escapar da forca". Durante cinco meses trabalhou nas três prisões da cidade, no hospital e entre os leprosos. Transferido para a costa de Coromandel, tendo por única bagagem um guarda-chuva e uma peça de pele para remendar os sapatos, deparou com a barreira da língua como primeiro problema. Tinha traduzidos para o *pidgin* tamil o Credo, os Mandamentos, o Pai-Nosso, a Ave-Maria, a Salve-Rainha e o ato de contrição, e os havia memorizado. Fazendo soar uma campainha enquanto caminhava, reunia grande número de crianças e as ensinava a cantar as preces. Em um mês de atividade incansável, batizou 10.000 pessoas, e mandou uma série de cartas a Inácio, que estava em Roma, e à Coroa portuguesa pedindo ajuda. "A experiência me ensinou, alteza, que não tendes nenhum poder na Índia para difundir a fé de Cristo, ainda que tenhais poder para levar e desfrutar de todas as riquezas temporais do país."

Os jesuítas no Japão

Em 1549, ele se dirigiu para o Japão, onde acreditava que encontraria "uma raça totalmente guiada pela lei e pela razão". O Japão feudal atravessava um período de desordens e de descentralização, e de uma inusual abertura para o estrangeiro. Os senhores locais ou *daimyos* tinham todo o poder e estavam desejosos de entrar em contato com o Ocidente, com sua superioridade de armamento. De novo o problema das línguas obstaculizava a missão de Francisco Xavier, mas em seus 27 meses de estada no Japão compreendeu que não era efetiva a política de fazer tábula rasa da religião e da cultura locais, substituindo-as por um marco cultural ocidental para enquadrar suas pregações. Reconhecendo a nobreza de grande parte da civilização japonesa, compreendeu a necessidade de contar com missionários muito bem formados que pudessem edificar sobre essa base cultural, e que atraíssem as classes cultas e governantes.

A missão jesuíta no Japão iria durar um século, e com um êxito espantoso. Muitos *daimyos* se converteram, e em 1580 havia mais de 150.000 cristãos. Os jesuítas construíram seminários para formar catequistas e sacerdotes nativos, ainda que a falta de um bispo tenha impedido as ordenações até 1601. Estudantes japoneses eram enviados para a Europa a fim de estudar e receber ajuda. No final do século, outras ordens, entre as quais a dos franciscanos, já tinham estabelecido missões. A rivalidade entre os diferentes grupos contribuiu para o grande desastre que se iria abater sobre a missão no novo século. Os imperadores se convenceram de que a ampla aceitação do cristianismo tornaria o Japão vulnerável a uma conquista européia. De 1620 em adiante, teve lugar uma terrível perseguição, na qual os sacerdotes europeus e os nativos conversos foram queimados, esfolados, crucificados ou empalados. Um comerciante inglês informou ter visto "cinqüenta e cinco martirizados ao mesmo em Miyako. Entre eles havia crianças de cinco a seis anos, que eram queimadas vivas nos braços das mães, que gritavam: 'Jesus, receba as suas almas!' Muito poucos voltavam à idolatria". Em 1650, já tinham sido mortos 2.000 cristãos, setenta deles sacerdotes europeus. O cristianismo sobreviveu, mas como uma Igreja marginal e insignificante.

As missões da China

O desafio que para o missionário implicava o encontro com uma civilização desenvolvida foi ainda mais evidente no caso da China, diante de cujas costas havia morrido Francisco Xavier em 1552. A missão jesuíta para a China foi empreendida por uma figura quase tão notável como Francisco Xavier, Mateus Ricci. Ricci havia entrado na Companhia em 1571, e havia estudado matemática com Clavius, amigo de Kepler e Galileu, e teologia com Roberto Bellarmino. Em 1582, foi enviado para Macau para preparar a missão na China. Ali estudou língua, filosofia e história chinesas, e, quando em 1583 lhe permitiram entrar no país, apresentou-se como um estudioso admirador da cultura nacional. Adotou a vestimenta e o estilo de vida chineses, deixando até crescer as unhas para demonstrar sua condição de mandarim, e obtendo fama como fazedor de relógios, pintor, astrônomo e cartógrafo. Em 1601, foi-lhe autorizada a entrada na corte imperial e lhe foi dada liberdade para pregar. O verdadeiro objetivo de Ricci era a evangelização, mas não com um proselitismo aberto. Atuava como intérprete ou intermediário das duas culturas, buscando equivalentes literários chineses dos termos cristãos, e indagando sobre os máximos paralelismos possíveis entre os costumes chineses e as verdades cristãs. Adotou muitas dos ensinamentos de Confúcio e permitiu ritos aparentemente religiosos, como o culto aos antepassados, na qualidade de cerimônias meramente civis ou sociais. No momento de sua morte, ocorrida em 1610, Ricci havia conseguido somente 2.000 conversões, mas entre elas se incluíam as de muitos sábios e membros da classe dos mandarins. Os jesuítas que o sucederam edificaram sobre sua obra. Em 1650, havia 150.000 cristãos chineses, e um jesuíta, Adam Schall, era o astrônomo oficial da corte do imperador.

Mas o método jesuíta de evangelização da China suscitou uma forte oposição entre outros missionários. Para dominicanos e franciscanos, a simples idéia de acomodar o cristianismo ao ambiente cultural chinês era anátema, um compromisso com o paganismo e o culto ao diabo, que pretendia ocultar o abismo existente entre a natureza caída e a graça. Em 1634, alguns frades marcharam por Fuzhou carregando crucifixos e exclamando: "Os ídolos e seitas da China são falsos, enganos mediante os quais o diabo leva para o inferno para sempre!" Esse episódio constitui uma boa mostra de como se considerava o problema. As suspeitas chinesas com relação ao imperialismo cultural dos cristãos aumentaram, e a situação piorou quando missionários franceses, imbuídos da teologia agostiniana que constituía o fundo do jansenismo, chegaram à China e as disputas européias encontraram campo adubado no âmbito missionário. Lança-

O patronato português era um caso especial do ponto de vista da atividade missionária. Os clérigos destinados às colônias *(esquerda)* eram considerados mais como capelães da comunidade portuguesa que como missionários. Amiúde, como o colega jesuíta de Roberto de Nobili, Henrique Fernandes, limitavam-se a identificar cristianismo com *parangi* (estrangeiros). Missionários como Francisco Xavier e, mais tarde, Ricci se propuseram a livrar-se dessas limitações. No entanto, quanto possível, procuravam manter boas relações com o clero colonial, o qual podia dificultar sua tarefa. No mapa acima destas linhas aparece idealizada a chegada de Francisco Xavier a Goa no século XVII, onde é recebido pelo bispo local (com o que, de fato, travou uma boa amizade).

Direita. Foi na China, sob o guiamento de Matteo Ricci, que teve lugar a adaptação mais espetacular da atividade missionária à cultura pagã. Nesta representação de Ricci, vestido com indumentária de mandarim e levando um leque, é de destacar o tamanho reduzido do crucifixo, a imagem relativamente maior da Virgem e a decoração do altar com palavras e símbolos abstratos em lugar do vivo realismo característico da Contra-Reforma. Para os chineses, as imagens religiosas barrocas, que refletem sofrimento e morte, eram desagradáveis.

ram-se acusações e contra-acusações entre a China e Lisboa, Madri e Roma. A polêmica se exacerbou devido à hostilidade das autoridades portuguesas aos missionários que chegavam sob patrocínio francês ou espanhol. O próprio imperador de China apoiou aos jesuítas, mas finalmente, em 1704, Roma condenou a prática da "acomodação" às culturas locais.

A política romana para as missões

A querela sobre os "ritos chineses" ilustra a complexidade e o caráter amiúde contraditório da reforma católica. E não foi um caso único, pois os jesuítas aplicaram métodos similares em todas as partes, como Roberto de Nobili na Índia, o qual cortou os vínculos com a Europa e se converteu num santo brâmane que ensinava o cristianismo como a autêntica realização do hinduísmo, negando-se a evangelizar as castas inferiores. A polêmica não era só religiosa. O desejo dos jesuítas de contar com um clero nativo, por exemplo, se viu frustrado tanto pelas idéias racistas de "pureza de sangue", enraizadas na contenda ibérica com judeus e muçulmanos, como pelo problema teológico agostiniano. O patronato português das missões orientais se mostrou hipotecado, como Francisco Xavier logo viu, pelo nacionalismo e pelos interesses militares portugueses contrários ao livre acesso de missionários não portugueses e ao surgimento de um clero indígena. O papa tentou desfazer esse monopólio, e a criação da Congregatio de Propaganda Fide (1622), dirigida por seu ativo secretário Francesco Ingoli, proporcionou um instrumento para desenvolver uma política romana cara às missões.

Ingoli se mostrou bastante crítico da atividade portuguesa no Oriente, apoiando o clero nativo da Índia e da China contra o racismo, atacando a lentidão régia na nomeação ou provisão de bispados para as novas igrejas, e denunciando as conversões forçadas. Ingoli contornou o monopólio da Coroa portuguesa sobre as nomeações episcopais, introduzindo a figura do "vigário apostólico" episcopal, responsável direto diante do papa, procedimento já utilizado nas protestantes Holanda e Inglaterra. Em seus primeiros 25 anos, a Propaganda Fide fundou 46 novas missões, e criou seu próprio seminário multirracial e sua tipografia em Roma. A partir de 1660, apoiou-se principalmente nos missionários franceses para ir minando o patronato. Mas, por mais ativa que fosse a Propaganda Fide, nunca conseguiu acabar com o patronato de Lisboa ou de Madri nem solucionar o problema do clero indígena. Ingoli não gostava dos jesuítas, e, ainda que Roma tenha dado algum respaldo aos membros dessa ordem estabelecidos em Pequim, incluindo a permissão para rezar missa e recitar o breviário em chinês, a importante presença de clero francês, com suas concepções agostinianas, nas missões da Propaganda Fide foi inexoravelmente contra a política de acomodação, e levou, afinal, à revogação de todas as concessões. Os obstáculos combinados que representavam o latim e o celibato do clero impediram um recrutamento significativo de clero não-europeu. É realmente paradoxal que o clero francês, utilizado por Roma para controlar as missões ante as coroas da Espanha e de Portugal, se mostrasse cada vez mais imbuído das idéias galicanas com relação à independência da Igreja francesa ante o papado. Nisso, como acontece tão freqüentemente, o monolitismo aparente da Contra-Reforma consistia de fato numa difícil aliança de energias amiúde opostas.

A IGREJA NA AMÉRICA DO NORTE

A história do cristianismo nos Estados Unidos é uma história de descoberta, colonização, imigração e inovação. No século XV, mas especialmente no XVI, o subcontinente norte-americano, junto com todo o Novo Mundo, era uma presa destinada a ser capturada ou disputada pelas potências européias, principalmente Portugal, Espanha, Holanda, França e Inglaterra. Grande parte da disputa tinha que ver com a religião. Era preciso semear a Palavra na América do Norte. Mas que Palavra? Portugal e Espanha, ambos católicos romanos, no final do século XVI já tinham feito importantes avanços na América Central e do Sul. A França, outra potência católica romana, havia penetrado no Golfo de São Lourenço em 1534 com a expedição de Jacques Cartier. A Inglaterra, a principal potência protestante, demorava-se a aceitar as oportunidades que essa política podia trazer para o engrandecimento nacional ou para a expansão do protestantismo. Os grandes propagandistas religiosos Richard Haklyut, o jovem, e Samuel Purchas tentaram mudar a situação: Haklyut requerendo em 1584 aos monarcas ingleses a utilização de seu título de "Defensores da Fé", e Purchas recriminando sua nação porque ao fim de três décadas ela seria famosa mais por sua letar-

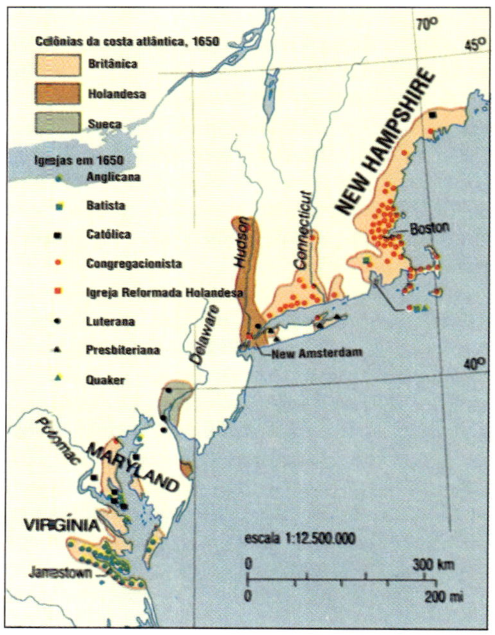

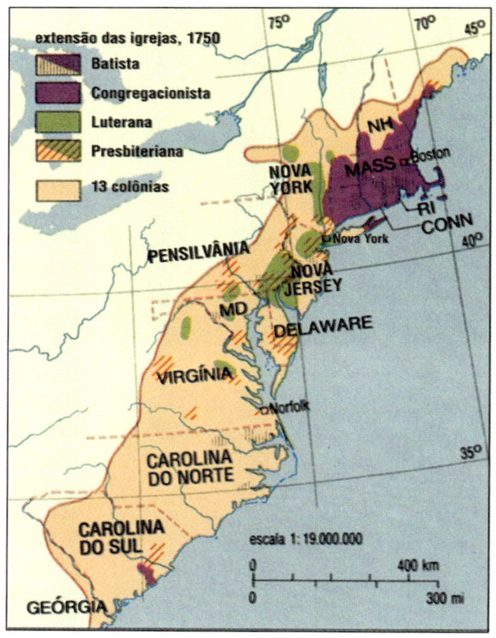

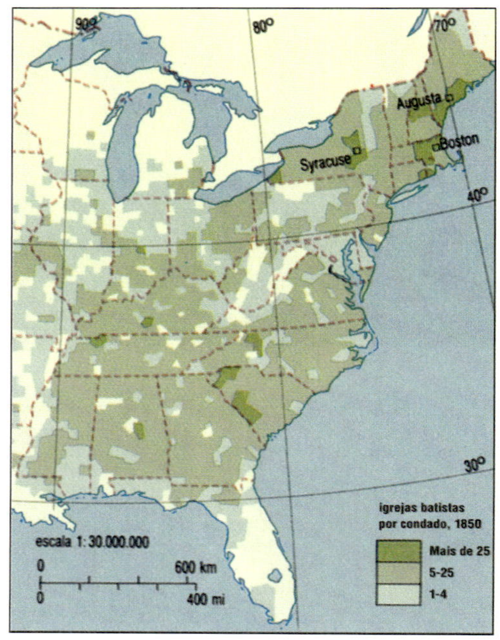

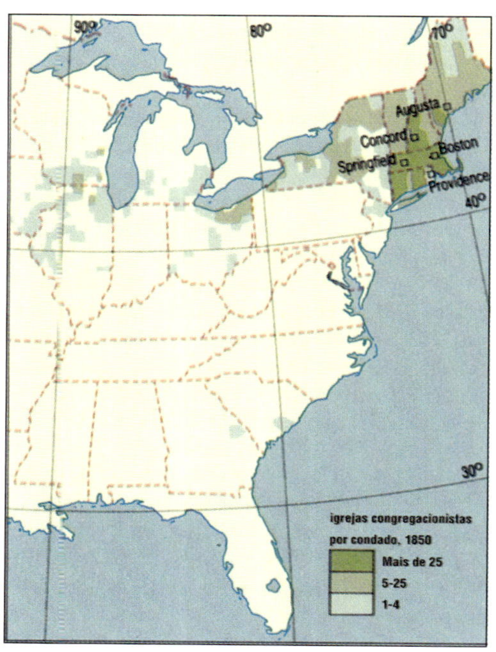

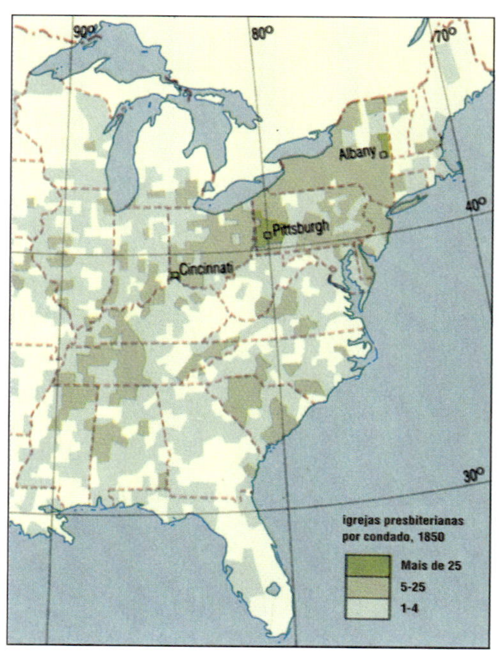

Direita. Jamestown não era necessariamente o lugar mais adequado para um estabelecimento inglês no início do século XVII, mas se manteve. No Novo Mundo, Jamestown representou para os ingleses e para sua Igreja nacional o ponto de partida para a expansão pelos amplos rios e pela baía de Chesapeake. A cena aqui idealizada informa das disputas internas entre os ingleses ou da crescente desconfiança e hostilidade entre os nativos e os recém-chegados. Os rios – James, York, Rappahannock e Potomac – e a própria baía se transformaram em vias comerciais e de colonização. No meio de muitas dificuldades, também constituíram os meios determinantes da delimitação das paróquias.

gia que por sua liturgia. Mas no início do século XVII já era evidente que a cristianização da América do Norte não ficaria inteiramente nas mãos das nações católicas romanas da Europa.

O anglicanismo nas colônias do Sul

Os primeiros esforços colonizadores da Inglaterra fracassaram, e por um tempo o estabelecimento de Jamestown (Virgínia), fundado em 1607, não teve nenhum futuro. Mas, apesar da fome, das lutas internas, dos ataques dos índios e da penúria econômica, Jamestown sobreviveu, e com ela a colônia mais populosa da Inglaterra no subcontinente norte-americano. Já em 1619 foram dados alguns passos para assegurar à Igreja da Inglaterra um *status* oficial naquela colônia. No entanto, a manutenção do estilo anglicano era muito difícil. O dinheiro era escasso, os ministros, poucos, e a modesta população estava muito espalhada. Um escrito inglês explicava em 1662, a respeito deste último ponto, que os virginianos não residiam em povoados, mas em plantações que se estendiam por muitas milhas ao longo dos rios. As paróquias criadas por decreto cobriam uma grande extensão de território, mas compreendiam muito poucos fiéis. "As famílias dessas paróquias estão estabelecidas desta maneira, a grandes distâncias umas das outras, muitas delas muito afastadas da Casa do Senhor, ainda que esta se situe no centro de todas" (*A cura da Virgínia*). O autor propunha que as populações fossem distribuídas segundo outro critério, desafiando a economia e a geografia, de modo que uma paróquia inglesa parecesse o que uma paróquia inglesa deve ser. Seu plano fracassou, naturalmente, quando ele expôs em Oxford e Cambridge sua proposta para assegurar uma melhor provisão de ministros para a América do Norte. (Uma solução mais promissora do problema da qualidade e quantidade de ministros se deu em 1701 com a fundação por Thomas Bray da Sociedade para a Propagação do Evangelho no Estrangeiro.) Apesar de todos os problemas, em meados do século XVIII o anglicanismo chegou a ser mais forte na Virgínia que em qualquer outro lugar do continente, e compreendia nessa época uma centena de igrejas.

Em todas as colônias do Sul, a Igreja da Inglaterra tentou melhorar ou regularizar sua situação. Embora Maryland se tenha fundado sob os auspícios dos católicos ingleses em 1634, no final de século o anglicanismo já se havia estabelecido oficialmente ali. Ele também gozava do favor real em ambas as Carolinas, a do Sul e a do Norte, ainda que esta última colônia fosse o pesadelo de qualquer eclesiástico responsável: nas palavras do anglicano Charles Woodmason, em 1766, na Carolina do Norte, "reinam a libertinagem, a dissolução e a corrupção. E como poderia ser de outra maneira? O povo é formado por gente expulsa de outras colônias que buscou refúgio aqui". O quadro de Woodmason é em grande medida distorcido, mas informa da importante povoação de quacres e da crescente presença batista na Carolina do Norte. A ultima das 13 colônias que iriam constituir os Estados Unidos, a Geórgia, fundada em 1733, também gozou do favor legal da Igreja da Inglaterra, mas o crescimento desta foi aqui ainda mais lento que nas duas Carolinas. Na época da Revolução norte-americana, o anglicanismo dominava no Sul, especialmente nas áreas de mais povoação inicial. No entanto, a Revolução prejudicou gravemente seu prestígio, com o resultado de que, em uma geração, o anglicanismo ficou reduzido a condição minoritária em todo o Sul.

O estabelecimento congregacional na Nova Inglaterra

O panorama religioso de Nova Inglaterra difere claramente do meridional por razões tanto demográficas como de filiação religiosa. A povoação era aqui urbana, não consistia em explorações agrárias ao longo dos rios; as famílias mantinham uma estreita unidade, a escravidão era quase inexistente, a esperança de vida alcançava uma idade muito maior, e o rigor teoló-

Esquerda: A expansão do cristianismo nos Estados Unidos
A expansão do cristianismo no continente norte-americano reflete os movimentos dos colonizadores, principalmente puritanos ingleses, presbiterianos, quacres, anabatistas, congregacionistas e anglicanos, bem como luteranos e cristãos reformados do continente europeu. Dado que a maioria havia chegado à América para praticar livremente sua religião, as divisões em grupos se mantiveram.

gico era muito mais evidente. As migrações para as colônias de Plymouth e da Baía de Massachusetts se tinham nutrido de puritanos ingleses cuja motivação era religiosa. As colônias de Massachusetts e de Connecticut constituíam, em conseqüência, o resultado de uma "marcha pelo deserto", caso bem diferente das colônias meridionais. Um notável grau de homogeneidade puritana se manteve sob a denominação de congregacionismo, antiga distinção entre os puritanos que já se tinham separado da Igreja da Inglaterra e os que na América não tinham perdido o contato com ela em meados do século XVII. O congregacionismo, que também gozou do favor legal, foi crescendo continuamente, bem provido de ministros cultos e capazes, de Cambridge na primeira geração ou de Harvard (1636) ou de Yale (1701) nas gerações seguintes. Em 1740, uma corrente de pietismo revitalizador intensificou o fervor dos povoadores da Nova Inglaterra, ainda que também tenha levado a certa separação ou cisma da Igreja oficial. A Revolução norte-americana, que havia recebido um forte e decidido apoio do congregacionismo, não significou nenhum revés para essa Igreja, como o foi para a anglicana no Sul. O caráter oficial do congregacionismo conseguiu manter-se até depois da Revolução: até 1818 em Connecticut e até 1833 em Massachusetts.

Naturalmente, a homogeneidade nunca pôde manter-se por completo em toda a Nova Inglaterra, nem sequer nas duas colônias antes mencionadas. Mas foi a colônia de Rhode Island e Providence que ganhou o "prêmio" da variedade religiosa e da diversidade escandalosa, com relação até ao conjunto do mundo ocidental do século XVII. O puritano Roger Williams, exilado em Massachusetts em 1636, comprou terras aos índios e ergueu uma colônia que estaria dedicada ao "decidido propósito" de manter "um estado civil florescente ao máximo" sobre a premissa fundamental de que todos os cidadãos gozassem de "uma liberdade total em assuntos religiosos". Williams, que abraçou a confissão batista, foi ajudado mais tarde por John Clarke, batista havia muitos anos, na consecução do reconhecimento legal de Rhode Island, com a fixação de seus limites. Os batistas foram a primeira congregação religiosa a obter benefícios da liberdade religiosa da colônia, mas os quacres não demoraram a segui-los, estabelecendo-se em New Port como centro principal da Nova Inglaterra. Ao manter-se aberta a todo tipo de descontentes, dissidentes, anticlericais e indiferentes, Rhode Island ajudou inconscientemente o restante da Nova Inglaterra em seus esforços para proteger e preservar o modelo congregacional.

Diversidade nas colônias do Centro

Situadas entre o Sul e a Nova Inglaterra, as colônias centrais não ofereciam um modelo religioso único, mas sim a diversidade mais ampla, étnica, nacional, lingüística e de filiação. Os holandeses, que já no princípio ocuparam a região conhecida hoje como Nova York, trouxeram sua própria Igreja nacional. E, se a bandeira holandesa fosse arriada em menos de duas gerações em favor da inglesa (1664), a religião reformada da Holanda continuou a ser uma importante força cultural tanto em Nova York como em Nova Jersey, bastante importante para que, já em 1766, se fundasse uma universidade reformada holandesa (Rutger). Os holandeses calvinistas se integraram de bom grado no Grande Despertar, de orientação calvinista, em 1740, assim como os presbiterianos escoceses e irlandeses das colônias centrais, que tinham começado a estabelecer-se na região no início do século XVIII. No entanto, foi a Sociedade de Amigos, ou quacres, a que fez uma entrada mais espetacular nessa parte da América. Sob a enérgica chefia de William Penn, as extensas terras dos "bosques de Penn" se transformaram num paraíso não só para os desprezados e perseguidos quacres, mas também para todos os demais dis-

Esquerda. Com motivações religiosas mais evidentes nos puritanos do que nas migrações da Virgínia, o crescimento da população em Bay Colony foi também mais importante e rápido. Os "peregrinos" estabelecidos em Plymouth e os puritanos que fundaram Boston logo se uniram na Igreja conhecida como congregacionalista. Os bastiões geográficos desta Igreja (Massachusetts, Connecticut, New Hampshire e depois Vermont) modelaram vigorosamente o que se chamaria "o estilo da Nova Inglaterra".

Abaixo. Grande parte da história norte-americana do século XIX se caracteriza pelas migrações voluntárias de milhares de pessoas através dos montes Apalaches, descendo pelo rio Ohio até as ricas terras do Meio Oeste; depois, no final da década de 1840, até a costa do Pacífico. A religião participou dessa grande marcha, construindo igrejas e criando escolas, levando até as fronteiras sempre móveis pregadores itinerantes e missionários domésticos, e realizando suas reuniões até em acampamentos. Tudo isso dava entretenimento e educação, camaradagem e cortesia, sempre sob um Evangelho democrático proclamado com convicção.

sidentes religiosos. Conquanto fundada em 1628 (muito depois de Jamestown, Plymouth ou Nova York), a Filadélfia cresceu rapidamente, tanto que foi capaz de transformar-se na capital cultural da América do Norte em meados do século XVIII, e na capital política durante os dias da Revolução.

No final da Revolução norte-americana, em 1783, as principais confissões religiosas da nova nação independente eram as seguintes: congregacional, presbiteriana, batista, anglicana, luterana, holandesa reformada e católica romana. Como se viu antes, essas confissões não estavam mescladas de maneira anárquica, mas, pelo contrário, tendiam a certas localizações geográficas. Os congregacionistas dominavam na Nova Inglaterra, enquanto os presbiterianos se achavam principalmente concentrados nas colônias centrais. Os batistas, primeiro em Rhode Island e na Pensilvânia, depois de 1750 se estenderam para o Sul, principalmente pelas terras interiores. Os anglicanos, com importantes bases no Sul, penetraram na Pensilvânia, em Nova York e até na Nova Inglaterra, mas encontrando sempre forte oposição. Os luteranos, nessa época primordialmente de origem alemã, destacaram-se na Pensilvânia, assim como os alemães reformados. Já se assinalou a concentração de holandeses reformados em Nova York e Nova Jersey, enquanto a maioria dos católicos romanos vivia principalmente em Maryland e contava com sua maior concentração no Leste da Pensilvânia.

A Revolução e o "princípio voluntário"

O fato da nova nacionalidade não apagou todas as fronteiras coloniais da geografia religiosa. No entanto, abriu enormes territórios novos para as conquistas religiosas, e em 1791 pôs em pé de igualdade legal todos os grupos quanto a suas atividades proselitistas. Tanto os princípio pietistas como os deístas eram contra o reconhecimento de uma Igreja nacional; mas, além disso, nenhuma Igreja aparecia como possível candidata. Assim, fosse por necessidade ou por convicção, as Igrejas adotaram o "princípio voluntário". Sem ajuda governamental, mas também sem obstáculos oficiais, cada confissão era livre para construir suas próprias escolas, ensinar e formar seu pessoal, editar e distribuir sua literatura, organizar suas igrejas e recrutar e sustentar seus missionários.

Para ajudar muitas dessas igrejas em tão importantes tarefas, surgiram no início do século XIX algumas sociedades meramente voluntárias, como a American Bible Society, a American Sunday-School Union, a American Trat Society e a American Education Society. Em 1801, presbiterianos e congregacionistas se integraram num Plano de União para juntar seus recursos com o objetivo de salvar o Ocidente da barbárie e para o cristianismo. Um recém-chegado à cena americana, o metodismo, se mostrou especialmente apto para estender-se para o Oeste: seus pregadores itinerantes se transladavam seguindo os caminhos que se abriam, estabelecendo um ministro antes até de haver

Os cristãos na Pensilvânia do século XIX

Em 1750, Pensilvânia se tinha convertido no arquétipo do que Estados Unidos havia de ser: pluralista, próspera e enriquecida com regularidade pela imigração estrangeira. Evitando alguns dos erros dos primeiros aventureiros coloniais, William Penn tratou honradamente com os índios, não permitiu que se perseguissem os dissidentes religiosos e ofereceu algumas perspectivas realistas aos novos povoadores quanto às dificuldades reais de estabelecer-se nas novas terras. Embora os quacres ingleses constituíssem a maioria da imigração primeira para a região da Filadélfia (e para outras regiões do rio Delaware), logo chegaram alemães e escoceses ao vasto e atraente país. A diversidade religiosa resultante desconcertava os não acostumados a tal desdobramento público das conseqüências da liberdade religiosa.

O componente étnico dominante no condado de York era o alemão; daí que o luteranismo fosse a principal força religiosa no século XVIII, e o continue a ser na atualidade. Por Sorte, contamos com o testemunho direto dessa vida cultural em geral e da religiosa em particular graças aos *Sketches and Chronicles* de Lewis Miller (1796-1882). Com o caderno de desenho na mão e uma curiosidade insaciável, o artista popular Miller viajou, observou, desenhou. Em sua amiúde frustrada busca de tudo aquilo que não fosse elite ou posições de grande poder, Miller nos informa tanto dos detalhes como das linhas gerais. Graças a toda a informação que nos deixou Miller, podemos conhecer e ver muitos aspectos da diversidade e das particularidades religiosas da Pensilvânia rural do século XIX.

Direita. Miller identifica este desenho como o de "uma igreja rural, a nove milhas de Christianburg, Virgínia, e a três milhas do novo River, diante da estrada". Com sua característica precisão, datou a visita a essa igreja em 22 de junho de 1856. Essa região tinha uma importante população luterana, geralmente com origem no condado de York, e que emigrava para o Sul, para os condados de Frederick e Carroll em Maryland, e depois para o vale de Shenandoah, na Virgínia. Essa migração, ao longo dos Apalaches e não através deles, chegou até o condado de Montgomery, onde fica Christianburg.

Acima. Lewis Miller também retratou o altar e os objetos de culto empregados para a comunhão na igreja luterana de York. Sua descrição é a seguinte: "Uma caixa de prata artisticamente trabalhada para conter a Hóstia... e uma taça cinzelada para conter o vinho... duas bandejas e duas colheres de prata, e um pano fino para cobrir o altar".

Esquerda. Coro cantando. O desenho de Miller de uma igreja luterana de York do princípio do século XIX destaca a música, que foi parte fundamental da vida religiosa dos luteranos, como também dos moravos de Bethlehem e de outras comunidades da Pensilvânia. O órgão domina o canto superior direito do desenho: seu tamanho é impressionante. O coro é composto de 16 vozes.

Direita. Certidão de nascimento. Esta "certidão de nascimento e batismo" mostra que a transição do alemão para o inglês se havia realizado já quase completamente em 1849. A tradição se conserva não só na inscrição em alemão, mas também no artístico simbolismo decorativo e familiar.

uma povoação. Os batistas, menos dependentes de um clero universitário que os congregacionistas, utilizaram o "pregador fazendeiro" para manter certo grau de ministério cristão nas áreas rurais.

Depois da compra da Louisiana em 1803 e da guerra com o México em 1846-1847, a enorme extensão do subcontinente era um desafio para os cidadãos dos Estados Unidos. Os novos territórios exigiam "novas medidas" de evangelização: ressurgiram assim as reuniões no campo, o "banco inquieto" dos revivalistas, o "retiro" dos sacerdotes católicos, a simplificação da teologia, a elevação do "somente a Bíblia" como norma suficiente para tudo, o afrouxamento das lealdades sectárias, e muito mais. Às vezes, medidas novas levavam a instituições ou associações novas. Sob inspiração de Thomas e Alexander Campbell, bem como de Barton Stone, um movimento restauracionista (isto é, para restaurar a Igreja pura da era apostólica) criou sua nova Igreja: os Discípulos de Cristo. O Oeste, sem preconceitos nem tradição, sugeriu novas e audazes experiências de vida cristã: Os *shakers* (tremedores), a comuna Oneida, os owenitas, os rappitas, os teosofistas e – com maior êxito que os demais – os mórmons. O Oeste não criou todos esses grupos, mas a todos lhes deu um lar.

Crescimento do catolicismo no século XIX e da ortodoxia no XX

Ao mesmo tempo que as Igrejas concentravam a obtenção de seus recursos, humanos e financeiros, nas grandes planícies do Oeste e nas costas do Pacífico, não deixavam de receber aluviões de imigrantes procedentes da costa leste. Isso foi especialmente verdadeiro depois da amarga guerra civil norte-americana, uma guerra que afetou tanto o zelo evangelizador como as preocupações morais das Igrejas do país. Em virtude da imigração do século XIX, a Igreja Católica Romana deixou sua condição minoritária da década de 1780 para transformar-se, em 1850, na confissão mais numerosa da nação. Seu crescimento explosivo (devido no início de século às imigrações procedentes da Irlanda e da Alemanha, e mais tarde às do Sul e do Leste da Europa) criou muitas tensões internas, na medida em que despertava nos cidadãos os temores ao "romano" e às ameaças papais à liberdade americana. Internamente, os dirigentes católicos eludiam as pressões em favor de paróquias, sacerdotes e bispos nativos. Externamente, esses mesmos dirigentes – o cardeal James Gibbons, por exemplo – trabalhavam sem descanso para convencer uma cidadania cética de que a confissão católica e a liberdade nacional eram perfeitamente compatíveis. No século XX, enquanto as desconfianças políticas diminuíam, voltou a produzir-se uma pressão imigratória, a qual, porém, desta vez não procedia da Europa. Católicos de fala espanhola da América Central e do Sul e das ilhas do Caribe colocaram um novo desafio de assimilação para a Igreja Católica Romana. O étnico não devia determinar toda a estrutura, mas tinha de ser levado em consideração por uma estrutura majoritariamente não-hispânica.

A ortodoxia oriental, ainda que já houvesse estado presente no continente na "América russa", não soube capitalizar seus começos no Alasca do século XVIII. No entanto, no século XX, uma importante imigração se traduziu numa presença visível e colorista das liturgias russa e grega, bem como de outras de menor importância numérica. A ortodoxia não entrou de maneira efetiva na corrente sanguínea nacional. Seus enclaves se mantêm separados e isolados. Suas divisões internas impedem a adoção de uma posição unitária a respeito dos problemas nacionais. Com toda a probabilidade, o século XXI conhecerá uma ortodoxia mais assimilada e comprometida com os assuntos norte-americanos, tal como aconteceu com outros grupos cristãos.

Proliferação de divisões religiosas

O amplo desdobramento de variedades religiosas nos Estados Unidos se deve em grande medida à imigração: européia, africana, asiática, latino-americana. Às vezes, a imigração em diferentes períodos históricos levou à criação de entidades eclesiais diferentes, como a holandesa do século XVII e a também holandesa do XIX. Afora o muito que se deva à imigração, é preciso reconhecer que os Estados Unidos foram um país especialmente fecundo em grupos religiosos. Parte da proliferação teve origem nos cismas, já que onde não existe uma instituição estabelecida ou uma tradição venerável os cismas se geram com facilidade. No século XVIII, os congregacionistas se dividiram em Velha Luz e Nova Luz, os presbiterianos também em velhos e novos, os batistas em Princípio Seis, Sétimo Dia e calvinistas. No século XIX, a guerra civil dividiu metodistas, presbiterianos e batistas em Norte e Sul, seguindo a fronteira política (os dois primeiros tornaram a se unir no século XX). No princípio do século XX, a contínua controvérsia fundamentalismo-modernismo provocou uma série de separações progressivas. Mas, além de cenário do cisma, a América do Norte o foi também de grandes experiências e inovações. Especialmente entre os espíritas, pouco partidários das instituições, surgiu uma pletora de novas denominações: Assembléias de Deus, Igrejas de Deus, Igreja do Nazareno, Igreja Peregrina da Santidade, Igrejas pentecostalistas e outras muitas variedades. A liberdade religiosa da América do Norte significou, entre outras coisas, uma proliferação infinita de grupos religiosos, e um decidido avanço para o objetivo previsto por Emerson: que cada homem seja sua própria Igreja.

Por outro lado, no entanto, o ecumenismo freou no século XX a rapidez desse avanço. A partir de mais de 20 Igrejas diferentes de diversa composição étnica, o luteranismo na América se concentrou em dois grandes grupos. Os metodistas em 1939 e os presbiterianos em 1983 superaram o cisma da guerra civil, e cada um deles, além disso, se nutriu de outros grupos "de semelhante fé e ordem" quando as questões de escravidão ou raça já eram irrelevantes. Em 1962, uma ambiciosa Consulta sobre a União da Igreja falava de uma Igreja cristã "verdadeiramente católica, verdadeiramente evangélica, verdadeiramente reformada" que podia reunir a maioria dos protestantes (só luteranos e batistas, entre os principais grupos, não se tinham visto envolvidos em algum tipo de disputa) sob uma ordem eclesial única. A cooperação eclesiástica, como alternativa à união orgânica, também aumentou no século XX, do Conselho Federal das Igrejas formado na primeira década (e reorganizado em meados do século como Conselho Nacional das Igrejas) até a Associação de Evangélicos constituída em 1942. Além disso, a cooperação entre católicos romanos e protestantes melhorou de maneira importante desde os dias do Concílio Vaticano II (1962-1965). No entanto, subsistem na atualidade divisões de raça, outras de classe, outras de teologia, outras de política, e outras em razão de meros acidentes históricos ou geográficos.

Esquerda. Nem toda a migração religiosa norte-americana se moveu na direção leste-oeste. No que se refere ao catolicismo, uma importante corrente civilizadora e missionária tomou a direção sul-norte (concretamente do México para o Texas, Novo México, Arizona e Califórnia). O frade franciscano Junípero Serra (1713-1784) criou uma cadeia de missões ao longo da costa da Califórnia, desde San Diego no Sul até Sonoma no Norte. San Luis Rey, que aparece na foto, fica cerca de cinqüenta quilômetros ao norte de San Diego. Na década de 1980, surgiu um movimento que promoveu a beatificação do frei Junípero. Embora tenha encontrado a oposição de grupos indígenas, que diziam que sua "política missionária" mais destruiu do que preservou a dignidade e integridade indígenas, frei Junípero foi canonizado por João Paulo II em 25 de setembro de 1988.

Uma nação temente de Deus

Através de todas as divisões, cismas e proliferações, observa-se um fenômeno que regularmente se repetia na religião norte-americana: seu crescimento. O número de membros das Igrejas aumentou de 15 ou 20 por cento nos começos da nação até mais de 60 por cento dois séculos depois. A riqueza das sociedades eclesiais se multiplicou de tal maneira, que chegou a suscitar duras críticas e ataques à contínua política de isenções fiscais para suas propriedades e rendas. Os políticos podiam ter qualquer filiação religiosa, mas coitados deles se não se aderiam a nenhuma. A assistência às igrejas foi durante anos de entre 40 e 45 por cento, bastante abaixo dos membros inscritos, mas muito acima do nível de assistência nas nações ocidentais. E, mesmo deixando de lado essa assistência, as contribuições ou o número de membros, uma alta

Abaixo. O sexo e o matrimônio sempre foram elementos perturbadores para todas as experiências utópicas, e desastrosos para algumas. Os "tremedores" resolveram o problema proibindo ambos. A separação de sexos era o modelo, e o celibato, a norma. Enquanto os movimentos do despertar *(revival)* foram provendo de novos membros os tremedores, a comunidade cresceu. Mas já antes da guerra civil ela entrou numa fase de decadência paulatina. Desaparecidos como forma de vida religiosa, os tremedores despertaram o interesse de historiadores e, sobretudo, de folcloristas, que estudaram seu mobiliário, suas ervas medicinais e suas danças e hinos rituais.

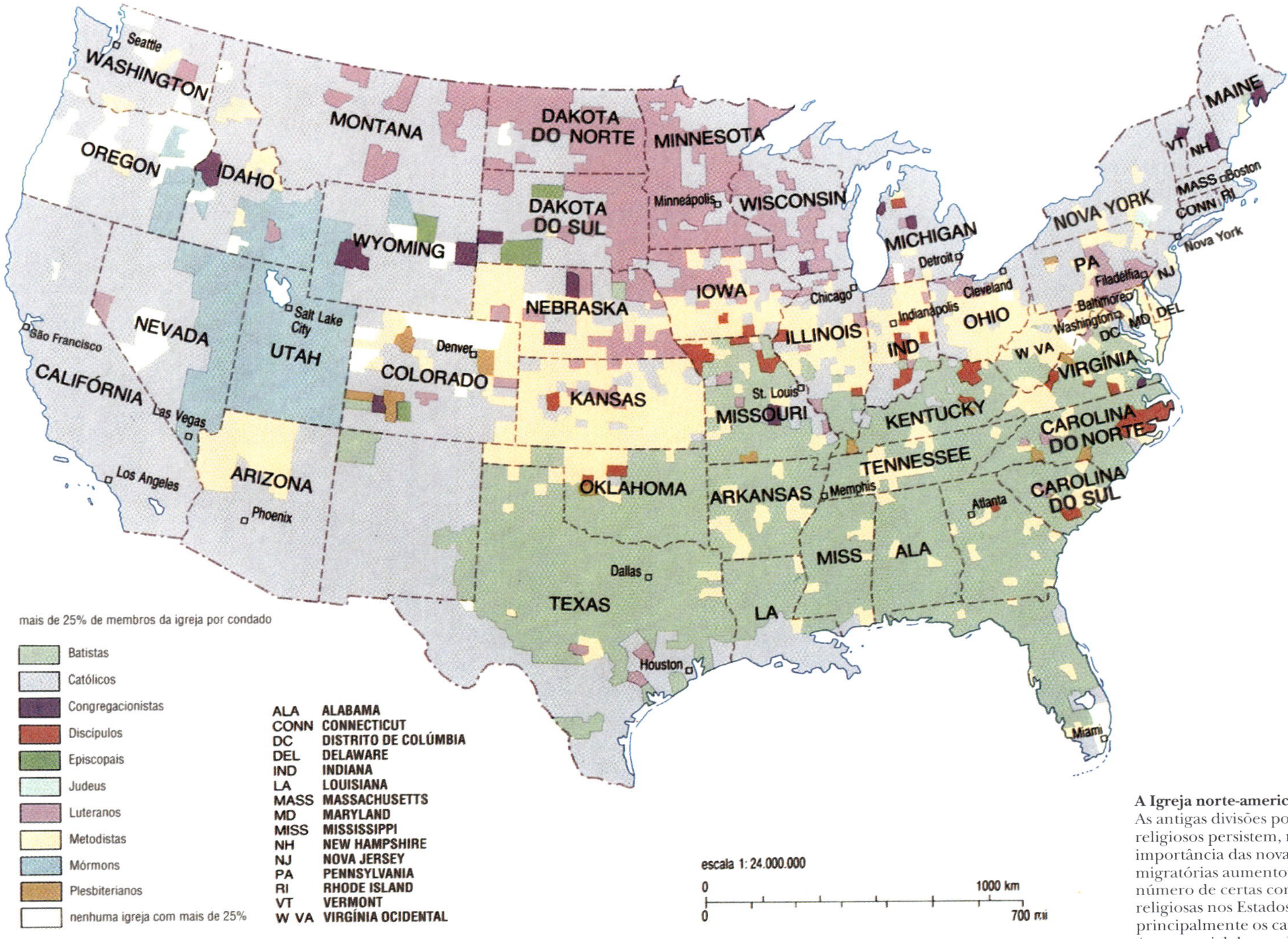

A Igreja norte-americana
As antigas divisões por grupos religiosos persistem, mas a importância das novas ondas migratórias aumentou o número de certas comunidades religiosas nos Estados Unidos, principalmente os católicos (em especial descendentes de irlandeses e imigrantes porto-riquenhos), os judeus, os relativamente novos Discípulos de Cristo (cristãos dedicados à unidad)e e os mórmons, estes últimos não-cristãos.

porcentagem da população nacional (mais de 90 por cento) se identificava – fosse por herança, sentimento ou afinidade – com algum grupo religioso. A América do Norte, como a Atenas dos dias de São Paulo, era “muito religiosa”.

Mas na década de 1960 a taxa de crescimento das Igrejas de antiga implantação diminuiu, e algumas até começaram a retroceder. Isso, junto com o crescente pluralismo, os êxitos das novas Igrejas, a invasão das religiões orientais, a atração das comunas autoritárias, a concorrência da “igreja eletrônica” e outros movimentos paraeclesiais, pôs os velhos grupos cristãos na defensiva. Esse crescimento não motivou excessivas pesquisas científicas: simplesmente era o normal na América do Norte. Em contrapartida, a decadência provocou a constituição de comissões, equipes de estudo, pesquisas e comparações para averiguar o que havia ido mal. A decadência, além disso, não só afetou os dados internos, mas também os esforços missionários, que retrocederam.

Naturalmente, falar de “decadência” pode ser exagerado. Muitas das novas religiões são muito minoritárias e talvez efêmeras. As grandes famílias religiosas ainda dominam o panorama norte-americano numérica, política e socialmente. A Igreja Católica Romana continua a ser uma das principais entidades eclesiais do país, com cerca de 22 por cento da população. A família protestante formada por batistas, metodistas, luteranos e presbiterianos soma 24 por cento da população. O restante de religiões cristãs, formado por cristãos (Discípulos de Cristo, Igrejas de Cristo), episcopalianos (anglicanos), ortodoxos orientais, Igreja Unida (congregacionistas com evangélicos e Igreja reformada) e os mórmons ou Santos do Último Dia de Jesus Cristo, soma 33 por cento.

Embora todos esses grupos contem com muitas décadas de história americana, sua situação atual na ordem de importância é muito diferente da do período colonial. Nos primeiros tempos, congregacionistas, anglicanos e presbiterianos estavam à frente, mas esse trio foi substituído pelo formado por católicos, batistas e metodistas. Em certa ocasião, Chesterton descreveu a América do Norte como “a nação com alma de igreja”. Seja qual for o sentido disso, a manifestação concreta dessa igreja vai mudando com o curso da história americana e nos diferentes espaços do país.

Novos grupos cristãos nos Estados Unidos

Não há nenhum termo que abarque satisfatoriamente os movimentos religiosos que proliferaram nos Estados Unidos durante o século XIX, nem os que surgiram ao longo das duas últimas décadas do século XX. Tampouco é possível um sistema de classificação que possa evitar ambigüidades, reiterações ou disputas acadêmicas. O que se segue é somente uma tentativa de ilustrar a ampla variedade e a notável fecundidade próprias do cristianismo norte-americano. Como tal, é só indicativo, não exaustivo.

Adventismo e milenarismo. O século XIX foi testemunha de uma ênfase especial na segunda Vinda de Cristo: visível, dramática, iminente. William Miller (1782-1849) e seus seguidores situavam o ano 1843 como o momento de tal advento. Charles Taze Russell (1852-1916) e seus seguidores depositavam suas esperanças apocalípticas no ano de 1914. O Adventismo do Sétimo Dia, formado em meados do século XIX, é o mais conhecido dos sobreviventes do movimento milleriano, enquanto as Testemunhas de Jeová, que começaram a tomar forma em 1872, chamaram a atenção mundial menos de um século depois.

Comunalismo. Na história norte-americana, as comunidades de origens e propósitos manifestamente religiosos tiveram um notável florescimento da década de 1830 em adiante. Os anos sessenta do século XX conheceram outro auge espetacular das experiências de vida em comum, algumas de natureza religiosa e cristã, mas muitas outras não. Um exemplo representativo dos primeiros tipos de movimentos comunais, a Sociedade Unida de Crentes no Segundo Aparecimento de Cristo (popularmente conhecidos como "os tremedores"), originou-se na Inglaterra, mas floresceu nos Estados Unidos nas primeiras décadas do século XIX. De um número máximo de 6.000 membros em 1830, os "tremedores" ficaram praticamente extintos um século e meio depois. Nos anos sessenta do século XX, muitas comunidades mostraram uma clara influência das religiões orientais, embora o "Povo de Jesus" tenha representado uma reação consciente às idéias e práticas exóticas. Uma sociedade comunitária, os Meninos de Deus, iniciada em Los Angeles em 1969, atraiu uma ampla hostilidade, e fizeram-se contra ela acusações de lavagem cerebral e de atividades anômalas que a obrigou a ir para a clandestinidade.

Espiritismo. Talvez mais paracristão que cristão, o movimento espírita se difundiu por grande parte do país na segunda metade do século XIX. Associado em seus princípios às Irmãs Fox, de Rochester, Nova York, o movimento logo prescindiu de dirigentes espirituais e de limitações locais. Através de uma grande variedade de meios, os espíritas pretendem demonstrar a realidade da vida depois da morte, principalmente mediante a comunicação com os mortos. Muitos cristãos participam do espiritismo sem deixar por isso de ser membros de Igrejas tradicionais. No entanto, por vezes o movimento criou suas próprias organizações, algumas mais claramente cristãs que outras. A Igreja Universal do Mestre, fundada em Los Angeles em 1908, foi em grande parte um fenômeno localizado na Costa Oeste durante uma geração ou duas; no entanto, nos anos sessenta se estendeu por todo o país, chegando a contar com cerca de 300 igrejas. Outro grupo institucional mais antigo, a Associação Espírita Nacional de Igrejas, debateu sua condição cristã durante anos, declarando-se finalmente fora do rebanho.

Etnicidade. Com freqüência a etnicidade definiu uma comunidade, e se revelou uma força mais poderosa que a teologia ou a autoridade eclesiástica. A Igreja Americana Nativa, surgida no início do século XX, recrutando seus membros entre diferentes tribos indígenas e utilizando o peiote em suas práticas sacramentais, alcançou, em 1980, aproximadamente 250 mil de membros. Com um número de membros similar, a Igreja Católica Nacional Polonesa constitui a mostra mais evidente do fracasso do catolicismo norte-americano em sua tentativa de superar a diversidade étnica que o compõe. Por outro lado, a ortodoxia oriental representa um fracasso ainda maior dos esforços por superar as divisões étnicas, dado que prevalece a identidade étnica sobre a autoridade eclesiástica.

Fundamentalismo/Dispensacionalismo. Essas amplas categorias contam com muitas manifestações institucionais nos Estados Unidos, em sua maioria pequenas e efêmeras. Entre os grupos mais conhecidos, estão os Irmãos de Plymouth, de origem inglesa, mas implantados nos Estados Unidos desde meados do século XIX. Rigorosamente bíblica e milenarista, esta seita sofreu

Acima. O ressurgimento batista foi especialmente importante entre os negros dos Estados do Sul. Em 1968, existiam mais de 26 milhões de batistas na América do Norte.

Direita. O Povo de Jesus é uma seita orientada para a vida em comum, com renúncia dos bens materiais.

Abaixo, direita. "Eu vos toco, Deus faz o restante." Michael Lord, de Columbus, Ohio, curador desde a idade de cinco anos, batiza os fiéis, cura as doenças e dirige seu próprio culto.

Abaixo. Membros da comunidade latino-americana de Nova York num ato religioso. Nos Estados Unidos, os laços étnicos amiúde foramr mais fortes que a autoridade eclesiástica.

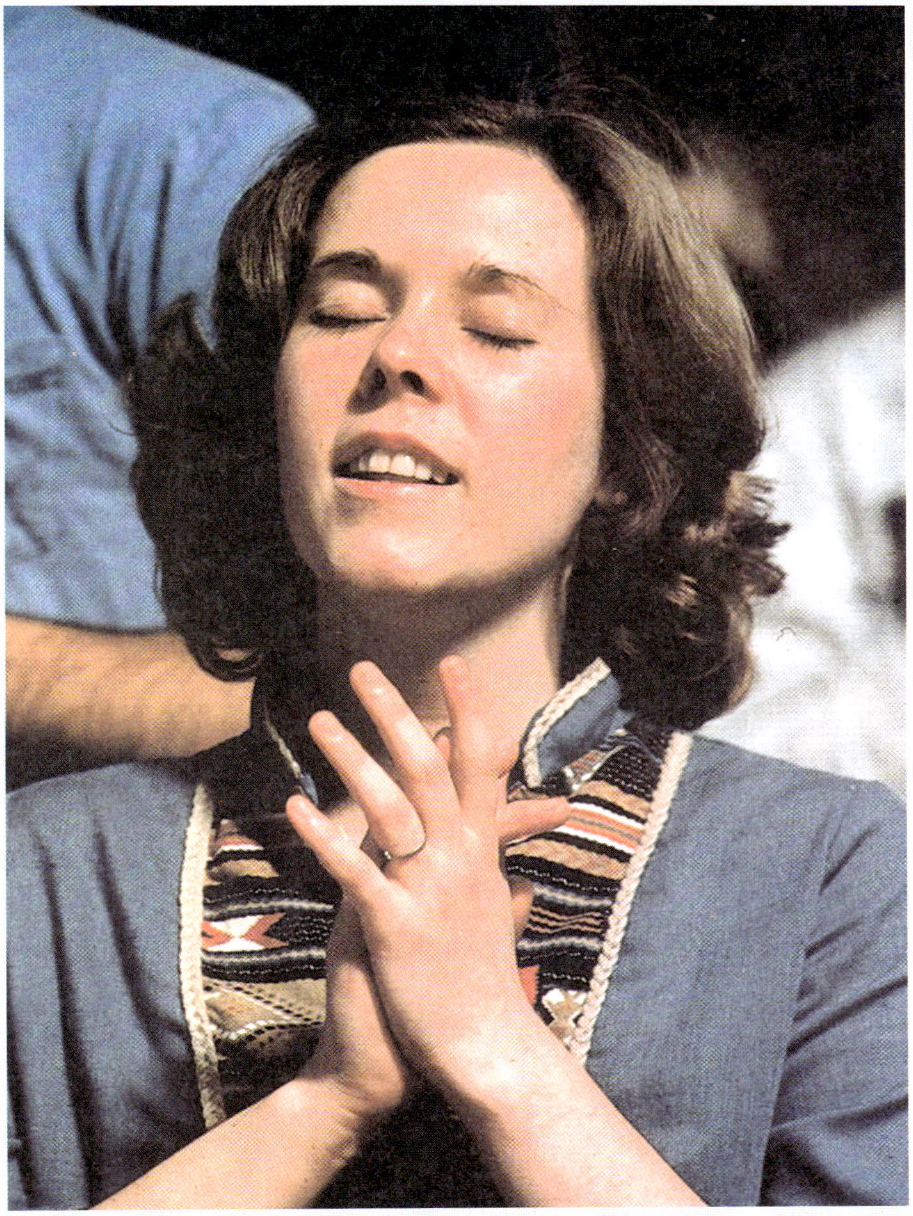

freqüentes cismas e divisões. Todos os setores reunidos desse grupo nos Estados Unidos somavam no final do século XX cerca de 100.000 membros. Um grupo fundamentalista mais importante, que a seu literalismo bíblico acrescenta seu interesse na autonomia total das igrejas locais, é a Associação Batista Americana (sucessora do "landmarquismo"), com mais de um milhão de membros no início do século XXI.

Novo Pensamento. Produto principalmente da segunda metade do século XIX (ainda que com reminiscências do antigo movimento transcendentalista), o Novo Pensamento insiste especialmente no poder espiritual imediato da pessoa, poder que pode trazer saúde, riqueza e felicidade a seus praticantes na Terra. Os exemplos mais conhecidos dessa "religião harmônica" são: Ciência Cristã, fundada por Mary Baker Eddy em 1879; a Escola Unida do Cristianismo, criada uma década depois por Charles e Myrtle Fillmore; e a Igreja da Ciência Religiosa, que se constituiu formalmente em 1949 (fundador, Ernest S. Holmes). Nenhum desses grupos dá a conhecer cifras de filiação. Todos insistem na prioridade do espírito sobre a matéria, dos pensamentos positivos sobre os valores negativos, do bem-estar pessoal sobre as preocupações sociais. (Deve-se levar em conta que grande parte dos movimentos do Novo Pensamento está fora dos limites da religião cristã.)

Pentecostalismo. Com um êxito enorme nestes tempos, as Igrejas pentecostalistas dos Estados Unidos dão especial ênfase à purificação, ao dom de línguas e à influência imediata do Espírito Santo sobre todos os fiéis. Os grupos principais incluem a Igreja de Deus em Cristo, que se formou na década de 1890 e cresceu espetacularmente até alcançar quase quatro milhões de membros menos de um século depois (a maioria é negra); as Assembléias de Deus, iniciadas em Arkansas em 1914, e que reuniram cerca de dois milhões de membros em pouco menos de meio século; e a Igreja de Deus (Cleveland, Tennessee), com um século de antiguidade, associada aos nomes de R. J. Spurling e A. J. Tomlinson, e que também conta com cerca de dois milhões de membros.

Santidade. Ao longo do século XIX, muitos norte-americanos – principalmente os de tradição metodista – prestaram uma atenção especial à doutrina de John Wesley sobre a perfeição cristã. Logo pareceu que esse interesse na santificação e na "segunda bênção" requeria uma expressão institucional própria. O resultado inclui a Igreja do Nazareno, fundada em 1895 e com meio milhão de membros nos anos oitenta; a Igreja Metodista Livre dos Estados Unidos, que começou uma geração antes que a anterior, mas só conta na atualidade com cerca 100.000 membros; e a majoritariamente negra Igreja de Deus (Santidade), fundada em 1914 e que meio século depois contava com cerca de 25.000 fiéis.

A IGREJA DO SÉCULO XVIII

A Igreja na sociedade

Ao mais superficial observador da Europa de princípio do século XVIII não poderia passar despercebido o fato de que a Igreja estava quase em todas as partes. Apesar da enorme variedade entre uma região e outra, as similitudes eram evidentes. Os sinais mais exteriores e atraentes, as próprias igrejas, dominavam a paisagem apesar da variedade dos estilos arquitetônicos; elas estavam situadas no centro das pequenas populações, e profusamente repetidas nas cidades de qualquer tamanho. Seus sinos chegavam a todos os ouvidos; suas cerimônias, procissões e comemorações não só marcavam a passagem do tempo, mas também proporcionavam entretenimento, além de consolo. De Canterbury a Roma, e especialmente nas cidades escassamente comerciais ou industriais, a Igreja era também um componente importante da vida econômica, dando emprego e demandando bens e serviços. Os edifícios eclesiásticos necessitavam de artesãos para as obras de manutenção e renovação, e pessoal subalterno, como porteiros e sacristães; o clero precisava comer, vestir-se, e amiúde de criados. Além disso, as igrejas continuavam a ser, como desde muito tempo atrás, grandes proprietárias de terras, das quais obtinham rendas, e intervinham nos negócios e pleitos próprios das transações mercantis e da conservação de seu patrimônio. Em linhas gerais, a situação mudou pouco ao longo de todo o século. Na França da década de 1780, até depois do aumento da povoação e de certa diminuição dos efetivos do clero, este, com cerca de 130.000 membros, representava 0,5 por cento da população; seus clientes, credores, dependentes e provedores eram muito mais numerosos. À Igreja pertencia 10 por cento da terra e das propriedades francesas, e só em dízimos arrecadava 7 ou 8 por cento do produto do país. Entre 15 e 20 por cento da produção francesa de cereais eram controlados pela Igreja. E nos países limítrofes, a Espanha ou a Itália, a proporção era ainda maior.

Outras funções das igrejas constituíam expressões mais diretas do religioso e, concretamente, da ética cristã. O papel educacional do clero, por exemplo, foi em todas as partes muito importante. Na Grã-Bretanha, dominou as universidades de Cambridge e Oxford, teve sua parte no sistema escolar, contribuiu para as atividades da Sociedade para a Promoção do Conhecimento Cristão, e continuou a ocupar-se das escolas paroquiais. Os jesuítas se dedicaram à educação das classes superiores dos países católicos, e outras ordens como os lazaristas ou os irmãos das Escolas Cristãs contribuíram para a escolarização de grande parte da população leiga. Também as igrejas desempenharam muito freqüentemente um destacado papel em matéria assistencial, como é o caso de muitas ordens católicas que dirigiam hospitais ou orfanatos, geriam obras de caridade e atendiam à tarefa cotidiana de aliviar os mais desamparados.

Direita: A religião na Europa do final do século XVII
O mapa pode dar a impressão de uma uniformidade clara e estável, e, no entanto, é importante recordar o movimento e a mudança contínuos da vida religiosa. Tais transformações provêm das tensões criadas pela superposição de uma autoridade sobre outra: a diocese sobre a paróquia, a sede metropolitana sobre os bispos de nível inferior, a autoridade do Vaticano sobre todos os católicos. Como as placas geológicas, essas jurisdições se chocam umas com as outras. As estruturas políticas interferem também na organização eclesiástica, e as autoridades seculares se mostravam incomodadas com as confissões religiosas que ultrapassavam seus limites nacionais. Com a melhora das comunicações e dos transportes no século XVIII, os pietistas e os metodistas se foram expandindo geograficamente e formando novas irmandades internacionais. Os antigos centros eclesiásticos perderam grande parte de sua riqueza e influência. Segundo os diferentes níveis sociais, produziam-se marcantes contrastes entre a natureza e os componentes da fé e a rapidez com que uns e outros iam mudando.

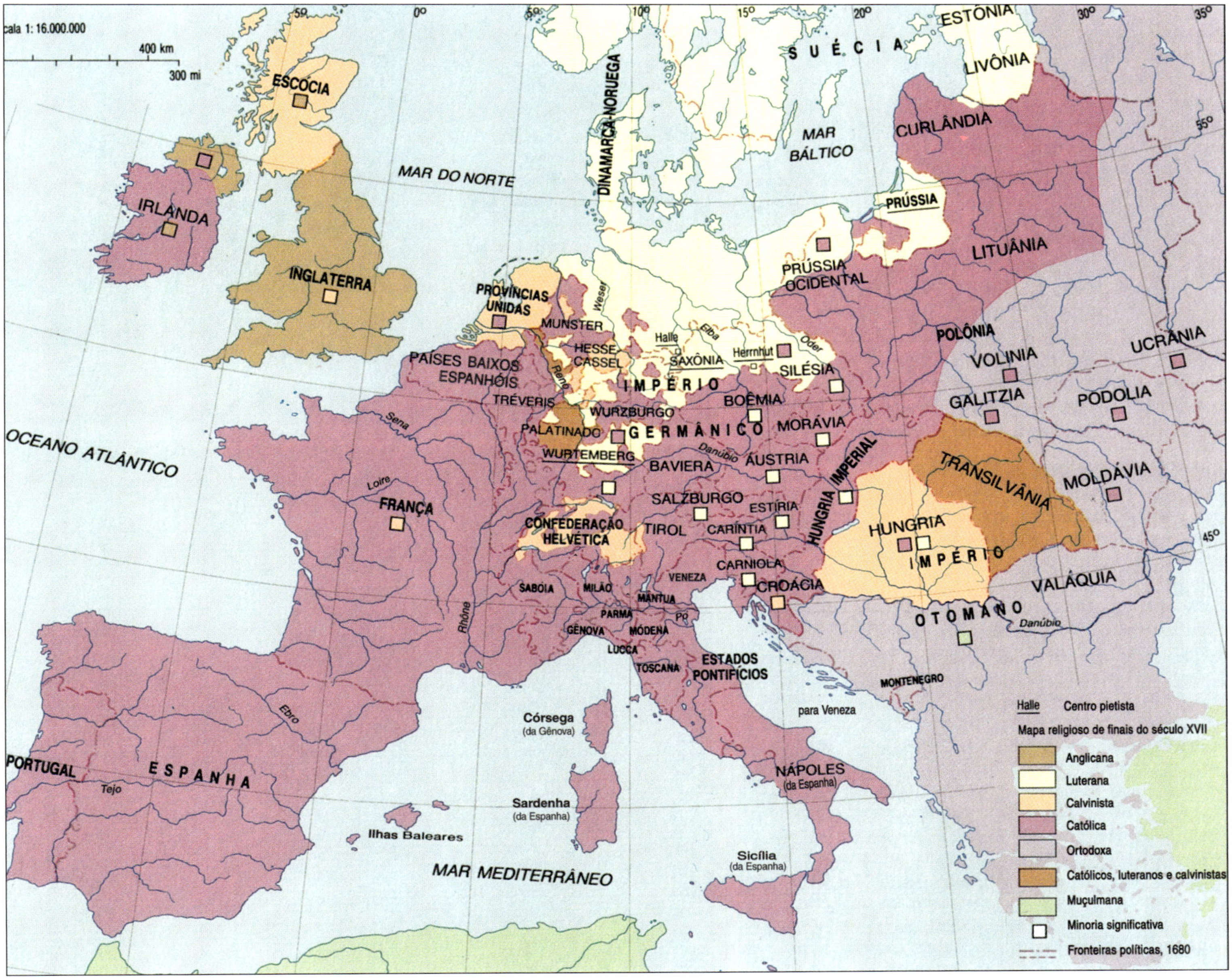

Esquerda. Este festival foi realizado na França revolucionária em 8 de junho de 1794, dentro dos atos dirigidos à abolição do cristianismo. Não se produziu, no entanto, a ruptura com o passado que alguns radicais desejavam e que os críticos temiam. A descristianização nunca chegou à maioria da população, e o culto ao Ser Supremo, ainda que superficialmente de acordo com a tendência do pensamento racionalista e deísta do século XVIII, se concretizou na mesma imaginação e fraseologia do catolicismo. Para Robespierre, s eu principal representante, "meu Deus é o que criou todos os homens para a igualdade e a felicidade, o que protege os oprimidos e extermina os tiranos; meu culto é o da justiça e da humanidade. Não gosto do poder sacerdotal... É uma das cadeias da humanidade, mas uma cadeia invisível do espírito que só a razão pode romper". Ele acreditava na vida depois da morte, num Deus pessoal que intervém nos assuntos humanos e é fonte de moralidade, e rejeitava o ateísmo como corruptor.

Igreja e Estado

Nessas questões, a interpenetração de Igreja e sociedade supunha a colaboração mútua, característica das relações entre Igreja e Estado. No entanto, essa colaboração ou apoio mútuo não supunha necessariamente uma situação de igualdade: em geral, era acompanhado da supremacia do poder laico em ambas as esferas. O institucionalismo religioso continuou vigente apesar do fim das guerras de religião na Europa e de certa aceitação do princípio de tolerância. Na França, a Igreja Católica era a única reconhecida oficialmente e, por isso mesmo, a única que podia celebrar seus ofícios em público. O clero tinha precedência sobre outros estamentos do reino, contava com tribunais próprios e desfrutava de importantes privilégios fiscais e administrativos. No entanto, as nomeações significativas eram controladas pela Coroa, e os favores régios exigiam compensações em forma de serviços seculares. Um arcebispo como Brienne pôde alcançar facilmente a posição de primeiro-ministro, e o Estado teve um papel decisivo em matérias como a reforma ou supressão de ordens religiosas desde a década de 1760. Na Inglaterra, a subordinação da Igreja foi simbolizada pela supressão da Assembléia em 1717, e pela natureza politicamente partidarista das nomeações episcopais. Na Prússia, os governantes designavam os cargos da Igreja, tentaram unir os luteranos ortodoxos com os da Igreja Reformada e proibiram as discussões ou polêmicas teológicas nos púlpitos, tudo isso com o objetivo de controlar a vida social e política. O clero paroquial, fosse nomeado pelos nobres e latifundiários da província, como era habitual nas regiões protestantes, ou pelo bispo diocesano nas regiões católicas, também atuavam em diferentes níveis como administradores locais. A suas funções básicas de manter o registro paroquial de nascimentos, casamentos e falecimentos, com freqüência se acrescentavam outras responsabilidades seculares, como exercer a função de juiz de paz ou supervisionar a conservação dos caminhos.

Desse modo, a estreita colaboração da Igreja com o antigo regime foi universal. Os altos ideais e as posições exaltadas se manifestavam em casos individuais, bem como a rejeição do clero aos abusos contra suas igrejas, mas o ambiente era acomodatício, se não sempre acomodado, e a posição eclesiástica, ao mesmo tempo utilitária e acrítica. Essa situação se via refletida ou reforçada por grande parte da teologia contemporânea, principalmente pela dos latitudinários ou dos chamados moderados escoceses. Autores como o bispo William Warburton insistiam na racionalidade fundamental da crença religiosa. A existência de Deus não só se apoiava nas provas da história e da pesquisa filosófica, mas também, junto com seus atributos de poder e benevolência, devia deduzir-se dos fatos da criação. O mundo era claramente organizado, e o próprio homem era o exemplo mais óbvio do plano de Deus. A revelação cristã contida na Bíblia proporcionava o complemento essencial do mundo natural, ampliando a compreensão do homem sobre a natureza de Deus e confirmando, mediante sua doutrina moral, a identidade entre felicidade e conduta reta, já evidente nas condições de vida.

Desafios intelectuais à fé cristã

Essa acomodação às pressões sociais e intelectuais por parte dos chefes e pensadores cristãos mais bem situados se baseava, no início do século XVIII, numa religião em que dominava cada vez mais o senso comum e numa teologia progressivamente racional. Para muitos, no entanto, representava um compromisso insatisfatório. Por um lado, periodicamente colocavam desafios os que pensavam que a razão e a lógica deviam ser levadas mais longe, e que era preciso expor com toda a sua crueza os elementos de superstição e irracionalidade que o cristianismo conservava. Durante a primeira metade do século, os deístas foram os mais ativos nesse campo. Na Inglaterra, Anthony Collins e Matthew Tindal foram os principais representantes dos que atacavam as fontes tradicionais da autoridade cristã, como a Bíblia e a Igreja, por serem de pouca confiança. Começando com as inconsistências dos primeiros relatos cristãos, os deístas levaram o caso até opor-se às profecias e aos milagres, e acabaram por rejeitar os temas centrais do cristianismo, como a Ressurreição. Apelaram, em contrapartida, para uma religião natural, racionalmente deduzível da evidência do mundo natural e da consciência imutável do homem, sem necessidade de nenhuma revelação adicional.

Os deístas ingleses alcançaram grande popularidade, em parte porque seus oponentes levaram a sério seus raciocínios, em parte por sua mescla de anticlericalismo, arrogância intelectual e ingênua autoconfiança. No entanto, suas maneiras, comparadas com as de seus homólogos franceses, eram com freqüência sóbrias e em aparência eruditas. No continente, a autoridade tradicional era muito mais forte e estava mais bem implantada, e se mostrava sensível a qualquer provocação e inclinada a recorrer à lei e não ao debate ideológico em seu próprio terreno. Mas, com seus não-efetivos recursos à censura e à denúncia, a Igreja francesa somente conseguiu estimular seus críticos. A maioria dos *philosophes*, os brilhantes propagandistas e divulgadores do século XVIII francês, como d'Alambert, Diderot e sobretudo Voltaire, deram expressão extrema às idéias dos deístas. Empregaram seu engenho e seu sarcasmo em retratar um cristianismo feito de grosseiras superstições e uma Igreja inimiga de todas as virtudes, bem como do pensamento independente ou racional. Os ataques nesses enciclopedistas tinham um limite: muito poucos se consideravam ateus, e a maioria estava até disposta a considerar o cristianismo como apropriado para os pobres e os ignorantes. Mas o impacto de sua obra era, em potência, muito destrutivo das instituições e crenças tradicionais, menos por sua exposição de novos valores do que pelo cinismo e pela condenação indiscriminada que seu anticlericalismo inspirava.

Os fogos de artifício dos *filósofos* acabaram por demonstrar como a crítica racional levada a seus extremos podia conduzir a um irracionalismo similar ao que em princípio estavam atacando. David Hume sugeriu uma linha de ataque diferente, demonstrando minuciosamente os limites da razão e questionando as defesas racionais do cristianismo que os apologistas do século XVIII tentavam construir. O conhecimento, dizia, é limitado pelas possibilidades da experiência humana e da percepção; a única base para a crença religiosa é a evidência de um plano, quer dizer, de um

Direita. O conde Nicholas von Zinzendorf (1700-1760) fundou o centro evangélico de Herrnhut, Saxônia, de onde as comunidades missionárias dos Irmãos Moravos se expandiram pelo mundo.

Página 138-139. John Wesley (1703-1791) era filho de um pároco anglicano. Missionário na Geórgia por um tempo, foi influenciado pelos moravos, e a partir de 1739 dedicou sua vida à evangelização. Viajou cerca de doze mil quiilômetros por ano e se converteu no principal inspirador do movimento metodista.

Esquerda. O século XVIII foi testemunha de uma reação racionalista à religião e à instituição eclesiástica. Ela alcançou seu momento máximo com a exaltação da "Deusa Razão" na França, na década de 1790.

Abaixo. Os primeiros "metodistas" se aproximavam das pessoas, sentindo-se impelidos a fazê-las participar de sua experiência de uma religião viva, e considerando inútil esperar que os fiéis fossem à igreja paroquial. Este quadro de George Whitefield, apesar de sua estilização, transmite tanto a autoconfiança e decisão desses entusiastas do século XVIII quanto sua oposição à vulgaridade e trivialidade de muitos passatempos populares.

propósito ou vontade no mundo natural. Essa evidência, no entanto, não autoriza ninguém a aventurar nada mais nem a atribuir a Deus qualidades ou propósitos concretos. E, levando em conta, além disso, que as provas dos milagres e outros atos de revelação são sempre menos consistentes que suas contraprovas, o conhecimento real do sobrenatural é impossível. A crença religiosa, concluía Hume, deve restringir-se necessariamente a um teísmo vago. Dessa maneira, Hume elaborou uma posição tão crítica do primeiro deísmo otimista como dos sistemas ortodoxos.

Movimentos de renovação protestante: moravos, metodistas e pietistas

Ainda não está claro em que medida as idéias desses autores do século XVIII penetraram na sociedade; e está menos claro ainda qual foi o alcance de sua influência. No entanto, o descontentamento com muitos aspectos do *statu quo* era uma realidade muito ampla e sentida. A contrapartida da posição racionalista foi um amplo crescimento do misticismo, do zelo religioso e do entusiasmo popular, forças que para muitos eclesiásticos ortodoxos eram igualmente subversivas da autoridade bíblica, da ordem eclesiástica e da disciplina moral. O século XVIII conheceu vários movimentos importantes de renovação religiosa, tais como o pietismo alemão ou o metodismo de John Wesley. Tais tendências satisfaziam o desejo popular de uma religião pessoal na qual se combinasse a satisfação sentimental com um senso de responsabilidade individual.

No final do século XVII, já estava claro, especialmente Na Prússia, que a Igreja Luterana, controlada pelo Estado e dominada por leigos, havia fracassado em dar ao povo a inspiração que este esperava. Baseando-se nas primeiras tendências da vida religiosa, P. J. Spener e especialmente August Francke trabalharam na nova Universidade de Halle para voltar a centrar o pensamento luterano na importância da experiência pessoal da justificação pela fé. A chave de um cristianismo vigoroso não reside na coerção do Estado ou no debate teológico público, mas sim no desenvolvimento interior da vida de cada pessoa ajudado pelo exame cuidadoso da Bíblia, única fonte real de autoridade. Era uma doutrina que levava a diferentes direções: ou a uma atitude quietista de preocupação com a qualidade da própria vida religiosa e das pessoas do círculo mais imediato, ou a uma transformação pessoal cuja expressão natural era a dedicação a uma mais ampla regeneração social, mediante o compromisso direto na vida pública. Não é de estranhar que sua capacidade de convocatória fosse grande: numerosos comerciantes e profissionais, bem como membros da nobreza, foram profundamente influenciados pela doutrina, e em certas áreas, como em Württemberg, se produziu uma adesão popular maciça. A importância que se dava às boas obras como expressão natural da fé autêntica levou à atividade missionária. Esta se associou sobretudo aos chamados irmãos moravos, surgidos da comunidade fundada em 1722 em Herrnhut pelo conde Nicholas von Zinzendorf. Na década de 1740, os missionários moravos já tinham chegado à África do Sul, à Groenlândia e às Índias Ocidentais.

Movimentos semelhantes surgiram também na Grã-Bretanha, primeiro em forma de dissidentes escoceses e depois com a renovação evangélica anglicana. Uma questão que não deixou de estar no centro das disputas religiosas do século XVIII era o papel que o laicato comum devia ter nas congregações, e suas relações com os sacerdotes ou ministros. A disputa alcançou na Escócia sua expressão máxima na década de 1730 pelo contínuo aumento do poder dos patronos de impor sacerdotes não queridos em congregações. A posterior história eclesiástica da Escócia do século XVIII é, em parte, a das contínuas secessões de congregações em sua tentativa de preservar suas formas preferidas de presbiterianismo. Na Inglaterra, a natureza discreta ou elitista das velhas formas de dissidência religiosa e as contínuas limitações exercidas sobre os cultos dissidentes abriram o caminho para a renovação religiosa, que começou no seio da Igreja Anglicana. Depois de algumas tentativas refletidas nas sociedades religiosas voluntárias e influenciadas pelos moravos, John Wesley e seu amigo George Whitefield transformaram a corrente num vasto movimento de conversão e renovação que marcou o período 1740-1790.

A chave do grande êxito de Wesley residia em ele ter constituído um cristianismo acessível. Teologicamente, isso significa uma religião de esperança baseada na experiência da conversão pessoal e no conhecimento da salvação, que permitia às pessoas aceitar suas próprias fraquezas e também torna tolerável certo grau de disciplina congregacional. Mais importantes ainda eram os sermões de Wesley, que viajava por todo o país pregando onde houvesse fiéis reunidos, reafirmando o papel pastoral dos leigos independentemente de sua categoria social, e estabelecendo um sistema perfeitamente organizado de casas de reunião com base em circuitos encomendados a ministros itinerantes. Tratava-se de uma mensagem e de uma organização suscetíveis de atrair os que, como o próprio Wesley, estavam descontentes com a curiosa combinação de coerção e negligência que dominava a Igreja estabelecida. Também lamentavam que em muitos houvesse esfriado a fé por causa da teologia acomodatícia e das liturgias ocasionais. A partir da década de 1770, congregacionistas e batistas começaram a experimentar o mesmo entusiasmo voluntarista e a crescer de maneira semelhante entre as classes baixas.

As Igrejas estabelecidas raras vezes eram capazes de desenvolver suas próprias idéias ou reformar suas práticas de maneira que pudessem fazer frente ao ceticismo ou à dissidência. Os eclesiásticos dispostos à defesa intelectual do cristianismo eram talvez mais numerosos em qualquer outra parte que na Inglaterra. Ali, a tradição latitudinária de um debate racional tolerante se manteve, principalmente por obra do bispo Butler, cuja obra *A analogia da religião* contribuiu em ampla medida para silenciar os argumentos deístas. No entanto, o convencimento de Butler das limitações da razão humana deixou praticamente de operar como reforço do cristianismo. Não só abriu caminho para o ceticismo de Hume, mas também estimulou as incertezas do arquidiácono William Paley em sua obra *Provas a favor do cristianismo* (1785). As dificuldades dos homens em perceber o grande plano de Deus no mundo natural, ou a prova de seu poder na ordem social e eclesiástica existente, foram logo atribuídas à insuficiência da razão humana. A necessidade de chegar a um compromisso levou a um novo conservadorismo que as posteriores comoções da Revolução francesa não fizeram mais que reforçar. A mudança das idéias foi paralela ao dos modelos institucionais para uma maior interdependência das auto-

ridades eclesiais e laicas. O patronato laico continuou muito amplo, e muitos clérigos, carentes de uma formação específica, aspiravam ao modo de vida dos nobres rurais. Os que souberam adaptar-se a esta existência se transformaram em magistrados; os que não puderam, por razões de pobreza ou devido às dificuldades das paróquias urbanas, onde a população começava a crescer com rapidez, ficaram mal colocados para assimilar as mudanças. A proliferação de atitudes cada vez menos imaginativas começou a tornar-se evidente na década de 1770, à medida que os anglicanos se voltavam cada vez mais contra Wesley e seus metodistas. Em 1784, Wesley começou a ordenar seus próprios presbíteros, e o metodismo se separou da Igreja da Inglaterra.

Os movimentos reformistas do continente, ainda que por objetivos semelhantes aos metodistas, ou desenvolveram tendências que reforçavam os laços entre a Igreja e o Estado, em detrimento de um cristianismo popular revitalizado, ou tentavam superar a inércia e os interesses arraigados. De início a situação foi favorável para a influência pietista, pois, apesar da oposição luterana, os pietistas receberam apoio dos governantes da Prússia no começo do século XVIII. Eram apreciados por suas escolas e sua influência nas universidades. Seu interesse por melhorias sociais e seu desinteresse pela Igreja institucionalizada coincidiam com os propósitos do Estado, razão por que os pietistas foram bem recebidos no exército e na burocracia. Instalados na vida pública, deixaram de aparecer como reformistas radicais e se aproximaram cada vez mais dos luteranos ortodoxos. Seu poder de convocação popular começou a desvanecer-se a partir de 1750, e Frederico, o Grande, não sentiu necessidade de apoiá-los em detrimento dos outros grupos. Embora o exemplo de algumas personalidades pietistas continuasse importante, o pietismo enquanto ampla expressão de dissidência se viu freado pela mesma institucionalização que amiúde fez com que as igrejas estabelecidas decaíssem na opinião popular.

Movimentos de reforma católica

A maneira como na Prússia se contemplavam mutuamente reformadores religiosos e autoridades seculares foi muito similar às de outras partes. Em seu desejo de revigorar a vida paroquial e de contar com um clero mais instruído, os reformadores católicos tornaram a insistir nos objetivos da Contra-Reforma; mas acrescentaram o interesse pela Bíblia, pela educação popular e por acabar com a superstição, e propugnaram a necessidade de uma liturgia purificada que o povo pudesse entender. Para promover esses objetivos, reformaram-se fundações religiosas, e muitas delas se devotaram a fins pastorais. Nisso seus objetivos coincidiam com os dos reformadores seculares afeitos à Ilustração, que tentavam promover o crescimento econômico e as mudanças legais ante os privilégios eclesiásticos, ou desejavam cortar as pretensões clericais em benefício de um governo mais efetivo. Isso produziu às vezes uma combinação explosiva, como o ilustra a história do Império austríaco. Seguindo a tendência jansenista, Maria Teresa e seu filho José II limitaram a jurisdição eclesiástica, aplicaram impostos ao clero, colocaram a educação sob controle do Estado, estabeleceram novas dioceses, paróquias e escolas e suprimiram mosteiros para dotar aquelas. José teria ido mais longe – promovendo uma reforma litúrgica, por exemplo –, mas nesse extremo os reformadores se chocaram com a ampla adesão popular aos santos e às superstições locais. Assim, grande parte do reformismo católico se reduziu às convicções privadas de alguns intelectuais e, ao contrário do pietismo ou do metodismo, gerou mais hostilidade popular que entusiasmo.

Na França, onde a Igreja Católica mais forte da Europa estava completamente identificada com a autoridade secular, as mudanças foram menos efetivas. Na Áustria, em contrapartida, não houve uma coincidência de interesses entre o Estado e os que reclamavam reformas eclesiásticas. Em sua busca da unidade religiosa, Luís XIV se opôs decididamente aos críticos da ortodoxia oficial e recebeu de bom grado a bula papal *Unigenitus* (1713), que condenava as obras relacionadas com os jansenistas. Essa iniciativa, em vez de promover a solidariedade, dividiu de forma grave a Igreja e envolveu eclesiásticos nas batalhas legais e políticas em torno dos poderes da Coroa. Não era essa uma atmosfera adequada para a adaptação ou a renovação. Os dirigentes da Igreja francesa raras vezes demonstravam uma vontade intelectual de defender sua fé; muitos não viam os problemas e utilizavam sua posição no Estado para proteger seus privilégios e direitos. As vocações monásticas decaíram, e o baixo clero perdeu em *status* e dignidade, ficando muitos de seus representantes desorientados por um sistema religioso cada vez mais mal adaptado à sociedade a que teoricamente servia. Era inevitável que se desenvolvesse e generalizasse a idéia de que os leigos e as autoridades seculares teriam de tomar a questão da reforma religiosa em suas próprias mãos.

A tendência dessas mudanças européias conduzia a uma influência cada vez maior do laicato na vida cristã, mediante contínuos controles da Igreja por parte do Estado, mediante a influência das idéias seculares no pensamento religioso, e mediante o desenvolvimento de movimentos dissidentes ou reformistas diante das práticas clericais. A incidência dessas mudanças foi naturalmente fortuita, assim como o anticlericalismo popular que a reforçava. Dada a grande suscetibilidade de uma classe média instruída, de comerciantes ou profissionais, eram de esperar mudanças. Às vezes elas se produziram de maneira fulminante; por exemplo, com a supressão da ordem jesuíta, que começou em Portugal em 1759 e foi confirmada a contragosto pelo papa em 1773. De efeitos menos imediatos e óbvios foi a crescente atividade religiosa de homens e mulheres laicos. Por exemplo, nem todos os que participaram da renovação evangélica na Inglaterra seguiam a Wesley. Na Igreja Anglicana, leigos comprometidos, principalmente os reunidos na Clapham Sect, começaram a utilizar suas influências para renovar a vida paroquial, dedicando-se eles mesmos a boas obras como elemento vital de sua fé. Suas atividades caridosas e educativas se traduziram em sociedades de voluntários que atraíam membros de outras denominações. O movimento Escola do Domingo, para os filhos dos pobres, e a participação no movimento para a abolição do tráfico de escravos foram algumas de suas realizações particularmente destacadas. A partir de 1790, as energias se dirigiram também para a formação de sociedades missionárias. A independente Sociedade Missionária de Londres (1795) e a anglicana Sociedade Missionária (1799) eram exemplos de que um cristianismo renascido estava uma vez mais disposto a demonstrar sua pretensão de ser uma fé universal.

A IGREJA DO SÉCULO XIX

Costuma-se considerar o século XIX como o período no qual o cristianismo iniciou uma decadência irreversível. As mudanças da centúria anterior tinham sido interpretadas como sinais de uma desintegração crescente que caminhava para o desastre, sob o duplo impacto da revolução industrial e da francesa. O papel da Igreja diminuía, enquanto outras instituições, como o Estado moderno, assumiam cada vez mais poderes. As bases da fé e da teologia se viam afetadas pelo desenvolvimento do conhecimento científico, e a noção da comunidade cristã, tal como tinha sido pensada durante muito tempo, falhava diante da evidência do afastamento do cristianismo de grande parte das classes trabalhadoras e das ilustradas, tanto no campo como nas cidades industriais. No entanto, a realidade se opõe a uma descrição tão simples: a indubitável "secularização da mentalidade européia" não pode identificar-se com um mero processo de "descristianização".

Igreja e Estado: o equilíbrio

A associação entre Igreja e Estado, por exemplo, foi objeto de maiores críticas que nunca por parte de reformistas e radicais, mas a conexão se manteve. Embora continuassem a existir conservadores que pensavam que a Igreja e o Estado deviam permanecer unidos, em todas as partes as relações adotaram necessariamente uma natureza mais pragmática. Os privilégios e posses materiais das Igrejas foram sendo cortadas, e os governos assumiram funções antes especificamente eclesiásticas, como a educação e o bem-estar social. No entanto, ainda que as igrejas se tenham tornado cada vez menos poderosas, conservaram muitos canais de influência e foram apreciadas, talvez mais que antes, por sua contribuição para a estabilidade social e política, para a moral e a ordem. Muitas hierarquias, ainda que desaprovando grande parte do que fora realizado pelas autoridades seculares, viam com clareza que as necessidades do Estado e do governo podiam coincidir com suas próprias necessidades, proporcionando meios de defesa contra os rivais religiosos e outros críticos.

Esse tipo de considerações fora feitas em toda a Europa, e tiveram seu exemplo mais claro durante a Revolução Francesa. Os anos 1789-1791 viram primeiro a entrega à nação das propriedades da Igreja, e depois a dissolução das ordens monásticas e o estabelecimento da Igreja como braço do Estado sob a Constituição Civil do Clero. Este fato dividiu os sacerdotes da França entre os dispostos a jurar lealdade à Constituição e os que a rejeitavam, especialmente diante da ameaça de excomunhão por parte do papa. Tratava-se de uma divisão de atitudes ante um poder secular que não cessava de reafirmar-se. Pouco depois, o Terror e os jacobinos tentaram suprimir o cristianismo mesmo (1793-1794). Estas e as posteriores tentativas de separar Igreja e Estado eram reflexo de importantes e arraigados sentimentos, mas finalmente deram passagem à Concordata de 1801 entre o papa Pio VII e Napoleão Bonaparte. Tendo por fundo um renascer popular católico, esse acordo representava um reconhecimento por parte do Estado de que a religião da "grande maioria dos franceses" era demasiado importante para deixá-la nas mãos da Igreja; e por parte desta significava uma aceitação forçada da perda de suas propriedades e de seu poder de intervenção próximo do Estado e a esperança de recuperar influência no futuro. Representava um equilíbrio de poder provisório que grande número de franceses estava disposto a inclinar em sua direção preferida. A facilidade com que a Igreja recuperou forças sob a Restauração confirmou as expectativas clericais; no entanto, a identificação do catolicismo com o conservadorismo político

Santificai os dias santos! Esta paisagem alegórica francesa, pensada para ilustrar as lições do catecismo, refletia a ampla preocupação existente no século XIX de que o domingo, como dia de descanso, estava seriamente ameaçado. Isso era resultado especialmente da extensão da indústria, com sua demanda incessante de trabalho e sua busca contínua de lucro, e do crescimento das cidades com suas muitas diversões profanas. A ida regular à igreja era considerada essencial para uma vida sóbria, virtuosa e basicamente "respeitável".

Os cristãos do século XIX estavam muito preocupados com as questões relativas à autoridade, principalmente a dos bispos e a do papa. Até onde devia estender-se sua autoridade, não só em matéria eclesiástica ou teológica, mas também em questões políticas, morais e intelectuais? Na França, o debate foi iniciado por Félicité-Robert de la Mennais (ou Lamennais) (1782-1854) *(acima destas linhas)*, famoso editor de *L'Avenir* e autor de *Paroles d'un croyant*, que, após uma tempestuosa carreira, acabou rejeitando por completo o catolicismo. Na Alemanha, Johann Ignaz von Döllinger (1799-1890) *(acima)*, famoso professor de história da Igreja em Munique, foi excomungado por encabeçar uma reação primeiro às pretensões papais ao poder político e depois aos ataques do Vaticano a ualquer tipo de liberalismo. Principal defensor da autoridade pontifícia foi Pio IX (papa de 1846 a 1878) *(direita)*, o qual, segundo uma interpretação muito generalizada, quis compensar as perdas progressivas dos territórios pontifícios com a condenação dos erros modernos no *Syllabus* (1864) e a definição da infalibilidade papal no Concílio de 1869-1870.

reacionário do antigo regime só intensificou o anticlericalismo dos liberais, dispostos a defender suas posições em matérias como a educação.

Fora da França, o interesse pela religião como força conservadora foi também geral antes de 1830. Na Inglaterra, os políticos radicais e os dissidentes religiosos eram o alvo das manifestações de apoio à Igreja e ao rei, e o tema da reforma da Igreja Anglicana era posposto. Na Prússia se reforçaram os laços com o Estado pelo importante papel que a Igreja desempenhou ao estimular a residência diante da invasão francesa: o resultado foi a união levada a efeito por Frederico Guilherme II, em 1817, entre as Igrejas Luterana e Reformada e a submissão de ambas à autoridade de um novo ministro: o de Assuntos Religiosos e Educação. A formação do clero se organizou com critérios de uniformidade, as nomeações foram centralizadas em Berlim, e se alentou o renovado pietismo de um clero cada vez mais aristocrático, fatores todos que recordavam iniciativas tomadas um século antes.

Reações contra a colaboração Igreja-Estado

De maneira inevitável, houve reações contrárias à colaboração Igreja-Estado. Às vezes as novas pressões para cortar esses laços provinham dos governos, confiantes em sua própria força ou sensíveis à irritação suscitada pela proteção que dispensavam a determinadas confissões. Em 1828-1829, o governo britânico suprimiu a maioria dos limites civis e políticos dos dissidentes protestantes e dos católicos; a emancipação católica, em particular, foi em parte uma resposta aos acontecimentos da Irlanda, onde a Associação Católica de Daniel O'Connell havia demonstrado que o sentimento religioso popular podia mobilizar-se contra um regime político vinculado a uma instituição religiosa estranha (neste caso, o protestantismo). Na Prússia, enquanto Frederico, o Grande, havia aberto as portas do Estado para os católicos após a ocupação da Silésia, onde predominavam os fiéis desta religião, entre 1830 e 1850 foram dados outros passos para conseguir a igualdade religiosa e política, ao mesmo tempo que se reprimia o movimento liberalizante dentro da Igreja Luterana.

Com freqüência, as reações procediam das hierarquias da Igreja, irritadas pela perda de poder espiritual estimulada pelos governos e pelos controles seculares. Na Escócia, as longas disputas sobre o patronato e o controle popular dos sacerdotes desembocaram na ruptura de 1843, quando grande parte do clero presbiteriano e suas congregações se separaram da Igreja estabelecida para fundar a Igreja Livre. Na Inglaterra, os dirigentes anglicanos, em colaboração com os governos liberais, deram à luz na década de 1830 uma abundante legislação reformadora em matéria de dízimos, registro civil de nascimentos e falecimentos, leis eclesiásticas e propriedades da Igreja: essas medidas proporcionaram a base essencial do chamado Movimento de Oxford. Dirigido por John Keble e J. H. Newman, o movimento combinava a nostalgia romântica da imaginação do passado com o temor de que a interferência estatal se estendesse a matérias doutrinais. Seus promotores estavam desejosos de reafirmar a posição de bispos e sacerdotes como sucessores dos apóstolos e, por conseguinte, única fonte de autoridade eclesial. Reforma e renovação se produziam no seio mesmo da Igreja. Em uma reação paralela à Monarquia de Julho (18301848), muitos católicos franceses, e especialmente o clero, começa-

ram a dar apoio ao ultramontanismo, primeiro ao da Mennais e depois ao de Louis Veuillot: desejavam uma Igreja livre para dirigir seus próprios assuntos e aberta uma vez mais à autoridade e ao poder renovados do papado.

A princípio, a Santa Sé, ainda soberana nos Estados Pontifícios, não se mostrava muito interessada em reduzir os direitos dos governos territoriais. Sua fragilidade e as experiências passadas a mantinham cautelosa na preservação das boas relações com os governos onde fosse possível. No entanto, o papado de Pio IX conheceu um incremento do autoritarismo e do reacionarismo da linha oficial da Igreja e do ultramontanismo. Assim, quando se davam oportunidades para atacar liberais e republicanos, como, por exemplo, no reinado de Napoleão III, eram aproveitadas. As pretensões papais se viram também condicionadas pelos acontecimentos da Itália, onde a unificação política levou em 1870 à perda total do território da Igreja fora do Vaticano. Ante os governos republicanos, a Igreja reclamava mais poderes. O catolicismo liberal de homens como Döllinger e do bispo Dupanloup foi rejeitado, e a intransigência papal foi expressa no *Syllabus* (1864), que descartava qualquer possibilidade de "acordo com o progresso, o liberalismo e a civilização moderna". O prejuízo causado por essa estratégia foi imenso: em todas as partes a Igreja perdeu a simpatia dos governos e do povo simples, e ela foi levada a encerrar-se em si mesma e a restringir gravemente as atividades dos católicos de mentalidade liberal. Os sucessores de Pio IX começaram lentamente a reequilibrar a balança, mas não puderam impedir conflitos como os que se deram entre Bismarck e os católicos alemães com a *Kulturkampf* da década de 1870, ou os que culminaram na Lei de Separação francesa (1905).

As Igrejas protestantes do século XIX também adotaram amiúde uma atitude defensiva militante que, ao contrário do que ocorria na Igreja Católica, as levava a colaborar mais estreitamente com o poder secular.

Cristãos em Oxford no século XIX

Apesar da distância que o separa dos grandes centros de poder econômico e político como Manchester, Birmingham ou Londres, Oxford exerceu uma grande influência cultural. Até a década de 1890, sua universidade foi dominada por membros da Igreja da Inglaterra, os quais contribuíram para a formação de grande parte do clero institucional britânico e da classe política dirigente. As polêmicas religiosas de Oxford, personalizadas e magnificadas por suas sociedades colegiais internas, chegaram rapidamente a audiências muito mais amplas. Isso foi especialmente verdadeiro no debate originado pelo chamado Movimento Oxford, que teve seu auge entre 1833 e 1841. Seus principais representantes – Keble, Froude, Newman e Pusey – desejavam recuperar para a Igreja da Inglaterra o respeito, a autoridade e o mistério que acreditavam ela estava perdendo. Sobretudo, o poder político laico, influenciado pela hostilidade religiosa dos católicos irlandeses e pelos dissidentes radicais ou pela indiferença secular, precisava ser compensado mediante a restauração da disciplina e do controle episcopal na vida da Igreja e no dogma. Quando Newman e outras personalidades se converteram ao catolicismo, o movimento perdeu importância. Só depois de 1868, com as nomeações episcopais levadas a efeito por Gladstone, os principais membros do movimento ocuparam os primeiros postos da Igreja.

E. B. Pusey (1800-1882) foi professor de hebraico de 1828 até sua morte. Um dos dirigentes do Movimento de Oxford, Pusey *(acima, esquerda)* foi um pregador distinto e polêmico. Adotou uma vida ascética, solitária e de renúncia. Sua defesa da confissão privada, sua crença na presença real na Eucaristia e sua propaganda do celibato religioso eraam recusáveis para a maioria numa época de amplo sentimento anticatólico. O humor do desenhista *(junto a estas linhas)* chega à parodia: os protestantes consideram as instituições como o Oscott College pensadas para agarrar – ou até raptar – os crédulos e desorientados. Menos combativo foi John Keble (1792-1866), famoso por sua poesia religiosa do *Ano Cristão* (1827). Vigário de Hursley durante trinta anos, deu especial dignidade às responsabilidades pastorais do clero comum. O Keble College *(acima, direita)*, construído em sua memória por William Butterfield (1868-1882), propôs-se a defender os valores anglicanos contra a secularização parcialmente empreendida pela legislação universitária de Gladstone de 1871.

A Igreja protestante, com forte apoio das classes proprietárias e dos interesses agrários conservadores, continuava a oferecer-se como o pilar fundamental do Estado nacionalista. A Igreja Anglicana continuou oficial, em parte porque seus privilégios tinham ficado tão reduzidos que já não podiam constituir nenhum agravo para os não-conformistas. Os conflitos entre grupos parecia estar se desvanecendo, mas isso se devia mais às mudanças da sociedade e às preocupações políticas que a um suposto sinal de entusiasmo ecumênico. O poder do sentimento nacional se revelou mais importante que os laços da fé cristã: em 1914, a maioria dos eclesiásticos identificou o inimigo com o mal e apoiou os esforços de guerra de seus respectivos países.

Uma nova aproximação crítica da religião
Os cristãos tinham não só de haver-se com o desenvolvimento do Estado moderno, amiúde controlado por homens hostis ao lugar institucionalizado da Igreja na vida pública, ou por outros não interessados em tomar posições nas disputas religiosas; também tiveram de enfrentar os avanços científicos e filosóficos que impunham a necessidade de novos desenvolvimentos teológicos, se não queriam que o cristianismo ficasse associado ao obscurantismo intelectual. A preocupação do século XVIII com as provas do cristianismo havia dotado de considerável importância o estudo da natureza. A opinião científica se afastou da crença num ato de criação único e num mundo de só 4.000 a 6.000 anos de idade, e se convenceu de que a superfí-

Acima destas linhas. John Henry Newman (1801-1890), *fellow* do Oriel College e a partir de 1828 vigário da igreja universitária St. Mary the Virgin, foi o dirigente intelectual do Movimento de Oxford. Tendo perdido a fé na Igreja Anglicana como representante dos ideais do cristianismo primitivo, converteu-se ao catolicismo em 1845.

cie da Terra havia mudado com grande lentidão, e de que os seres vivos tinham aparecido sucessivamente ao longo de enormes períodos de tempo. Os biólogos estudaram e explicaram o surgimento de formas novas, e cunharam os termos desenvolvimento, adaptação e evolução. Em 1859, Charles Darwin publicou *A origem das espécies*, que defendia uma mecânica evolutiva mediante a qual as formas elevadas de vida procediam das mais baixas, independentemente de um criador divino. Ao mesmo tempo, o desenvolvimento dos estudos históricos suscitou novas questões, como a autenticidade dos textos bíblicos, a exatidão da memória e da compreensão de seus autores e a personalidade dos personagens das Escrituras, a começar pelo próprio Jesus.

A resposta dos teólogos cristãos se articulou em duas direções. Eles aceitaram a necessidade de uma nova aproximação crítica da Bíblia. Desse modo, começaram a distanciar-se de qualquer interpretação literal e deixaram de considerá-la como um documento basicamente histórico ou como uma obra de inspiração divina. Preferiram entendê-la como uma série de narrações destinadas a expressar idéias religiosas e expô-las de forma compreensível em relação com a experiência cotidiana da época do autor. O próprio cristianismo devia ser compreendido através da experiência pessoal, antes que mediante a aceitação de certas doutrinas estabelecidas. Teólogos alemães prepararam o caminho, como Schleiermacher, Möhler e imediatamente Strauss, cuja *Vida de Jesus* (1835) causou sensação. Ao mesmo tempo, veio a se aceitar que o cristianismo tinha uma história que, junto com a da Igreja primitiva em especial, devia ser estudada através do exame mais completo de todas as fontes documentais, e não só da Bíblia, relativas às sociedades em que se foi desenvolvendo. Por esse caminho, a crítica bíblica e a datação dos textos conduziram a uma história religiosa e eclesiástica mais científica. Também nisso os estudiosos alemães tomaram a dianteira, enquanto os ingleses, como Hort e Lightfoot, obtiveram fama internacional no final do século.

O desenvolvimento e difusão dessa obra teológica seguiram um processo desigual em toda a Europa. Até nas universidades avançou muito mais lentamente na Grã-Bretanha, onde a reação a Darwin e aos autores de *Ensaios e revisões* (1860) o demonstra claramente. Na Escócia, a preocupação com os efeitos da ruptura foi adiada até a década de 1870. Nos círculos católicos, a adaptação foi ainda mais limitada. O papa Leão XIII fez certas concessões diplomáticas aos estudos avançados, mas seus limites foram claramente expostos na condenação pontifícia dos teólogos modernistas e na excomunhão de uma de suas figuras principais, o francês Alfred Loisy.

Despertar evangélico e católico

Quer os entendessem, quer não, muitos cristãos consideravam de fato os escritos de seus teólogos mais alarmantes que os de qualquer crítico do cristianismo. Tanto entre católicos como entre protestantes, a atração de uma fé literal e simples, a importância da experiência religiosa pessoal, com freqüência sob a forma de conversão, e a renovação periódica de fé e experiência através do despertar religioso continuaram a ser elementos da maior importância. A emoção e o sentimento (para não dizer sentimentalismo) populares eram tão decisivos como os estudos teológicos para manter o cristianismo vivo. A partir de 1790, o "entusiasmo" dos metodistas não só esteve presente no movimento evangélico entre os anglicanos, mas também se transmitiu a outras Igrejas. As incertezas do período revolucionário francês estimularam o entusiasmo religioso popular e as especulações acerca do fim do mundo. Isso costumava simplesmente alentar ou intensificar os compromissos pessoais ou de alguma congregação, mas também apareceu associado a movimentos mais amplos e às vezes menos ortodoxos. Houve tentativas de aplicar as profecias bíblicas ao mundo moderno, como, por exemplo, os estranhos mas populares ensinamentos de Robert Brothers e Joanna Southcott. Durante todo o século, as idéias milenaristas foram fonte periódica de inspiração. O despertar evangélico se converteu numa atividade cada vez mais organizada e profissional, especialmente graças à iniciativa de norte-americanos como Charles Finney ou Moody e Sankey. A partir de 1880, as conferências evangélicas regulares – como, por exemplo, a de Keswick – reuniram protestantes de todas as denominações e de toda a Europa. Nos círculos católicos, o despertar tomou formas bastante diferentes, mas não menos persistentes e amplas. A partir de 1840, operou-se um vigoroso renascimento das ordens religiosas, especialmente de mulheres: só na França, o número de seus membros aumentou de 37.000 em 1851 para 162.000 cinqüenta anos depois. A prática das peregrinações, a importância do ritual, o culto à Virgem Maria e aos santos receberam um forte impulso, com a esperança de que a fé fosse reforçada e as ideologias seculares contrárias, contidas.

Em última instância, a sorte da Igreja e do cristianismo dependia do êxito com que instituições e confissões enfrentassem os problemas da existência cotidiana. O êxito dos *revivals* sugeriu, naturalmente, que o cristianismo ainda tinha um grande poder de convocatória entre muitas pessoas; mas também que a necessidade dos despertares, com sua agressiva atividade missionária, era a prova de uma perda de entusiasmo na sociedade, de uma ignorância, indiferença ou hostilidade que demonstravam quão irrelevante era o cristianismo para grande parte da população. Essas circunstâncias não eram novas; o cristianismo havia tido sempre de lutar contra o perigo da esclerose e contra a concorrência da magia e de outras crenças. No entanto, os fiéis do século XIX tiveram razões para considerar certos problemas especialmente agudos, ou simplesmente próprios da época.

A partir de 1790, a Europa experimentou um aumento maciço de população, associado ao rápido crescimento das cidades e à extensão do capitalismo industrial. As Igrejas se viam incapazes de proporcionar o número crescente de sacerdotes e os recursos financeiros necessários para seguir o ritmo dessas mudanças. Mesmo onde existia vontade de adaptação, os métodos tradicionais de criar novas paróquias ou circunscrições se mostraram completamente inadequados. Em uma época em que as mudanças econômicas traziam também insegurança, pobreza e graves transtornos nos modelos de vida estabelecidos havia muito tempo, muitas Igrejas tinham também o problema de que apareciam estreitamente ligadas às classes mais ricas da sociedade. Com efeito, o clero e o laicato se mostravam às vezes carentes da compreensão necessária da desigualdade e da injustiça que os rodeava, reagindo com a adoção de uma postura meramente defensiva. E, assim, para muitas pessoas, principalmente nas áreas urbanas e entre as classes trabalhadoras, as Igrejas se

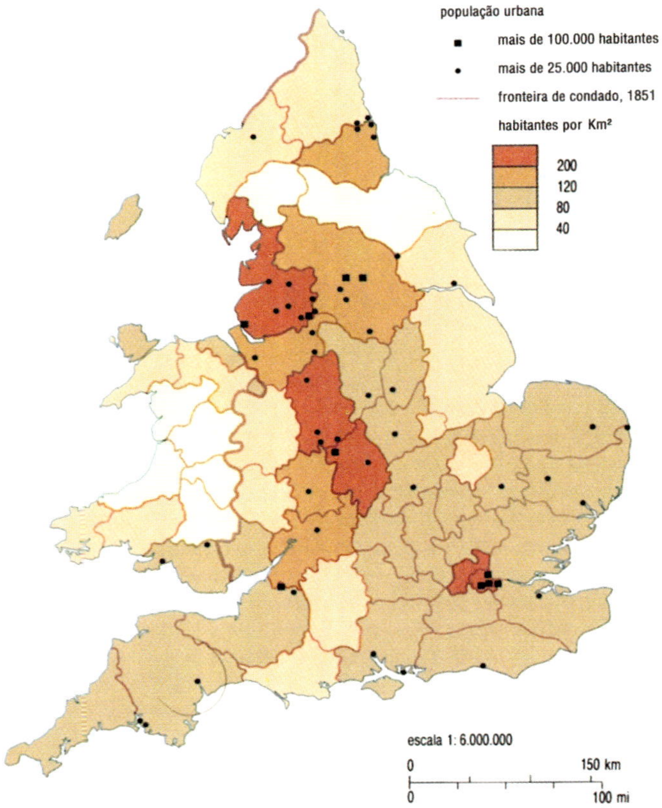

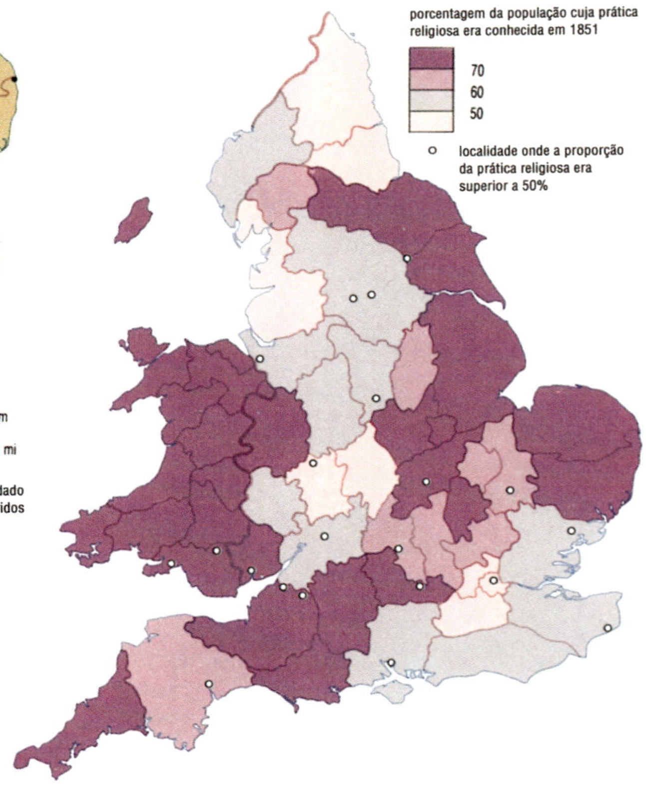

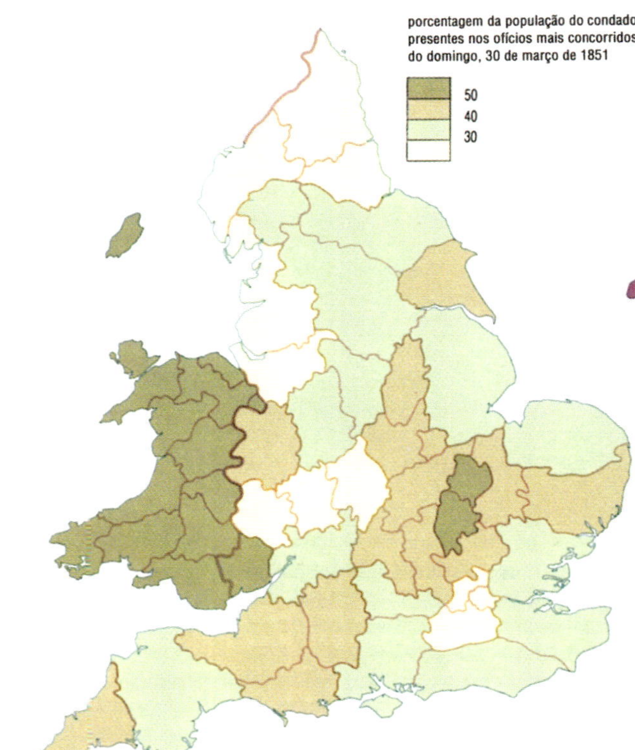

O culto religioso na Inglaterra e no País de Gales em 1851
Em 1851, o governo britânico fez um censo religioso. De certo modo, não teve nada de surpreendente: as autoridades realizaram uma estatística como nunca se havia feito, e a situação das igrejas foi objeto de um acalorado debate. No entanto, a experiência não se repetiu. Apesar de algumas inconsistências graves (os dados escoceses eram especialmente pouco confiáveis), o censo forneceu dados de valor incomparável. Ao contrário do censo geral simultâneo, não era obrigatório para os ministros responder às perguntas que lhes eram feitas. Mas a maioria aceitou responder, embora nem sempre de maneira completa ou exata, dando o número de lugares públicos utilizados para o culto, os assentos que continham, e a quantidade de pessoas presentes em cada serviço do dia 30 de março de 1851. Quando em 1854 se publicaram os números, tentou-se calcular que porcentagem de população podia haver ido à igreja mas não o fez, qual era a atenção religiosa dispensada nas diferentes regiões, que tamanho tinham os grupos religiosos e se os números destes diminuíam ou aumentavam. Londres revelou uma assistência muito pobre. A Igreja da Inglaterra se mostrou mais forte no Leste e no Sudeste, com dissidentes nas cidades. O número destes foi maior do que se havia pensado.

converteram em algo cada vez mais remoto. A ignorância do cristianismo e a hostilidade a ele foram crescendo, e a assistência aos cultos continuou a cair.

As respostas dos cristãos decididos a manter sua fé diante das mudanças econômicas e sociais foram diversas. Nas áreas protestantes, uma das respostas consistiu na multiplicação de novas seitas ou grupos. Isso foi evidente na Grã-Bretanha, onde batistas, congregacionistas e metodistas cresceram rapidamente a partir de 1850 nas áreas mal servidas pela Igreja Anglicana. No final do século, entraram em cena outras seitas, como o Exército da Salvação. A rápida expansão de capelas e lugares de encontro ilustrou a importância de estabelecer uma presença física nas cidades. Na Grã-Bretanha, para muitos que em outras condições teriam rejeitado qualquer religião, o inconformismo e o catolicismo (no caso dos imigrantes irlandeses) proporcionaram a oportunidade de vincular-se a uma comunidade em que a crítica das instituições políticas e religiosas se combinava com um sentimento de camaradagem e de vigorosa fé cristã. Embora o laicismo militante não tenha deixado de existir, seu poder de atra-

Abaixo destas linhas. Joanna Southcott (1750-1814), que aqui aparece "excomungando os bispos", era filha de um fazendeiro de Devonshire, profetisa e propagandista religiosa que encabeçou um movimento de "southcottianas".

Abaixo. Tal como sugere esta pintura, as mulheres e as crianças constituíam em todas as partes a grande maioria dos cristãos praticantes. A ida à igreja, amiúde rotineira, oferecia, no entanto, oportunidades para todos os tipos de atividades sociais.

ção era limitado, e na Grã-Bretanha, no final do século XIX, o socialismo se havia arraigado profundamente no cristianismo das classes trabalhadoras. Uma vez reorganizada a Igreja Anglicana, ela participou também da concorrência entre as diversas confissões, e até chegou a recuperar parte do que perdera até 1840. Seu impacto foi reforçado pela evidência clara de uma consciência social; as tradições evangélicas reformistas foram desenvolvidas por leigos como o Lord Shaftesbury, e se estenderam em novas direções por obra do Socialismo Cristão de clérigos como F. D. Maurice.

No restante da Europa, esses ajustes não foram tão fáceis. Na Alemanha protestante, as seitas estavam menos desenvolvidas, e as Igrejas se transformaram num espaço das classes médias conservadoras. As classes trabalhadores desenvolveram sua própria cultura independente junto com um forte movimento socialista, indiferente à religião organizada. Alguns protestantes tentaram desenvolver em suas Igrejas um sentimento de compromisso social. A Missão Interior de Johann Wichern e, mais tarde, o Partido Social Cristão de Adolf Stocker recordavam certas experiências inglesas, mas tiveram um impacto muito limitado. Em meados do século, os católicos se mostraram muito mais sérios no tratamento dos problemas sociais. Também na França, muitas das novas ordens, como as Irmãs de Caridade, ou das organizações de leigos, como a Sociedade de São Vicente de Paulo, se dedicaram a tarefas similares. No entanto, o conservadorismo da hierarquia católica enfraqueceu de maneira muito séria as tentativas de fazer penetrar o cristianismo nas cidades. Na falta de um movimento paralelo ao dos inconformistas britânicos, amplos setores das classes médias e trabalhadoras da França se tornaram republicanos ou socialistas, em geral irreligiosos e com freqüência violentamente anticlericais.

A religião como opção individual

Em 1914, a assistência às igrejas e a observância religiosa tinham decaído em todas as partes, e a condição do clérigo era mais baixa que nunca, apesar das importantes melhoras na qualidade de sua formação. Havia mais sacerdotes e igrejas que em qualquer época desde 1790, e a literatura devota estava mais difundida que nunca. Mas era raro que os homens cultos e ambiciosos se fixassem na Igreja quando pensavam numa carreira. É que, para a maioria das pessoas, havia muito poucas necessidades que a Igreja pudesse satisfazer por si só. Os nascimentos, os casamentos e sobretudo os falecimentos ainda reuniam a família e os amigos na igreja, as festas oficiais continuavam a ser em grande parte as do calendário cristão, e as idéias e a cultura cristãs conformavam grande parte da educação popular, mesmo sendo a educação em si mesma o tema crucial da disputa entre Igrejas e Estados. No entanto, carentes de entusiasmo e de autêntico compromisso, essas formas ou costumes corriam o risco de transformar-se em pouco mais que simples hábitos rotineiros.

Mas o sentimento de compromisso não havia desaparecido. Pode-se dizer que no início do século XX, à medida que a obrigação de reger-se pelas normas religiosas desaparecia, a fé dos indivíduos e sua expressão prática se estreitavam com maior força. Essa era, na verdade, a chave da mudança produzida: o cristianismo se estava convertendo rapidamente numa opção individual, num mero assunto privado, e em alguns lugares já era considerado assim. Sobreviveu como base da comunidade, e com grande força, em países como a Irlanda ou a Polônia, onde a religião e o sentimento nacionalista estavam estreitamente entrelaçados; algo que nos demais lugares se diluía no pluralismo próprio da sociedade moderna. As circunstâncias políticas e sociais tendiam mais a enfraquecer do que a reforçar as associações, as crenças e a ética cristãs, e outras formas de associação secular e códigos de conduta alternativos competiam com força com as Igrejas na atração de seguidores. Embora a piedade individual fosse mais sincera, a verdade é que o cristianismo enquanto religião de amplas comunidades estava desaparecendo.

A EXPERIÊNCIA AFRICANA

Por volta de 1790, a atividade missionária havia chegado a seu nível mais baixo. A falta de fervor, característica das igrejas institucionalizadas da Europa, e a expulsão dos jesuítas tinham tido suas conseqüências, enquanto os que se tinham sentido atraídos pelas renovações evangélicas do século XVIII prestaram pouca atenção às missões estrangeiras. À exceção dos membros da histórica Igreja da Etiópia e dos coptas do vale do Nilo, os cristãos da África eram poucos, e a maioria, imigrantes brancos: colonos, soldados e comerciantes. Mesmo depois da formação das grandes sociedades protestantes da Europa e da América entre 1792 (a Sociedade Missionária Batista) e 1824 (a Sociedade de Berlim), a limitação dos conhecimentos geográficos e as dificuldades provocadas pelo clima e pelas doenças, especialmente na África ocidental, frearam a obra missionária até a década de 1840.

Primeiras missões no Cabo e na África ocidental

As primeiras tentativas modernas de difundir o cristianismo entre os africanos se iniciaram no cabo da Boa Esperança, onde já desde meados do século XVII havia uma colônia branca. Em 1792, os moravos reabriram sua missão em Baviaanskloof (Genadendal). Foram seguidos pela Sociedade Missionária de Londres, entre cujos estabelecimentos foram especialmente famosos o de Bethelsdorp, dirigido pelo holandês Johann van der Kemp, e o de Kuruman, encabeçado por Robert Moffat. Na África ocidental, os primeiros esforços contínuos foram, principalmente, os dos membros alemães da Sociedade Missionária da Igreja, a partir de 1804, e os dos wesleyanos, a partir de 1811, que operaram em Freetown e seus arredores.

Os primeiros êxitos na conversão de africanos se deveram em grande parte à associação da tarefa missionária com as atividades humanitárias. Em Serra Leoa, no momento em que a campanha pela supressão do comércio de escravos no Atlântico alcançava maior ressonância, a mensagem cristã se dirigiu principalmente aos antigos escravos que tinham regressado à África e a outros libertados, cada vez em maior número, dos navios negreiros capturados ao longo da costa. No Cabo, as missões ofereceram a muitos proteção contra as duras condições sociais e econômicas impostas pela sociedade branca dominante. O trabalho dos missionários em favor de uma igualdade de direitos civis e políticos, e seu papel de mestres ou conselheiros de comunidades nativas, como a dos griquas, os indispôs amiúde com os colonos e funcionários coloniais, mas atraiu milhares de africanos para o cristianismo.

Direita: Missões na África
O ressurgimento do evangelismo protestante deu origem ao moderno movimento missionário de ultramar na década de 1790, mas, com exceção de alguns centros estabelecidos pela Sociedade Missionária da Igreja, pelos wesleyanos e pela Sociedade Missionária de Londres em Serra Leoa e no Cabo da Boa Esperança, poucos caminhos abriram os europeus na África até 1830. Este mapa ilustra a cronologia da expansão missionária e sua distribuição geográfica. As marcas deixadas pelas antigas missões católicas eram poucas e exerceram pouca influência. A primeira grande onda de atividade se produziu entre 1830 e 1850, sobretudo na África ocidental. Seguindo as viagens de Livingstone, entre 1860 e 1880 se concentraram os esforços na África oriental e central. A época da divisão do continente entre as potências européias, depois de 1880, conheceu uma grande expansão, principalmente ao sul do Saara. No Norte, onde o islã era forte, a presença cristã foi sempre limitada e teve poucas repercussões. A expansão muçulmana para muitas regiões da África ocidental e oriental a partir de 1860 preocupou seriamente os cristãos de todos os grupos.

Esquerda. "Tua palavra é uma luz a meus pés que ilumina meu caminho. Amo teus mandamentos mais que ao ouro, sim, mais que ao ouro fino." Esta inscrição na moldura do quadro de Barber era amplamente representativa do sentimento britânico de progresso, prosperidade e poder. A Grã-Bretanha do século XIX prosperou porque era um país cristão, protestante e livre, ou seja, a religião verdadeira e a conduta virtuosa eram recompensadas pela Providencia. Mas essa boa fortuna implicava obrigações para com os desafortunados. A tarefa missionária cristã era também um dever nacional, simbolizado aqui pelo gesto da rainha Vitória, e a convição de que a expansão ultramarina da Grã-Bretanha contribuía para difundir a civilização cristã era profunda. Ainda que bastante verdadeiro, esse idealismo ignorava inevitavelmente grande parte dos problemas internos britânicos, e amiúde era obscurecido pela brutalidade, corrupção e arrogância em que incorreram os artífices do processo de expansão e de domínio colonial europeus.

Direita. George Grenfell (1849-1906), profundo observador dos povos africanos e de seus costumes, foi, com muitos outros batistas, um defensor da rápida evangelização de áreas como a bacia do Congo, ainda não alcançada pelos estabelecimentos e pelo comércio europeus.

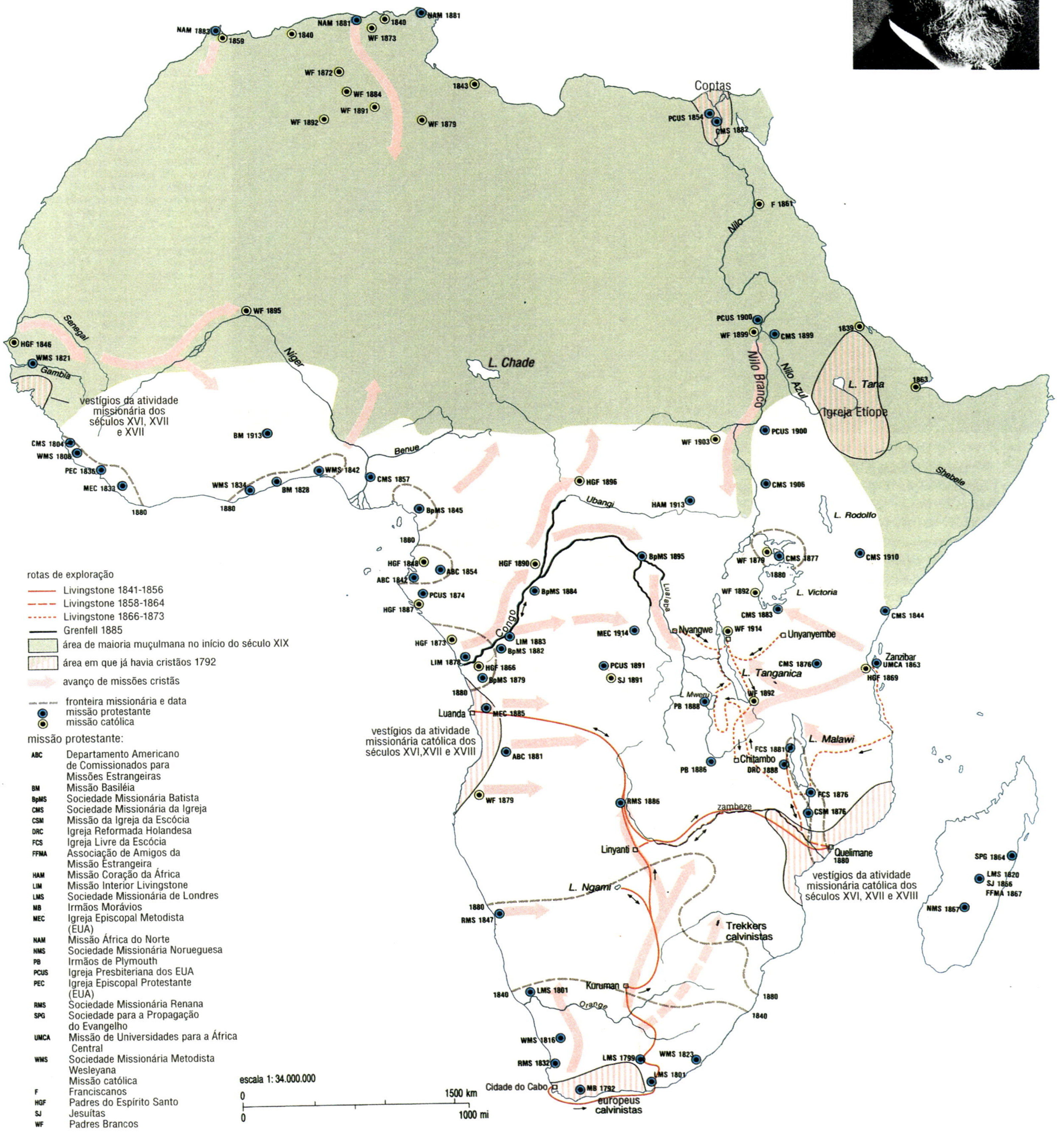

O doutor David Livingstone foi talvez o mais destacado dos heróis missionários vitorianos. Suas viagens épicas através da África entre 1853 e 1856 e suas exatas observações geográficas foram seguidas com enorme interesse. Foi amplamente compartilhada sua convicção de que o comércio "legítimo" e o cristianismo podiam avançar juntos, acabando com o tráfico de escravos e aliviando assim a pobreza material e espiritual da África. Seu desaparecimento e posterior encontro com o jornalista norte-americano Henry Morton Stanley, bem como sua morte em Ujiji, despertaram um imenso interesse popular. O coração de Livingstone foi enterrado na África, e seu corpo, na Abadia de Westminster. A Missão Universitária na África Central e a atividade missionária escocesa em Nyasalândia (hoje Malaui) se inspiraram diretamente em sua obra.

A difusão se deveu, pois, tanto às condições concretas das sociedades africanas como aos esforços das missões estrangeiras. Seu poder de atração oferecia um duplo aspecto. Aos humildes propunha um novo quadro de valores e crenças que podia fazer com que seu mundo fosse mais compreensível, e dotá-los de maior confiança não só no apoio da comunidade, mas também em sua capacidade de controlar os acontecimentos. Outros tiveram uma visão mais diretamente utilitária: o cristianismo era com freqüência visto em associação com vantagens materiais e práticas, que podiam traduzir-se numa sociedade mais justa ou na possibilidade de uma educação e de uma formação que tivessem reflexo na melhoria da condição pessoal. Os próprios missionários estrangeiros dependiam em grande medida da boa vontade e da assistência africanas. Não só pediam permissão às autoridades locais para estabelecer-se e ensinar; a própria evangelização não teria podido progredir sem a existência de simpatizantes e catequistas nativos que desempenhavam as tarefas de intérpretes, tradutores, mediadores, trabalhadores e companheiros.

Aumento da atividade em meados do século XIX

Essas diferentes formas de interação e interdependência foram perfeitamente ilustradas na segunda fase de expansão, entre 1840 e 1880. Seguindo a obra da missão Suíça Basel e da britânica wesleyana na Costa do Ouro, as sociedades missionárias começaram a dedicar-se cada vez mais à evangelização das regiões interiores. Três fatos principais alentaram essa mudança de orientação. As missões protestantes, principalmente as britânicas, eram nessa época muito fortes, ricas e respeitáveis: a Sociedade Missionária da Igreja, com a bênção de muitos bispos e uma média de rendas anuais de 80.000 libras em 1840, havia dado um grande salto desde a sua situação empobrecida de 1800. O rápido crescimento do comércio europeu de óleo de palmeira com a África ocidental estimulou a esperança de que viesse a substituir o comércio de escravos e de que promovesse, assim, algumas condições sociais e econômicas mais propícias para a atividade missionária. Finalmente, os conversos africanos de Serra Leoa começaram em 1830 a regressar a seus países de origem. Muitos eram iorubás do Oeste da Nigéria, e logo solicitaram a presença de missionários. O avanço protestante que então começou na Nigéria coincidiu com o início da expansão missionária na África oriental e em Zanzibar.

Junto com essa atividade expansiva, desenvolveu-se uma nova e coerente interpretação da estratégia missionária. Com a convicção de que o mundo era ordenado para a consecução dos desígnios de Deus, entre os quais ocupava lugar de destaque a conversão de seu povo ao cristianismo, os evangélicos vieram a considerar o comércio como o principal mecanismo para romper o isolamento das comunidades pagãs e abrir venturosamente o caminho para o Evangelho. O progresso alcançado em Serra Leoa parecia demonstrar que comércio e cristianismo podiam andar juntos. Além disso, o crescente número de cristãos africanos cultos tornava algumas igrejas locais capazes de financiar-se, governar-se e até propagar-se por si mesmas. Dessa maneira, os recursos das missões estrangeiras podiam ficar livres para ser aplicados a novas evangelizações, e até tornar-se desnecessários: a transição da missão estrangeira para a igreja local se realizaria sem conflito. Era uma visão totalmente européia que concordava em grande medida com as próprias aspirações africanas.

Talvez o propagandista mais importante do "comércio e cristianismo" tenha sido David Livingstone. Suas viagens épicas realçaram as dimensões da tarefa por realizar, mas proporcionaram conhecimento e inspiração para o futuro. Eclesiásticos de muitos países responderam a esse desafio, desde as Missões Universitárias na África central até os escoceses, que fizeram de Nyasalandia (Malaui) seu território de ação. A estratégia pareceu dar frutos quando em 1864 Samuel Ajayi Crowther foi consagrado bispo anglicano: não só era o primeiro prelado africano, mas também estendeu sua diocese pela via comercial do rio Níger. Esses anos conheceram também o renascimento das missões católicas na África: os Padres do Espírito Santo (1848), a Sociedade de Missões Africanas (1856) e, especialmente no Leste, os Padres Brancos, fundados pelo cardeal Lavigerie em 1868.

O otimismo de meados de século não durou muito, porque o progresso parecia lento e os resultados, imperfeitos. Até na África ocidental estava claro que os missionários eram bem acolhidos mais pela educação e outros benefícios práticos do que por seu cristianismo. Na África central e oriental, o tipo de organização social e econômica amiúde fez com que a estratégia do "comércio" fosse irrelevante. Durante muito tempo, e com independência do grupo religioso a que pertenciam, os postos missionários permaneceram isolados da sociedade local africana. Os conversos e aderidos procediam amiúde de lugares distantes e eram gente desvinculada de sua sociedade tribal por diversas razões; gente a que as missões proporcionavam amiúde emprego ou terras. Os governantes africanos costumavam manter-se afastados dos missionários, por indiferença ou por desconfiança. A sorte de missionários e conversos flutuava não só com o fervor e as contribuições dos cristãos da metrópole, mas também com as mudanças econômicas e políticas que se produziam dentro das comunidades africanas e entre elas.

Recorreu-se a outras estratégias. Influenciados em parte pelo despertar norte-americano e por uma nova teologia milenarista, muitos rejeitaram as velhas idéias ligadas à ocidentalização e às conversões uniformes. Os protestantes, sobretudo, recorreram a uma aproximação mais individualista e apostólica, deixando as escolas e a construção e administração de igrejas em troca de uma "rápida evangelização do mundo nesta geração". Por outro lado, comprovou-se que o cristianismo se difundia com maior rapidez nas sociedades indígenas em crise, em cujo seio as crenças tradicionais estavam sendo destruídas por desastres ecológicos ou de outro tipo. Em conseqüência, as missões estrangeiras apareciam aliadas aos representantes dos poderes seculares que viam o futuro da África em termos de uma dominação européia que substituiria as próprias organizações indígenas.

As lutas pela influência

Os missionários se viram detidos entre os conflitos e tensões que precipitaram a divisão territorial da África entre as potências européias a partir de 1880. À medida que o número de missionários aumentava, começavam também a competir entre si, tal como os comerciantes e os governos, protestantes contra católicos, fé evangélica contra outros grupos já assentados. As administrações coloniais entenderam logo o valor da obra missionária para o respaldo da influência européia. Até um agnóstico confesso pôde dizer que "cada posto missionário é um empenho de colonização", e agradecer as economias que supunham para o governo. No entanto, deplorou-se o conflito que opunha aos missionários de diferentes confissões, e em nome da paz, da estabilidade e do "prestígio" os governos começaram a distribuir as diversas áreas entre os diferentes grupos, e favoreceram alguns – especialmente os do próprio país – em detrimento de outros. Em 1914, as divisões missionárias do cristianismo ocidental e as rivalidades nacionais européias apareciam entrelaçadas em toda a África. No Estado Livre do Congo, por exemplo, os batistas e os presbiterianos britânicos ou norte-americanos tiveram limitada sua atividade em beneficio dos missionários católicos, em conseqüência de um acordo entre o governo e o Vaticano.

A evidente relação de grande parte dos empreendimentos missionários com a conquista e o progressivo estabelecimento da administração colonial foi para muitos africanos a última fase de um processo geral de subordinação. A crítica e os métodos dos missionários de meados do século XIX foram seguidos com freqüência por passos para a manutenção ou até a restauração do poder branco sobre as igrejas, pela restrição do papel do laicato africano e pela limitação do acesso dos nativos a postos de responsabilidade eclesiástica ou pastoral. Durante um tempo, a possibilidade de criar novas províncias da Igreja Católica ou novas Igrejas protestantes autogovernadas foi algo muito remoto, e o desenvolvimento de um clero africano retrocedeu. Os Padres Brancos, católicos, só formaram dois sacerdotes de seu seminário de Nyanza em 1914, vinte e um anos depois de sua fundação. Embora isso se devesse em grande parte às exigências do celibato e de uma educação católica romana, o resultado no campo protestante foi só ligeiramente melhor.

De qualquer forma, embora a crescente identificação das missões com o Estado colonial e o desenvolvimento de atitudes menos tolerantes e mais pró-européias tenham sido outras tantas causas de alguns atritos nas Igrejas e comunidades cristãs, não impediram de maneira significativa a expansão do próprio cristianismo. Desde o princípio, essa expansão havia seguido caminhos humildes ou informais. Logo os missionários se dedicaram ao aprendizado das línguas e dialetos locais e a passar algumas delas para a escrita e proporcionar traduções vernáculas da Bíblia. Por outro lado, junto com as notícias do homem branco, as idéias e a literatura cristã se tinham introduzido antes de qualquer evangelização formal; mesmo quando esta já se havia iniciado, para a maioria dos africanos era reapresentada pelo pequeno posto missionário, afastado da missão central e dirigido por catequistas africanos. Assim, nunca foi possível identificar totalmente cristianismo com missionários brancos: a maioria das vezes ele se propagava pelos próprios africanos entre seus próprios povos e com seus próprios métodos.

De importância similar para essa expansão foi a inadequação das crenças indígenas à nova ordem colonial. Isso se demonstrou às vezes de maneira muito clara. Quando os ijebus da Nigéria ocidental lutaram com os britânicos em 1892, e quando as tribos do Sul de Tanganica (Tanzânia) enfrentaram os alemães em 1905, mostraram idêntica confiança na vitória. E nos dois casos as graves derrotas foram seguidas do abandono dos espíritos e da magia que não tinham sabido protegê-los, e por conversões em massa ao cristianismo. O ressentimento pela conquista não impedia que os africanos buscassem participar das fontes religiosas que davam força a seus conquistadores. No entanto, as religiões tradicionais se foram erodindo também

Esquerda. Mombasa em 1901. Uma reunião tão numerosa de missionários não era comum. Apesar da indumentária, própria da metrópole, os chapéus delatan os conselhos médicos que recomendavam o feltro e a palha para proteger-se da insolação. Note-se o "intruso" africano.

Direita. As missões presbiterianas escocesas eram especialmente famosas por sua insistência nas técnicas ocidentais e na formação prática. Construída com materiais e mão-de-obra locais, esta missão faz poucas concessões à sua localização em Nyasalândia. A relativa riqueza que revela, ainda que possivelmente adequada à missão central de uma capital colonial, era suscetível, em lugares isolados, de atrair a inveja e a hostilidade das pessoas.

Direita. As sociedades plurais como a de Maurício apresentavam dificuldades especiais para os cristãos. Sua população era claramente dividida e rigidamente estratificada sobre bases econômicas e culturais. Grandes fazendeiros brancos estabelecidos havia muito tempo, de língua francesa e religião católica, ressentidos com o domínio britânico e a intrusão de uma elite protestante branca rival; ex-escravos africanos e seus descendentes; trabalhadores indianos imigrados, e uma classe média que incluía a maioria dos brancos nascidos ali: todos esses grupos tinham muito pouco em comum, com o que a variedade de religiões e de Igrejas era inevitável. A ambição ou auto-estima de cada comunidade cristã exigia que ela tivesse seus próprios sacerdotes para interpretar a mensagem bíblica, não só na língua familiar, mas também num idioma aceitável.

por caminhos menos dramáticos. O domínio colonial trouxe consigo uma grande mobilidade e um sentimento crescente da existência de um mundo mais amplo: deduziu-se que o cristianismo, tanto em sua concepção como na organização eclesiástica, era mais apropriado para essa sociedade em grande escala que as crenças indígenas, demasiado localizadas. Também a medicina foi desde o início considerada como um auxiliar útil dos esforços missionários: com o tempo, esse critério favoreceu a fundação de missões médicas e o surgimento do mais profissional médico missionário, além de estimular pesquisas científicas sobre as doenças. Essas atitudes, combinadas com as crenças cristãs na outra vida, foram reduzindo lentamente a influência do bruxo ou do médium, e relegando as crenças mágicas.

Igrejas independentes africanas

No entanto, o crescimento do cristianismo na África não pode ser entendido simplesmente em termos de uma incorporação progressiva de novos membros a Igrejas estrangeiras, com o conseguinte triunfo de uma religião essencialmente moderna e superior. Os africanos, ante a falta de capacidade ou de vontade das organizações missionárias para dar forma a suas aspirações à autoliderança e ao progresso da comunidade, desfizeram-se às vezes de tais controles e fundaram suas próprias Igrejas independentes, como a antiga Pastoral Delta, da Nigéria, ou a Igreja Batista Nativa. A Igreja Metodista Episcopal Africana (apesar de sua conexão norte-americana) se estendeu pelo Sul e pelo Centro do continente, junto com outros grupos de características similares. Nas sociedades coloniais dominadas pelos brancos, as Igrejas independentes gozaram de especial influência: na África do Sul, onde a Igreja Reformada Holandesa branca estava intimamente ligada ao regime totalitário, aquelas confissões representavam cerca de 25 por cento dos cristãos negros. Outros aspectos da inadequação das instituições do cristianismo ocidental conduziram os africanos a tomar a iniciativa. A constante escassez de recursos das missões em homens e dinheiro, que sempre foi uma dura prova para seu desenvolvimento, representou ao mesmo tempo uma oportunidade para os africanos. Essas dificuldades de provisões foram particularmente agudas durante a Primeira Guerra

Esquerda. Nas congregações dispersas e isoladas, com pouco clero disponível, os problemas eram numerosos, a começar pelo abastecimento. Uma das respostas consistia no tradicional uso de mulas, como se vê aqui no transporte de um clérigo no Norte do Transvaal.

Abaixo. A difusão do cristianismo era inseparável da extensão da alfabetização. Os missionários, especialmente os protestantes, insistiam na necessidade de familiarizar-se com a Bíblia, e a literatura cristã era amiúde mais abundante que os próprios missionários ou os conversos. Com freqüência os africanos davam uma boa acolhida à formação missionária, ainda que fossem indiferentes a seu conteúdo religioso. Até meados do século XX, as escolas primárias da África negra foram quase exclusivamente responsabilidade das sociedades missionárias, e foram em grande parte dirigidas por cristãos africanos.

Mundial: a impossibilidade de substituir o pessoal das missões e o internamento ou expulsão dos súditos inimigos pelos governos coloniais amiúde deslocaram todo o peso da sustentação da vida cristã para os próprios cristãos africanos. Em muitas zonas rurais, e especialmente nas cidades em rápida expansão, no século XX, os africanos atenderam a suas próprias necessidades, com o resultado de que surgiram Igrejas verdadeiramente independentes, e não simplesmente separadas. Tal foi o caso da Igreja da União, fundada na década de 1920 em Copperbelt.

As tradições de separatismo e independência tinham uma longa história nas Igrejas protestantes ocidentais; dessas mesmas raízes, e, concretamente, de certos grupos como os metodistas, surgiu a independência de certas confissões da África. Neste continente, como na Europa, os estímulos para a independência tinham sua base em necessidades teológicas ou litúrgicas, bem como nos descontentamentos institucionais. Durante muito tempo, a maioria dos missionários estrangeiros se mostrou muito preocupada em intensificar a transformação cultural que o cristianismo implicava e o abismo que o separava da religião africana tradicional. A ignorância das crenças africanas e o desprezo pelas práticas pagãs deixavam pouco espaço em suas mentes para um cruzamento fértil, e os fazia insensíveis a alguns aspectos destrutivos ou desmoralizadores do impacto colonial. Naturalmente, houve amplas zonas da experiência africana em que a atividade missionária e a religião formal das sociedades industrializadas foram mais acopladas. As Igrejas independentes tiveram seu lugar dentro da ampla tradição do profeta cristão, cuja tarefa implicava alertar a sociedade sobre as causas do descontentamento presente, idealizar meios de reforma e regeneração e inspirar uma nova unidade ou compromisso espiritual. As carreiras dos profetas Garrick Braide e William Harris na África ocidental entre 1913 e 1917, e de Simon Kimbangu no Congo, ilustram não só a imensa audiência que obtiveram esses homens, mas também as tendências dos missionários a ignorar os paralelismos com os pregadores e *revivals* em seus próprios países. Ao contrário, o entusiasmo emocional, as visões apocalípticas e os rumores sobre milagres puseram em guarda tanto os católicos como os protestantes, diante do temor de um abandono geral da autodisciplina e de uma queda na superstição. De modo semelhante, as Igrejas independentes insistiram sobretudo na purificação espiritual, acharam um lugar na liturgia para os cantos e danças tradicionais, e fundaram centros de peregrinação e retiro, elementos demasiado freqüentemente excluídos pelas Igrejas que seguiam os modelos ocidentais.

Nestas, os missionários começaram a ampliar sua visão da revelação cristã e a desenvolver uma maior simpatia e flexibilidade para com as preocupações africanas. Sinais disso se tornaram evidentes antes da guerra de 1914, como, por exemplo, nos debates que tiveram lugar na Conferência de Edimburgo de 1910. A crescente subordinação das diferenças de grupo ao reconhecimento de um objetivo comum entre os cristãos ocidentais foi o prelúdio necessário de uma maior tolerância com a variedade do cristianismo africano. A década de 1930 conheceu uma renovação das tentativas de promover um clero nativo, como resultado de uma maior escassez de recursos e do crescente número de cristãos africanos. As sociedades metropolitanas prestaram uma atenção cada vez maior à educação dos novos missionários, com o fim de que aprendessem algo da sociedade e da cultura africanas, e, ainda que os eclesiásticos não atuassem como representantes dos interesses africanos nos conselhos dos governos coloniais, em muitos casos se mostraram críticos da política colonial. Às vezes essa crítica foi aberta e clamorosa e envolveu a opinião pública da metrópole: nesse sentido, desempenharam um papel destacado J. H. Oldhan e outros no Quênia dos anos vinte, e o reverendo L. J. Beecher nos anos quarenta. Mas mais freqüentemente o tratamento preferido pelas missões consistiu numa política de cooperação urdida por influências que não se manifestavam abertamente. Essa cooperação era também a preferida dos governantes coloniais, os quais, assim como as autoridades africanas pré-coloniais, apreciavam os benefícios práticos, mas também viam as implicações revolucionárias do cristianismo para as sociedades africanas, e tentaram controlar a vida religiosa. Assim, impuseram-se sérias restrições às pregações e ensinamentos, especialmente nas zonas islâmicas, por temor aos protestos locais, com grande detrimento dos cristãos, que desde 1870 viam em Maomé seu grande competidor.

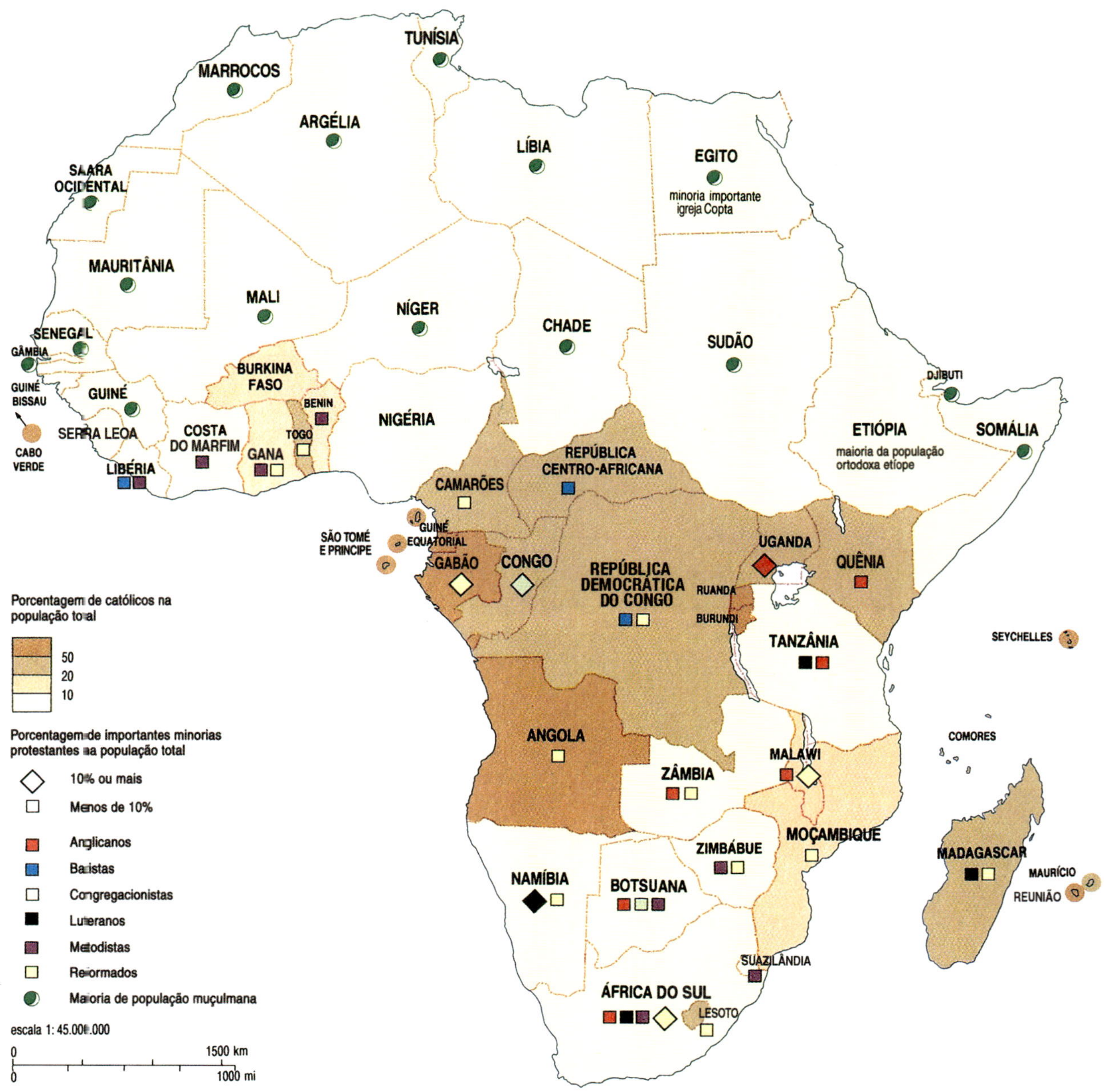

Esquerda: A distribuição das Igrejas na África de hoje
A distribuição atual das igrejas reflete ainda os modelos do passado colonial. Apesar de suas declarações em sentido contrário, os governos preferiam as missões de sua própria nacionalidade e de sua própria tendência religiosa. Os territórios franceses, como Madagascar, eram principalmente católicos, e os territórios britânicos, protestantes, ainda que houvesse importantes ordens católicas estabelecidas nas colônias britânicas da África oriental. A exclusividade nacionalista só foi perdendo força lentamente a p artir de 1918, quando as colônias alemãs foram confiadas à Sociedade de Nações, as demandas de educação aumentaram e os missionários norte-americanos já puderam atuar livremente. A distribuição das Igrejas independentes da África, ainda que com influências das sociedades africanas concretas, também se viram afetadas pela divisão colonial. As grandes concentrações se dão mais nas áreas protestantes que nas católicas, ou onde há uma importante população branca. O cristianismo teve também de contar com a presença do islã, que nesse século estendeu sua influência de maneira considerável.

A expansão do cristianismo a partir da independência
No entanto, nem os governos nem as sociedades missionárias podiam controlar o processo de expansão que sempre estava relacionado com as mudanças que se produziam na Igreja, no Estado e na sociedade. Primeiro as missões e depois as igrejas foram os grandes educadores. Os cristãos africanos instruídos, depois de desafiar o controle missionário das igrejas, tenderam progressivamente a exigir um lugar no governo secular. Com freqüência, atrás dos que encabeçavam os movimentos nacionalistas e independentistas da África se encontrava uma educação missionária, e a primeira geração de políticos e administradores da África independente – como Kaunda ou Senghor – havia tido formação cristã. Apesar da descolonização, os missionários estrangeiros aumentaram de cerca de 12.000 em 1925 para cerca de 40.000 em 1975. Os cristãos africanos, cerca de 12 milhões em 1939, são estimados agora em mais de 90 milhões, sendo católicos cerca de 44 por cento deles. Essas mesmas cifras tornaram necessária uma rápida expansão da organização eclesiástica e uma africanização do clero. Embora isso tenha sido algo mais difícil na Igreja Católica, também nela a mudança foi rápida a partir de 1960. Nesse sentido, os ensinamentos cristãos sobre questões como o matrimônio e a família, e a promoção da mulher estimulada pelas Igrejas, tiveram importantes repercussões sociais.

Os cristãos continuam a ser uma minoria da população da África. Grande parte deles está desigualmente distribuída pelo continente, e a provisão de organizações eclesiásticas formais, bem como de pessoal preparado, tampouco é uniforme. Com um seguimento, sobretudo, entre os pobres e os analfabetos, e milhares de frágeis e amiúde efêmeras Igrejas independentes, o cristianismo aparece às vezes como institucionalmente vacilante e ideologicamente confuso. A ambigüidade e o conflito continuam a caracterizar as relações entre Igrejas e governos nas "marxistas" Moçambique e Etiópia, na República Democrática do Congo, crítica das

Esquerda. Batinas e gorjeiras parecem o que há de mais apropiado para os coros das catedrais, embora aqui se tenham preferido tons mais austeros que os purpúreos, vermelhos e azuis da Europa. A fita vermelha dos membros do coro é um sinal de sua filiação à Escola Real Britânica de Música de Igreja. Uganda e sua capital, Kampala, foram centros importantes de atividade cristã a partir da década de 1880. A primeira pedra da catedral de Namirembe foi posta em 1901, e o templo foi consagrado em 1919; sua construção foi financiada em grande parte com contribuições dos kabakas de Buganda e de seus principais chefes. No entanto, a história das relações entre cristãos e dirigentes ugandeses não foi fácil. O assassinato do bispo Hannington e o dos conversos de Mwanga em 1885 e 1886 tiveram um reciente paralelismo no assassinato do arcebispo Luwun e outras atrocidades cometidas sob o governo de Idi Amin.

Acima. Originariamente chamada "província da liberdade" e fundada na década de 1780 por evangelizadores comprometidos com a luta pela abolição do comércio de escravos, Serra Leoa sempre esteve associada à expansão do cristianismo na África.

Esquerda. As Igrejas extra-européias foram com freqüência campo de experiências em matéria de liturgia ou de organização eclesiástica. No Quênia, a Conferência de Kikuyu (1913) provocou uma grande comoção ao promover a intercomunhão.

conexões estrangeiras dos cristãos, e na África do Sul, com suas interpretações contrapostas da tradição e da ética cristãs. Mas, por outro lado, a expansão continua com uma intensidade desconhecida no Ocidente. As Igrejas independentes mais importantes, como a Igreja Africana Ocidental do Senhor (Aladura), estão seguindo velhos modelos para a melhor organização de clero e escolas. As igrejas relacionadas com missões se mostram cada vez mais interessadas pelos problemas da desigualdade e do desenvolvimento social e econômico. A formação de uma tradição, seja no desenvolvimento de uma teologia e de uma história eclesiástica africanas, seja sob a forma de comemorações como a dos mártires de Uganda, contribuem para a cristalização e o reforço da fé. Desse modo, a África também pode ser contemplada como o mais vasto dos continentes cristãos.

Os cristãos na África do Sul

A sociedade sul-africana era uma sociedade profundamente dividida, comprometida com um sistema baseado na segregação racial, que afetava as principais áreas da vida. Esse sistema pretendia manter o monopólio branco do poder político e econômico em detrimento da maioria negra. Era inevitável que as Igrejas arrostassem questões fundamentais e imediatas referentes às relações com o Estado e à aplicação de um Evangelho universal de amor, liberdade e igualdade. Muitos cristãos brancos – especialmente da Igreja Reformada Holandesa, dominada por africânderes –, combinando com freqüência um conservadorismo extremado com uma concepção literal da Bíblia, acreditavam que a separação racial era justificada pelas Escrituras. Em 1857, os dirigentes dessa Igreja deixaram de lado os escrúpulos teológicos e aceitaram em princípio congregações separadas por raças. Entendido no princípio como exceção, isso se converteu em norma em 1881 com a criação da Igreja Missão, para as pessoas de cor. Em 21 de março de 1960, teve lugar em Sharpeville um protesto pacífico contra as "leis de passagem", uma das instituições mais odiadas do *apartheid*, que terminou com a morte de 69 manifestantes. O crescente mal-estar dentro do Conselho Mundial das Igrejas desembocou na decisão tomada em 1970 de apoiar os movimentos de libertação, como o Congresso Nacional Africano. A partir desse momento, uma nova geração de eclesiásticos negros, como o doutor Boesak ou o arcebispo Tutu, intensificou a pressão da Igreja cristã sobre o governo para que procedesse a uma mudança pacífica. A queda do *apartheid* se deu em 1991, e a pressão cristã ensejou um trabalho árduo para levar a efeito a reconciliação do país. Mostra disso é a criação da Comissão da Verdade e da Reconciliação que, fundada em 1995, foi presidida por Desmond Tutu. Assim, não resta dúvida de que a Igreja cristã desempenhou um papel-chave no desaparecimento do *apartheid* e na reconciliação posterior.

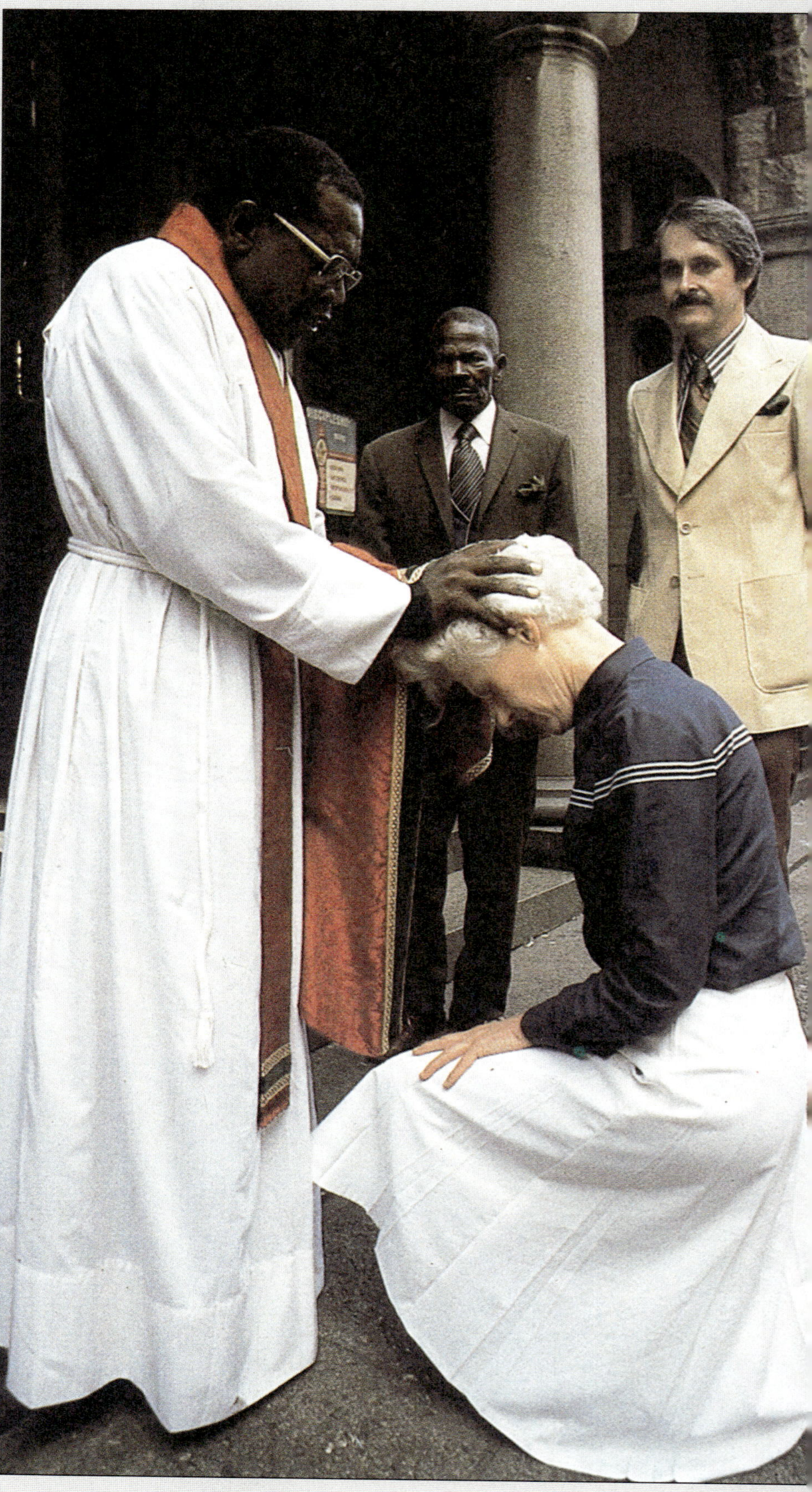

As Igrejas Anglicana *(direita)* e Católica *(acima)* lutaram, amiúde com êxito, por preservar o culto multirracial. Sobre a Catedral de Johannesburgo, Desmond Tutu escreveu: "Sempre me dá um nó na garganta pensar nas crianças de St. Mary, figuras do que poderia ser nossa sociedade se fosse sã e normal. Crianças de todas as raças brincando, rezando, aprendendo, até brigando juntas, exemplo quase único na África do Sul.

E... me ajoelhei na magnífica missa das 9.30, com seu incenso, seu toque de sinos e tudo o mais, contemplando a fila multirracial aproximando-se ao altar para receber a comunhão, o pão e o vinho oferecidos por um grupo misto de clérigos e leigos, com coro e acólitos multirraciais. Tudo isso na África do Sul do mais raivoso *apartheid*... Este foi o tremendo testemunho de St. Mary durante os últimos cinqüenta anos".

"A lealdade e a confissão últimas do cristão são para com Deus... não para com um sistema político. Se certas leis não estão na linha dos imperativos do Evangelho, o cristão deve levantar-se para rejeitá-las por todos os meios pacíficos. O cristianismo... tem conseqüências públicas, e nós devemos tomar decisões públicas. Muita gente crê que os cristãos devem permanecer neutros, ou que a Igreja deve ficar à margem. Mas numa situação de injustiça e opressão, como a que temos na África do Sul, não optar pela oposição equivale de fato a apoiar o poder, o explorador, o opressor" (D. M. Tutu, 1978).

A Igreja Reformada Holandesa conta com 1,4 milhão de membros brancos. Fortemente entrincheirada em diferentes níveis da sociedade, seu papel como elemento de coesão religiosa da comunidade de fala africâner foi estimulado por sua experiência sob o domínio britânico. Os membros que se afastam da linha podem ser tratados com dureza. Em 1963, o doutor Beyers Naude, destacado dirigente desta Igreja, fundou um instituto cristão para promover o debate multirracial e ecumênico sobre o *apartheid* e o cristianismo numa sociedade justa. Expulso de sua igreja, ele e seu instituto foram finalmente proibidos após a onda de agitação negra dos anos 1976-1977.

A sociedade missionária United Rhenish, uma entre tantas, começou a operar em 1829 com dois estabelecimentos, um deles em Stellenbosch. Sua bela igreja ainda se ergue nesta cidade *(acima)* e foi totalmente restaurada em 1978, embora da obra da sociedade se tenha encarregado a Igreja Reformada Holandesa em 1943. Os cristãos de raça negra somam 12-13 milhões, dos quais, aproximadamente, um terço pertence a Igrejas independentes dirigidas por negros *(esquerda)*. Estas são muito diferentes entre si, sobretudo em tamanho, e amiúde se dividem em duas categorias principais: as igrejas "etiópicas", que conservam muitas práticas e idéias de sua antecessora; e as "sionistas", que mesclam idéias cristãs com tradições africanas, dando especial atenção, por exemplo, às práticas de cura espiritual, profecia ou interpretação de sonhos. Individualmente consideradas, seu poder de convocação é limitado, e são tidas por marginais na luta pela reforma.

MISSÕES NA ÁSIA

Abaixo. A consagração de um bispo nativo permite augurar uma queda paulatina do papel das missões estrangeiras nas igrejas da Papua Nova Guiné. Entre os católicos, desde sua chegada em 1885, os missionários capuchinhos, os Padres de Montfort e os do Sagrado Coração foram os mais importantes.

Esquerda: Atividade religiosa e colonização européia na Ásia Dada a magnitude de sua tarefa, talvez seja difícil agora levar a sério os poucos missionários europeus que em 1790 se propuseram a converter a Ásia. Os seus próprios contemporâneos, como o reverendo Sydney Smith, se riram daqueles "pequenos destacamentos de maníacos... que mais beneficiam a nós com sua ausência que aos indianos com seus conselhos". Sua aparente temeridade só é explicável se se aceitar que defendiam uma teologia que considerava irrelevantes fatos como as grandes distâncias e o profundo arraigamento das religiões já existentes. Como o próprio William Carey assinalou em 1792, "este é um objetivo que estamos decididos a perseguir, não só pela Palavra de nosso Redentor, mas até por sentimentos humanitários, pois uma inclinação para a atividade consciente neste campo constituirá uma prova decisiva de que somos objeto da graça, e participantes desse espírito de benevolência universal e filantropia genuína que se manifesta de modo tão eminente nos atributos de Deus mesmo".

Uma terra de missão muito refratária

Para a maioria dos europeus espalhados por toda a Ásia no início do século XIX, a defesa e a propagação do cristianismo eram questões de pouca importância. Essa atitude reflete em parte uma ordem de prioridades comumente aceita. Durante as guerras napoleônicas (até 1815), a segurança das possessões coloniais e a proteção e expansão do comércio, preocupações até de tempos de paz, se revelaram mais urgentes que nunca. Essa falta de interesse, ainda quando reforçada por certo ceticismo em voga, era também um sinal de prudência. A segurança e o comércio podiam ser obtidos pela força, mas era melhor mantê-los mediante a cooperação e evitando os conflitos. Embora muitos europeus informados se mostrassem muito críticos com respeito às culturas e aos Estados asiáticos, a maioria não via nenhuma vantagem em provocar os "conservadores" hindus ou os muçulmanos "fanáticos" estimulando um agressivo proselitismo cristão.

Este foi, com toda a certeza, o caso da Índia. Embora os britânicos administrassem amplas zonas do subcontinente através da Companhia das Índias Orientais, até 1813 os missionários eram proibidos de trabalhar nesses territórios. Os estabelecimentos portugueses e franceses da Índia se viram seriamente afetados pelo retrocesso da obra missionária católica no século XVIII, e as quatro diocese portuguesas permaneceram com freqüência vacantes. Apenas nos estabelecimentos dinamarqueses de Tranquebar e Serampore se estimulou oficialmente a evangelização, e pelo menos no Sul, com a ajuda da instituição inglesa Sociedade para a Promoção do Conhecimento Cristão, os missionários luteranos obtiveram um importante número de conversos.

Direita. A peregrinação sempre teve uma importância ao mesmo tempo simbólica e prática para as principais religiões do mundo. Assim como Benarés, às margens do Ganges, atrai os hindus, para muitos indianos cristãos, concentrados principalmente no Sul e com freqüência bastante pobres para apreciar a tradicional ajuda que se presta aos peregrinos, os lugares de especial significado incluem o Templo de Santo Tomás em Mylapore, perto de Madras.

Em todas as partes, as possibilidades de estabelecimento do cristianismo dependiam diretamente da vontade dos governantes não europeus, e estes eram ainda mais estritos. À exceção do pequeno enclave holandês tolerado em Deshima, perto de Nagasáqui, o Japão estava totalmente fechado para os ocidentais. Na China, sua presença ficou confinada aos intercâmbios comerciais de Cantão e à colônia portuguesa de Macau. Em ambos os países, o cristianismo foi posto fora da lei, e tinham ocorrido duras perseguições destinadas a erradicar as marcas da antiga atividade católica. As missões calvinistas holandesas do Ceilão, de Java e de outros lugares da Indonésia, nunca muito consolidadas, tinham decaído notavelmente em 1800. A maior parte de seus esforços se dirigiu a minar a obra dos católicos que os haviam precedido, atividade na qual (exceto em Amboina) fracassaram claramente. No Ceilão, nas Filipinas espanholas e em parte do Vietnã, as numerosas comunidades católicas nativas se mantiveram. No entanto, nas demais regiões da Ásia meridional e oriental o cristianismo, em qualquer de suas formas, foi praticamente inexistente.

Embora isso fosse resultado de determinados interesses estratégicos e comerciais e da decadência do fervor missionário, também se deveu, em parte, ao limitado alcance da evangelização européia, até a de sua melhor época, no início do século XVIII. Foi, além disso, conseqüência da habitual impermeabilidade de sociedades como a européia com respeito à sua própria história religiosa. O islã, o budismo, o confucionismo, o hinduísmo, o xintoísmo e o taoísmo impregnavam profundamente as relações sociais, as práticas comunitárias, as instituições e as tradições literárias, dificultando qualquer aproximação, especialmente do estilo individualista preferido pelos protestantes. E, uma vez que a adaptação das práticas católicas às das sociedades asiáticas foi formalmente condenada, em conseqüência de certos pronunciamentos papais da década de 1740 sobre os ritos chinês e malabar, as possibilidades de implantar o cristianismo ficaram ainda mais limitadas.

No entanto, o século XIX e as primeiras décadas do XX conheceram uma expansão maciça da atividade cristã na Ásia, que começou na década de 1790. O famoso trio de missionários batistas William Carey, Joshua Marshman e William Ward se estabeleceu em 1799 em Serampore, não longe do centro inglês de Calcutá, e sua propaganda exerceu uma ampla influência fora dos limites do estabelecimento. A própria Companhia das Índias Orientais não ficou à margem da renovação evangélica britânica. Seus chefes começaram a fechar os olhos para a atividade missionária, e até alguns de seus capelães se comprometeram com ela. Em Cantão, Robert Morison começou a evangelizar e a trabalhar na primeira Bíblia em chinês, sendo tradutor da Companhia. A revisão dos estatutos da Companhia em 1813 permitiu aos missionários trabalhar sob autorização em seus territórios. Em 1833, concedeu-se-lhes liberdade total de atuação. A renovação das missões católicas que se deu a partir de 1840 teve importantes efeitos na Ásia, e em 1910 só o Afeganistão, o Nepal e o Tibete permaneciam fechados para os missionários. Em alguns aspectos, esses esforços foram recompensados, como na revitalização das antigas comunidades cristãs e na obtenção de novas conversões. No entanto, a indiferença maciça e a hostilidade violenta continuaram a ser as reações características dos asiáticos diante do cristianismo, com o resultado de que os conversos raras vezes adquiriram uma situação social proeminente ou tiveram uma influência política comparável à dos cristãos africanos.

Lentos progressos na Índia

Na Índia, o crescente interesse da administração pela reforma da sociedade e pelas instituições nativas foi paralelo à crescente condenação evangélica da religião e da moral indianas, e ao entusiasmo pelas conversões. Os conflitos e as desconfianças mútuas entre eclesiásticos e administradores seculares persistiram como em outros muitos países. Não obstante, à medida que a intervenção do governo se estendia e o Semd, o Punjab e o Oudh caíam sob domínio britânico, o âmbito das operações missionárias se ampliava e se constituíam hierarquias eclesiásticas. As missões se estenderam rapidamente pelo Sul e pelo Oeste, avançando com mais lentidão pela Índia central e setentrional: a Sociedade Missionária da Igreja Anglicana, por exemplo, só chegou a Amristar em 1852, e a Peshawar em 1855. Em 1814, em Calcutá, e em 1835, em Madrás, se estabeleceram bispados anglicanos, e em 1866 os católicos organizaram finalmente sua hierarquia para a Índia e o Ceilão. Também na primeira metade do século se desenvolveram as estratégias missionárias. De início se insistia na pregação e no ensinamento nas línguas vernáculas através das escolas missionárias das povoações. No entanto, sob a influência do presbiteriano escocês Alexander Duff, a partir de 1830 se deu preferência ao ensinamento superior, com a intenção de atrair as elites intelectuais indianas e assim olhar de cima para as religiões nativas.

É importante não exagerar a importância desses esforços. Em 1851, havia 19 sociedades protestantes operando na Índia, com um total de 400 missionários ordenados, para uma população de quase 200 milhões de habitantes. Os resultados eram os seguintes: no mesmo ano, o número de conversos protestantes é de 91.000, a maioria dos quais nas províncias meridionais. Em vez de conseguir adeptos entre as classes altas, a política educativa das missões estimulou a reforma e a renovação das crenças muçulmanas e hindu. Os cristãos constituíam uma exígua minoria entre os que recebiam educação ocidental, especialmente quando as escolas, com a ajuda financeira do governo, começaram a estender-se rapidamente a partir de 1850. No distrito de Bombaim, em 1880, os cristãos nativos representavam somente 1,9 por cento da população universitária, e 8,9 por cento dos alunos das escolas primárias e secundárias.

A expansão do cristianismo a partir de 1870, no entanto, foi mais importante. As crescentes críticas que despertavam tanto sua estratégia como sua falta de realizações levaram as missões a concentrar seu inte-

Acima. James Hudson Taylor foi o fundador da Missão da China Interior (1865), iniciativa popular resultante da reação às divisões de grupos, à burocracia e à centralização que caracterizavam as missões européias. Tinha de ser plurieclesial e dirigida à China; seus missionários tinham de participar do estilo de vida chinês até onde fosse possível, e promover uma evangelização itinerante e rápida, sem edificar estranhas construções permanentes.

Esquerda: Atividade missionária na China e no Japão até 1920
Entre 1880 e 1900, teve lugar no Extremo Oriente uma grande expansão da atividade cristã, inspirada pelo ressurgimento evangélico mundial associado às Conferências Keswick e ao Movimento Voluntário de Estudantes. Uma das fontes da confiança missionária radicava na convicção de que a história e um Deus intervencionista estavam do seu lado. William Cassels, um dos famosos "sete de Cambridge", grupo que se dirigiou à China em 1885, escreveu pouco depois de sua chegada: "como meu coração se eleva a Deus à vista dessas multidões de chineses; que Ele queira manifestar esu poder entre nós, que rapidamente inunde este lugar com uma torrente de bênçães. E por que não? Se há torrentes na natureza que alagam regiões enteras, por que não uma torrente de graça?" Como bispo da China ocidental, às vésperas da revolução de 1911 escreveu: "Sinto-me impaciente diante da idéia de que é provável que Deus utilize toda esta agitação para estender seu reino e o progresso da Igreja. A rebelião de Taiping e a explosão bóxer tiveram seu papel no desmantelamento da idolatria, no abalo dos velhos alicerces e na preparação para o estabelecimento do reino de Deus. Esta nova agitação pode fazer progredir nossa obra".

resse, mais uma vez, naqueles grupos nos quais sempre haviam tido maior impacto: os habitantes das zonas em que as crenças muçulmanas e hindus eram mais débeis. Os movimentos de massas para o cristianismo não foram raros nesse período. Tanto luteranos como presbiterianos escoceses ou jesuítas tinham obtido êxitos importantes entre os povos montanheses de Bihar e Chota Nagpur. Nos distritos telugus da região de Madrás e em Sialkot, no Punjab, também se deram conversões de comunidades inteiras. Para essas mudanças contribuíram tanto as renovadas tentativas de aproximar a mensagem cristã das condições da vida indiana como os problemas críticos de pobreza, falta de terras e fome. Em relação direta com esses problemas, desenvolveu-se a atividade de beneficência cristã, não só proporcionando educação, mas também lutando contra as dívidas, o desemprego e as doenças. O número de protestantes indianos, que em 1881 era de 414.372, alcançou 1,6 milhão em 1911, quantidade similar à de católicos.

A condição de casta baixa da maioria dos cristãos indianos foi uma constante que chegou até os nossos dias, e teve alguns efeitos importantes. Não há dúvida de que reforçou a rejeição da fé cristã pelas outras camadas sociais. Carentes os cristãos de posição social e de dinheiro, registrou-se um crescimento lento tanto do sacerdócio indiano como de algumas igrejas autosuficientes. Os anglicanos só nomearam um bispo indiano em 1912, os católicos em 1923, e a vinculação às formas ocidentais continuou a ser muito forte. Sua posição minoritária, além do mais, inclinava os cristãos a desempenhar um papel muito prudente na política nacional indiana, pois eles eram sempre suspeitos para os principais partidos nacionalistas. No entanto, no que se refere à união das Igrejas, os indianos deram um bom exemplo, com a criação em 1947 da Igreja do Sul da Índia a partir de cinco filiações protestantes: episcopais e não episcopais se uniam pela primeira vez.

Êxitos e reveses na China

Apesar da preocupação evangélica com "os milhões que morrem pagãos" no Extremo Oriente, a difusão do cristianismo na China e no Japão foi impossível até meados do século XIX. A aquisição britânica de Hong Kong e o tratado de Nanquim de 1842 implicaram o fim da primeira Guerra do Ópio, e abriram as portas não só para os comerciantes, mas também para os missionários nos cinco portos que o tratado autorizava. Apesar, porém, das constantes demandas missionárias de maiores oportunidades, os governos ocidentais só as concederam depois de outra guerra. O Tratado de Tientsin (1858) e a convenção de Pequim (1860) aumentaram o número de portos sujeitos ao tratado, permitiram que os missionários se adentrassem pelo país e possibilitaram a compra de propriedades com fins religiosos. Essas oportunidades foram rapidamente aproveitadas. Em 30 anos, o número de missionários protestantes subiu de 81 para 1.269, e dobrou para 2.818 em 1900. Os sacerdotes católicos eram 639 em 1890 e 883 em 1900, junto com outros muitos religiosos, especialmente mulheres.

Embora a chegada de missionários à China, amparada por tratados concluídos pela força, os tenha tornado impopulares, sua mensagem logo causou impacto. A rebelião de Taiping de 1850-1864, que pôs em sérias dificuldades a autoridade imperial, tinha suficiente inspiração cristã para considerar a nova religião como uma grave ameaça à situação estabelecida. A tradicional hostilidade da maioria dos chineses aos estrangeiros, além disso, se concentrava sobre os missionários, que para muitos eram os únicos estrangeiros que tinham conhecido. O evangelismo itinerante da Missão Interior da China (fundada em 1865), por exemplo, cujos membros viviam como os próprios chineses e evitavam todo e qualquer contato com outras influências ocidentais, pouco pôde fazer para melhorar as relações. A maioria das missões era muito zelosa dos direitos reconhecidos pelos tratados, mostrava um aberto desprezo pelos costumes chineses, como o culto aos antepassados, e superprotegia seus conversos, de maneira que suscitavam o rancor dos habitantes locais e minavam a autoridade dos governantes chineses. A partir de 1860, os protestos e a literatura antiestrangeiros aumentaram: os intelectuais utilizaram a crítica ao cristianismo que encontraram no próprio pensamento ocidental, outros escritores retratavam as crenças e ritos cristãos sob uma luz que tinha de repelir os chineses, e a violência popular explodiu em acontecimentos como a matança de Tientsin (1870). Os protestos culminaram na grande rebelião dos bóxers de 1900, mas, como em incidentes anteriores, o resultado foi a violência, as represálias e o pagamento de indenizações por exigência das potências européias.

Embora a hostilidade não tenha desaparecido com a repressão aos bóxers, o colapso da autoridade imperial e a revolução de 1911, que levou à proclamação da república, assinalou um período de expansão e êxitos relativos. Até o princípio dos anos vinte, a obra social, o ensinamento e os efetivos cristãos aumentaram rapidamente. Muitos chineses viram na educação ocidental ou no cristianismo um meio de progresso pessoal e de restaurar uma China estável e modernizada como grande potência; por outro lado, muitos conversos procediam dos setores mais marginalizados da China. Esta fase teve uma duração breve: junto com as habituais dificuldades de traduzir os conceitos bíblicos e teológicos para termos compreensíveis para os chineses, o cristianismo continuou a ser alheio aos problemas fundamentais do país. Dois terços dos missionários e um terço dos evangelizadores chineses viviam nas cidades maiores; em contrapartida, 94 por cento dos chineses habitavam populações agrícolas, e as missões nunca tentaram enfrentar as questões básicas das melhorias rurais.

A compreensível atitude contrária dos missionários, na turbulenta situação da China, a passar o controle das igrejas para os próprios chineses foi sentida como uma prova da continuidade da dominação estrangeira no país. Além disso, nem o cristianismo nem as missões eram uma ajuda para os dirigentes nacionalistas que tentavam unificar o país contra a resistência dos chefes militares provinciais ou dos senhores feudais. A atitude desses nacionalistas para os cristãos, ainda que às vezes amistosa, dificilmente podia superar o distanciamento, especialmente contra o fundo dos grandes distúrbios antiestrangeiros produzidos nas cidades entre 1924 e 1927. Os reajustes da política missionária sobre questões eclesiásticas e econômicas de meados dos anos vinte se mostraram irrelevantes num país castigado durante duas décadas pela guerra civil entre o Kuomintang e os comunistas e a guerra contra o Japão. As guerras foram tão destrutivas para o empreendimento cristão como para a própria China, e os anos 1945-1949 significaram um breve período de recuperação. Quando os comunistas tomaram o poder em 1949, havia cerca de 4,9 milhões de cristãos; eles logo se viram privados de qualquer tipo de facilidade e submetidos a grandes pressões para que abandonassem o cristianismo.

Evangelização restrita no Japão

O acesso ao Japão seguiu padrões similares, embora mais lentamente e em escala mais limitada. Em 1859, foram admitidos missionários ocidentais em Tóquio, Hakodate e Nagasáqui, mas o cristianismo continuava proibido. Embora em 1873 tenha havido uma tentativa de conceder liberdade religiosa, esta não foi plenamente garantida senão com a Constituição Meiji de 1889. Nessa época, cerca de 450 missionários protestantes já estavam trabalhando, mas as viagens pelo interior continuavam proibidas, e até uma data tão tardia como 1899 sua residência continuou restrita aos territórios das concessões estrangeiras. Essas contínuas restrições ilustram a maior força do governo imperial japonês com relação à do chinês, e o maior respeito que infundia aos ocidentais, especialmente após sua vitória na guerra russo-japonesa de 1905. Assim, ele sempre teve a capacidade de restringir a evangelização cristã de acordo com os interesses do imperador e do reforço dos sentimentos nacionalistas. Essa atitude foi especialmente acentuada nos anos trinta e chegou ao máximo com a unificação decretada pelo governo de todos os grupos protestantes em 1940-1941 para formar a Igreja de Cristo do Japão. Os que resistiram foram dissolvidos.

Mais que o chinês, o cristianismo japonês foi uma religião urbana, e em nenhum dos dois países aconteceram conversões em massa como na Índia. Tanto protestantes como católicos dedicaram seus principais esforços evangelizadores à classe *samurai*, guerreiros de ofício, cuja sorte tinha sido seriamente afetada pela restauração do imperador em 1867. Obtiveram, sim, conversões, mas até para os conversos a liturgia e a organização ocidentais foram sempre causa de descontentamento. Alguns membros dos pequenos "bandos" de conversos surgidos por volta de 1870 em instituições novas como a escola de agricultura de Sapporo tentaram formular uma teologia e uma organização especificamente japonesas. Sua obra deu origem em 1900 ao cristianismo "sem igrejas" de Uchimura, cujos seguidores *mukyokai* combinavam uma experiência pessoal imediata de Deus com uma ética puritana, desenvolvida em pequenos e isolados grupos de estudos bíblicos. Essa recusa das adesões institucionais e doutrinais européias foi adotada depois por outros movimentos independentes, como a Igreja do Espírito de Jesus de Tóquio, nos difíceis anos posteriores à derrota japonesa de 1945. Em um plano mais popular e menos elaborado, a Igreja Makuya tentou combinar a religião popular tradicional e a magia com a prática do pentecostalismo cristão.

A existência de Igrejas independentes revelava certa vitalidade do cristianismo japonês, pelo menos em suas variantes protestantes. No entanto, o caráter essencialmente secular de grande parte da cultura japonesa e a solidez dos laços familiares e sociais deixaram pouco espaço para que o cristianismo se estendesse diretamente, salvo em momentos concretos de grandes crises pessoais ou de transtornos sociais. A recuperação econômica e política que se iniciou em 1950 inibiu um crescimento posterior, e o total de cristãos é estimado na atualidade em cerca de apenas um por cento da população.

Acima. A que foi a maior igreja cristã de Extremo Oriente e uma das 60 paróquias de Nagasáqui, Urakami, foi destruída pela bomba atômica de 1945. A reconstrução data de 1959. Ao permitir total liberdade religiosa, a Constituição japonesa de 1946 tornou possível que o recém-fundado Comitê Católico Nacional presidisse um rápido ressurgimento do catolicismo. O número de membros passou de 108.000 em 1946 para 358.000 em 1973.

Voluntarismo religioso na Austrália e na Nova Zelândia

Na Austrália e na Nova Zelândia, o cristianismo não se implantou por obra dos missionários (ainda que as populações aborígines e maoris tenham atraído sua atenção) ou pela imposição do Estado, mas sim pela livre vontade dos colonos particulares e dos funcionários que levaram consigo da Europa suas crenças. Dedicado basicamente à organização de uma colônia penitenciária em Botany Bay, o governo britânico só considerou a necessidade de uma capelania para seus próprios funcionários, permitindo somente um serviço religioso e de instrução ou educação para os condenados. Essa indiferença relativa do governo colonial durou até meados da década de 1820, quando ele criou a Corporação Igreja e Escola, dotada com um sétimo da terra colonial para promover uma instituição anglicana. Então, no entanto, a adição de imigrantes livres aos presos já libertados havia reproduzido a variedade de grupos própria da Grã-Bretanha. Os presbiterianos escoceses e os católicos irlandeses eram especialmente numerosos, e se mostravam contrários à institucionalização do anglicanismo, entre outras coisas porque todos os grupos de nova implantação careciam de clero e de dotações. A solução acordada para Nova Gales do Sul em 1836, e que consistia em ajudas do Estado às Igrejas principais, foi aplicada durante algum tempo em outras colônias, mas em 1871 foi sendo abandonada em favor do voluntarismo religioso e da limitação do apoio estatal à educação secular. Na Nova Zelândia, colônia britânica desde 1840, foram adotados os mesmos princípios em 1877, apesar das primeiras tentativas de apoiar determinadas Igrejas em Christchurch (anglicana) e Otago (presbiteriana).

Essa precoce separação entre Igreja e Estado era reflexo, por um lado, da força dos diversos grupos, mas ainda em maior medida da tendência secular, liberal-democrática e materialista da sociedade colonial. Muitos dos colonos procediam de setores da sociedade britânica hostis a qualquer tipo de religião organizada; outros se tornaram indiferentes diante da carência de incentivos ou de meios nos lugares de chegada; e fazer desembolsos generosos para fins religiosos nunca se transformou em costume naquelas terras. Anglicanos e católicos organizaram suas hierarquias, e outros

Direita: a Austrália e a Nova Zelândia
Nessas terras recentemente colonizadas pelos brancos, os eclesiásticos, como os demais imigrantes, tentaram criar novas comunidades modelares, aproveitando o melhor da vida européia e prescindindo do pior. O cardeal Moran, da Austrália, esperava poder ver a "Irlanda renascer piedosa e centrada em Deus, mas desta vez livre". Os estabelecimentos dos diferentes grupos religiosos na Nova Zelândia recordavam as antigas aspirações dos piedosos colonizadores da América do Norte a sociedades justas e bem ordenadas. Essas esperanças se viram em grande parte frustradas. Poucos neozelandeses parecem ter desenvolvido o hábito de ir regularmente à igreja, e a estrita moral dos antigos metodistas ou presbiterianos não se manteve ali em maior medida que em outras partes do mundo. Alguns comentaristas consideram que a Austrália, apesar de suas hierarquias eclesiásticas, tem um ton decididamente mais secular que, por exemplo, o Canadá. Suas Igrejas se mostraram incapazes de acompanhar o passo da rápida expansão urbana.

Abaixo. O batismo dos dirigentes não europeus era um importante objetivo missionário. Os maoris da Nova Zelândia responderam rapidamente, o que talvez tenha alentado a vã esperança de que a influência cristã pudesse dissuadi-los de suas reivindicações de terras.

grupos consolidaram posições durante os anos das ajudas estatais, mas depois tiveram dificuldades para manter-se. Também houve movimentos de apoio ao bem-estar social e às missões estrangeiras, mas os puritanos fanáticos associados a essas campanhas para as "melhorias morais" eram vistos com maior frieza do que era normal na metrópole do Império.

Alguns dos aspectos mais polêmicos da vida cristã apareciam relacionados com os católicos, que sempre representaram uma ampla porcentagem da população. Majoritariamente irlandeses (até a afluência de refugiados europeus a partir de 1940), em grande parte trabalhadores e decididamente nacionalistas, os católicos australianos não tinham tempo para dedicar aos expatriados ingleses. Entre 1860 e 1940, a Igreja se organizou sobre o clero procedente da Irlanda. A defesa da educação católica os levou a intervir constantemente na política, e as necessidades da maioria dos católicos levaram a Igreja a alinhar-se com o novo Partido Trabalhista a partir da década de 1890. Essas conotações de classe e nacionalidade provocaram uma grande hostilidade por parte de conservadores e protestantes, especialmente em razão da oposição católica ao recrutamento forçoso durante a Primeira Guerra Mundial. A ampliação da base social da comunidade católica e o catolicismo social estimulado pela Ação Católica de Pio XI determinaram um reajuste em suas posições nos anos quarenta. Os membros do Movimento de Estudos Sociais Católicos conduziram a luta contra a influência do Partido Comunista nos sindicatos, que culminou com a divisão do Partido Trabalhista australiano em 1954. Muitos católicos se afastaram então do socialismo secular do partido, e em geral a atividade política católica se tornou muito menos direta.

AS IGREJAS ORTODOXAS

Mais que a morte de um Império, o ano de 1453 assinalou o fim de uma ilusão. No entanto, até nossos dias alguns ortodoxos seguem alimentando a "grande idéia" da recuperação de Constantinopla. Em meados do século XV, a imensa maioria dos ortodoxos vivia sob domínio turco. Em muitos aspectos, o estabelecimento da capital otomana em Constantinopla salvou a Igreja bizantina de posteriores deslocamentos, desmembramentos e empobrecimentos. O patriarcado daquela cidade podia ter seguido o mesmo caminho de outros patriarcados orientais. Como instituições políticas e administrativas, Jerusalém, Antioquia e especialmente Alexandria eram insignificantes, e só Jerusalém tinha alguns meios econômicos, ainda que restasse um grande número de cristãos ortodoxos na Palestina e no Norte da Síria, a maioria de língua árabe e de liturgia também árabe. O grego continuava a ser a língua literária oficial desses patriarcados, o que criava uma barreira entre a hierarquia de fala grega e os camponeses da região. Ao fim de poucas gerações, o patriarcado de Constantinopla podia ter ficado igualmente isolado do restante dos cristãos ortodoxos, e estes teriam adotado a língua turca. Isso não ocorreu porque o sultão Mehmet II tomou o patriarcado sob sua proteção, tornando-o responsável por toda a *milet* (nação) ortodoxa. O patriarca de Constantinopla recebeu o título de "etnarca" (*ethnos* = povo; *arche* = autoridade), e, quando no século XVI os otomanos conquistaram a Síria, a Palestina e o Egito, a influência do patriarca de Constantinopla se estendeu na prática, ainda que não em teoria, à designação dos patriarcas de Antioquia, Jerusalém e Alexandria, pois era ele quem estava ao lado do sultão. Em época tão inicial como o ano de 1484, um Concílio dos quatro patriarcas orientais reunido em Constantinopla denunciou o Concílio de Florença e adotou medidas para acolher na ortodoxia os conversos da Igreja romana (principalmente gregos que viviam em terras dominadas pelos latinos e que agora tinham caído em poder dos turcos).

O sultão e o patriarca

Os sultões otomanos dos primeiros tempos eram em muitos aspectos continuadores dos imperadores "universais" de Bizâncio. Mehmet II, o conquistador de Constantinopla, tinha consciência desse paralelismo quando, no dia seguinte ao da conquista, foi rezar em Santa Sofia. Transformou a igreja em mesquita e proclamou: "De hoje em diante, minha capital é Istambul". Sua crença de que Istambul (do grego *eis ten polin*, "na cidade") era o centro adequado de um império universal encontrou eco em vários autores gregos de então. Por exemplo, Jorge de Trebisonda (1395-1484) escreveu a propósito de Mehmet: "Ninguém pode pôr em dúvida de que ele é o imperador dos romanos. Quem tem em seu poder a sede do Império é imperador de direito, e Constantinopla é o centro do Império Romano". A principal preocupação do conquistador era a manutenção da ordem. Ainda que desejando o domínio absoluto do islã, Mehmet, de acordo com sua tradição religiosa, considerava a Bíblia como livro sagrado, e os cristãos como "o povo do livro". Deviam, pois, os cristãos, ser respeitados, mas relegando-os a uma cidadania de segunda classe. Essa já tinha sido a prática dos otomanos durante suas conquistas anteriores na Ásia Menor e nos Bálcãs.

Em vez de aproveitar-se do fato de o trono patriarcal estar vacante, Mehmet II preencheu o vazio produzido pela fuga para a Itália de Gregório III Mammas. Escolheu um administrador eclesiástico com experiência, Genádio Escolário, e o nomeou solenemente em janeiro de 1454, entregando-lhe com toda a pompa as vestes, o báculo pastoral e a cruz peitoral próprias de sua função, declarando: "Sê patriarca com boa sorte, confia para sempre em nossa amizade, e conserva todos os privilégios que os patriarcas anteriores tiveram". O patriarca e seu sínodo, agora com a permissão de Mehmet, asseguraram a supervisão das nomeações episcopais. Os tribunais patriarcais exerciam sua jurisdição sobre os clérigos, e se sistematizou uma jurisdição extensiva, que já os tribunais eclesiásticos ou os "juízes supremos" clericais tinham exercido sobre os leigos ortodoxos no século XIV. As causas civis que afetavam de alguma forma a moralidade ou a religião deviam ver-se diante dos tribunais eclesiásticos: por exemplo, as questões de casamentos, testamentos e heranças. Em contrapartida, a autoridade espiritual da Igreja podia ser utilizada para apoiar a nova ordem. Por essa mesma razão, o *catholicos* armênio e o rabino principal foram levados por Mehmet II para residir em Istambul. Cada um deles iria ser o chefe de seu *milet.*

O patriarcado como instituição se beneficiou do fim da anarquia existente até 1453, quando não era mais que uma ilha num mar turco hostil. Já em 1400, pelo menos oito sedes metropolitanas e episcopais tinham tido de ser abandonadas na Trácia e na Macedônia. Por exemplo, Adrianópolis esteve durante muito tempo sem um metropolitano residente, e no século XV um autor lamentava que "a maioria de nossa nação (em Adrianópolis) nos abandonou, convertendo-se em criaturas de um dia, preocupando-se só com a felicidade humana". A partir de 1454 houve um reforço da autoridade central sobre os metropolitanos, devido ao apoio que o patriarca recebia do sultão. O patriarca contava, além disso, com grandes recursos de pessoal ortodoxo para cobrir os principais cargos administrativos, dado que Mehmet havia levado para Istambul muitos cristãos, especialmente comerciantes, estimulando-os a retomar seus negócios, favorecendo-os com isenções de impostos e cedendo-lhes moradas. Procediam de Adrianópolis e outras zonas que iam caindo em poder dos otomanos: de Trebisonda depois de 1461, de Argos de Moréia (Peloponeso) depois de 1463, e de Caffa depois de 1475. Um autor ocidental contemporâneo escreveu que "em pouco tempo esses recém-chegados construíram casas e igrejas notáveis". A maioria dessas ricas famílias vivia em luxuosas mansões nas proximidades da residência patriarcal, no distrito de Istambul chama-

No princípio do século XVI, os clérigos moldavos começaram a cobrir as paredes externas das igrejas com cenas seriadas da Bíblia e do passado recente. Estes afrescos do Mosteiro de Humor representam o sítio de Constantinopla de 1453, ainda que seus próprios desejos e o ódio aos turcos tenham levado o artista a pintar uma derrota otomana. Havia muito tempo que o cristianismo contava com crentes nas planícies da Valáquia e nas montanhas da Moldávia, mas somente no século XIV se organizou uma Igreja. O patriarcado bizantino reconheceu duas sedes metropolitanas, e os mosteiros inspirados pelo Monte Atos difundiram por todo o país as últimas idéias sobre a oração e o misticismo. Até finais do século XVII, as cerimônias religiosas eram oficiadas em eslavo eclesiástico, língua literária cunhada para os eslavos pelos missionários bizantinos do século IX. Dado que aquela era incompreensível para o povo simples, cuja língua derivava do latim, as pinturas murais como as de Humor eram muito mais eloqüentes. O patriarca de Constantinopla exerceu sua autoridade sobre a Romênia durante o domínio turco. Na atualidade, a Igreja Ortodoxa Romena é dirigida pelo seu próprio patriarca, com residência em Bucareste.

do Fener (Fanar), de cujo nome esses príncipes mercadores receberam o de fanariotas. Proclamavam sua descendência, muito freqüentemente falsa, das famílias nobres bizantinas, mostravam-se sumamente orgulhosos de sua língua grega e aspiravam ao domínio dos principais postos da Grande Igreja. No século XVII, os fanariotas ampliaram seus interesses para os principados da Moldávia e da Valáquia, onde alguns deles foram príncipes, promovendo gregos à hierarquia da Igreja Ortodoxa e estimulando o estudo do grego. Alguns fanariotas participaram também da "Grande Idéia" de um império de língua grega, uma volta a Bizâncio.

As relações entre o patriarca Genádio e Mehmet II foram amistosas, e o sultão até o incentivou a que escrevesse um breve tratado sobre a fé ortodoxa para traduzi-lo ao turco. Mas essa harmonia não durou muito. Quase todos os sucessores de Mehmet não tiveram a mesma boa vontade para com a ortodoxia, e Selim I (1512-1520) chegou a considerar a conversão forçada de todos os cristãos ao islã. A importância da chefia do *milet* ortodoxo levou o próprio Mehmet II a cortar as asas do patriarca reforçando os poderes do sínodo, que já possuía o direito de destituir ao patriarca por unanimidade. Então se proclamou oficialmente que os decretos do patriarca só eram obrigatórios se contassem com o assentimento do sínodo. Até um patriarca imposto podia sentir-se desarmado por esse requisito, e as autoridades turcas contavam com meios suficientes para dirigir o voto dos metropolitanos e dos altos funcionários patriarcais que integravam o sínodo. Por seu lado, os eclesiásticos aspiravam a obter privilégios para si mesmos, até a dignidade patriarcal, recorrendo ao suborno.

Corrupção e patronato na corte otomana

A própria corte otomana estava normalmente dividida em facções que lutavam pela influência sobre o sultão ou seus mais próximos colaboradores, como o grande vizir ou a mãe do sultão. O patriarcado, levando-se em conta que era uma espécie de ministério estatal, se viu também implicado no emaranhado de fios que se moviam no Estado otomano. Desde finais do século XV, os aspirantes ao posto de patriarca pagavam por ele à Sublime Porta, e o preço subiu continuamente. Mas o dinheiro não era tudo: eclesiásticos honrados podiam reprovar no sínodo a nomeação de pessoas que não eram de seu agrado; e a autoridade moral do Monte Atos, além da vasta quantidade de terras em seu poder, manteve considerável influência sobre o patriarcado até o século XVII. Mas, acima de tudo, a vontade do sultão podia se mostrar caprichosa. Alguns sultões, como Solimão, o Magnífico (1520-1566), desejavam ordem e continuidade nos níveis mais altos do patriarcado, e durante seu reinado os patriarcas duraram longo tempo (por exemplo, Jeremias I, 21 anos). Mas, na maioria das vezes, os patriarcados eram curtos, na medida em que se sucediam os subornos para alcançar o posto. Vários patriarcas foram depostos e recolocados repetidas vezes. Mas quando as "portas giratórias" se aceleravam pelos subornos e pelas incessantes rivalidades entre facções dentro da Igreja, era inevitável que a qualidade de toda a estrutura se ressentisse. No século XVII, só podia ser candidato ao patriarcado quem dispusesse de enormes quantidades de dinheiro. Para isso se recorria normalmente às famílias plutocratas dos fanariotas. Estes, ainda que dominassem a administração do patriarcado, não tinham ordens sagradas. Preferiam patrocinar pessoas de condição humilde que aspiravam a se tornar metropolitanos ou a postos ainda mais altos. Às vezes eram movidos pela piedade; com maior freqüência, entretanto, moviam-nos as considerações materiais. Nos séculos XVII e XVIII, os patriarcas e as altas hierarquias da Igreja estavam em muitos sentidos em dívida com os fanariotas, e os recursos da Igreja eram divididos entre as intrigas da corte do sultão e o pagamento dos empréstimos e favores dos fanariotas. A simonia estava praticamente institucionalizada, e do século XVI em adiante os patriarcas foram meras figuras decorativas.

É preciso insistir que, apesar de todos os seus privilégios, a Grande Igreja representava uma comunidade de cidadãos de segunda classe. A conversão do islã ao cristianismo era castigada com a morte. Teoricamente, e de acordo com a lei islâmica, os cristãos não tinham direito a converter-se ao islã, mas na prática as conversões forçadas eram freqüentes, e os martírios, nada raros. As diferentes seitas de dervixes faziam proselitismo entre o campesinato ortodoxo. É possível que o maior êxito tenha sido alcançado pelos *bektashis*, cujos transes místicos, milagres e danças selvagens se combinavam com uma tolerância nada islâmica ao vinho e ao contato social entre homens e mulheres. Suas práticas ecléticas pareceram aceitáveis e até atrativas para a maioria dos camponeses, cuja fé sempre havia guardado um espaço para a magia e os ritos não autorizados. O governo turco tentou vigiar os *bektashis* e às vezes os perseguiu, mas fracassou em sua tentativa de deter as andanças de seus missionários. No final do século XVI, a ordem *bektashi* estava intimamente ligada aos janízaros, corpo de guarda sob as ordens diretas do sultão. Os mesmos janízaros eram uma prova das pressões oficiais sobre a ortodoxia, pois em sua maioria eram filhos de padres cristãos capturados em tenra idade, circuncidados, educados como muçulmanos e arregimentados como escravos nos regimentos janízaros.

Durante os séculos XVI e XVII, produziu-se uma constante hemorragia da ortodoxia em beneficio do islã. Todo não muçulmano sofria importantes desvantagens legais. As causas que afetavam algum muçulmano deviam ver-se diante de tribunais muçulmanos. O testemunho dos cristãos não era válido nesses tribunais, a menos que o caso ocorresse somente entre cristãos. Conseqüentemente, os mais ambiciosos ou ricos se sentiam tentados a "assegurar" suas propriedades ou perspectivas convertendo-se em muçulmanos. Os decretos dos sultões concedendo direitos e privilégios aos cristãos eram hereditários. Mas podiam ser anulados se ficasse demonstrado que feriam as leis islâmicas, e no século XVI ainda havia igrejas que se transformavam em mesquitas. A drástica redução de suas posses, a falta de segurança legal, o alto custo da administração patriarcal e da compra dos favores otomanos levou a Igreja, no século XVII, a uma situação de grande penúria econômica. Um viajante inglês que percorreu nessa época as terras turcas, sir Paul Ricaut, comentou a "trágica" situação das antigas igrejas ortodoxas, "a opressão e o desprezo a que estão expostos os bons cristãos. A ignorância de suas igrejas se manifestava na pobreza do clero." Ricaut admirava o milagre "de que, frente a tanta oposição e apesar de tanta tirania, ainda se conserve... a profissão aberta e pública da fé cristã."

Acima. O Mosteiro de São João de Rila. João foi um cortesão búlgaro que abandonou a vida mundana e se retirou para as agrestes montanhas da cordilheira de Rila. Buscou a solidão e viveu durante anos no oco de uma árvore cuja forma lembrava a de um ataúde. Mas, como no caso de outros muitos homens santos ortodoxos, seu estilo de vida lhe atraiu fama e seguidores, e no final de sua vida fundou um mosteiro para eles. O monacato floresceu na Bulgária imediatamente depois de sua conversão, e cenóbios como o de Rila se tornaram centros de vida simples, de cultura e de arte. A Bulgária, enquanto país independente, tinha seu próprio patriarca, que devia uma submissão só nominal ao de Constantinopla. No entanto, participava da concepção religiosa do mundo ortodoxo, e os mosteiros búlgaros tiveram um papel fundamental no movimento do século XIV conhecido como hesicasmo. Mais tarde, durante os muitos séculos sob o jugo turco, eles contribuíram para preservar a literatura búlgara e o orgulho nacional.

Sérvia, Bulgária e Albânia

Havia outros povos ortodoxos no Leste Europeu, além dos de língua grega, destacando-se principalmente os sérvios e búlgaros. Suas organizações eclesiásticas ficaram sob a hegemonia do patriarca "ecumênico" de Constantinopla por decisão de Mehmet II. As Igrejas sérvia e búlgara conservavam certo grau de autonomia em relação aos metropolitanos de Pec e Ternovo, respectivamente. As relações entre essas Igrejas eslavas e o patriarca de Constantinopla não eram do todo boas, o que se manifestava em sérias objeções quando o patriarca nomeava eclesiásticos gregos para a sé metropolitana e outros altos cargos. Com o intuito de serenar o espírito dos sérvios, o governo otomano permitiu a restauração do patriarcado de Fec em 1557, que se manteve até 1766. Os búlgaros, por outro lado, não obtiveram esses privilégios. Esses eslavos ortodoxos se sentiam atingidos pela colaboração e as intrigas dos hierarcas de língua grega com as autoridades otomanas, tanto em seu próprio país como em Constantinopla. Este ressentimento levaria a um desejo de livrar-se dos otomanos e de seus títeres gregos, e ao fracasso de uma ação conjunta com os gregos na guerra de independência. Mas, na verdade, as condições dos ortodoxos sérvios e búlgaros não eram muito piores que as dos ortodoxos das zonas rurais da Grécia. O modelo de vida cristã era similar, com o culto girando em torno à liturgia e dos sacerdotes que ministravam os sacramentos.

Uma das diferenças entre as terras de língua grega e as outras áreas dos Bálcãs consistia em que estas últimas eram regiões fronteiriças, com uma importante população composta por soldados turcos e suas famílias. Uma dessas regiões, a Leste da Itália, era a Albânia. Muitas de suas terras foram concedidas a soldados turcos ao término de seus serviços, e grande parte dos albaneses nativos se converteram à religião muçulmana e lutaram nos exércitos turcos. Nos séculos XVI e XVII, o arraigamento do islã na Albânia afetou as regiões vizinhas habitadas por ortodoxos de língua eslava. Estas regiões, como as planícies de Kosovo, foram gradualmente islamizadas. A ortodoxia ainda era dominante por volta de 1530, quando um viajante escreveu: "Em quase todos os povoados há uma igreja e um sacerdote que celebra o rito estabelecido por São Paulo (o ortodoxo), e por esse serviço ele, sua esposa e seus filhos são mantidos pela comunidade por toda a vida..." Um século mais tarde, um eclesiástico católico observou em várias zonas de Sérvia que muitos ortodoxos haviam se convertido ao islã com o fim prático de livrar-se dos pesados impostos que incidiam sobre os fiéis. No final do século XVIII, a ortodoxia já era algo histórico na região de Kosovo. Um viajante anotou: "Em quase todos os povoados sérvios e albaneses há restos de igrejas, e em alguns existem ruínas de duas ou mais igrejas." Ele observou também que muitas dessas ruínas ficavam em povoados que já eram muçulmanos. No entanto, importantes áreas das regiões montanhosas continuavam a ser cristãs, ainda que suas crenças e ritos fossem amiúde anômalos e não possuíssem um mínimo de supervisão eclesiástica. As pessoas que desejavam melhorar sua posição sócio-econômica tendiam a se converter ao islã.

A Igreja russa sob os tártaros e os czares

Na Rússia, a ortodoxia não teve de sofrer este tipo de pressões. Mas o certo é que entre a Igreja ortodoxa de terras otomanas e a Igreja russa existem afinidades que não foram devidamente estudadas. A Rússia sofreu uma ocupação estrangeira (tártara) em uma épo-

ca ainda anterior: desde meados do século XIII até a primeira metade do século XV. A Igreja russa se viu na imperiosa necessidade de reconhecer a legitimidade do governo dos tártaros infiéis, e em troca deste reconhecimento suas propriedades e seus tribunais foram ratificados, e ela ainda se beneficiou do fato de contar com um protetor tão poderoso. A colaboração da Igreja com os tártaros foi ainda mais clamorosa do que a que manteria o patriarca grego: nos templos se elevavam orações pelo bem-estar do cã tártaro.

O patriarca de Constantinopla foi expulso da ortodoxia por ter concordado com a união com Roma (no Concílio de Florença), e em 1448 um concílio de bispos russos escolheu um novo metropolitano para toda a Rússia. Cinco anos depois, o imperador bizantino e o patriarca receberam o que mereciam, segundo os russos, pelas mãos dos turcos. A Igreja russa não pensou de imediato em constituir-se em patriarcado independente. Só alcançaria esse estatuto em 1589, e com a aquiescência dos demais patriarcas ortodoxos. Mas alguns eclesiásticos russos já estavam preparando o caminho no início do século XVI, quando aclamaram o governante moscovita como "czar" e saudaram Moscou como a "terceira Roma", depois da antiga Roma e de Bizâncio. O número desses eclesiásticos era reduzido, e a idéia, com todas as suas conseqüências, foi muito lentamente valorizada pelos estadistas moscovitas.

No entanto, o conceito de Moscou como "terceira Roma" é significativo, especialmente pelas circunstâncias em que se propagou e pela direção em que a Igreja russa o desenvolveu. No final do século XV, certo número de monges ascetas denunciou as riquezas, os compromissos mundanos e os enormes territórios de bispados e mosteiros. Esses "desapossados" defendiam que a Igreja não devia se submeter aos príncipes terrenos, e que os monges tinham de manter-se alheios às posses terrenas. Os defensores da propriedade agrária monástica, como José de Volokolamsk, argumentavam: "Se os mosteiros se virem privados de suas posses, como será possível que um homem honrado e no-

Direita. Imponentes cúpulas bulbiformes. Conquanto conhecida em todo o mundo como São Basílio, na verdade esta catedral é dedicada à Virgem da Intercessão. Ivã, o Terrível, a mandou edificar para comemorar a conquista de Kazan, a cidade tártara do Volga, em 1º de outubro de 1552, dia da Intercessão. O nome popular do templo provém de Basílio, o Bem-aventurado, santo exaltado que foi enterrado em seu recinto. Segundo a lenda, Ivã, o Terrível, mandou cegar o arquiteto para impedir que voltasse a construir uma obra-prima semelhante. O certo é que Ivã acompanhou muito de perto o projeto. Transbordante de fantasia oriental à primeira vista, a igreja se atém a um plano cuidadoso e simétrico, e originariamente era de tijolos vermelhos com detalhes brancos. A variedade da decoração e as cores brilhantes dão uma sensação de frio caos. Napoleão ordenou que explodissem a igreja quando se retirou de Moscou em 1812, mas a ordem não foi cumprida.

bre aceite ser ordenado? E, se não há monges honrados, onde encontraremos candidatos para ocupar as funções de metropolitano, arcebispo, bispo e outras não menos veneráveis? Se não há monges honrados e nobres, a própria fé se verá solapada."

Basílio III (1505-1533) decidiu finalmente permitir que a Igreja mantivesse suas posses e sua ampla jurisdição sobre elas. Por seu lado, a Igreja apoiou o exercício do poder autocrático e ensinou que o czar, em questões seculares, era a lei viva, o único responsável perante Deus pelo bem-estar de seus súditos: no que concerne à justiça, ninguém podia se opor a ele. Não houve nenhum "convênio" do tipo que os gregos alegavam que havia sido estabelecido entre Mehmet II e o patriarca Genádio, e na prática a Igreja não pôde impor restrições a nenhum governante. Quando o metropolitano Felipe protestou contra as crueldades e os crimes perpetrados por Ivan, o Terrível, foi mandado para um mosteiro remoto e mais tarde executado. Em meados do século XVII, o patriarca Nikon tentou utilizar sua influência como antigo tutor do czar Aleixo e proclamou a supremacia do poder eclesiástico sobre o secular. Mas, uma vez confrontado com Aleixo, de nada lhe serviu sua força e arrogância, e finalmente foi deposto.

As reformas de Nikon e de Pedro, o Grande

Antes, Nikon havia tentado reformar a Igreja, melhorando o sistema de educação e a moralidade do clero. Foi especialmente rigoroso na eliminação das práticas irregulares e das incoerências ou erros dos livros religiosos que se arrastavam na Igreja russa há séculos, e considerava a Igreja ortodoxa grega como modelo de ritual e de textos religiosos corretos. As paredes dos templos e das casas particulares se encheram de ícones derivados do modelo bizantino com influências ocidentais. Expediram-se regulamentos detalhados sobre, por exemplo, o número de genuflexões que deviam ser feitas durante determinadas preces e sobre o sinal da cruz, que deveria ser feito com três dedos ao invés de dois, como era comum.

Estas reformas contaram com o respaldo do poder do Estado. O czar valorizava a necessidade de pôr ordem no culto e de esclarecer o ritual da Igreja. A oposição mais forte a qualquer mudança nas tradições do ritual russo, avalizada pelo tempo, veio do clero paroquial, dos monges e de muitos leigos. Estes tradicionalistas eram conhecidos como "os velhos crentes" ou "os velhos ritualistas". Temiam a danação eterna por adotar mudanças tais como benzer-se com três dedos ao invés de dois. A polêmica, que desembocou em cisma, nos mostra quão importantes eram o ritual e o símbolo na Igreja ortodoxa, cuja maioria de fiéis era composta por camponeses simples. Para eles a salvação dependia da cuidadosa observância dos ritos sagrados, mais do que da compreensão dos textos religiosos. O cisma demonstra também que, se o culto cristão havia fincado raízes na sociedade russa, o seu ritual havia sido consideravelmente "russificado" durante séculos, e em nível popular só havia a consciência de pertencer a uma Igreja ortodoxa ecumênica mais ampla. O Estado sufocou a fanática oposição dos "velhos crentes" às reformas. Muitos deles preferiram a morte como o meio mais seguro de salvar suas almas da heresia que a mudança de ritual significava para eles. Os monges ficaram na linha de frente da oposição às mudanças, adotando uma atitude que lembrava a dos monges bizantinos nas polêmicas sobre a iconoclastia ou sobre a união com Roma. Alguns dos velhos crentes optaram pelo suicídio ateando-se fogo. Muitos fugiram para as terras remotas e selvagens do Norte distante ou da Sibéria, onde continuaram as práticas antigas, num notável exemplo de devoção a um culto tradicional acima de qualquer tipo de considerações materiais.

No entanto, a vontade e o poder do czar impuseram o novo ritual à imensa maioria da população russa. O Concílio de 1666-1667 confirmou a supremacia do soberano sobre a Igreja no país. O alto clero se mostrou respeitoso a ele, e o novo patriarca, Joaquim, declarou: "Qualquer coisa que o soberano ordene, estou preparado para segui-lo e obedecer a ele com todo o respeito". No Concílio, a pretensão de Nikon de afirmar sua superioridade como patriarca foi contestada com essa declaração bombástica: "O senhor czar tem o direito de governar a todos os súditos, aí incluídos clérigos e prelados, em todas as matérias, com exceção da doutrina." Desse modo, a organização eclesiástica ficou à mercê da direção imperial.

Houve poucos protestos quando Pedro, o Grande tomou a decisão de aplicar diversas medidas para reformar e reorganizar a Igreja da Rússia e privá-la de suas isenções fiscais e de outros privilégios. A mais radical de suas reformas foi a decisão de suprimir o patriarcado (1718), que estava vago havia 18 anos. Em 1721, Pedro constituiu um Colégio Eclesiástico "que, de acordo com o regulamento que segue, terá autoridade para administrar os assuntos eclesiásticos em toda a Rússia". O Colégio, que em seguida foi rebatizado como "o altíssimo sínodo que a tudo regula", foi um ministério do governo, cuja função consistia em administrar e reformar a Igreja. Justiniano o entendeu, mas não o aprovou sem reservas.

Uma das intenções de Pedro era reduzir o número de monges e freiras, outra era fazer com que parte das imensas rendas da Igreja e dos mosteiros ficasse à disposição do Estado. Também tentou melhorar a situação do clero mais baixo: na Rússia, como nos Bálcãs, o fato de que os sacerdotes se casassem e tivessem filhos, que amiúde os sucediam no ministério, deixava-os mais vinculados à comunidade local, mas dificultava imensamente a supervisão central de suas atividades. Quarenta anos depois da morte de Pedro, as terras da Igreja estavam totalmente secularizadas. A igreja continuou governando-se pelos princípios do regulamento eclesiástico de Pedro até 1918. A observância irrestrita desses regulamentos era útil para o Estado.

Fé e prática no mundo ortodoxo

A ausência de polêmicas ou de desvios doutrinais importantes se deve em grande parte ao caráter pouco coerente da vida religiosa durante os séculos de dominação turca. Especulava-se muito pouco e escrevia-se menos ainda sobre teologia, e a falta de centros de formação perpetuou esse estado de coisas. Apenas em alguns lugares, como em Tessalônica e na própria Constantinopla, existiram academias estáveis e bem dotadas para a formação superior dos cristãos gregos. Os raros eclesiásticos ortodoxos que mostravam interesse pelo debate teológico e estavam preparados para ele haviam se formado, em sua grande maioria, nas ilhas de domínio italiano, como as Ilhas Jônicas ou Quíos, em Veneza ou em algum outro lugar de Ocidente. Outros se formaram por meio de escritos ocidentais. As relações eram mais favoráveis com as Igrejas protestantes, pois a hostilidade do clero ortodoxo para com o papado continuava intensa. Refletin-

O "Paizinho" na frente oriental. O czar Nicolau II mostra um ícone às tropas. Pedro, o Grande, afastou o ritual eclesiástico de sua corte e introduziu as idéias e costumes seculares do Ocidente. No entanto, as idéias populares sobre a bondade do czar e sua especial relação com Deus se mantiveram fortes. No século XIX, o credo oficial de "ortodoxia, autocracia, nacionalidade" reforçou a crença do povo de que Igreja, czar e russos eram uma mesma coisa. Quando em 1881 Alexandre II foi assassimado, no mesmo lugar do atentado, em São Petersburgo, foi construída a Igreja do Salvador e do Sangue Derramado, e apareceu uma biografia com o título *Czar liberador, czar mártir*. "O czar dará", rezava um velho ditado popular. Em 1905, os trabalhadores foram em manifestação até o Palácio de Inverno para pedir a Nicolau: "Derruba o muro que te separa de teu povo e governa o país com ele". Eles cantavam e levavam ícones, mas muitos tiveram a vidas ceifada pelos disparos dos fuzis.

do sobre a perseguição que os católicos polacos desencadearam contra a ortodoxia na Ucrânia na década de 1660, o arquidiácono Paulo de Aleppo escreveu: "Deus perpetue o Império dos turcos! Pois eles cobram seus impostos e não se metem em questões religiosas, seja com seus súditos cristãos ou nazarenos, judeus ou samaritanos". Recorrendo ao pensamento protestante em seu desejo de argumentar contra a Igreja de Roma, os teólogos ortodoxos se mostraram inclinados a assimilar e transmitir as idéias da Reforma. Assim, o patriarca Cirilo Lukaris expôs em *Confissão*, que foi impressa em Genebra, conceitos calvinistas sobre a predestinação e a justificação pela fé.

Como na Rússia, nos Bálcãs ortodoxos existia uma estreita afinidade entre o pároco e a freguesia aldeã: amiúde não era nada mais que um homem do lugar que falava, em todos os sentidos, o mesmo idioma que seus vizinhos, e dedicado às mesmas tarefas agrícolas. Os grandes temas humanos do nascimento, da morte e da fertilidade, tanto na reprodução como nas colheitas, continuavam inspirando práticas cujas origens vinham da Antiguidade pagã (o uso de coroas matrimoniais nos casamentos; a colocação de dinheiro no sepulcro – o óbolo de Caronte –; o banquete fúnebre). Havia grande profusão de santos locais, que eram considerados protetores pessoais e até "amigos" das comunidades, que celebravam suas festividades e veneravam seus ícones, réplicas rústicas, por assim dizer, de São Demetrio de Tessalônica e de Santa Maria de Blanquernas, protetores de Constantinopla. O número de santos aumentava de vez em quando com os "novos mártires", cristãos ortodoxos que haviam caído diante dos turcos. Os santos eram venerados em festividades anuais (*panegyreis*), uma das expressões mais vitais do cristianismo popular dos Bálcãs. Era difícil demonstrar que a disciplina fosse realmente imposta às comunidades de cima a baixo. Os bispos diocesanos podiam variar no que diz respeito a qualidades pessoais, mas quase sempre enfrentaram o mesmo problema de falta de meios. Em termos gerais, pode-se dizer sem medo de equívoco que as paróquias eram auto-reguladas, com todos os abusos e irregularidades que tais situações podem propiciar. Talvez o mais importante fator para que todas as terras ortodoxas estivessem ligadas fossem certas pessoas já citadas neste texto: os monges, especialmente os de Atos.

O monte Atos

O monte Atos aceitou desde o primeiro momento a soberania turca, e obteve em troca o reconhecimento de sua condição de federação monástica autônoma. Os próprios decretos turcos descrevem aquele território como "o país onde dia e noite se reverencia o nome de Deus" e como "refúgio para os necessitados e os viajantes". Grande parte das obras de construção foi feita durante os séculos XV e XVI, bem como algumas das mais belas pinturas, como, por exemplo, as do grande pintor Teófanes, de Creta, na igreja principal da Grande Laura (por volta de 1535). Em meados do século XVI fundou-se um novo mosteiro, Stavronikita, no lugar abandonado em que tempos antes se erguera outro mosteiro de mesmo nome. Os fundos foram fornecidos pelo patriarca de Constantinopla, Jeremias I, que visitava a Sagrada Montanha periodicamente. Alguns outros patriarcas dos séculos XVI e XVII mantiveram laços estreitos com Atos, fazendo doações, às vezes retirando-se ali, e arregimentando dos mosteiros os monges que seriam elevados ao episcopado. O número de monges viajantes procedentes de Atos se incrementou no século XVII pela necessidade de se levantar fundos, pois as rendas das terras que não tinham sido confiscadas pelos turcos estavam sujeitas a grandes contribuições e impostos arbitrários. Mas as missões em busca de fundos eram também uma oportunidade para que os monges exibissem as relíquias e oferecessem a si mesmos como exemplo de piedade aos laicos ortodoxos. Em 1734, o príncipe de Valáquia concedeu uma generosa quantia anual ao mosteiro Filoteu, sob a condição de que uma vez por ano uma de suas relíquias, a mão direita de São João Crisóstomo, fosse enviada para o seu principado para abençoá-lo.

Essas exibições regulares de relíquias e ícones milagrosos estabeleciam um contato tanto do povo quanto dos governantes com os monges de Atos e, segundo se acreditava, com as manifestações da divindade. Desse modo era mantido vivo um sentimento de unidade entre os ortodoxos, que as instituições patriarcais raras vezes podiam oferecer. Os monges de Atos e de outros centros monásticos, como Patmos, Nea Mone, de Quios, e Meteora desempenharam um papel similar entre os ortodoxos dos Bálcãs e da Ásia Menor. Monges errantes percorriam os campos oferecendo orações, pregando e, às vezes, exibindo um ícone ou uma relíquia. Gozavam de grande estima popular.

Apesar das contínuas viagens dos monges, muitos dos mosteiros de Atos passaram por graves dificuldades financeiras a partir do final do século XVII. No próprio Atos o nível de educação decaiu, e uma tentativa de criar uma academia em meados do século XVIII infelizmente não prosperou. A ignorância de monges e sacerdotes se transformou quase num tópico entre os viajantes dos séculos XVIII e XIX. Um dos relatos mais significativos sobre a indiferença dos monges em relação aos livros e ao conhecimento foi feito por Robert Curzon, que em 1837 visitou o monte Atos em busca de manuscritos. Quando pediu uma "folha solta com caracteres unciais gregos muito antigos' que havia encontrado numa das bibliotecas do mosteiro, o abade respondeu: "'Naturalmente... Para que precisa dela?' 'Meu criado sugeriu que talvez seja útil para tampar um pote de geléia ou um vidro de conservas.' 'Oh! – exclamou o abade. – Leve mais.' E, sem pensar, pegou um desafortunado manuscrito *in quarto* dos Atos dos Apóstolos, e com uma faca arrancou um maço de folhas com uma polegada de espessura". A "ignorância" dos monges era em parte deliberada: todo conhecimento supérfluo para a compreensão das verdades essenciais da fé era considerado algo estranho e até perigoso. Mas alguns monges de Atos continuaram a obra de aprendizagem "interior" relativa à espiritualidade, enquanto deixavam de lado a aprendizagem "exterior" da qual o monacato bizantino sempre desconfiou.

A guerra de independência e a secessão da Igreja grega

Era inevitável que a estreita colaboração entre o patriarca de Constantinopla e os dominadores otomanos provocasse a reprovação dos que tentavam escapar do "jugo turco". Entre os laicos ortodoxos e seus párocos, de um lado, e o patriarca e as altas hierarquias, do outro, havia um enorme abismo cultural e social. Muitos dos altos cargos eclesiásticos eram ocupados pelos fanariotas que, ao mesmo tempo em que manifestavam sua adesão à Sublime Porta, se comportavam como homens avançados, cosmopolitas, interessados nas idéias ocidentais ("latinas") e que se consideravam os paladinos da língua grega. Os fanariotas e os patriarcas de Constantinopla utilizaram sua influência sobre os sultões para conseguir que muitos dos altos postos das hierarquias dos outros patriarcados sob domínio turco (Alexandria, Jerusalém, Antioquia e os Bálcãs) fossem parar nas mãos de homens de língua grega. Muitos fanariotas depositavam sua esperança na criação de um Império grego no Bósforo ("a Grande Idéia"), e tiveram atuação decisiva nas revoltas dos principados da Moldávia e da Valáquia em 1821. No mesmo ano, o patriarca de Constantinopla Gregório V foi condenado à morte, junto com vários dos altos prelados de seu sínodo. Mas tais mortes nada fizeram em favor do prestígio da sé, cuja reação diante da revolta foi ambivalente, quando não de condenação formal. Foram os eclesiásticos das províncias e os monges que se transformaram em heróis das guerras da independência. Os bispos do Peloponeso tiveram um papel importante, e o metropolitano Germano da Antiga Patras tomou a iniciativa da proclamação da rebelião no Peloponeso Norte. Os monges do mosteiro Nea Mone, de Quios, participaram na insurreição, e os crânios mutilados ainda conservados no mosteiro são testemunho da violenta repressão turca à rebelião ocorrida na ilha em 1822, que pôs fim à vida de cerca de 25.000 pessoas. Os monges e o clero paroquial participaram também de revoltas posterio-

Acima. Celebração ortodoxa grega da Anunciação, em Chipre. As festividades dos santos e outras de caráter religioso envolvem toda a comunidade local. Que o laicato construa "a Igreja" junto com seu sacerdote é um traço característico da ortodoxia grega. Em comunidades maiores, esses acontecimentos se organizam cuidadosamente. Os ícones e as relíquias dos santos são levados em procissão pelas ruas, às vezes com guarda militar de honra. Mesmo em tempos modernos, essas festas dão também ocasião a feiras comerciais, música e danças.

Direita. O sacerdote grego ortodoxo é também o amigo e o vizinho de seus fiéis, especialmente nas zonas rurais. Pode descansar e falar da colheita com eles, talvez depois de ensinar a seus filhos na escola ou de trabalhar em seu próprio terreno.

Acima, direita. A sempre Santa Rússia. Ainda hoje há no país procissões levando ícones. Nikita Kruschev se lamentou: "As pessoas continuam aferradas a seus costumes e continuasm a acreditar em Deus, apesar de todas as provas em contrário". Durante a Segunda Guerra Mundial, permitiu-se à Igreja reabrir alguns de seus templos. Em troca, os eclesiásticos fomentaram o patriotismo russo contra os invasores. Na década de 1950, com Kruschev, recrudesceu a política repressiva contra a religião, a qual se atenuou nas últimas décadas do século XX.

Abaixo destas linhas. Clero armênio dirigindo os ofícios de Natal em Belém. Junto a Jerusalém existe um bairro armênio. Os armênios se converteram ao cristianismo por volta do ano 300. Rejeitaram a definição da natureza de Cristo promulgada pelo Concílio de Calcedônia (451), de maneira que foram considerados "hereges" pela Igreja Ortodoxa bizantina. O chefe de sua Igreja é o *catholicos*, com residência em Echmiadzin (Armênia). Os armênios mantiveram a sua doutrina, a sua Igreja e seu alfabeto apesar de todas as opressões.

Abaixo. Monges de um dos quatro mosteiros coptas que subsistem, em Wadi al-Natrun. Esta foi uma zona sagrada desde a época dos faraós, e a habitaram os monges durante mais de 1.600 anos. No Egito há 5 ou 6 milhões de coptas, incluídos muitos altos funcionários e profissionais liberais.

res, amiúde lutando até a morte. Por exemplo, durante a última revolta cretense de 1866, o mosteiro de Arkadi, junto a Rethymnon, ficou como último reduto dos camponeses locais. Antes de se render aos turcos, o abade Gabriel ateou fogo aos barris de pólvora, e voaram juntos os atacantes e os heróicos defensores.

Não é de estranhar, pois, que após a formação do Estado independente grego (1828), os dirigentes tenham decidido que a Igreja não podia se submeter ao patriarca de Constantinopla, ainda sob o domínio otomano. Em 1833, o regente protestante do jovem rei Otto I declarou a Igreja grega autônoma, situação que o patriarca reconheceu a contragosto 17 anos depois. A constituição da Igreja grega foi modelada de acordo com as linhas do protestantismo alemão, ficando sob a estrita supervisão do Estado, cujo "procurador" assistia às reuniões dos sínodos. O arcebispo de Atenas e de toda a Grécia presidia os encontros. Em 1967, houve uma mudança fundamental na constituição, quando por decreto da junta militar foi concedida uma maior independência à Igreja em relação ao Estado. A Igreja da Grécia beneficiou-se muito do apoio oficial, conseguindo um importante controle da rede de ensino pública, enquanto movimentos como a Irmandade da Vida (Zoe) criaram redes de escolas e organizaram a educação religiosa e formal dos laicos. No campo, os sacerdotes continuaram sendo homens casados e atrelados às suas comunidades. Ainda hoje a figura do *papas* (sacerdote) oficiando a santa liturgia, podando as oliveiras ou mascando tabaco à porta da taberna não parece contraditória para a maioria do seu rebanho.

A decadência do patriarcado

O novo reino da Grécia era muito pequeno no começo; compreendia somente o Peloponeso, a Ática e a região situada ao Norte do golfo de Corinto. A maioria dos gregos ortodoxos ainda vivia sob o domínio otomano, e os fiéis do patriarca de Constantinopla continuaram numerosos e até pareciam satisfeitos. Kinglake observou por volta de 1830 que "o Povo, com suas freqüentes migrações do reino constitucional aos territórios da Porta, parece demonstrar que, em conjunto, prefere grunhir sob o jugo turco". Mas a supervisão do governo otomano sobre o patriarcado tornou-se extrema com o intuito de evitar a repetição dos acontecimentos de 1821, e o prestígio do patriarcado afundou ainda mais. Além disso, existia uma básica falta de simpatia entre os falantes de grego e os eslavos, que se refletia no antagonismo entre seus respectivos mosteiros do monte Atos.

À medida que o domínio otomano ia desaparecendo, as diferentes nações que surgiam nos Bálcãs rompiam a aliança com o detestado patriarcado de Constantinopla. Em 1879, a Igreja Sérvia se tornou autônoma, um ano depois do país obter a independência política e 113 anos depois da supressão de seu antigo *status* patriarcal. Em 1920-1922, os cinco pequenos grupos da diocese sérvia foram reunidos sob um patriarca com residência em Belgrado. Os ortodoxos búlgaros se sentiam profundamente atingidos pelas tentativas das autoridades eclesiásticas gregas de impedir o culto em eslavo. Em 1870, o próprio sultão acedeu à demanda búlgara de uma organização eclesiástica separada. A resposta do patriarca foi a imediata excomunhão dos búlgaros, e o cisma persistiu até 1945, muito depois da criação do Estado búlgaro independente. Também na Romênia a independência nacional custou ao patriarca sua autoridade: em 1885 ele se viu obrigado a reconhecer a condição autônoma daquela Igreja ortodoxa, proclamada pelos próprios romenos 20 anos antes. O longo período de favores do sultão de que o patriarcado havia desfrutado agora se voltava contra este. Depois da decisiva derrota grega na guerra greco-turca, em 1922, quase todos os helenos da Ásia Menor seguiram para a Grécia e, pela primeira vez, a Igreja desse país acolheu a grande maioria de ortodoxos de Istambul. A destacada personalidade do patriarca Atenágoras I (1948-1972) contribuiu em grande medida para garantir os direitos das igrejas e dos cristãos sobreviventes da outrora "cidade protegida por Deus". Desse modo, a supremacia honorária que Constantinopla mantinha entre os patriarcados ortodoxos se deslocou para as terras gregas e até para a América do Norte e a Austrália. As complexas relações entre as numerosas comunidades de norte-americanos de origem grega, búlgara, romena, russa e sérvia provocavam tensões sobre o caráter, a filiação e a jurisdição dessas comunidades. Ao longo das décadas de 1960 e 1970, o poder convocatório do cristianismo ortodoxo era demonstrado não só pela sua vitalidade no Novo Mundo, mas também pelas conquistas dos missionários ortodoxos gregos no Leste da África. Com a queda do comunismo, acabou a proibição sobre o exercício da prática religiosa que vigorava entre os cidadãos dos chamados países do Leste. A liberdade de credo originou um novo impulso do cristianismo ortodoxo que perdura até hoje.

QUINTA PARTE

A TRADIÇÃO CRISTÃ

A relação do fiel com sua Igreja

Batismo. Jesus foi batizado por João Batista no rio Jordão, e os Evangelhos recolhem que o Espírito Santo apareceu sobre ele em forma de pomba e que uma voz disse: "Este é meu Filho, nele depositei minha benevolência". Os discípulos de Jesus praticaram o batismo desde os primeiros dias da Igreja, utilizando também água como símbolo exterior e visível do que ocorria espiritual e invisivelmente, e sempre batizavam em nome do Pai, do Filho e do Espírito Santo. O batismo é o sinal e o selo de pertencimento a Cristo e determina a condição de membro de sua comunhão, a Igreja. Do mesmo modo, purifica dos pecados e de suas conseqüências e marca o começo de uma nova vida.

Confirmação. Em todas as comunidades cristãs nas quais as crianças são batizadas, prevê-se uma cerimônia de confirmação para que, quando o fiel alcance a idade da razão, possa fazer profissão de fé e se comprometer a renunciar ao mal. Antes de receber a confirmação, as crianças (ou os adultos, pois é possível ser ministrada em qualquer idade) são instruídas plenamente sobre a fé cristã. O bispo dirige a confirmação representando toda a comunidade, e impõe as mãos sobre a cabeça do candidato.

Eucaristia. Desde o princípio, os membros da Igreja de Cristo reúnem-se para comemorar o rito que ele mesmo instituiu. Na última Ceia comeu com seus discípulos, pegou o pão e, depois de dar as graças, partiu-o e deu-o a seus discípulos dizendo: "Tomai e comei. Este é meu corpo, que é dado por vós". Do mesmo modo, depois da ceia segurou a taça de vinho e disse: "Bebei dele todos, que este é meu sangue do Novo Testamento, que será derramado por muitos para expiação dos pecados". E recomendou-lhes: "Fazei isto em minha memória". Esta sagrada comunhão, ceia do Senhor, eucaristia ou missa, como a chamam as diferentes comunidades, é celebrada pelos cristãos de todo o mundo como o sacramento de sua redenção.

Ordem. Os apóstolos foram os dirigentes naturais da primeira comunidade cristã. Judas Iscariotes, o traidor que acabou se suicidando, foi substituído. A comunidade impetrava a inspiração do Espírito Santo, e com esta ajuda realizava a escolha. Os princípios então estabelecidos foram mantidos nos mecanismos para designar os pastores da comunidade. A pessoa que aceita esta responsabilidade especial é "chamada" ao mesmo tempo pelo povo de Deus e por Deus mesmo. Na prática, isto significa um processo de seleção e formação que culmina numa cerimônia da ordenação, na qual se ressalta tanto o papel do povo quanto o do Espírito Santo. Nos tempos antigos, também significava com freqüência agarrar jovens talentosos e ordená-los à força. Quem recebe as ordens está habilitado para atuar como centro das orações da comunidade, para presidir a Santa Comunhão e para dar a absolvição em nome de Deus àqueles que se arrependam de seus erros.

Acima. Esta bandeja, utilizada para conter a água batismal, mostra o batismo de Jesus, com o Padre e o Espírito Santo no alto e São João Batista impondo a mão a Cristo.

Acima destas linhas. Esta patena ou bandeja utilizada para guardar o pão da comunhão, mostra Jesus oferecendo aos discípulos primeiro o pão e depois o vinho.

Direita. O penitente ajoelha-se no confessionário. O sacerdote não pode vê-lo, assim ele pode falar em segredo sem sentir-se coibido.

Abaixo. Estes diáconos, com estolas que cruzam o corpo em diagonal, estão sendo ordenados sacerdotes. Durante um ano serviram em paróquias, mas enquanto não recebem ordens maiores não podem consagrar efetivamente nem absolver no sacramento da penitência os que se arrependem dos pecados.

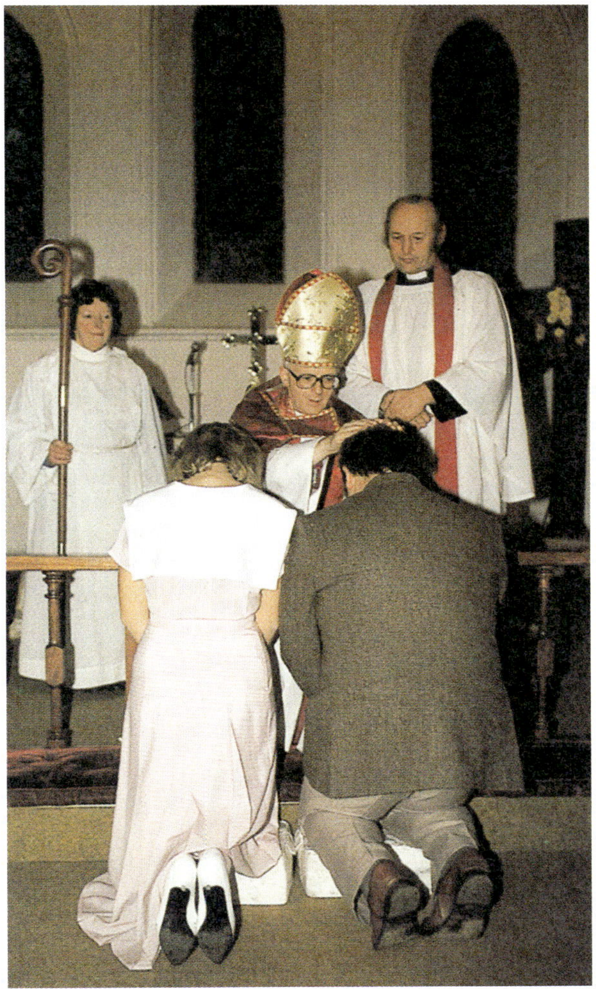

Esquerda. O bispo impõe as mãos a um fiel durante a cerimônia da confirmação.

Abaixo, esquerda. Celebração de um casamento numa igreja ortodoxa grega.

Abaixo, direita. No campo de batalha, um sacerdote ajuda um soldado a morrer em paz com Deus.

Casamento. A Igreja considera o matrimônio como uma instituição fundada por Deus e como imagem ou reflexo da união de Cristo e de seu povo. (A Igreja é a Esposa de Cristo.) Constitui também o princípio de uma família, na qual a Igreja se reproduz em escala reduzida.

Penitência. Depois de haver sido purificados de pecado por meio do batismo, os cristãos voltam a pecar seguidamente. Quando agem dessa forma, rompem a relação de confiança com Deus e com a comunidade. Desde a época de Carlos Magno ficou estabelecida no Ocidente a prática de confessar com regularidade os pecados a um sacerdote. Deste modo, o penitente podia demonstrar que estava sinceramente arrependido e, se aceitasse com humildade a penitência que lhe era imposta, ficava absolvido e merecia a certeza de que Deus o perdoava. A Igreja Católica mantém essa prática hoje, embora a falta de sacerdotes em alguns lugares tenha propiciado a proliferação da confissão comunitária. A maioria dos protestantes segue a linha adotada pelos reformadores do século XVI, segundo a qual basta confessar os próprios pecados a Deus.

Unção dos enfermos. Quando está gravemente doente e em especial quando está à beira da morte, o cristão pode ter o consolo da solidariedade da Igreja. Encomenda sua alma a Deus, arrepende-se de seus pecados e o sacerdote lhe dá a absolvição e o unge com óleo bento. Esta prática, antiga na Igreja católica, nem sempre é formalmente admitida pelos protestantes, mas muitos encontram consolo em falar em seus últimos momentos com um ministro ordenado.

O interior da igreja

O mobiliário eclesiástico que é reproduzido nesta página dupla é o típico dos templos católicos ocidentais e de alguns anglicanos. Muitas igrejas desta última confissão e da maioria das Igrejas protestantes do Ocidente têm uma decoração muito sóbria, mas os objetos essenciais de culto tampouco faltam nelas: uma pia batismal, uma mesa ou altar para a Sagrada Comunhão, um púlpito ou estrado de madeira para a predicação e, normalmente, um atril. Estes elementos constituem o suporte dos atos mais importantes do culto: a administração dos sacramentos e o ministério da palavra.

Nas igrejas ortodoxas não pode faltar a iconóstase. Os membros da congregação formulam diante dele suas preces e beijam as imagens com veneração. Hoje em dia, as igrejas ocidentais têm bancos, embora no passado o normal fosse que os fiéis permanecessem de pé ou até mesmo em movimento enquanto eram celebradas as cerimônias.

Acima. A pia ou recipiente de água benta situa-se perto da porta da igreja. Os fiéis que entram borrifam-se levemente com a água, talvez seguindo a tradição da antiga Roma. Na época costumava haver uma bacia situada no vestíbulo ou *atrium* da basílica, de modo que os que entravam podiam lavar-se. O ato simbolizava a purificação das coisas mundanas, para apresentar-se limpo diante de Deus.

O sacrário fica situado perto do altar, e contém os objetos de culto utilizados na comunhão, assim como relíquias e livros sagrados. Em algumas igrejas anglicanas são guardados ali o pão e o vinho consagrados que são reservados para os doentes que não puderam comparecer à Santa Comunhão. A lâmpada do Santíssimo *(esquerda)* permanece acesa para assinalar a presença divina.

Acima. O púlpito é uma estrutura que se ergue acima do chão, e dali o pregador pronuncia seu sermão. Nos primeiros tempos do cristianismo, a prédica do bispo costumava ser feita da própria cadeira episcopal ou *cathedra*. O púlpito começou a ser utilizado na Idade Média.

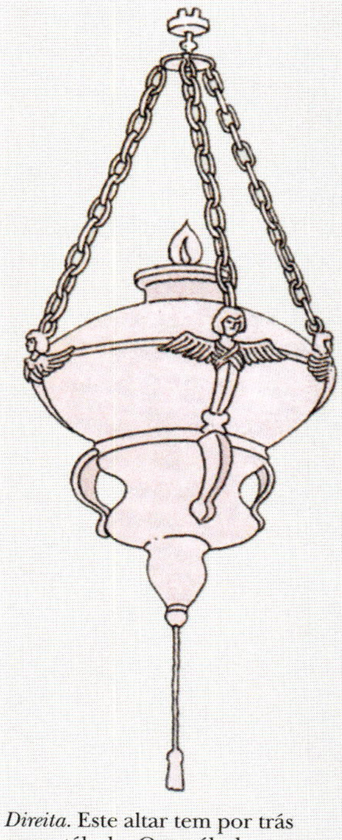

Acima. A piscina, alojada numa espécie de nicho escavado na parede próxima ao altar, é de origem medieval. É usada como depósito da água para a lavagem das mãos do sacerdote antes da consagração e para lavar os recipientes que contêm o pão e o vinho.

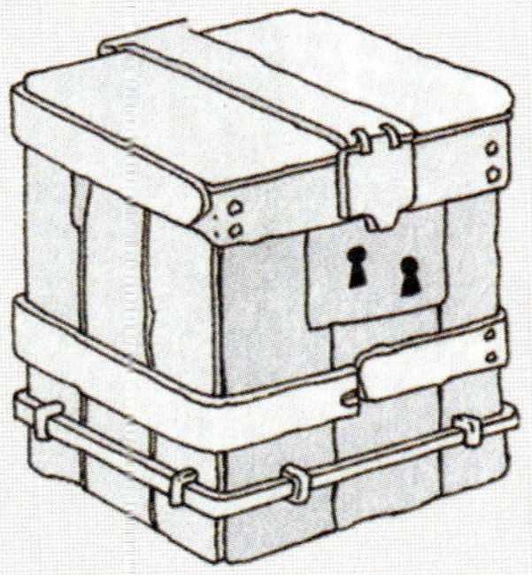

Acima. O cofre de igreja serve para depositar as ajudas aos pobres ou (com freqüência em nossa época) para a manutenção do templo. Nos dois casos, são contribuições espontâneas inspiradas pela piedade.

Direita. Este altar tem por trás um retábulo. Os retábulos como este costumavam ter pinturas ou símbolos cristãos, ou adotar a forma de uma tapeçaria ou de uma simples cortina. Há exemplares especialmente valiosos em Burgos, Espanha, e em São Marcos de Veneza (lavrados em metal e com jóias). Diante do altar está o presbitério, aonde os fiéis ajoelham-se para receber a comunhão.

Abaixo. A igreja onde o bispo diocesano tem sua sede, "assento" ou *cathedra* é a catedral. Normalmente, é maior e mais importante que uma paróquia. A planta deste templo ocidental tem a forma de cruz. A nave principal corre ao longo do edifício (provavelmente de *navis*, barco em latim, símbolo da igreja como barco no qual as almas navegam a salvo pelas águas deste mundo) e é cruzada por outra nave menor. Com o transcurso dos séculos foram sendo acrescentadas outras partes: um claustro para o passeio dos monges ou do clero, uma capela dedicada à Virgem Maria etc.

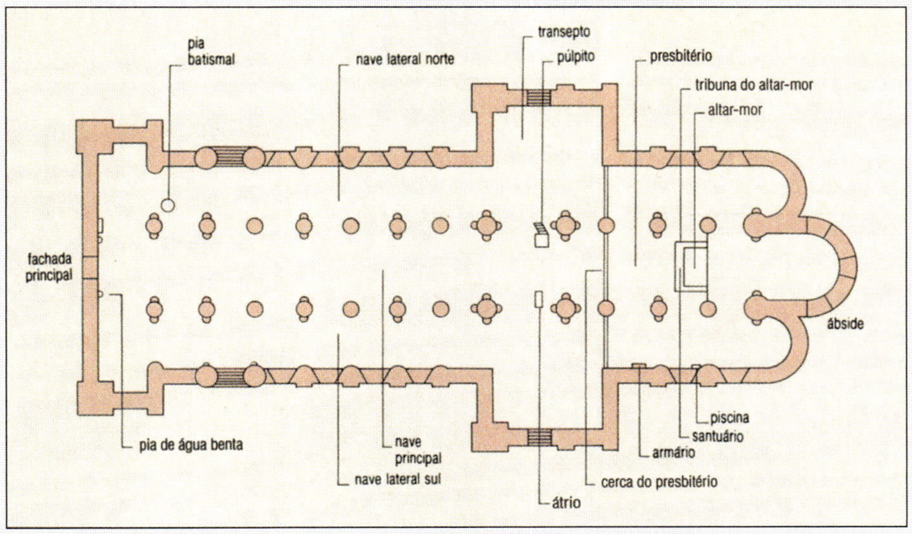

Abaixo. O atril, freqüentemente adornado com uma águia, símbolo de São João Evangelista, é usado para segurar a Bíblia ou o livro que seja lido durante o culto. Tradicionalmente, nas preces matinas e nas vésperas são lidos fragmentos do Antigo e do Novo Testamento. Na eucaristia, fragmentos de uma epístola e do Evangelho.

Direita. A pia batismal contém a água utilizada no batismo, e às vezes está totalmente coberta para que a água se mantenha limpa. Na Igreja primitiva o batismo era feito normalmente por imersão, e a pia era grande o bastante para que o candidato pudesse permanecer nela em pé. Quando o batismo das crianças impôs-se como norma geral no Ocidente, a partir do século IV, foram introduzidas pias menores.

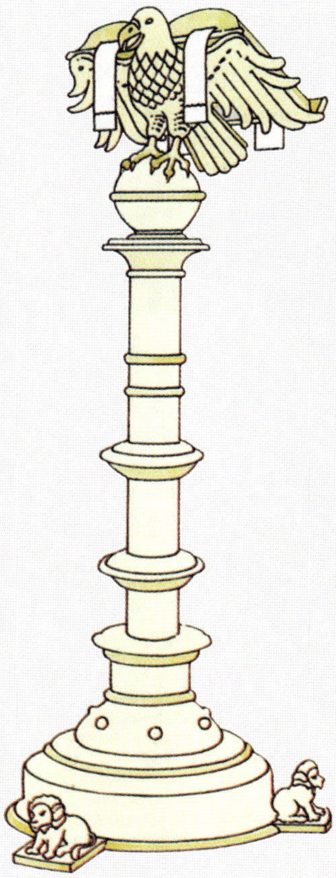

Acima. Anteparo que separa a área ocupada pelo coro e a destinada ao resto da congregação. Costuma ser rematada por uma cruz.

O exterior da igreja

A arquitetura das igrejas cristãs adotou diferentes formas. As primeiras eram simples anexos de casas particulares. Quando eram necessárias construções maiores, recorria-se às vezes aos templos pagãos, e até o estilo de algumas igrejas novas da época romana reflete essa herança arquitetônica. No Oriente prevaleceu a tendência a concentrar a decoração no interior da igreja. No Ocidente, a nave foi o elemento central do traçado, com plantas cruciformes ou "cruzeiros" e com decoração externa e interna. Nas igrejas antigas, observa-se com freqüência uma destacada variedade arquitetônica no mesmo edifício, com a sobreposição de elementos medievais e do século XVIII. Embora às vezes seja esteticamente incongruente, esta diversidade constitui um testemunho da continuidade da fé, da contribuição à casa de Deus por parte das gerações subseqüentes. A arquitetura eclesiástica sempre tratou de glorificar Deus, e com este objetivo recaiu às vezes nas mais delirantes fantasias, de modo que em épocas em que a maioria do povo vivia na pobreza e em espaços estreitos, as igrejas eram edifícios enormes e de ornamentação extraordinária. Mas também existem casas de Deus muito singelas, pequenas e despretensiosas, como algumas entre que são reproduzidas nesta página dupla.

Abaixo. Esta igreja esquimó do noroeste de Canadá segue a forma tradicional do iglu. A construção manifesta sua função mediante a cruz em seu topo e a estátua da Virgem sobre a entrada, mas adapta seu exterior à forma mais adequada aos rigores climáticos da região. As missões católicas estiveram presentes na região desde meados do século XIX.

Direita. Pequena igreja nos Alpes Dolomitas, sul da Áustria. Igrejas ou capelas como esta se erguem em áreas remotas e montanhosas ao longo das rotas das grandes peregrinações em diversas partes da Europa. Longe dos centros principais de peregrinação, com suas igrejas e albergues, estes edifícios simples foram fundados por leigos ou clérigos caritativos como refúgios para os viajantes.

Esquerda. A grande catedral de Siena, com sua cúpula e sua característica decoração em listras, reflete a originalidade e a necessidade de forçar as possibilidades técnicas ao limite, que caracterizam a construção de igrejas na Alta Idade Média. Iniciada em 1196 em estilo românico, a estrutura foi logo modificada segundo o novo estilo gótico. No século XIV, planejou-se construir uma nova catedral, ao sul da cúpula, convertendo a nave maior em cruzeiro, mas a epidemia de 1348, a decadência econômica e a instabilidade política forçaram o abandono do projeto e a conclusão da atual igreja, mais modesta. O telhado que aparece em primeiro plano, à direita, cobre os arcos que ficaram das obras inconclusas.

Acima, direita. Esta igreja "de cristal" de Los Angeles tenta reproduzir com meios modernos o conceito medieval de arquitetura como impulso que se eleva em direção ao céu.

Perto destas linhas. Esta catedral ortodoxa de Kiev tem as cúpulas bulbiformes características do mundo russo.

Direita. Esta moderna igreja alemã de peregrinação pode abrigar um grande número de fiéis, assim como os centros da Idade Média. Seu projeto reflete sua função.

A música na Igreja

Acima. Os instrumentos musicais eram proibidos nos ofícios dos primeiros cristãos, mas na Idade Média o órgão foi aceito e começou a ser utilizado nas igrejas. O Saltério Rutland, do século XIII, mostra David tocando um órgão, enquanto um criado aciona os pedais. Sobre o órgão há uma espécie de carrilhão para as ocasiões especiais, e à esquerda outro assistente tange uma sanfona, que deve haver sido usada nas igrejas que não dispunham de órgão.

Direita. Num exemplar do século XV de *O espelho da vida de Cristo*, vemos uma procissão de Corpus Christi perto de uma pequena igreja. Um sacerdote carrega o Santíssimo Sacramento, enquanto outros clérigos caminham diante dele e, atrás, os fiéis. É possível que estivessem cantando o *Pange lingua*, composto especialmente para a festa religiosa por São Tomás de Aquino.

A primeira música composta para a Igreja consistia em hinos e salmos, aos quais se somaram com o tempo as outras partes da missa. A forma era o cantochão, chamado gregoriano por causa do papa Gregório I, em cujo pontificado (590-604) ele foi consolidado. Enquanto isso, outros ritos, como o bizantino, continuavam desenvolvendo suas próprias tradições musicais.

Do século IX em adiante, ocorre o crescimento da polifonia, técnica na qual dois ou mais partes são cantadas ao mesmo tempo. Esta forma foi enriquecida com o aparecimento do baixo por volta de 1450, e tornou-se tão complicada que, com a Reforma, Martinho Lutero propugnou uma música feita de tons simples, conhecidos como corais, que pudesse ser cantada por toda a congregação.

A multiplicidade de comunhões existentes desde aquela época mal nos permite oferecer algumas características gerais, como o tratamento dos corais luteranos por Praetorius, Schutz, Bach, Brahms e Reger; os hinos da igreja da Inglaterra de Purcell, Handel, Parry e Stanford; e as missas católicas de Palestrina, Monteverdi, Haydn, Mozart e Beethoven.

A situação atual é muito complexa, com uma marcada tendência para a música popular. No entanto, muitas Igrejas de diferentes correntes utilizam música de todos os períodos para sua liturgia, e até incentivam a composição de novas e magníficas obras para a glória de Deus.

Acima. Em contraste com a procissão de um pequeno povoado *(acima, esquerda)*, vemos aqui um evento da cidade de Veneza: *A Procissão da Cruz da Praça de São Marcos*, de Gentile Bellini. O relicário da cruz é levado em primeiro plano, precedido por cantores da catedral de São Marcos e músicos que tocam harpa, rabeca e alaúde. À direita do quadro é possível ver um grupo de trombetas, sacabuxas e trombones, instrumentos de som mais forte que podem acompanhar melhor o canto dos fiéis, em contraste com os mais suaves da esquerda, que tocam para o coro.

Esquerda. Uma forma muito utilizada em São Marcos era o canto polifônico, interpretado por distintos grupos situados em galerias separadas. Esta forma estendeu-se à Alemanha e mostra-se aqui na página de rosto do *Theatrorum Instrumentorum*, de Praetorius, embora já houvesse sido usado em seu *Musarum Sioniarum* de 1606-1607. Há três corais, cada um a cargo de um diretor. Cada grupo conta com um órgão; o da esquerda, acompanhado por instrumentos da família dos violinos; o da direita, por cornetas; e o debaixo, por sacabuxas, enquanto um homem desse último grupo segura um grande instrumento alongado.

Esquerda. Nesta pintura de Thomas Webster, *Um coral de vila*, é representado o típico conjunto musical de igreja na Inglaterra do século XIX. Seu autor era cantor do coral da Capela Real. Mostra-nos cantores de quase todas as idades, com o mestre do coro no centro e, a falta de órgão, com os músicos tocando o clarinete, o fagote e o violoncelo. Estes instrumentos ainda ser encontrados hoje em algumas igrejas rurais, e lembram certas cenas de *Sob a árvore frondosa* de Thomas Hardy. É uma pena que Webster não tenha incluído em seu quadro o serpentão, que aparece no livro de Hardy e foi muito utilizado nas igrejas durante quase três séculos.

Acima. O quadro de Webster contrasta com a foto das duas jovens cantando perto do altar na igreja católica de Stapleton, Nebraska. Acompanham-se com o violão, e sua música é claramente devota. Tocado deste modo, o violão pode enriquecer a liturgia, mas quando as músicas lembram demais as melodias profanas, costumam ser causa de atritos na paróquia.

O calendário cristão

O calendário para o ano 2000, aqui reproduzido, mostra as principais festividades e ciclos do ano cristão. Para a explicação de sua estrutura devemos remontar a suas origens. Na sucessão aparentemente caótica da experiência diária, os seres humanos encontram ordem e significado em suas vidas concedendo uma significação especial a certos períodos (e também a certos lugares). A recorrência das estações, assim como o ano solar de 365 1/4 dias e o mês lunar de 29 1/2 dias, proporciona uma infra-estrutura natural. O antigo calendário romano baseava-se no ano solar com primeiro de janeiro como dia do Ano Novo. O calendário do Antigo Testamento era lunar, com o primeiro mês (Nissan) na primavera. Como para os 12 meses lunares faltam uns 11 dias para os 365 dias solares, era preciso acrescentar um décimo terceiro mês a cada dois ou três anos. O ano solar romano também tinha de acrescentar um dia a fevereiro a cada quatro anos.

O calendário cristão combinou o ano solar, de datas "fixas", com as festas lunares (móveis). Provém da narrativa do Evangelho: Jesus foi crucificado numa sexta-feira (a "preparação") e ressuscitou no domingo (chamado no Novo Testamento "o primeiro dia da semana" ou "o Dia do Senhor"). A celebração eucarística semanal é, sobretudo, a comemoração da Ressurreição como chave de toda a obra redentora. A importância dada pelo cristianismo ao domingo, que por volta do século IV começou a herdar alguns aspectos do sábado de descanso judaico, fez da semana uma unidade de tempo desconhecida na sociedade greco-romana, um período típico do mundo mediterrâneo. Esta nova divisão foi reforçada pelas afirmações dos astrólogos de que cada dia estava sob a influência de um planeta, de acordo com a seguinte ordem: Sol, Lua, Marte, Mercúrio, Júpiter, Vênus e Saturno. A Igreja travou uma batalha, apenas parcialmente bem-sucedida, contra os nomes planetários, aos quais os bárbaros do Norte, bem como os ingleses e alemães, continuaram a se ater.

Jesus morreu durante a festividade da Páscoa judaica ou no dia seguinte. "Em nossa Páscoa Cristo sacrificou-se por nós", disse São Paulo. De modo que a Paixão é uma comemoração ao mesmo tempo anual e semanal. Depois de longas polêmicas, a celebração desviou-se da Páscoa judaica para estabelecer-se no domingo da mesma semana ou da seguinte, coincidindo com a lua cheia do equinócio de primavera (21 de março). Este princípio foi adotado de acordo com a astronomia, para conciliar os anos solar e lunar, mas outros estudiosos cristãos desenvolveram tabelas baseadas em ciclos diferentes. Nem sempre os próprios bispos entendiam os princípios que regiam os cálculos, mas às vezes os diversos sistemas eram utilizados como armas ideológicas nas discrepâncias sobre outros temas, como o da jurisdição ou das divergências entre o Leste grego e o Oeste latino. Na tabela criada por um monge originário do Delta do Danúbio e residente em Roma, Dionísio Exíguo (525 d.C.), foi fixada pela primeira vez a data do nascimento de Cristo, e surge portanto a nossa "Era Cristã". Outros cronógrafos não

Janeiro		Fevereiro		Março		Abril		Maio		Junho	
1		1		1		1		1		1	Dia da Asc
2		2	Purificação de Maria	2		2		2		2	
3		3		3		3		3	Invenção da Santa Cruz	3	
4		4		4		4		4		4	
5		5		5		5		5		5	
6	EPIFANIA	6		6		6		6		6	
7		7		7		7		7		7	
8		8		8	4ª feira de Cinzas	8		8		8	
9		9		9		9	Domingo da Paixão	9		9	
10		10		10		10		10		10	
11		11		11		11		11		11	DOMINGO PETENCO
12		12		12		12		12		12	
13		13		13		13		13		13	
14		14		14		14		14		14	
15		15		15		15		15		15	
16		16		16		16	Domingo de Ramos	16		16	
17		17		17		17		17		17	
18		18		18		18		18		18	
19		19		19		19		19		19	
20		20	Domingo da Septuagésima	20		20	5ª feira Santa	20		20	
21		21		21		21	6ª feira Santa	21		21	
22		22		22		22	Sábado de Aleluia	22		22	Corpus Ch
23		23		23		23	DOMINGO DE PÁSCOA	23		23	
24		24		24		24		24		24	São João B
25	Conversão de São Paulo	25		25	Anunciação de Maria	25		25		25	
26		26		26		26		26		26	
27		27		27		27	São Marcos	27		27	
28		28		28		28		28		28	
29		29		29		29		29		29	São Pedro e São Paulo
30				30		30	Páscoa Ortodoxa	30		30	
31								31			

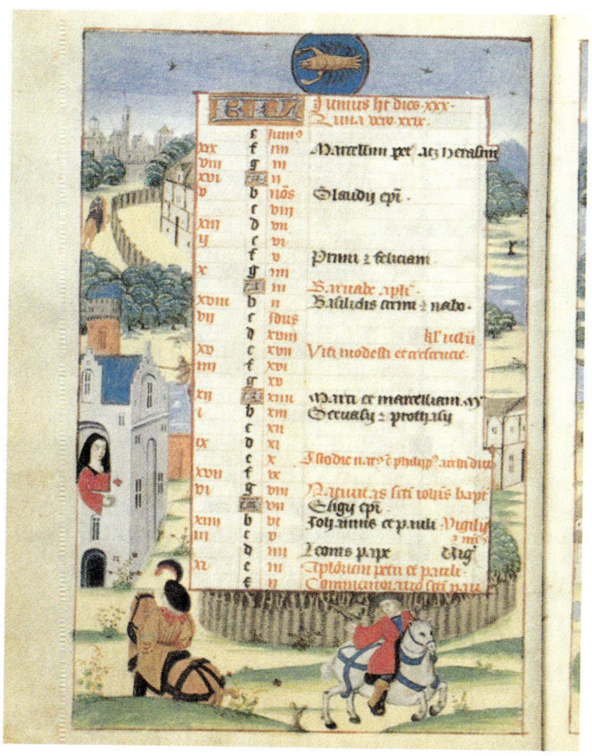

Esquerda. Calendário medieval do mês de junho, do Livro de Horas de Nicolau Firmiano, feito provavelmente em Flandres por volta de 1500. Os dias em vermelho assinalam as celebrações dos santos locais.

Direita. Uma procissão a caminho da Praça de São Pedro, de Roma, para celebrar o Domingo de Ramos.

Julho	Agosto		Setembro		Outubro		Novembro		Dezembro	
	1		1		1		1	Todos os Santos	1	
Visitação de Maria	2		2		2		2	Dia de Finados	2	
	3		3		3		3		3	*Primeiro Domingo do Advento*
	4		4		4	São Francisco de Assis	4		4	
	5		5		5		5		5	
	6	Transfiguração	6		6		6		6	
	7		7		7		7		7	
	8		8	Natividade de Maria	8		8		8	Puríssima Concepção
	9		9		9		9		9	
	10		10		10		10		10	
	11		11		11		11		11	
	12		12		12		12		12	
	13		13		13		13		13	
	14		14	Santa Cruz	14		14		14	
	15	Assunção de Maria	15		15		15		15	
	16		16		16		16		16	
	17		17		17		17		17	
	18		18		18	São Lucas	18		18	
	19		19		19		19		19	
	20		20		20		20		20	
	21		21	São Mateus	21		21		21	
	22		22		22		22		22	
	23		23		23		23		23	
	24	São Bartolomeu	24		24		24		24	
São Tiago	25		25		25		25		25	NATAL
	26		26		26		26		26	São Estevão, protomártir
	27		27		27		27		27	São João Evangelhista
	28		28		28		28		28	
	29		29	São Miguel Arcanjo	29		29		29	
	30		30		30		30		30	
	31				31				31	

O Ano Cristão 2000

Ciclos e Festas móveis
- **Advento**
- **Quaresma**
- **Páscoa**

DOMINGO DE PÁSCOA

Domingo de Ramos

Ciclos e Festas fixas
- Natal

EPIFANIA

São Lucas

demoraram a pôr em dúvida a exatidão da data da Encarnação (polêmica que ainda continua), mas a defesa que Beda fez dos cálculos de Dionísio asseguraram sua aceitação generalizada. O propósito de Beda era que todas as igrejas britânicas celebrassem a Páscoa na mesma data que Roma.

Em função da Páscoa são calculadas as outras festas móveis: Pentecostes, 50 dias depois; a Ascensão, 10 dias antes de Pentecostes; os preparativos imediatos da Páscoa abrangem os sete dias de Semana Santa que começam com o Domingo de Ramos e, antes, pelos 40 dias nos quais o bispo catequizava aos candidatos ao batismo e os penitentes se preparavam para o reingresso na comunhão na Quinta-feira Santa. Na Igreja primitiva o batismo era administrado na vigília de Páscoa ou de Pentecostes. A noção bíblica do dia que dura de uma tarde a outra (Gênesis 1:5) foi mantida.

Os judeus devotos jejuavam duas vezes por semana (segundas e quintas-feiras: São Lucas 18:12), e os cristãos, nas quartas e sextas-feiras, que são os dias da traição de Cristo e de sua crucificação, mas o jejum da quarta-feira caiu em desuso. Os dois dias foram mantidos na tradição ocidental para as ladainhas, freqüentemente cantadas em procissão. A abstinência e a oração também foram habituais não apenas na Quaresma, como também no Advento, a época anterior ao Natal.

O Nascimento de Cristo era celebrado no Ocidente já por volta do ano 300 no dia 25 de dezembro, coincidindo com o solstício de inverno. No Oriente, era celebrada em 6 de janeiro a festa do batismo de Cristo, mas também sua Encarnação. No século IV, o Ocidente aceitou a festa de 6 de janeiro, conservando seu nome grego de Epifania ou manifestação, e permaneceu associada à chegada dos Reis Magos a Belém. A fixação do nascimento de Cristo em 25 de dezembro levou a celebrar a Anunciação em 25 de março (a partir do século V), e o nascimento de João Batista (Lucas 1:35) em 24 de junho, para contrabalançar as celebrações pagãs do solstício.

Foram instituídas outras festividades: 6 de agosto, a Transfiguração; 14 de setembro, a Santa Cruz; 15 de agosto, a Ascensão da Virgem; 8 de setembro, a natividade de Nossa Senhora; 8 de dezembro, a Imaculada Conceição. E outras em louvor dos apóstolos (Pedro e Paulo em 29 de junho) e dos mártires (Estevão em 26 de dezembro), incluídos alguns de especial significação regional, como Estanislau na Polônia do século XI, Tomás Becket na Inglaterra do XII, Úrsula de Colônia, Brígida da Suécia, e outros. Às vezes, os santos proliferaram tanto, que a autoridade teve que fazer comprovações e aparar a lista de santos, como ocorreu na Igreja católica em 1570 e em 1969. Das Igrejas surgidas da Reforma, apenas a inglesa e a sueca conservam dias dedicados aos santos. O dia 25 de dezembro não é guardado pelos puritanos, devido a sua origem pagã.

Maria é venerada no catolicismo, na ortodoxia e, em grande medida, no anglicanismo como a figura mais exemplar, com a única exceção de seu Filho. É louvada não por ela mesma, mas sim pelo menino que carregou em seu ventre.

Os bispos de Roma

Segundo a tradição, o primeiro bispo que Roma teve foi o apóstolo Pedro, a "rocha" sobre a qual Cristo disse em seu dia que seria edificada a Igreja (João 1:35-42). Por esta razão, o bispado de Roma sempre ocupou uma posição especial, e também porque a cidade de Roma, como metrópole do Império Romano, transformou-se no centro natural da comunidade cristã ocidental. Roma não manteve sempre sua supremacia em toda a cristandade. Ao longo da Idade Média, o Oriente disputava essa supremacia, que ainda hoje não é reconhecida pelos cristãos ortodoxos. As circunstâncias políticas forçaram os bispos de Roma a encontrarem um *modus vivendi* com os imperadores romanos. Constantino e Silvestre I inspiraram conjuntamente o Império cristão. Carlos Magno tentou reviver o modelo constantiniano tal como ele o entendia, estabelecendo algumas relações especiais com o papa Adriano. Silvestre II (999-1003) escolheu este nome com a idéia de que ele e o imperador Oton III pudessem chegar ao ano 1000, o fim do mundo, como os segundos Constantino e Silvestre. Mas o mundo evidentemente não acabou, e pouco depois da morte de Silvestre o equilíbrio de poderes existente mudou. Gregório VII (1073-1085) deu grande impulso às reformas que deveriam transformar o papa no poder supremo universal e os dirigentes laicos em seus subordinados. As exorbitantes pretensões papais ao poder total conduziram a graves corrupções ao longo da Baixa Idade Média e contribuíram em grande parte para o sentimento de mal-estar que desembocou na Reforma.

Até 64 (?)	São Pedro	514-23	Hormisdas	827-44	Gregório IV
	Lino	523-26	João I	844-47	Sérgio II
	Anacleto	526-30	Félix IV (III)	847-55	Leão IV
c. 96	Clemente I	530-32	Bonifácio II	855-58	Bento III
	Evaristo	533-35	João II	858-67	Nicolau I
	Alexandre I	535-36	Agapito I	867-72	Adriano I
c. 117-27	Sisto I	536-37	Silvério	872-82	João VIII
c. 127-37	Telésforo	537-55	Virgílio	882-84	Marino I
c. 137-40	Higino	556-61	Pelágio I	884-85	Adriano III
c. 140-54	Pio I	561-74	João III	885-91	Estêvão V (VI)
c. 154-66	Aniceto	575-79	Bento I	891-96	Formoso
166-75	Sotero	579-90	Pelágio II	896	Bonifácio VI
175-89	Eleutério	590-604	Gregório I	896-97	Estêvão VI (VII)
189-98	Vítor I	604-06	Sabiniano	897	Romano
198-217	Zeferino	607	Bonifácio III	897	Teodoro II
217-22	Calisto I	608-15	Bonifácio IV	898-900	João IX
222-30	Urbano I	615-18	Deodato	900-03	Bento IV
230-35	Ponciano		Adeodato I	903	Leão V
235-36	Antero	619-25	Bonifácio V	904-II	Sérgio III
236-50	Fabiano	625-38	Honório I	911-13	Anastácio III
251-53	Cornélio	640	Severino	913-14	Lândon
253-54	Lúcio I	640-42	João IV	914-28	João X
254-57	Estêvão I	642-49	Teodoro I	928	Leão VI
257-58	Sisto II	649-55	Martinho I	928-31	Estêvão VII (VIII)
259-68	Dionísio	654-57	Eugênio I	931-35	João XI
269-74	Félix I	657-72	Vitaliano	936-39	Leão VII
275-83	Eutiquiano	672-76	Adeodato II	939-42	Estêvão VIII (IX)
283-96	Caio	676-78	Dono	942-46	Marino II
296-304	Marcelino	678-81	Agatão	946-55	Agapito II
308-09	Marcelo I	682-83	Leão II	955-64	João XII
310	Eusébio	684-85	Bento II	963-65	Leão VIII
311-14	Melquíades	685-86	João V	964-66	Bento V
314-35	Silvestre I	686-87	Cónon	965-72	João XIII
336	Marcos	687-701	Sérgio I	973-74	Bento VI
337-52	Júlio I	701-05	João VI	974-83	Bento VII
352-66	Libério	705-07	João VII	983-84	João XIV
366-84	Dâmaso I	708	Sisínio	985-96	João XV
384-99	Sirício	708-15	Constantino	996-99	Gregório V
399-401	Anastácio I	715-31	Gregório II	999-1003	Silvestre II
402-17	Inocêncio I	731-41	Gregório III	1003	João XVII
417-18	Zózimo	741-52	Zacarias	1004-09	João XVIII
418-22	Bonifácio I	752	Estêvão II	1009-12	Sérgio IV
422-32	Celestino I	752-57	Estêvão II (III)	1012-24	Bento VIII
432-40	Sisto III	757-67	Paulo I	1024-32	João XIX
440-61	Leão I	768-72	Estêvão III (IV)	1032-44	Bento IX
461-68	Hilário	772-95	Adriano I	1045	Silvestre III
468-83	Simplício	795-816	Leão III	1045	Bento IX
483-92	Félix III (II)	816-17	Estêvão IV (V)	1045-46	Gregório VI
492-96	Gelásio I	817-24	Pascoal I	1046-47	Clemente II
496-98	Anastácio II	824-27	Eugênio II	1047-48	Bento IX
498-514	Símaco	827	Valentino	1048	Dâmaso II

1048-54	Leão IX	1389-1404	Bonifácio IX	1831-46	Gregório XVI
1055-57	Vítor II	1404-06	Inocêncio VII	1846-78	Pio IX
1057-58	Estêvão X	1406-15	Gregório XII	1878-1903	Leão XIII
1059-61	Nicolau II	1417-31	Martinho V	1903-14	Pio X
1061-73	Alexandre II	1431-47	Eugênio IV	1914-22	Bento XV
1073-85	Gregório VII	1447-55	Nicolau V	1922-39	Pio XI
1086-87	Vítor III	1455-58	Calisto III	1939-58	Pio XII
1088-99	Urbano II	1458-64	Pio II	1958-63	João XXIII
1099-1118	Pascoal II	1464-71	Paulo II	1963-78	Paulo VI
1118-19	Gelásio II	1471-84	Sisto IV	1978	João Paulo I
1119-24	Calisto II	1484-92	Inocêncio VIII	1978-2005	João Paulo II
1124-30	Honório II	1492-1503	Alexandre VI	2005	Bento XVI
1130-43	Inocêncio II	1503	Pio III	*Antipapas*	
1143-44	Celestino II	1503-13	Júlio II	217-*c.*235	Hipólito
1144-45	Lúcio II	1513-21	Leão X	251	Novaciano
1145-53	Eugênio III	1522-23	Adriano VI	355-65	Félix II
1153-54	Anastácio IV	1523-34	Clemente VII	366-67	Ursino
1154-59	Adriano IV	1534-49	Paulo III	418-19	Eulálio
1159-81	Alexandre III	1550-55	Júlio III	498, 501-05	Lourenço
1181-85	Lúcio III	1555	Marcelino II	530	Dióscoro
1185-87	Urbano III	1555-59	Paulo IV	687	Teodoro I
1187	Gregório VIII	1559-65	Pio IV	687	Pascoal
1187-91	Clemente III	1566-72	Pio V	767-69	Constantino
1191-98	Celestino III	1572-85	Gregório XIII	768	Felipe
1198-1216	Inocêncio III	1585-90	Sisto V	844	João
1216-27	Honório III	1590	Urbano VII	855	Anastácio
1227-41	Gregório IX	1590-91	Gregório XIV	903-04	Cristóvão
1241	Celestino IV	1591	Inocêncio IX	974, 984-85	Bonifácio VII
1243-54	Inocêncio IV	1592-1605	Clemente VIII	997-98	João XVI
1254-61	Alexandre IV	1605	Leão XI	1032	Gregório
1261-64	Urbano IV	1605-21	Paulo V	1058-59	Bento X
1265-68	Clemente IV	1621-23	Gregório XV	1061-72	Honório II
1271-76	Gregório X	1623-44	Urbano VIII	1080,1084-1100	Clemente III
1276	Inocêncio V	1644-55	Inocêncio X	1100-02	Teodorico
1276	Adriano V	1655-67	Alexandre VII	1102	Alberto
1276-77	João XXI	1667-69	Clemente IX	1105-II	Silvestre IV
1277-80	Nicolau III	1670-76	Clemente X	1118-21	Gregório VIII
1281-85	Martinho IV	1676-89	Inocêncio XI	1124	Celestino II
1285-87	Honório IV	1689-91	Alexandre VIH	1130-38	Anacleto II
1288-92	Nicolau IV	1691-1700	Inocêncio XII	1138, 1159-64	Vítor IV
1294	Celestino V	1700-21	Clemente XI	1164-68	Pascoal III
1294-1303	Bonifácio VIH	1721-24	Inocêncio XIII	1168-78	Calisto III
1303-04	Bento XI	1724-30	Bento XIII	1179-80	Inocêncio III
1305-14	Clemente V	1730-40	Clemente XÍI	1328-30	Nicolau V
1316-34	João XXII	1740-58	Bento XIV	1378-94	Clemente VII
1334-42	Bento XII	1758-69	Clemente XIII	1394-1423	Bento XIII
1342-52	Clemente VI	1769-74	Clemente XIV	1409-10	Alexandre V
1352-62	Inocêncio VI	1775-99	Pio VI	1410-15	João XXIII
1362-70	Urbano V	1800-23	Pio Vil	1423-29	Clemente VIII
1370-78	Gregório XI	1823-29	Leão XII	1425-30	Bento XIV
1378-89	Urbano VI	1829-30	Pio VIII	1439-49	Félix V

Abaixo. Júlio II (1503-1513) era sobrinho de Sisto IV, que ascendeu ao cardinalato e confiou a ele missões diplomáticas. Envolveu-se nas intrigas para a eleição de Inocêncio VIII, e quando seu inimigo Rodrigo Borja foi escolhido papa como Alexandre VI, teve de fugir. Após seu regresso a Roma em 1503, foi por sua vez eleito pontífice. Chefe militar e político antes de tudo, a corrupção reinava em Roma em sua época. Também foi um importante mecenas da arte renascentista.

Abaixo destas linhas. João XXIII (1958-1963) foi um papa com uma vida de grande santidade.

Esquerda. São Pedro, primeiro bispo de Roma segundo a tradição, numa representação do século VI ou VII (Museu Vaticano).

Esquerda, junto a estas linhas. Bento XVI em sua primeira aparição pública no balcão da Basílica de São Pedro após ser eleito papa em 19 de abril de 2005.

Direita. Pio VII (1800-1823) foi um papa político que comandou a Igreja católica na época das guerras napoleônicas. Atuou também como mecenas das artes e da cultura.

A Igreja e a guerra

A Igreja desde sua fundação nunca soube decidir de modo clara sua posição diante da guerra. A imagem do "soldado de Cristo" que luta pela fé aparece já nos primeiros tempos. É preciso levar em conta que a maioria das sociedades até o século XX (e muitas, ainda hoje) foi necessariamente de sociedades militares, nas quais a profissão de soldado era respeitada e considerada valiosa para o Estado. No entanto, o derramamento de sangue nunca pareceu uma atividade cristã. Santo Agostinho de Hipona tentou estabelecer uma diferença entre a guerra "justa" para impedir os estragos que uma invasão poderia causar, e a guerra destinada à obtenção de riquezas ou domínio. Na época das Cruzadas, a idéia de uma guerra santa, apoiada por Deus e empreendida a seu serviço, foi amplamente aceita no Ocidente, embora nunca no Oriente. Mesmo que as cruzadas contra os muçulmanos fossem pregadas com grande veemência, os argumentos dos pregadores eram freqüentemente frágeis, e o entusiasmo incrível com o qual os ocidentais atendiam aos chamados às armas talvez tivesse mais a ver com as considerações políticas locais que com o zelo religioso. A polêmica suscitada no Renascimento sobre o direito internacional levantou de novo a questão da guerra justa, que já havia preocupado Santo Agostinho. A moralidade da guerra colonial, como a empreendida pelos conquistadores espanhóis no Novo Mundo, preocupou grandemente estudiosos como Francisco de Victoria, teólogo de Salamanca do século XVI, que entendeu que a submissão militar dos povos indígenas não podia ser justificada de modo simplista nos termos da justiça cristã diante do equívoco pagão. Hoje, as forças armadas contam com capelães, cuja função consiste em cuidar da saúde espiritual dos soldados. Muitos cristãos modernos dos países desenvolvidos são pacifistas, estão decididamente contra a guerra e defendem o desarmamento nuclear. Mas em alguns lugares – na Irlanda do Norte, por exemplo – mantém-se uma guerra entre cristãos que acreditam sinceramente estar lutando por Deus, além de por seu país.

Acima. São Jorge de Lidda, recentemente abolido do santoral católico, foi durante muito tempo o soldado de Cristo que lutava contra o dragão do pecado (Satã). Aqui aparece numa pintura etíope. O protótipo destes guerreiros cristãos é São Miguel, cuja guerra no céu contra o "grande dragão" é descrita no Apocalipse. Por sua evocação dos valores cavaleirescos, São Jorge tornou-se o padroeiro da Inglaterra, de Portugal e de Aragão, na Espanha.

Abaixo. Celebração da eucaristia na igreja bombardeada e sem teto de St. John, Waterloo, na Londres da Segunda Guerra Mundial. Rapidamente restaurada quando cessaram as hostilidades, em 1951 foi realizado em St. John o Festival da Bretanha, celebrado para simbolizar a recuperação do país dos prejuízos ocasionados pela guerra. Em outros lugares, as igrejas bombardeadas foram deixadas em ruínas como testemunho para as futuras gerações da destruição causada pela guerra. Em Coventry, as paredes em ruínas da antiga catedral erguem-se perto do edifício construído no pós-guerra.

Abaixo. Este desenho de Gillray, de finais do século XVIII, mostra o arcebispo de York conduzindo um exército de prelados desejosos de estender a jurisdição episcopal às colônias, com o objetivo – segundo dá a entender o desenhista –, de aumentar sua própria riqueza e poder.

Abaixo, direita. Alguns grupos cristãos ocidentais do século XX encabeçaram movimentos pacifistas; aqui, uma marcha por Oxfordshire em apoio da campanha pelo desarmamento nuclear, com faixas que manifestam o compromisso cristão dos integrantes da marcha.

Abaixo. Soldados descansando em São Salvador enquanto esperam para retomar a patrulha, um de cada lado de uma imagem do Sagrado Coração, que testemunha a grande popularidade dessa devoção na Igreja católica. Paradoxalmente, diante da disposição bélica dos soldados, esse culto concentra-se no perdão das ofensas que os homens causam ao amor divino. Outra ironia inconsciente, dentro do caráter militar da foto, é que o coração de Cristo lembra o que, como alvo, é colocado sobre o peito dos que serão fuzilados.

A Igreja na cidade

Na sociedade que habitava nas cidades do Império Romano, onde se iniciou o cristianismo, este começou a propagar-se entre os escravos e, posteriormente, entre as pessoas ricas e influentes. A Igreja necessitava estar presente em todos os centros de população. Sabemos da existência de pregadores no mundo romano, como o britânico Pelágio, a quem Santo Agostinho atacou por sua doutrina de que somente era necessário o próprio esforço para vencer o pecado. Desde o fim do Império Romano até a Baixa Idade Média, as cidades careceram de importância na vida econômica e social do norte da Europa. Apenas na Itália manteve-se de certo modo o modelo antigo. O centro mudou as comunidades camponesas e as grandes fincas rústicas, dependentes muitas vezes de um mosteiro. À medida que as cidades começaram a adquirir importância no norte de Europa, a partir do século XII começaram a aparecer vozes laicas que questionavam a necessidade de tanto clero e de tanta pompa eclesiástica. Estes dissidentes manifestaram-se em toda a Europa, expondo queixas semelhantes. Uma tentativa de resposta foi dada pelas ordens mendicantes, franciscanos e dominicanos. Desde o começo do século XIII, esses religiosos concentraram suas pregações principalmente nas pequenas e grandes cidades. A fundação das universidades, também nas cidades, reforçou a concentração nelas de prédicas e ensinamentos, e muitas vezes as zonas rurais ficavam insuficientemente atendidas pelo clero, ou entregues às peculiares ensinamentos de sacerdotes que não eram suficientemente preparados. A dissolução dos mosteiros na Inglaterra de Henrique VIII marcou uma mudança, que mais tarde ocorreria em todos os países. A tradicional responsabilidade da Igreja para com os pobres e necessitados havia recaído durante muito tempo nos mosteiros, que daí em adiante se viram impossibilitados de exercê-la. Mas a Igreja foi – e continua sendo hoje – um elemento importante no alívio da pobreza urbana em todo o mundo. Tanto quanto da saúde das almas, os missionários cuidaram da saúde dos corpos.

Abaixo destas linhas. As duas ordens religiosas "militares", os Hospitalários e os Templários, serviram na Terra Santa desde o tempo das Cruzadas, levando uma vida ao mesmo tempo de monges e de soldados. Enquanto descansavam ou se preparavam para a batalha rezavam os ofícios, e consideravam a si mesmos soldados de Cristo no sentido literal.

Abaixo. A Igreja tem mantido escolas desde o século VI. Aqui, uma escola para meninas, na Itália, onde as professoras são freiras. Exemplos similares podem ser encontrados hoje em todas as comunidades católicas. Procura-se um equilíbrio entre a formação moral e a intelectual, e o culto tem um papel muito importante.

Esquerda. Os grêmios urbanos eram uma forma primitiva de associação trabalhista ou profissional, que defendia a todo custo seus membros e suas regras (a política comercial restritiva e exclusivista era mais ou menos universal). Os mestres do grêmio avaliavam o trabalho do jovem aprendiz, que tinha de passar por sete anos de aprendizagem para tornar-se oficial. Os comerciantes e artesãos prósperos gostavam de alardear sua riqueza e sucesso construindo igrejas ricamente decoradas, como esta de Florença.

Abaixo. A igreja aparece aqui como o centro da vida comunitária. As atividades do mercado, da casa e das brincadeiras das crianças desenvolvem-se à sua volta, e as freiras e o clero misturam-se com a gente do povo. Entrar e sair da igreja é algo tão natural quanto entrar e sair da própria casa. O quadro de Brueghel, do qual se reproduz um detalhe aqui, representa a tensão que ocorre entre o Carnaval e a Quaresma.

Esquerda. Um pregador dirige-se à multidão, ao ar livre, na Oxford medieval. O artista teve muito cuidado em mostrar que entre a audiência há leigos, monges e clérigos. Este tipo de prédica apenas podia ser feita nos grandes centros populacionais que eram as cidades. Além de seu conteúdo edificante, era muito popular como entretenimento.

Acima. O Exército da Salvação foi o primeiro movimento protestante a dedicar-se de modo sistemático a atender as necessidades sociais e espirituais dos pobres das cidades. Seus hinos, ao som de uma banda de música, seus uniformes de estilo militar e sua mensagem simples e clara foram sempre os traços característicos desse movimento, que conta com o respeito e a confiança dos marginalizados da sociedade.

A vida religiosa

Abaixo. O mosteiro de Mar Saba, em Israel. O monacato oriental ou ortodoxo seguiu linhas diferentes do monacato ocidental. A vida eremítica dos primeiros padres do deserto egípcio continua tendo mais peso ali que no mundo ocidental. Em muitos mosteiros ortodoxos, os monges podem viver separados, seguindo suas próprias normas, reunindo-se apenas para os atos de culto ou as refeições.

O monacato, em sua acepção mais ampla, abrange diversos modos de afastar-se do mundo para dedicar-se a Deus. Os primeiros monges afastaram-se do mundo tanto quanto puderam, retirando-se para o deserto, sozinhos (os chamados eremitas) ou em comunidades que se reuniam apenas de vez em quando para as refeições ou para o culto. A primeira figura importante que ordenou e regulamentou a vida desses "santos do deserto" foi Pacômio. A tradição eremítica manteve-se com bastante força no Oriente. Por outro lado, no Ocidente era mais comum que os monges vivessem em comunidades. Neste âmbito, a influência mais determinante foi a regra de São Bento de Núrsia, do século VI. De seu mosteiro da Itália, a regra entendeu-se e constituiu a base da vida monástica de toda Europa até o século XII. A regra de São Bento de Núrsia continha normas práticas, um modelo equilibrado de vida e, sobretudo, um sistema de governo da comunidade que tornava possível ao abade dirigi-la de fato. Nas comunidades beneditinas, os monges ou monjas faziam votos de pobreza, castidade e obediência. O ideal (nem sempre realizado) era que eles permanecessem o resto da vida na comunidade onde tinham feito seus votos. A época seguinte de grande desenvolvimento coincidiu com os séculos XII e XIII, quando se somou à vida contemplativa a obra ativa na comunidade realizada pelos cônegos regulares (sacerdotes sujeitos a determinada regra) e depois pelos frades. O trabalho missionário que então realizavam foi se desenvolvendo em tempos mais recentes na obra sanitária, assistencial e educativa que grande número de ordens "ativas" realiza. Junto com elas, as ordens contemplativas continuaram sua vida de contínua pregação pelo mundo.

Acima. Nos mosteiros medievais, tanto do Oriente quanto do Ocidente, concentrou-se boa parte da produção de livros da época. Aqui vemos um copista em atividade.

Direita. Bernardo de Clairvaux foi um pregador com grandes dotes oratórios. Desde o seu ingresso na ordem cisterciense, no começo do século XII, atraiu grande número de novas vocações. Os cistercienses levavam uma vida modesta, austera e estrita, e esforçaram-se para evitar as armadilhas das doações de dinheiro e terras em que às vezes haviam caído os beneditinos.

Acima. A abadia de Cluny dirigiu a reforma do monacato beneditino antes do ano 1000. Seu sucesso levou à propagação dos mosteiros cluniacenses, onde a liturgia era prolixa e elaborada. No início do século XII, dominava a opinião de que o próprio Cluny necessitava de uma reforma, e os cistercienses começaram a assimilar jovens

Abaixo. São Francisco de Assis fundou uma ordem de pregadores no começo do século XIII. Sentiu-se arrastado pela simplicidade de uma "vida apostólica", e acompanhou Cristo na pobreza e na humildade. Esta representação do santo, um pouco posterior à fundação da ordem, sugere uma profunda espiritualidade.

Abaixo, direita. São Bento de Núrsia foi a figura principal do período chave do desenvolvimento do monacato no Ocidente. Sua regra assemelha-se a outras contemporâneas ou quase contemporâneas (especialmente a anônima conhecida como regra do Mestre), mas se revelou muito efetiva como guia equilibrado da vida religiosa cotidiana. Foi adotada por quase todas as comunidades ocidentais durante vários séculos.

cluniacenses. A ilustração mostra a consagração da abadia de Cluny pelo papa Urbano II em 1095.

Abaixo. A presença da mulher na vida religiosa conta com uma tradição muito antiga; São Jerônimo escrevia cartas de orientação espiritual a damas romanas que viviam em suas casas seguindo uma regra ascética, nos séculos IV e V.
As abadessas da época carolíngia eram com freqüência mulheres de considerável cultura. Estas jovens freiras que fazem seus votos como esposas de Cristo passaram antes por um período como noviças, e outro, ainda antes, como postulantes.

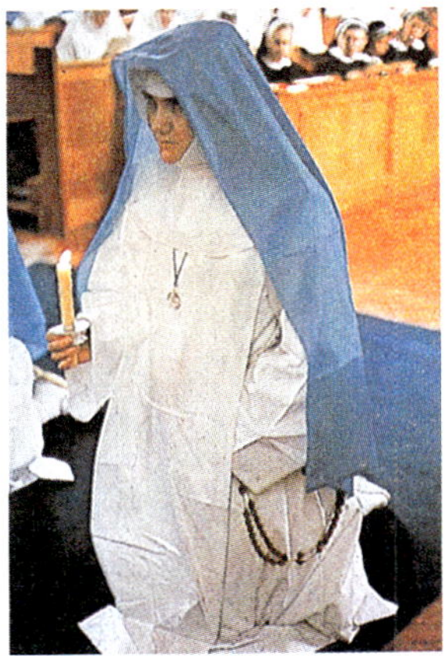

Na história do monacato houve períodos de entusiasmo pelas reformas e pela experimentação, nos quais proliferaram as ordens religiosas. A aspiração comum desses movimentos cifrava-se na necessidade de retornar a uma *Vita Apostolica*, isto é, uma existência semelhante à que os discípulos levavam: singela e santa. Do final do século XI até o XIII, e dos séculos XVI e XIX foram as épocas mais frutíferas quanto à multiplicação das ordens monásticas. A principal divisão que pode ser estabelecida é a que distingue entre os modelos de vida religiosa "contemplativa" e "ativa". Pelo contrário, é apenas de grau, e reflete diferentes soluções de um dilema que foi discutido pelos autores monásticos pelo menos desde a época de Cassiano (c. 360-435). O religioso que se retira do mundo para buscar a presença de Deus no silêncio da concentração, pensa que as necessidades práticas da vida diária são uma distração. Outros consideram que sua consagração a Deus se manifesta naturalmente na prática das boas obras no mundo, do qual deste modo se libertam. O ideal monástico atraiu aos cristãos de diversas confissões. A seguir estão compiladas as características mais destacadas de algumas ordens ocidentais:

Agostinianos. Esta ordem foi fundada pelo papa Alexandre IV em 1256 com o objetivo de unificar certo número de congregações da Itália. Seguia a regra de Santo Agostinho e começou a desenvolver sua atividade nas cidades. Lutero pertenceu a uma das casas desta ordem.

Beneditinos. Bento de Núrsia dirigiu uma comunidade em Monte Cassino ao final do século VI. Sua regra foi a de maior aceitação no Ocidente até o século XII. Dava a maior importância, na vida monástica, a um equilíbrio entre trabalho, leitura, oração e culto, baseado na perseverança e na pobreza, na castidade e na obediência.

Cônegos regulares. Os cônegos que serviam nas catedrais no começo da Idade Média tiveram que submeter-se a uma regra, não tão restritiva de movimentos como a beneditina, mas que impunha uma forma de vida. No século XII, outras ordens de cônegos, como os premonstratenses e os vitorinos, serviram às comunidades locais como sacerdotes.

Capuchinhos. Os capuchinhos surgiram a princípios do século XVI como uma dissidência dos franciscanos, numa tentativa de retornar à simplicidade primitiva do ideal do santo de Assis. Seu surgimento foi mal visto pelos outros franciscanos, mas eles demonstraram grande utilidade para a Igreja como missionários.

Carmelitas. Os carmelitas datam do século XII e o núcleo fundador situa-se na Palestina. Proclamam-se continuadores da tradição eremítica do monte Carmelo, que remonta a Elias. Depois das Cruzadas foram para a Europa, onde se difundiram amplamente.

Conventuais. Nas longas polêmicas do século XIII sobre a questão da pobreza, os conventuais eram franciscanos contrários à idéia de que a pobreza era uma virtude essencial.

Dominicanos. A ordem foi instituída na Espanha e no sul de França no início do século XIII, e sua finalidade era a pregação e a luta contra a heresia.

Franciscanos. Sua fundação é contemporânea à dos dominicanos. Assim como eles, trata-se de uma ordem de pregadores, mas que se propõem como ideal de vida a simplicidade, a pobreza e a perambulação de um lugar para o outro, imitando os apóstolos, com o objetivo de conduzir às pessoas para o reino de Deus.

Irmãs da Caridade. Surgiram no início do s. XVII por iniciativa de São Vicente de Paula. Foi a primeira ordem de mulheres dedicada ao cuidado dos pobres.

Jesuítas. Os jesuítas, ou Companhia de Jesus, devem sua existência a Ignácio de Loyola (cerca de 1530). Configuravam-se segundo uma estrutura militar na qual se concedia grande importância à obediência. Deram grandes estudiosos e missionários.

Marianistas. Os marianistas – ou Sociedade de Maria de Bordemos – apareceram em 1817 e sua finalidade era estimular a fé, despertando-a do marasmo através dos esforços educativos. Seus membros incluem tanto leigos quanto sacerdotes.

Maristas. A fundação dos maristas ou Sociedade de Maria remonta a 1824, e seu propósito consistia em realizar tarefas missionárias e educativas. Têm uma devoção especial à Virgem Maria e seguem uma regra baseada na dos jesuítas.

Mínimos. Os mínimos ou frades menores formam uma ordem do século XV muito inspirada no ideal franciscano e com uma tradição de grande austeridade.

Salesianos. Os salesianos ou Sociedade de São Francisco de Sales nasceram em 1859 para promover vocações sacerdotais entre os jovens e para trabalhar como educadores.

Trapistas. Os trapistas formam uma ordem cisterciense reformada de observância estrita, cujos membros guardam silêncio perpétuo e observam a máxima austeridade de vida. Tomaram seu nome do convento de La Trappe, onde em 1664 sua regra começou a ser aplicada.

Ursulinas. As ursulinas, fundadas em 1535, constituem a ordem feminina de ensino mais antiga da Igreja católica.

A imagem de Cristo

Na arte cristã, a imagem de Cristo tenta transmitir aos fiéis o que Ele significa como Redentor. Os antigos sarcófagos representavam-no como um mestre, sentado, cercado por seus discípulos de pé, de acordo com o modelo dos retratos dos filósofos contemporâneos com seus discípulos. Na arte do Oriente grego aparece normalmente representado como o Pantocrátor, o todo-poderoso que o sustenta tudo em sua mão. Era representado de frente, com barba e com o cabelo um tanto longo, freqüentemente entronizado, com o livro dos Evangelhos numa das mãos e dando a bênção com a outra. Ou seja, como o Pai amoroso da humanidade e seu Salvador. Outras representações, como a do sarcófago de Junio Basso (359), do tesouro de São Pedro de Roma, retratam-no como um jovem imberbe. No Ocidente, a cena mais habitual da vida de Cristo na Terra foi a crucificação, junto com a natividade, neste caso mostrando-o como um menino com a mãe.

A intenção do artista não era necessariamente a de retratar um homem realisticamente, mas sim a de transmitir de algum modo, através da figura humana, o mistério da presença divina, ou seja, sua encarnação como Deus-Homem.

O pano que se acredita que Verônica ofereceu a Cristo no caminho do Calvário mereceu grande veneração, assim como o Sudário de Turim, uma peça de grande beleza.

Abaixo destas linhas. Esta cabeça de Cristo esculpida em madeira, do século XVII, que faz parte de uma cena de crucificação de Quito, Equador, mostra a coroa de espinhos e um rosto afligido pela dor e pelo pesar.

Abaixo. Cristo com a cruz nas costas, na igreja de um convento de Córdoba. Não se tentou vestir a imagem apropriadamente, mas o rosto reflete o sofrimento e o cansaço de que nos fala o Evangelho, em contraste com a roupa delicada e o halo radiante.

Abaixo. Este Cristo bizantino entronizado, de Constantinopla, apresenta um aspecto circunspecto e cheio de dignidade enquanto abençoa o povo. O austero distanciamento, característico dos retratos de Cristo da Igreja oriental, tem sua base teológica no interesse ortodoxo de sublinhar o aspecto divino da natureza de Cristo, oposto à tendência da arte cristã ocidental de destacar a identificação de Cristo com a humanidade sofredora. Os mosaicos das igrejas bizantinas eram geralmente dispostos segundo um esquema rigidamente hierárquico, com Cristo como Pantocrátor na abóbada central, presidindo toda a criação e acima das cenas de sua vida terrena, representadas nas paredes de baixo.

Abaixo. Este táxi de Porto Príncipe, Haiti, mostra um colorido altar centro-americano consagrado a Jesus, que entra em Jerusalém montado sobre um asno. A procissão reúne detalhes da narrativa bíblica, como as palmeiras e adornos da rua, mas o artista movimentou a cena com um toque de humor, com o cão latindo. Cristo olha diretamente para o observador, fora da cena, desafiando-o com a pergunta de se está disposto a recebê-lo.

Acima. Esta rude mas vigorosa imagem de Cristo como guerreiro franco – Germânia, século VII – mostra a necessidade dos povos recém-convertidos de identificar o cristianismo com seu próprio modo de vida. De modo similar, a poesia inglesa antiga refere-se com freqüência a Cristo como chefe guerreiro, a seus discípulos como uma tropa e à crucificação como uma batalha.

Esquerda. Este Cristo românico entronizado da catedral de Toulouse segura um livro com a inscrição "a paz seja convosco", e dá a bênção com o mesmo gesto que o Cristo bizantino entronizado de Constantinopla *(mais à esquerda)*. Em torno da figura central sentada, aparecem os símbolos dos quatro evangelistas: a águia de São João, o anjo de São Mateus, o leão de São Marcos e o boi de São Lucas.

Acima. Este pequeno e singelo crucifixo de marfim, de estilo românico (século XI), destaca sobretudo a cabeça, as mãos e os pés. A sensação de interioridade deve-se à expressão dos olhos.

Página seguinte. O delicado rosto de Cristo de Della Robbia (c. 1500) reflete a nova consciência da plenitude de sua humanidade, que se desenvolveu ao final da Idade Média.

SEXTA
PARTE

O MUNDO CRISTÃO ATUAL

O CRISTIANISMO E OUTRAS RELIGIÕES UNIVERSAIS

Os cristãos acreditam num Deus, todo-poderoso e criador de todas as coisas visíveis e invisíveis. Esta fé monoteísta, compartilhada pelo judaísmo e pelo islã, mas não por outras religiões do mundo, origina uma reação dupla. Por um lado, o monoteísmo afirma-se decididamente contrário à religião popular e tribal, aos cultos regionais e locais, à "religião natural" por intermédio da qual o fiel procura alcançar objetivos mundanos, uma esposa e algumas colheitas abundantes, a prosperidade econômica e a fidelidade dos filhos. Neste aspecto, o monoteísmo é, ou pode ser, bastante intolerante diante de qualquer compromisso com o politeísmo. As três grandes religiões monoteístas são sentidas por seus fiéis como portadoras de algumas exigências absolutas, de modo que sua ética é dominada pelo conceito da obediência voluntária Por outro lado, o monoteísmo relativiza qualquer concepção regional ou transitória, e em conseqüência põe um limite à identificação entre cristianismo e, por exemplo, a Europa ou os "valores ocidentais". Em sua crítica do particularismo fechado do antigo judaísmo, o apóstolo Paulo se pergunta: Não é Deus o Deus de toda a terra? Em conseqüência, há algo "que se pode conhecer de Deus" (Romanos, 1:19), acessível a todos os homens à luz da criação; uma capacidade universal de responder a Deus, que os cristãos acreditam estar contida na palavra do Novo Testamento. Isto faz que a aspiração religiosa dos não cristãos não seja negativamente julgada.

Primeiros contatos com o judaísmo e o islã

Desde o início, a Igreja polemizou com a Sinagoga, cuja mentalidade conservadora se sentia ofendida pelo chamado missionário universal dos seguidores de Jesus, que estavam convencidos que na pessoa do nazareno eram cumpridas as antigas profecias sobre o Messias aguardado. Depois que os cristãos decidiram que os gentios que se incorporavam ao povo de Deus não tinham de observar a circuncisão, o shabat e as festividades da tradição judaica, as relações entre cristianismo e judaísmo (coisa distinta das relações entre cristãos e judeus, que sempre tenderam a ser confusas) tornaram-se mais difíceis. No mundo grego e romano, os cristãos confrontaram o culto politeísta e pagão, propondo sutis questões de consciência. Passo a passo, a Igreja conquistou a sociedade antiga, especialmente após a conversão de Constantino, o Grande (312), e, no final do século IV, o governo começou a fechar os templos pagãos e a proibir o culto politeísta, diante do descontentamento dos muitos pagãos que ainda restavam, que podiam admitir que seus deuses locais correspondiam a jurisdições inferiores, mas que os consideravam necessários para a prosperidade terrena.

Das antigas religiões com as quais o cristianismo competiu, hoje só o judaísmo perdura. O contato estabelecido entre o mundo mediterrâneo e o subcontinente indiano limitou-se às viagens de alguns comerciantes. O mestre cristão Clemente de Alexandria havia ouvido falar de Buda. No século VIII, uma biografia de Buda foi adaptada para uso dos cristãos, que se converteu no conto Barlaão e Josafá, mas quase não houve intercâmbio de idéias entre as duas tradições nem na Antigüidade nem na Alta Idade Média. Houve prematuras missões cristãs à Índia, especialmente na costa Malabar, logo associadas ao nome do apóstolo Tomás, mas nada sabemos de seu conteúdo teológico ou filosófico. Durante o século XIV, os monges gregos do Monte Atos utilizavam técnicas de oração espantosamente parecidas com a ioga, mas não há nenhuma prova de influências indianas.

No século VII, a nova religião de Maomé de "render-se" à vontade de Deus (islã) proporcionou um forte estímulo militar às tribos da península arábica. Já haviam descoberto a fragilidade do Império Romano do Oriente, para o qual os inimigos orientais eram sempre os persas. Os árabes ou sarracenos invadiram a Palestina, tomaram Jerusalém (638) e Alexandria (641), que lhes foi entregue pelo patriarca. Foram avançando rapidamente através das ricas províncias romanizadas do norte de África, e finalmente cruzaram o estreito de Gibraltar e penetraram na Espanha. Apenas o poderio dos francos pôde detê-los em Poitiers em 732.

A perda das principais províncias nas quais o cristianismo havia dominado por muito tempo levantou questões amargas para os fiéis sobre a ação da providência divina na história humana. O islã representava uma forma herética do cristianismo, negando, por exemplo, a realidade da crucificação de Jesus, mas afirmando que este havia sido um profeta de Deus que preparou o caminho de Maomé. Os exércitos árabes representavam uma iminente ameaça militar para a Europa; os sábios muçulmanos, uma ameaça ideológica. Como os cristãos, tinham seu livro sagrado, o Alcorão. Eram monoteístas e manifestavam uma alta consideração em relação a Jesus, a sua mãe Maria, aos profetas do Antigo Testamento e aos apóstolos. Mas Maomé era um enviado divino com plenos poderes: "Não há outro deus senão Alá, e Maomé é seu profeta". A religião islâmica estendeu-se muito, a partir da Arábia, pela África subsaariana, a Turquia, a Pérsia e o Paquistão. O Império turco otomano deixou enclaves muçulmanos na Europa, que ainda existem nos Bálcãs. Mas a Arábia foi e continuou sendo o coração do islã, centro da peregrinação à Meca, sonho e obrigação de todo muçulmano devoto. O islã representou ao mesmo tempo uma convocação à universalidade e uma forma de imperialismo árabe.

No começo, os contatos com os muçulmanos limitaram-se particularmente ao militar e ao comercial; depois passou a um período de coexistência fria e às tentativas mútuas de conversão. A ameaça militar contribuiu para a convocação das Cruzadas, pelas quais a Europa tentou repelir os árabes muçulmanos com o objetivo religioso de recuperar as terras santas da cristandade.

Os árabes leram as obras dos antigos gregos sobre matemáticas e ciências, e por intermédio de traduções latinas de adaptações árabes desses livros, a ciência grega entrou no Ocidente medieval, especialmen-

Acima: O cristianismo e outras religiões universais
A expansão do cristianismo por todo o mundo reflete o triunfo político e econômico das nações que o difundiram. O Império romano levou o cristianismo até as fronteiras mais distantes; os conquistadores espanhóis e portugueses expandiram-no pelo Novo Mundo no século XVI; os comerciantes britânicos difundiram-no pelo Extremo Oriente. Mas também foi conseqüência do esforço missionário na África do século XIX, por exemplo. O cristianismo foi assimilado por muitas culturas, mas nunca confundiu sua identidade com a de qualquer outra religião. Os cristãos convivem em muitas partes do mundo junto com os fiéis de outras grandes doutrinas, como mostra o mapa. As cifras dos fiéis podem ser apenas aproximadas, mas o mapa indica a distribuição das principais religiões no mundo de hoje.

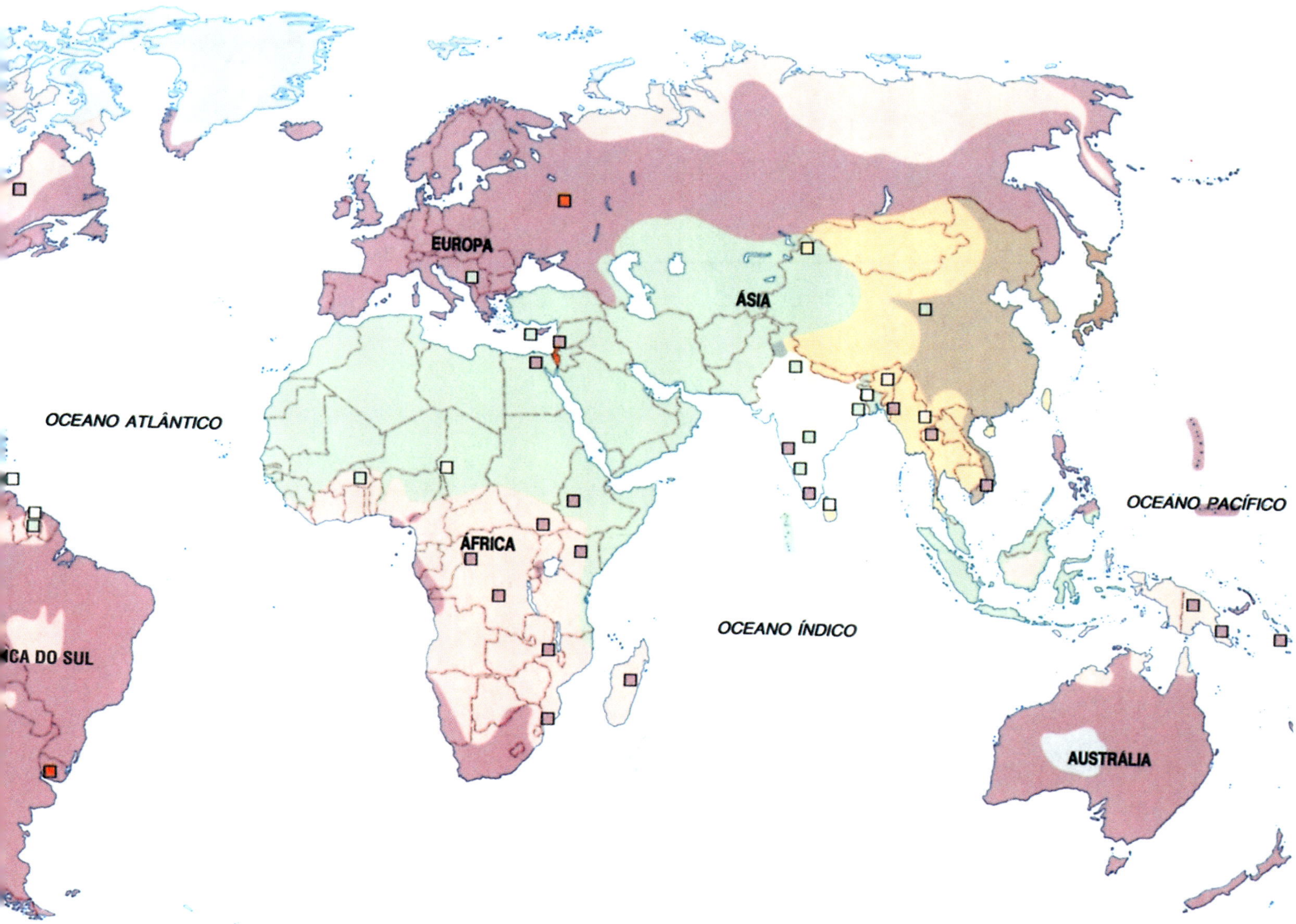

Direita. Neste edifício de Los Angeles as comunidades cristãs e judaicas celebram seus cultos. Compartilham o uso do local, mas não as cerimônias, e isto num clima de amizade e respeito mútuos.

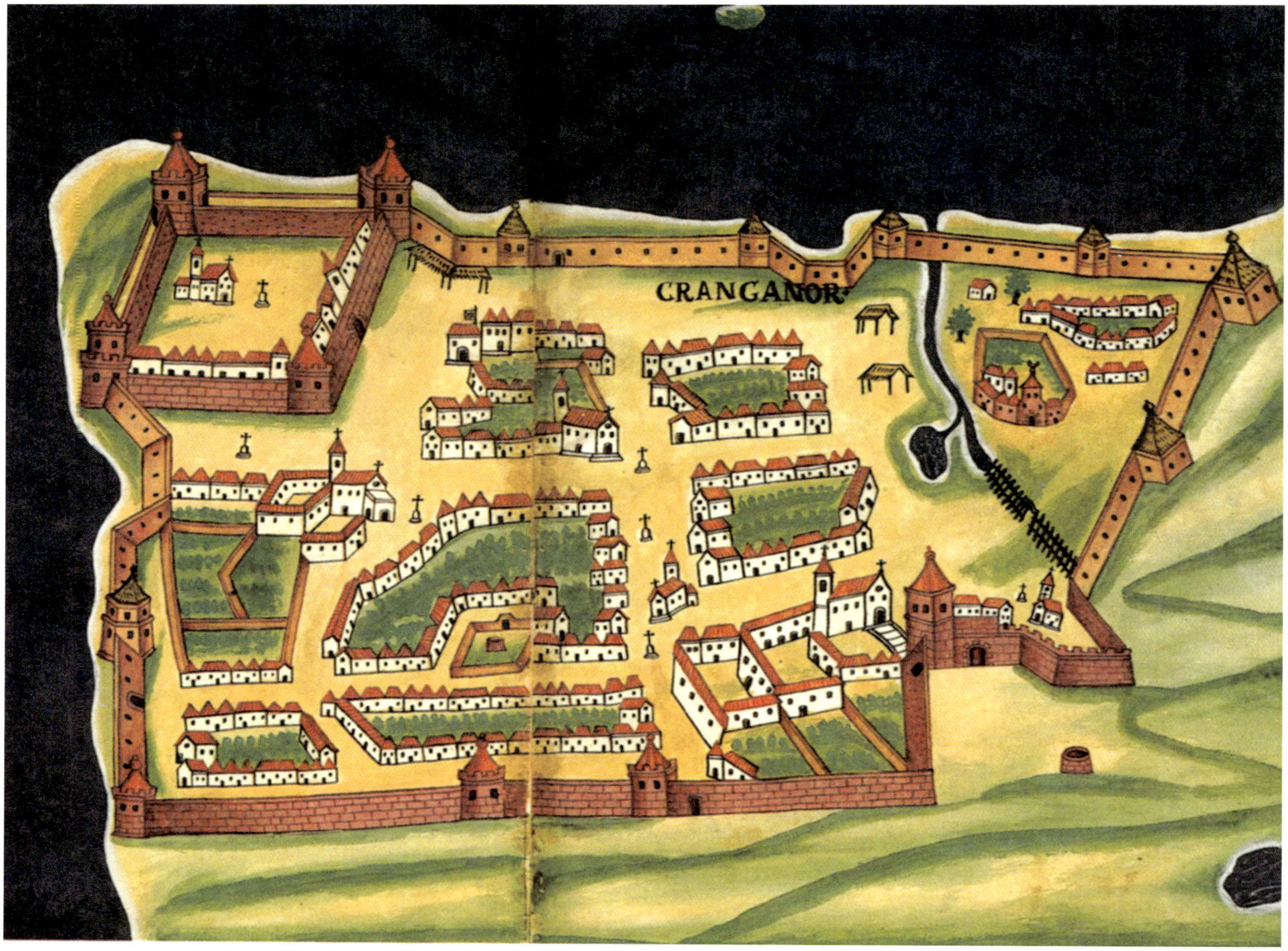

te através de Toledo e de Córdoba. A grande capacidade intelectual de Averróis, autor do século XII, teve uma profunda influência na teologia cristã (embora fosse pouco apreciado por seus colegas árabes).

Hoje existem uns 400 milhões de muçulmanos em todo o mundo. Quase desde o início, o islã foi se dividindo em diferentes seitas e escolas de interpretação. A simplicidade de seu credo básico permitiu que ele superasse barreiras de raça e cor, freqüentemente melhor que o cristianismo. Porém, a unidade árabe nunca foi fácil. O espírito laico do Ocidente moderno infiltrou-se profundamente na Turquia e nos países árabes, de modo que a preservação dos princípios e valores islâmicos tornou-se uma reação fortemente antiocidental, por considerar o Ocidente tanto como inimigo político quanto como solapador diabólico da devoção muçulmana. No entanto, hoje há muitos muçulmanos cultos e sensatos que desejam uma mudança do rosto tradicional do islã, que eles gostariam que fosse mais parecido ao cristianismo.

O cristianismo na Índia e no Japão

As grandes explorações européias do Renascimento não apenas abriram rotas comerciais, como também franquearam o caminho para as grandes missões católicas de São Francisco Xavier e dos jesuítas, que chegaram a Goa (Índia) e ao Extremo Oriente. Na Índia, os missionários cristãos encontraram-se diante de uma situação religiosa muito similar à do Império Romano. Com sua vasta capacidade de conteúdo, há lugar na religião hindu para as vacas sagradas e os ídolos, para o politeísmo, os cultos de fertilidade fálica e a prostituição sagrada, além de uma profunda piedade pessoal manifestada na entrega amorosa ao deus Krishna-Vishnu (Bhakti). A licenciosidade erótica justapõe-se ao ascetismo. Em resumo, há aspectos do hinduísmo muito próximos às aspirações cristãs, ao lado de outros aspectos que um monoteísta deve rejeitar.

A reação cristã diante do xintoísmo japonês é similar: esta doutrina constitui a religião da família e do Estado, e diviniza as forças da natureza, especialmente o Sol e, em menor grau, a Lua. A religião xintoísta é também muito tolerante no aspecto erótico, até o ponto de surpreender o ocidental que considera os japoneses um povo pudico na expressão da paixão. Como veículo do nacionalismo japonês, o xintoísmo situa no centro de seu culto a veneração ao imperador. A secularização de 1945 acabou com a divinização do soberano, mas não mudou a maneira de pensar do povo. O Japão foi uma terra difícil para a semeadura da palavra cristã.

A resposta cristã a outras culturas e religiões

A relação do cristianismo com as religiões universais baseia-se na concepção expressa pelo apóstolo Paulo em Atos 17 e Romanos 1-2: altamente positiva quanto à aspiração; negativa diante da deificação de qualquer ser meramente natural, diante da superstição e da religião popular. A combinação do positivo e do negativo é ilustrada por sua vez entre os diversos tratamentos teológicos do tema. A avaliação positiva das outras religiões foi favorecida pela facilidade das comunicações modernas (embora a eficiência da agência de viagens muitas vezes seja julgada por sua habilidade de proteger o turista de qualquer contato real com o povo do país que visita). E foi estimulada sobretudo pelo estudo psicológico e filosófico da religião. No princípio do século XIX, Schleiermacher definiu a religião como o sentimento de dependência, temor e reverência absolutos, anterior a qualquer formulação mental ou verbal de uma crença doutrinária. Neste século, Rudolf Otto escreveu sobre a idéia do sagrado ou numinoso como experiência universal da humanidade, a qual as distintas religiões emprestam uma variedade de formas rituais dentro dos diferentes âmbitos culturais. O fato primordial da experiência religiosa foi também especialmente destacado por William James (1901), mas sob o pressuposto de que o sentimento é anterior ao pensamento. A concepção não racional da religião foi retomada muito depois por Carl Jung. Em 1901, Ernst Troeltsch sugeriu que os cristãos deixassem de falar de totalidade ou absoluto ao referir-se a sua fé, e que considerassem os valores das distintas religiões do mundo estruturadas segundo uma escala, admitindo que o cristianismo estava no ponto mais alto alcançado – naquele momento – pelo homem. Os protestantes do século XX também se sentiam insatisfeitos com o modo ultrapassado de falar do "fracasso" das outras religiões e preferem salientar sua "contribuição".

Esquerda. Este mapa do século XVI mostra o estabelecimento português de Cranganor, onde existem várias igrejas ao lado de uma mesquita: o cristianismo e o islã numa só comunidade.

Abaixo. No Sri Lanka, um templo budista e, atrás, outro da Igreja Reformada Holandesa. Aqui, o budismo se mantém ao lado do cristianismo.

Em Edimburgo em 1910, em Jerusalém em 1928 e em Tambaram em 1938, foram celebradas importantes conferências sobre missões. Em Edimburgo, a nota predominante ainda foi a confiança cristã diante das outras religiões, uma confiança que talvez fosse reflexo subconsciente da confiança cultural e tecnológica da Europa anterior a agosto de 1914. O problema principal tratado em 1910 foi a divisão das Igrejas cristãs. Como era possível convencer um hindu a se converter e batizar, se encontrava diante de si 13 versões do cristianismo competindo umas com as outras? Além disso, a conferência de Edimburgo de 1910 impulsionou o movimento ecumênico.

Em Jerusalém (1928), tratou-se de como as religiões do mundo compartilhavam a causa comum contra a secularização, e de como o cristianismo deveria dar resposta às questões levantadas por budistas e hindus. Por outro lado, o relativismo de Troeltsch foi atacado com força por Karl Barth, teólogo suíço que na época ensinava na Alemanha. Para Barth, a fé autêntica é uma dádiva da revelação e da graça, não algo que se possa encontrar pela busca: ou seja, chegamos a Deus por meio de Cristo, não o contrário. O teólogo holandês H. Kraemer insistiu em termos mais ou menos parecidos em que se os cristãos não afirmam a revelação através de Cristo, terão de abandonar toda pretensão de falar da verdade de Deus à humanidade. Pois o Evangelho "é verdade em tudo ou não é verdade em nada".

Em 1938, a Terceira Conferência Missionária Internacional tratou das novas ameaças à paz mundial e da crescente oposição ao cristianismo manifestada em algumas partes do mundo. Celebrada na Índia, a conferência mostrou-se sensível à precariedade do poder ocidental no Oriente, e concretamente do domínio britânico na Índia. A palavra cristã podia perder força caso aparecesse diante dos indianos identificada com uma força de ocupação estrangeira. Em conseqüência, não deveria haver qualquer pressão social nem qualquer coação velada.

A questão implícita em tudo isto era se o cristianismo, que havia assimilado a herança cultural da Grécia e de Roma para compor o espírito da Europa durante quase dois mil anos, saberia desprender-se o bastante dessa herança clássica, dessa estrutura metafísica, de modo que pudesse assimilar outras culturas. Nos últimos anos surgiram na Índia os "Asrams", que procuram reunir os elementos comuns do cristianismo e do hinduísmo. Os pentecostalistas incorporaram sem hesitar a música e o ritmo africanos. Naturalmente, existe o perigo de confundir o acidental com o substancial. Na África, as igrejas reservam um lugar no culto para a dança, expressão de vitalidade humana da qual o cristianismo europeu, curiosamente, sempre se mostrou receoso. Mas, ao longo de toda a história, os cristãos tenderam a absorver as formas externas, e preocuparam-se antes de tudo com a substância da fé e da vida cristã.

Cristãos na Beirute de hoje

A eclosão da guerra civil, em 1975, transformou Beirute no espelho das divisões políticas e religiosas do Oriente Próximo. De centro turístico e comercial da região, Beirute passou a ser uma zona de guerra, habitada por civis que logo se acostumaram aos estouros das bombas, aos tiroteios, aos carros-bomba e às sirenes das ambulâncias que atravessavam constantemente as ruas. Isto causou uma profunda divisão da cidade entre as duas populações: os habitantes muçulmanos da zona ocidental, e os cristãos do setor oriental. Apesar de a guerra civil haver terminado em 1989, o ressurgimento do islã xiita militante aguçou os confrontos entre as duas comunidades, cujas hostilidades perduram até o dia de hoje.

O centro deserto da cidade mostra-se como uma ferida aberta entre as duas populações: os habitantes majoritariamente muçulmanos da antes próspera zona ocidental da cidade, e os cristãos do setor oriental. Os assassinatos e seqüestros dos últimos anos fizeram que a Beirute ocidental fosse mais exclusivamente muçulmana, e que a oriental fosse mais cristã do que nunca. Diante do ressurgimento do islã xiita militante e da influência dos refugiados do sul, que transformaram o rosto da Beirute ocidental, as violentas divisões dentro das fileiras da milícia cristã traduziram-se em novas ameaças aos habitantes do setor oriental. Há muito tempo que se acostumaram a se proteger dos tiroteios atrás de barricadas feitas com contêineres portuários, que cobrem as ruas próximas à chamada "linha verde". A tudo isto se soma a ameaça de insurgência dos dissidentes das próprias comunidades.

Esquerda. Uma cruz anuncia a proximidade da área cristã numa rua de Beirute devastada pelos combates. A rua mostra as ruínas e destroços causados pela guerra. Aqui, a cruz tornou-se um símbolo da intransigência dos cristãos em sua determinação de permanecer em suas casas. Sua proteção foi a milícia falangista criada por Pierre Gemayel e seu filho Beshir (assassinado pouco depois de ser eleito presidente em 1982). Os Gemayel são maronitas, como a maioria dos cristãos libaneses. Os maronitas seguem a liturgia e às tradições do rito oriental, mas estão em comunhão com Roma desde o século XII. Alguns milicianos maronitas consideram-se como cruzados dos tempos modernos, defendendo um posto avançado do cristianismo diante das incursões muçulmanas.

Acima. Missa de rito latino celebrada por franciscanos. Entre os cristãos libaneses e o catolicismo existem muitos laços históricos. Entre os maronitas, o francês ainda é a língua da sociedade culta, e na Beirute oriental a universidade jesuítica de St. Joseph ministra as aulas em francês. É natural que, nos últimos anos, muitos libaneses tenham buscado refúgio na França.

Perto destas linhas. Um sacerdote maronita entre milicianos falangistas na missa fúnebre por Beshir Gemayel. Nem todos os maronitas consideram do mesmo modo a milícia; especialmente seu patriarca Nasrallah Sfeir, que tentou acalmar os ânimos exaltados de sua comunidade. Os cristãos do Líbano incluem um número significativo de gregos ortodoxos, gregos católicos, armênios (ortodoxos e católicos), sírios ortodoxos, sírios católicos e protestantes. Estas comunidades cristãs sustentam posições distintas em relação ao conflito do Líbano: os gregos ortodoxos têm sido tradicionalmente esquerdistas, enquanto os armênios ortodoxos desenvolveram uma política de "neutralidade positiva".

Esquerda. Esta noiva maronita celebra seu matrimônio ao estilo típico libanês: com sol e com regozijo, entre grandes carros e fitas coloridas, de modo que por um momento parece possível esquecer a angústia dos últimos anos. No Líbano, todos os casamentos são celebrados de acordo com a lei da Igreja ou da mesquita; não existe o matrimônio civil e não há possibilidade de casamento entre cristãos e muçulmanos. Se um casal misto deseja casar-se, precisa viajar ao estrangeiro para legalizar a situação.

CRISTIANISMO, COMUNISMO E IDENTIDADE NACIONAL

A sobrevivência do cristianismo na Rússia depois de 1917

Desde o princípio, a Revolução russa de 1917 foi abertamente hostil ao cristianismo. Havia herdado de Karl Marx a teoria de que a religião é simplesmente um ópio, uma ilusão que desapareceria com o avanço do socialismo. Na Rússia, os czares e a Igreja Ortodoxa haviam sido companheiros de opressão durante muitos séculos. Os Romanov foram derrubados, e esperava-se que a Igreja logo seguisse o caminho da família real em direção à extinção. Era uma "lei da história".

No entanto, Lenine não se opôs a contribuir para um processo considerado "inevitável", e com uma série de decretos draconianos forçou a "separação entre a Igreja e o Estado", o que na prática representou o fim de todas as propriedades da Igreja e da maioria de seus direitos. Pôs em andamento uma grande campanha para liberar camponeses e trabalhadores dos restos de "superstição". O "ateísmo científico" tornou-se a ideologia do Estado, e era ensinado do jardim-de-infância até a universidade. Os que se opuseram foram tratados com dureza: entre 1917 e 1923, mais de 1.200 sacerdotes ortodoxos e 28 bispos encontraram a morte.

O sucessor de Lenine, Stalin, havia estudado num seminário da Geórgia. Em 1928, aprovou uma lei sobre "associações religiosas" que, em essência, continua em vigor, e foi o modelo para outros países comunistas a partir de 1945. Uma Igreja pode continuar existindo desde que seus membros estejam registrados, que suas nomeações sejam supervisionadas, que as atividades se restrinjam ao prédio da igreja (cedido pelo Estado) e que não se realize "propaganda". Em todo país comunista há um "ministério de cultos" ou equivalente: sua tarefa consiste em manter a Igreja dócil e obediente.

Nos anos vinte e trinta, a legislação de Stalin foi tema de discussões dentro da Igreja Ortodoxa. Alguns diziam que não podia haver qualquer compromisso com os poderes do mal, e que a Rússia simplesmente estava revivendo a paixão de Cristo, e que um dia seria digna de sua ressurreição. Outros argumentavam que a Igreja ortodoxa deveria compartilhar o destino da pátria, e que estava sendo castigada pela arrogância do passado. Mas nunca foi fácil saber em que medida eram sinceras estas manifestações de lealdade ao Estado soviético. O medo e as drogas ainda eram aplicados para obter qualquer tipo de declaração. O ambiente estava contaminado de desconfiança e ansiedade.

O que os russos chamaram de "a grande guerra patriótica" de 1941-1945 mudou radicalmente a situação da Igreja ortodoxa. Stalin necessitava extremamente

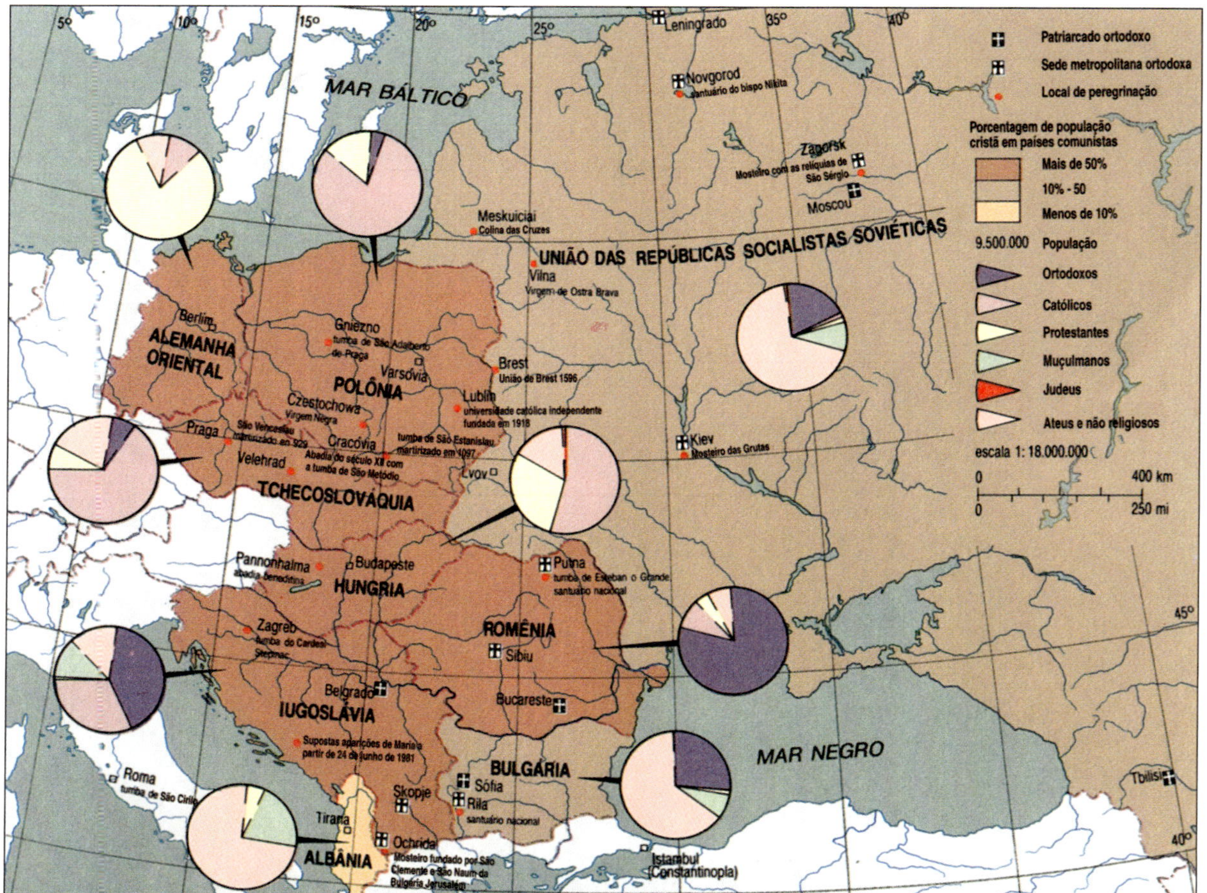

Esquerda: Cristianismo e comunismo
O mapa reflete as marcas das duas ondas evangelizadoras que transformaram o Leste europeu há cerca de mil anos. Do Oeste chegaram os monges beneditinos de língua latina, e Praga foi o posto avançado no caminho para o Leste. De Constantinopla, os missionários deslocaram-se em direção ao norte através da Bulgária e da Romênia. As duas ondas confluíram no sul da Polônia e nos territórios da antiga Iugoslávia. São Cirilo e São Metódio, no século IX, foram os únicos monges gregos que partiram com as bênçãos do papa de Roma (a tradição diz que Cirilo concebeu a escritura "cirílica"). Oriente e Ocidente, ortodoxia e catolicismo, estiveram em perfeita comunhão até 1054. O papa João Paulo II sonhava recuperar "a unidade espiritual da Europa", assunto sobre o qual falou em Gniezno em 1979.

Acima. O mosteiro de São Sérgio, que guarda suas relíquias, no dia da festa religiosa do santo. Zagorsk é também escola teológica, quartel-general do patriarca de Moscou e centro de reunião de visitantes ecumênicos. Mas as aparências enganam: em 1914 havia na Rússia 1.025 mosteiros; agora restam apenas 16.

estimular o moral e a vontade de resistência diante da invasão nazista. A Igreja foi então explorada com a mesma intensidade com que antes havia sido perseguida. Em 1943, após um encontro com Stalin, o metropolitano Sérgio foi escolhido patriarca de Moscou, chefe da Igreja Ortodoxa russa. O patriarcado transferiu-se de uma cabana de madeira situada numa rua sem calçamento ao impressionante prédio da antiga embaixada alemã.

Stalin tinha suas razões para apoiar o patriarcado de Moscou durante o pós-guerra. Países com grande proporção de fiéis ortodoxos – principalmente a Romênia e a Bulgária – haviam caído na órbita russa. O patriarcado de Moscou era uma prova de que existia "liberdade religiosa" na União Soviética, e ensinava a arte da sobrevivência pela cumplicidade. Na Ucrânia foi necessário tomar medidas muito mais sérias: os quatro milhões de "uniatas" (chamavam-se assim os cristãos de rito oriental, mas obedientes ao papa) foram convertidos pela força à ortodoxia. No campo internacional, o patriarcado de Moscou participou no Conselho Mundial das Igrejas de Genebra, onde manifestou seu apoio à linha do partido do governo sobre a paz, o desarmamento e os movimentos de libertação nacional.

Mas ninguém agradeceu esta submissão. Nos anos sessenta, ocorreu outra onda de perseguição religiosa sob Kruschev. Foi retomada a propaganda anticlerical, e os 63 mosteiros que ainda restavam (havia mais de mil antes da revolução) foram reduzidos à metade. Alexander Soljenitsin, romancista e ganhador do Prêmio Nobel, protestou diante do patriarca Pimen numa "carta aberta" em 1972: "A Igreja russa expressa sua preocupação por qualquer mal existente nas distantes Ásia ou África, enquanto nunca tem nada a dizer sobre as injustiças daqui... A Igreja é governada ditatorialmente por ateus, uma situação nunca vista em dois mil anos".

Durante a breve presidência de Iuri Andropov, antigo chefe do KGB, houve outra tentativa de "intensificar a campanha ideológica" contra os cristãos. O artigo 142 do código penal soviético que castiga os delitos contra "a separação entre a Igreja e o Estado" foi empregado para suprimir totalmente as reuniões de estudo da Bíblia em apartamentos particulares, e para impedir que se ensinasse a religião às crianças, exceto pelos pais. Estas medidas eram a resposta ao ressurgimento religioso que estava ocorrendo na Rússia. Com tudo isso, pequenos grupos clandestinos de cristãos continuavam a reunir-se em particular. Além dos cristãos ortodoxos, havia os batistas, os pentecostalistas e os menonitas, assim como os católicos da Ucrânia e da Lituânia

Catolicismo polonês e papa polonês

Nas "democracias populares" formadas depois de 1945, foi imposto o modelo de legislação e controle soviéticos. Mas fatores históricos e sociológicos acarretaram variações.

O exemplo mais espetacular de resistência efetiva diante do comunismo foi proporcionado pela Polônia. Os católicos desse país representam mais de 93% da população, proporção mais alta que a de antes da guerra, quando existiam importantes minorias de judeus e ortodoxos. A partir de 1946, um punhado de homens formados em Moscou tentou impor aos polo-

Cristãos na Polônia de hoje

Durante mais de mil anos, a Igreja católica deste país considerou a si mesma como um baluarte avançado de cristianismo ocidental. Esse sentimento impregnou a alma da nação ao longo de todo o século XIX, quando a Polônia foi repartida entre seus poderosos vizinhos: Rússia, Áustria e Alemanha. Depois de duas décadas de independência no período entre as guerras, a igreja voltou a encabeçar a vontade popular de resistência diante da ocupação nazista. Na Polônia comunista, a Igreja, perseguida a princípio, passou gradualmente a ocupar posições de uma coexistência difícil e de colaborações ocasionais. O sentimento cristão dos poloneses atuou como consciência da nação e viu o nascimento do Solidariedade como uma expressão dos valores cristãos (ajuda mútua, dignidade do trabalho) profundamente arraigados no povo polonês. A propaganda anti-religiosa do regime, apesar do controle total da educação e dos meios de comunicação, foi um fracasso total. Em 1978, a eleição de Karol Wojtyla, cardeal de Cracóvia, como papa, estreitou ainda mais os laços existentes entre a Polônia e a fé, como ele mesmo reconheceu em várias ocasiões. A morte de João Paulo II, em dois de abril de 2005, deixou a Polônia consumida pela dor. Um ano após a morte desse papa, Bento XVI visitou a Polônia durante quatro dias em homenagem a seu predecessor polonês. A visita, iniciada em 24 de maio de 2006, encerrou-se em Auschwitz, num ato cheio de simbolismo.

Acima. Funeral pelo padre Jerzy Popieluszko, em 3 de novembro de 1984. Popieluszko pregava ardentes sermões patrióticos e a favor do Solidariedade, o que levou membros das forças de segurança a seqüestrá-lo e assassiná-lo brutalmente. O fato abalou toda a nação, os assassinos foram levados a julgamento e o funeral do padre transformou-se numa demonstração de força do Solidariedade.

Esquerda. O papa João Paulo II durante sua segunda viagem à Polônia em 1983, ainda sob a lei marcial. Para 1987, foi organizada uma terceira viagem. João Paulo II acreditava que sua eleição como papa havia sido uma compensação divina pelos muitos sofrimentos da Polônia. Muitos de seus compatriotas compartilhavam essa opinião.

Acima, direita. Em Santa Brígida, a igreja dos trabalhadores dos estaleiros de Gdansk, após a notícia da detenção de Lech Walesa em 1983. Embora o combativo Walesa permanecesse na prisão por pouco tempo, o Solidariedade foi declarado ilegal. Em setembro de 1986, os presos políticos restantes foram anistiados, e Walesa e seus companheiros começaram a trabalhar pelo pluralismo sindical.

Direita. Em maio de 2006, Bento XVI realiza sua primeira visita oficial à Polônia em homenagem a seu predecessor. A emotiva visita foi acompanhada pela lembrança inestimável do papa João Paulo II, cuja morte mergulhou os poloneses num profundo pesar.

neses um credo estranho e impopular. Não foi possível abrir nenhuma brecha entre o clero e o povo. Mais de dois mil sacerdotes haviam sido fuzilados pelos nazistas ou haviam perecido em campos de concentração. Em 1966, a Polônia celebrou seu aniversário de mil anos, comemorando a forma como a Igreja e a nação haviam nascido juntas pelo batismo do rei. Desta maneira, a Igreja representava a consciência nacional, a tradição e a resistência à opressão estrangeira. Diante de tudo isto, a pretendida intenção do Partido de representar firmemente a vanguarda do socialismo não tinha muita chance.

Esta fragilidade manifestou-se com a inesperada eleição de um papa polonês em outubro de 1978. O pontífice apressou-se a realizar uma viagem triunfal por sua pátria numa visita que foi, na verdade, um plebiscito sobre a pergunta: "Quem realmente manda na Polônia?".

O Solidariedade, o sindicato independente, foi um produto da autoconfiança criada pela visita papal. Mas era uma novidade perigosa, pois seu poder de contágio começou a ser sentido em toda a Europa oriental. Dessa forma impunha-se a repressão. A segunda visita realizada pelo papa João Paulo à Polônia, em junho de 1983, sob a lei marcial, foi mais limitada e discreta. Preparou os católicos para uma provação longa e difícil, confiando no entanto em que a "vitória moral" já estava assegurada.

Tchecoslováquia e Hungria

Tchecoslováquia nunca teve a unidade religiosa da vizinha Polônia. Os católicos predominavam, especialmente na Eslováquia, mas as Igrejas hussita e Evangélica dos Irmãos Tchecos estavam mais bem qualificadas para reivindicar a tradição nacional. A morte na fogueira de Jan Hus por heresia em 1415 jamais foi esquecida. No período stalinista, a Igreja católica foi reprimida com grande dureza, em parte porque seu chefe, o papa Pio XII, era considerado como "o papa da Aliança Atlântica". E, além disso, era estrangeiro.

Os protestantes compreenderam que podiam chegar a acordos com o regime. O grande teólogo Jan Hromadka pensava que o comunismo não era necessariamente anti-religioso, e que podia ser considerado um aspecto da luta do homem pela liberdade e pela justiça. Em 1958, realizou-se em Praga uma versão comunista do movimento ecumênico internacional, conhecida como a Conferência de Paz Cristã. Foi na Tchecoslováquia onde aconteceram os primeiros "diálogos cristão-marxistas": cada um dos lados acreditava sinceramente que tinha algo a aprender com o outro. Estas reuniões contribuíram para preparar a base intelectual da "primavera" de Dubceck de 1968. Mas as esperanças logo foram perdidas. Depois de 1968, voltaram a ser aplicados métodos neo-stalinistas na política para as Igrejas.

Os católicos da Hungria representavam 70% da população (6,5 milhões), e havia dois milhões de calvinistas e outro meio milhão de luteranos. A Igreja católica era estatisticamente forte, mas socialmente débil. No período da Contra-reforma havia colaborado com a repressão austríaca; entre as duas guerras, apoiou o regime fascista de Horthy. Isto a deixou vulnerável diante dos comunistas depois da guerra.

O processo espetaculoso do cardeal Jozsef Mindszenty em 1949 colocou o conflito diante dos olhos de todo o mundo. Claramente atordoado e drogado, o cardeal foi considerado culpado de numerosos delitos (monetários, de espionagem e de conspiração para derrubar o governo). Foi condenado à prisão perpétua, mas durante a rebelião de 1956 saiu da prisão e passou os 16 anos seguintes como prisioneiro voluntário na embaixada norte-americana de Budapeste. Foi preciso muito tato e diplomacia para convencer Mindszenty a partir para o exílio (1971). Seu afastamento permitiu uma melhoria das relações Igreja-Estado, e seu sucessor, o cardeal Laszlo Lekai, mostrou-se contemporizador onde Mindszenty havia se mostrado combativo. As estatísticas de comparecimento aos cultos não são confiáveis, mas a melhor estimativa assinala 15% de presença no campo e 3% nas grandes cidades. A secularização e o consumismo produziram na Hungria maiores efeitos negativos que a perseguição.

Romênia e Bulgária

A Romênia e a Bulgária têm em comum que durante os quatro séculos de domínio turco a Igreja Ortodoxa manteve vivo o espírito nacional. Deviam a independência – a Romênia em 1859, a Bulgária em 1878 – à ajuda russa. Porém, sob o comunismo seus destinos foram muito diferentes.

Na Romênia, a Igreja dobrou-se diante do inevitável e aceitou que o ateísmo substituísse a instrução religiosa nas escolas. Mas teve compensações: o clero foi em parte subvencionado pelo Estado, permaneceu desobrigado do serviço militar, e a legislação eclesiástica foi reconhecida como parte da lei civil. Este arranjo, único na Europa oriental, foi em grande parte obra de Petru Groza, presidente de 1952 até a morte em 1958, que combinava o comunismo com a devoção cristã.

A morte de Groza coincidiu com a retomada da campanha anti-religiosa na União Soviética. Isto talvez explique por que a Igreja ortodoxa romena começou a ser perseguida. O ataque foi direcionado contra a vida monástica: as monjas com menos de quarenta anos e os monges com menos de cinqüenta foram afastados de seus votos e obrigados a "um trabalho socialmente mais útil". Sob o presidente Nicolae Ceausescu, a necessidade de afirmar a independência nacional e a solidariedade com a União Soviética levou a Igreja e o Estado a estreitarem de novo suas relações.

A Bulgária oferece um panorama mais sombrio. Nos anos cinqüenta, o governo utilizou habilmente o ressentimento da Igreja contra o patriarca de Constantinopla. O patriarca, chefe nominal das Igrejas ortodoxas, havia se recusado a conceder o título de "patriarca" ao chefe da Igreja búlgara. Desse modo, recuperar o patriarcado como expressão do sentimento nacional tornou-se um dos objetivos da política exterior comunista. Isso foi conseguido em 1953 e foi reconhecido por toda a ortodoxia em 1961. Mas o preço pago por este triunfo eminentemente simbólico foi alto: os jovens ignoravam a fé cristã, o comparecimento às igrejas baixou, e os mosteiros foram considerados como exemplos bizarros de folclore. Segundo um sociólogo, com a exceção da Albânia, a Bulgária é o país mais secularizado do mundo.

A antiga Alemanha Oriental

A Alemanha Oriental – mais corretamente, a República Democrática Alemã – diferenciava-se de todos os países até agora tratados, por que a maioria da população era luterana. Quase todos os lugares relacionados à vida de Lutero se encontram em seu território, e

Acima. Liturgia ao ar livre em Ieud, Romênia. A associação entre Igreja e folclore não era mal vista pelo regime. A Romênia conta ainda com 122 fundações monásticas ortodoxas.

Esquerda. O mosteiro de Bachkovo, Bulgária, mantido principalmente com objetivos turísticos. Os monges exerceram um papel fundamental na manutenção da vida nacional durante os quatro séculos de domínio turco, e foi um monge, Paissi de Hilander, que tornou possível o ressurgimento da Bulgária no século XIX, que culminou com a independência em 1878.

em 1983 o governo uniu-se à Igreja para a celebração do V centenário de seu nascimento. A Igreja Evangélica (ou Luterana) era bem integrada na sociedade e dirigia mais de dois mil hospitais, clínicas, creches e estabelecimentos para crianças com problemas. Em troca desse privilégio em matéria de serviços, esperava-se que a Igreja apoiasse incondicionalmente a política governamental. E assim era, com um espírito que foi chamado "de solidariedade crítica". Porém, uma vez ou outra, surgiam profetas que denunciavam os chefes da Igreja como cúmplices. Os católicos somavam 1.300.000 (8% da população) e tendiam a manter-se por conta própria. Todas as Igrejas eram forçadas ao Jugendweihe, juramento de lealdade ao Estado, que era considerado como um substituto do sacramento da confirmação. Esta situação levou a um divórcio entre as crenças e a ação.

O tempo decorrido desde 1917 não constitui um período muito longo na perspectiva da história, mas é suficientemente amplo para sugerir que a religião tem raízes profundas no espírito humano e que é improvável que desapareça, como Marx havia prognosticado. Isto foi reconhecido pelo regime mais pragmático de Mikhail Gorbachov. Não foi mais liberal, mas de fato mostrou-se mais sutil no tratamento do problema. Apesar de haver prosseguido com a pressão sobre os "dissidentes religiosos" e de ocorrer até mesmo alguma "retratação" televisionada, surgiu uma nova legislação que concedia maior reconhecimento legal às Igrejas e maior liberdade de movimento para predicar. Mas não foram abandonados os grandes esforços para evitar o "contágio", procedente da Polônia, das vizinhas Lituânia, Eslováquia e Ucrânia. Longe de desaparecer, a religião foi muito mais forte na antiga União Soviética e na Europa oriental, em alguns aspectos, que no Ocidente secularizado. A máxima do século II voltou a ser aplicável: "O sangue dos mártires é semente de cristãos". Após a queda do comunismo a liberdade de credo foi recuperada e com isso o cristianismo, especialmente o ortodoxo, experimentou um aumento relevante de paroquianos nas igrejas.

Cristãos na Itália de hoje

Para a população rural da Itália, o catolicismo pode ter um marcado caráter regional, e com freqüência aparece misturado com velhas cerimônias e costumes camponeses, às quais o clero teve de imprimir um selo cristão. O povo desta terra sofreu muitas calamidades e sobreviveu a elas: guerras, tiranias, estiagens, terremotos. De um modo natural, as pessoas sentem-se muito próximas a Deus e têm consciência da solidariedade que mantêm com seus melhores amigos, ou seja, os santos e especialmente com a Virgem Maria. Suas tradições imemoriais e suas cerimônias pitorescas, sentidas como um vínculo com o princípio dos tempos, proporcionam estabilidade que se sobrepõe às numerosas eventualidades e incertezas da vida.

A religião popular italiana está organizada não apenas em volta das festas dos santos locais, como também das festividades do calendário cristão: Natal, festa de Reis, Quaresma, Domingo de Ramos, Semana Santa, Sexta-feira Santa, Páscoa, a Ascensão, Pentecostes e Corpus Christi (ação de graças pela eucaristia, festa instituída no século XIII, originariamente na quinta-feira seguinte ao domingo da Trindade, mas agora celebrada normalmente no domingo seguinte). Estátuas representativas de Cristo e dos santos são levadas em procissão, representando, por exemplo, a entrada triunfal de Jesus em Jerusalém ou a via crucis. Os fiéis às vezes vestem roupas brancas ou coloridas. Fogueiras ou fogos de artifício podem acrescentar atrativos à celebração.

Direita e página seguinte, abaixo. No Monte Autore, próximo de Vallepietra, no limite entre os Abruzzi e o Lácio, há pelo menos cinco séculos os peregrinos avançam numa dura procissão até o santuário da Santíssima Trindade, a 1.200 metros de altura, especialmente no domingo da Trindade e no dia de Santa Ana, em 26 de julho. O santuário está numa apertada gruta de uns 15 metros de comprimento, dividida em diferentes recintos. Fora se ergue uma igreja neoclássica construída por volta de 1860. Os peregrinos cantam hinos e esfregam as paredes do santuário com a palma da mão direita, o que não é nada bom para a conservação das pinturas. Nos dias comuns, o circuito pelas paredes é feito sete vezes rezando o credo, e apenas uma vez nas duas grandes festas religiosas, quando comparecem centenas de pessoas e é preciso adotar medidas especiais de controle.

Abaixo. Num funeral nas águas belas, ainda que tristes, da lagoa de Veneza, o carro fúnebre é uma lancha motorizada. No cemitério da ilha de San Michele, humildes e ilustres, inclusive Igor Stravinsky, têm sua última morada.

Abaixo. Festa da padroeira em Bolsena. Todo dia 24 de julho a localidade de Bolsena rememora o martírio de sua padroeira, Santa Cristina; cem jovens atores participam da representação.

Página dupla seguinte. A ação de graças pela eucaristia (Corpus Christi) caracteriza-se por procissões cheias de colorido. Os participantes fazem longas filas e o desfile culmina com uma bênção solene. Em Gandino, perto de Bérgamo, as confrarias laicas vestem suas próprias roupas de seda características e insígnias, as casas são enfeitadas com tecidos suntuosos e flores, e as pessoas reúnem-se para uma grande festa popular.

CRISTIANISMO E MODERNIDADE LAICA

Acima. Chegada ao topo do Croagh Patrick, no condado de Mayo. A festa de São Patrício – 17 de março – cai na Quaresma, e alguns peregrinos sobem a montanha avançando de joelhos, gastando três ou quatro dias neste exercício de penitência. O cristianismo irlandês, moldado pelos monges, era austero e rigoroso. Após a grande fome da década de 1840, foi renovado num sentido mais romano.

Direita. Na memória popular dos protestantes franceses, o dia 25 de agosto de 1572, dia do massacre de São Bartolomeu, permanece vivo. Minoria derrotada, seu direito de existir (e de manter 100 cidades fortificadas) foi reconhecido pelo Édito de Nantes de 1598. O Édito foi revogado por Luis XIV em 1685. Isto significava que os huguenotes tinham de exilar-se ou reunir-se na clandestinidade.

Força e fragilidade institucionais

Logo após o término da Segunda Guerra Mundial, as principais Igrejas passaram por um período de consolidação, com a exceção daquelas localizadas na Europa oriental. Por isto será útil começar fazendo um balanço de sua força e fragilidade em meados do século XX.

A força do catolicismo irradiava-se a partir de um núcleo situado no sul e no centro da Europa: a Suíça católica, as regiões montanhosas da Áustria e da França (inclusive o Maciço Central), o sul da Alemanha, o Vêneto, a Croácia e a Eslovênia. Havia outros bastiões periféricos: ao nordeste, Eslováquia, Polônia e Lituânia; a noroeste, o Pas de Calais, Flandres, o Sul da Holanda e o Palatinado; ao sudoeste, a parte norte da península Ibérica, especialmente o norte de Portugal e a região basca. E alguns bolsões exteriores na Bretanha e na Irlanda. Áreas de fragilidade ou de uma caótica superstição semicatólica estendiam-se pelos territórios do sul de Portugal, pela Espanha e a Itália. No mundo ortodoxo, a força concentrava-se principalmente em Grécia e Romênia, e em certa medida, na União Soviética e nas zonas mais a leste da Ucrânia. Uma ortodoxia fraca ou sistematicamente enfraquecida ocorria no sul da Iugoslávia e na Bulgária. Também no Norte protestante europeu a religião havia se tornado institucionalmente fraca, embora isto não fosse necessariamente incompatível com uma religiosidade difusa. As únicas exceções parciais existentes eram certos bastiões rigidamente calvinistas na Holanda e em áreas periféricas como o Ulster, o País de Gales, a Escócia e o oeste da Noruega. Por toda a extensão da Europa cristã, as capitais da secularidade eram Londres, Birmingham, Amsterdã, Estocolmo, Copenhague, Hamburgo, Berlim, a região de Paris, a "vermelha" Emília-Toscana, Praga, Titogrado e Sofia.

Em relação aos Estados Unidos, o protestantismo era institucionalmente muito mais vigoroso, e estava até mesmo em expansão. Em linhas gerais, poderia ser assinalada certa fragilidade das Igrejas nos Apalaches, nas Montanhas Rochosas e na região do Pacífico. O catolicismo norte-americano era predominantemente urbano e estava majoritariamente concentrado nas regiões centro-atlânticas e do Meio Leste, enquanto o evangelismo era mais forte nas zonas predominantemente rurais e nas cidades pequenas do Sul. O catolicismo popular começava no México e estendia-se por toda a América Central e do Sul. Em alguns países, por exemplo, no Brasil, assemelhava-se à religião desorganizada e supersticiosa do sul da Europa.

Etnicidade e religião

Tais modelos de força e fragilidade não são arbitrários, e foram estabelecidas generalizações, aplicáveis a todo o período da industrialização moderna. As práticas religiosas diminuem com o tamanho da concentração urbana e nas áreas predominantemente operárias. Também diminuem segundo o tamanho da atividade industrial: a indústria pesada é inimiga da vitalidade das instituições religiosas. Além disso, dado que as instituições religiosas são baseadas na associação pessoal e comunitária, elas são negativamente afetadas pelas grandes dimensões em geral: pela agricultura em grande escala, sem vínculos pessoais com a terra, pelos grandes sistemas burocráticos e pelas concentrações das megalópoles. A mobilidade social e geográfica e as mudanças rápidas também erodem a vinculação com a religião institucional.

As atitudes religiosas são grandemente favorecidas onde a vida é relativamente estável, existem relações pessoalizadas, as relações são paternalistas e as pessoas se sentem estabelecidas na comunidade mediante uma casa ou fazendas próprias. Os vínculos religiosos também são reforçados nas regiões onde o nacionalismo, suprimido ou ameaçado, é susceptível de ser definido pela religião. Às vezes, esta solidariedade étnica se define mais claramente pelo idioma, como é o caso de Catalunha; porém, mais freqüentemente, a defesa cultural organiza-se simultaneamente em torno da língua e da religião. Há muitos exemplos: Quebec, Flandres, Croácia, Eslováquia, Lituânia, Polônia, Irlanda, o País Basco, Bretanha, Romênia, País de Gales. Uma versão mais débil destas relações entre religião, língua e etnicidade ocorre com freqüência em certas províncias relativamente subdesenvolvidas, ainda que nem sempre, com certo caráter e dialeto próprios diante da ameaça de um centro cultural laicizado; por exemplo, o oeste da Noruega, o norte da Jutlândia, oeste da Inglaterra e áreas do Languedoc. Também a América do Sul poderia ser considerada como um exemplo desta religiosidade provinciana.

O sentimento étnico e o religioso reforçam-se mutuamente quando um povo se vê obrigado a deslocar-se, como no caso dos armênios e dos judeus, ou quando as migrações em massa a outro país representam uma ameaça de absorção total por parte da cultura receptora. Os exemplos são numerosos: os irlandeses em Preston, Liverpool e Glasgow, ou em Nova Iorque e Boston; os poloneses e gregos em Chicago; os muçulmanos e sikhs na Inglaterra. Às vezes, este fenômeno corresponde a uma recuperação da coesão, até mesmo um conservadorismo religioso já inexistente no país original, como no caso do luteranismo do Sínodo de Missouri.

Naturalmente, o modo como a religião se manifesta ou reforça entre os emigrantes depende, em grande parte, do estilo do poder político, classe e religião que dominavam no país de origem. Os hispânicos dos Estados Unidos prescindirão da Igreja quando são procedentes de culturas nas quais a Igreja está manifestamente alinhada com o privilégio. Os irlandeses e alemães de Nova Iorque do princípio do século XIX tinham atitudes religiosas muito diferentes: os primeiros eram patrioticamente papistas; os segundos, com freqüência, indiferentes. Vamos considerar agora estas configurações cruciais de poder, classe e religião na medida em que afetam às atitudes religiosas de determinados grupos, da intelectualidade e do aparato do Estado.

Diferentes modelos políticos e sociais

Para começar, é preciso distinguir entre as culturas ainda afetadas pela Revolução Inglesa do século XVII, pela Revolução Francesa e pela Revolução Russa. Cada nova revolução se mostrou mais intolerante com relação à religião; mais ideologicamente totalizadora e atéia. Na Revolução Inglesa manteve-se um alento religioso com ecos de milenarismo; na francesa e na russa, a religião foi substituída por uma utopia laica.

As conseqüências sociais das três revoluções ainda perduram. A inglesa influencia todo o mundo anglo-saxão, especialmente a Commonwealth "branca". Esta revolução recebeu sua forma definitiva na América em 1776, enriquecida com elementos derivados do Iluminismo. Sua dinâmica foi construída sobre o individualismo e a "ética protestante". A Revolução Francesa afetou todo o mundo latino e a intelectualidade de língua alemã. Geralmente levou a atitudes de confronto entre a Igreja e os anticlericais, em especial intelectuais e profissionais liberais. A contra-revolução seguia-se à revolução e vice-versa, com o campo de batalha concentrado particularmente na educação e nas ordens religiosas. A Revolução Russa, que se apoiou basicamente nos intelectuais laicos nutridos nos princípios da Revolução Francesa, levou o processo um passo adiante. Foi estruturada por uma ideologia militante de classe média, oculta por trás do mito utópico do proletariado. E não apenas aprofundou o enfrentamento com a Igreja institucional, como também organizou um monopólio "religioso" laico, ajudado por todos aqueles procedimentos de pressão estatal antes associados à Igreja católica. Estes procedimentos foram implantados em toda a Europa oriental depois da Segunda Guerra Mundial.

Além disso, podemos distinguir alguns submodelos menos globais. No mundo protestante existem ao menos quatro: o norte-americano, o inglês, o alemão e escandinavo, e o holandês (e em certo modo o sul-africano). Cada um destes modelos mostra um sistema de relações diferentes entre as duas formas básicas do protestantismo: a Igreja "popular" estabelecida e a associação voluntária. O surgimento das associações voluntárias, independentes de qualquer conexão explícita com um Estado ou uma nacionalidade, representa um aspecto crucial do processo de diferenciação social ou "separação" de funções, que será tratado na parte final.

Nos Estados Unidos, todos os vínculos diretos entre Estado e Igreja haviam desaparecido por volta de 1830. De um lado, estavam as corporações religiosas, originariamente organizadas como associações voluntárias, principalmente as Igrejas Batista e Metodista. Por outro lado, estavam algumas Igrejas estabelecidas ou majoritárias, como a presbiteriana, a anglicana, a católica etc., que já haviam evoluído em direção à associação voluntária ou que haviam tomado este caráter quando chegaram à América ao se chocar com uma sociedade que já era étnica e religiosamente plural. As Igrejas que já foram majoritárias tenderam ainda a manter durante muito tempo suas características étnicas (irlandeses, gregos, poloneses), enquanto as associações voluntárias proliferaram em número e tamanho de acordo com as pressões dos meios sociais concretos. Isto rompeu o tipo de identificação entre religião e Estado que podia alentar os agentes da mudança social a adotar uma ideologia laica militante, e cortava os laços diretos entre a classe social privilegiada e prática religiosa, por exemplo, da religião anglicana ou católica ou luterana, que podia levar amplos grupos sociais a afastarem-se dessas práticas de algum modo. O Estado mantinha certo vínculo, não com uma Igreja falível e socialmente comprometida, mas com uma forma de americanismo utópico que impregna em parte os rituais, as aspirações e a retórica de uma "religião civil".

Há outros dois aspectos dignos de menção. No princípio, a laicização manifestava-se dentro da estrutura

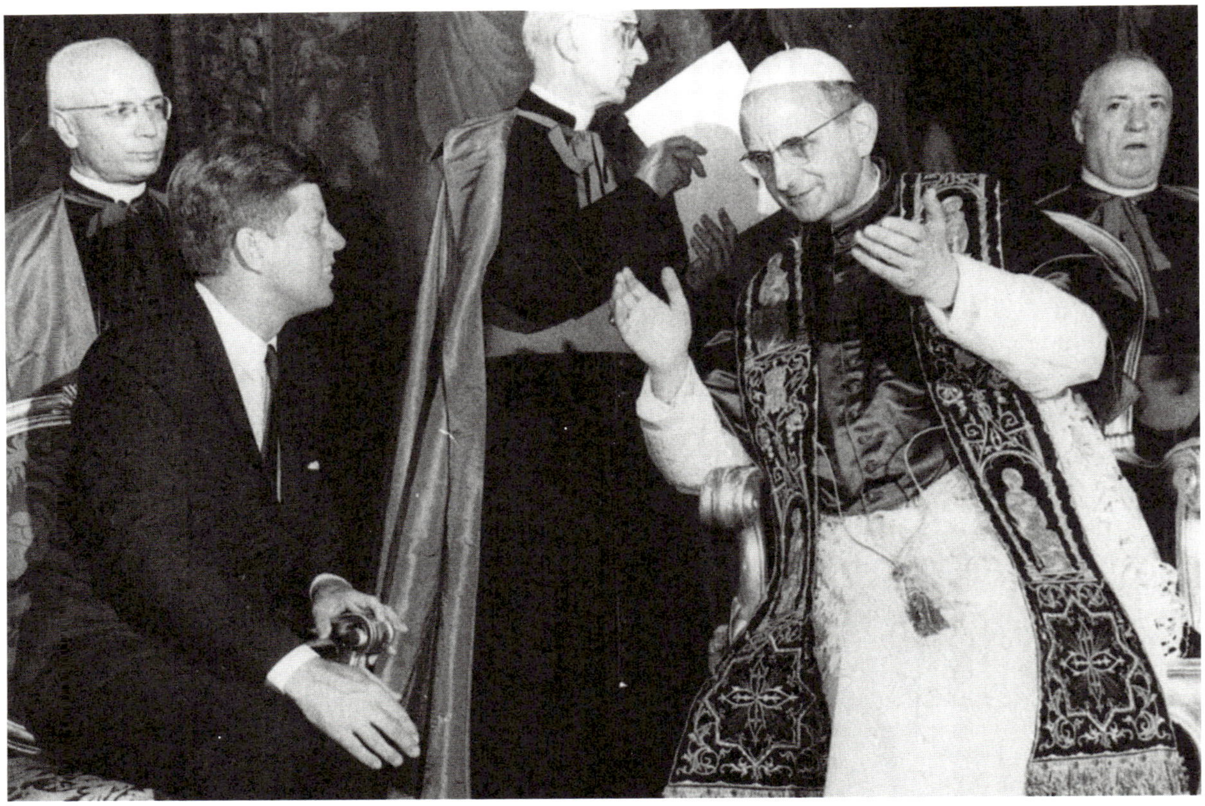

Esquerda. O papa Paulo VI, pouco depois de sua eleição em julho de 1963, saúda o presidente John F. Kennedy, primeiro católico a ocupar a presidência dos Estados Unidos. A audiência deveria ter sido com João XXIII, mas este morreu; e Kennedy seria assassinado em 22 de novembro daquele mesmo ano. A imagem capta a ilusão de uma época em que "o homem mais poderoso do mundo" e "o vigário do mundo" poderiam haver trabalhado juntos. Ironicamente, a figura da direita é a do extraordinário cardeal Alfredo Ottaviani, que acreditava que a separação entre a Igreja e o Estado era imoral. Acontecimentos posteriores demonstraram que era mais fácil para um presidente não católico, Ronald Reagan, estabelecer relações diplomáticas com o Vaticano.

religiosa por intermédio da corrosão do dogma em transcendentalismo ou em sentimentos éticos ou humanitários, como, por exemplo, na Nova Inglaterra; e depois, no século XX, mediante a liberalização dos centros de controle da maioria das correntes organizadas do protestantismo. Assim, o conservadorismo religioso apresentou-se sob duas formas principais, ambas relacionadas, embora de modo muito diferente, com o Partido Democrata. Uma era a católica, e a outra a evangélica e batista, de forma especial. Os católicos, por começarem de baixo no sistema e adotar a política democrata, romperam qualquer conexão entre o conservadorismo religioso e o político, entre religião e privilégio. Isto foi uma conseqüência do baixo nível social dos católicos em todo o mundo anglo-saxão: Canadá, Austrália, África do Sul, Nova Zelândia e Inglaterra.

De certo modo, os evangélicos moveram-se em direção oposta à dos católicos. Depois de haver sido socialmente poderosos no século XIX tanto nos Estados Unidos, quanto na Inglaterra e na Commonwealth branca, entraram em crise e retrocederam entre 1880 e 1920. Viram-se logo menosprezados pelas elites metropolitanas, liberais ou laicas, e permaneceram desproporcionalmente concentrados nas pequenas cidades, áreas rurais e grupos de baixo nível social. No entanto, como veremos mais adiante, conseguiram reconstruir uma infra-estrutura, que nos anos sessenta lhes permitiu ressurgir com renovado poder, depois que um liberalismo triunfante começou a corroer sua própria base eclesiástica.

O modelo inglês é uma variante do norte-americano. A estrutura da Igreja estabelecida permanece, com os vínculos diretos entre o trono e o altar, e com o poder baseado na terra e na religião anglicana. O associacionismo voluntário não pôde estender-se tão livremente quanto nos Estados Unidos. Permaneceu vinculado a certas classes sociais formadas por camponeses, mineiros, pescadores e varejistas, pelos representantes da pequena indústria e das "classes trabalhadoras respeitáveis".

Visto que esta espécie de autoconsciência social foi associada no princípio com o Partido Liberal, o resultado foi que mais uma força surgia para desconectar o conservadorismo político da religião como tal.

Deste modo, em todo o mundo anglo-saxão, liberalismo e "progresso" puderam avançar em aliança parcial com a religião, e sem necessidade do componente anticlerical absolutamente necessário na maioria dos países tradicionalmente católicos. No entanto, e apesar de tudo, na Inglaterra, a manutenção das conexões com o poder estabelecido determinou que a prática religiosa descesse junto com a categoria social, uma descida claramente demarcada na linha de divisão entre a classe média e a classe operária. A Commonwealth branca coloca-se entre o modelo norte-americano e o inglês. Comparado com a Inglaterra, nota-se uma grande expansão do princípio de associação voluntária, uma redução do domínio anglicano, uma minoria católica mais ampla e certos níveis de prática religiosa um tanto mais altos.

O modelo escandinavo (e o do norte alemão) acentua o princípio da Igreja popular e reduz o papel do associacionismo voluntário. O resultado é uma dissociação por parte de cada novo grupo social autoconsciente, das práticas religiosas dos privilegiados, permanecendo apenas partes da "antiga" classe média e dos proprietários da terra em contato com a Igreja. No entanto, dado que as igrejas luteranas não reproduziram as pretensões teocráticas e universalistas da Igreja católica, manteve-se uma difusa identificação com a religião "pessoal" e uma participação restrita nos rituais-chaves. As novas elites social-democratas que controlavam o Estado eram indiferentes em matéria religiosa. No entanto, quase não houve manifestações de anticlericalismo, embora os últimos anos do século XIX e os primeiros do XX testemunhassem alguns confrontos entre conservadores religiosos e

Abaixo. A aliança entre a Igreja e o Estado, o trono e o altar, é evidente na cerimônia da coroação. Desde a época de Elisabete I, o monarca ostenta o título de "Supremo Governador da Igreja da Inglaterra". Mas, levando em conta que também é rainha de seus súditos não anglicanos, e não fiéis, Sua Majestade não insiste especialmente neste aspecto. Apenas nas grandes ocasiões, como nas coroações e nas bodas reais, manifesta-se todo o fausto institucional, e o arcebispo de Canterbury preside como se ainda se tratasse de "uma igreja numa nação". Mas até mesmo isto está mudando, e a participação ecumênica foi incluída neste tipo de evento.

social-democratas. Na Alemanha, ao contrário, as hostilidades foram consideráveis, e a decadência das diferentes Igrejas estatais foi acelerada pela aliança entre o trono, a aristocracia e o altar, que se afastou dos anseios tanto da classe média quanto do proletariado. Neste sentido, a grande planície ao norte da Alemanha tornou-se uma área de limitada vitalidade institucional, e assim continua. Na Suécia, a proibição e a perseguição da dissidência religiosa inimistaram as novas elites políticas e levaram a uma considerável baixa da prática religiosa entre as classes trabalhadoras. Os anos trinta foram o período de máxima tensão.

O modelo holandês é significativo porque ilustra o princípio do gueto religioso, reforçado pelo fato de as diferentes confissões religiosas estarem, em grande parte, localmente concentradas. As diferentes subculturas religiosas, e especialmente os católicos, defenderam-se formando guetos que se correspondiam – ou se correspondem – com os guetos socialistas. O resultado foi que estas subculturas religiosas conseguiram uma organização de todos os aspectos da vida, sem espaço para as distinções sociais. Também competiram entre si e participaram em várias alianças instáveis contra (e, ocasionalmente, com) as elites metropolitanas liberais. Não houve nenhum poder social dominante estabelecido, e as elites liberais sempre se viram fustigadas pela poderosa força de uma minoria católica enquanto agiam em defesa de alguns avanços culturais e sociais. Reflexos desta situação eram notados na Alemanha, onde o catolicismo do sul e do oeste ergueram uma rede de defesa cultural e política baseada nas elites católicas locais contrapostas às protestantes que dirigiam o Estado. Também nos Estados Unidos as elites católicas locais organizaram nas principais cidades um sistema similar de defesa cultural e política.

Na África do Sul, a defesa cultural do gueto foi utilizada pela elite africâner, relegada diante das elites inglesas. O resultado foi uma especialização dos grupos religiosos, com um calvinismo africâner que, finalmente, obteve o controle do Estado, e associações voluntárias como os metodistas, os grupos africanos separados e os católicos, desigualmente distribuídos entre a população negra. No Ulster, o setor calvinista da elite agiu de modo similar, apoiado e até sobrepujado por elementos populares mais militantes nos aspectos étnicos. Onde quer que seja adotado o princípio do gueto, ocorre uma forte identificação religiosa. Tanto na África do Sul quanto no Ulster, a vitalidade institucional dos grupos católicos e calvinistas é muito elevada, e até mesmo a prática religiosa dos grupos intermediários como anglicanos e metodistas é mais alta que o usual. A luta política mantém elementos da retórica e do confronto religiosos.

Os modelos católicos mostram os mesmos princípios, mas afetados pela confrontação entre elementos "integristas", aliados da elite eclesiástica, e as elites liberais e laicas militantes. As ambições teocráticas do catolicismo internacional continuaram a propiciar os confrontos, até que entre 1870 e 1905 ocorreu na França a batalha campal, com a separação entre a Igreja e o Estado. Na Espanha, a batalha foi precedida por todo um século de revoluções e contra-revoluções que culminaram na guerra civil de 1936-1939. Uma confrontação paralela aconteceu com a revolução mexicana. Na própria Itália, o poder do papa confrontou-se com as forças liberais e nacionais a partir de 1860. É preciso observar que estes países latinos não se caracterizaram apenas por um liberalismo laico e maçônico com influência entre as classes médias, mas também por numerosas irrupções de anarquismo laico militante, anarcossindicalismo e comunismo.

Esta espiral de antagonismos manteve-se em parte desde os anos vinte. No entanto, existem algumas exceções onde o antagonismo foi menos agudo ou menos duradouro como, por exemplo, na Bélgica, na Áustria e em Portugal. A Polônia e a Irlanda, como já foi assinalado, são casos absolutamente excepcionais nos quais o catolicismo mobiliza um povo inteiro contra a dominação política estrangeira.

Hoje em dia, as Américas Central e do Sul oferecem também exceções parciais ao quadro clássico de um confronto entre elites laicas militantes – liberais ou socialistas – e os elementos integristas, especialmente os militares e latifundiários aliados às elites eclesiásticas. O desenvolvimento moderno da América do Sul ocorre após a tensa guerra entre "a fortaleza do catolicismo", centrada no Vaticano, e as elites laicas haver cedido. Além disso, da parte das novas elites nativas já havia ocorrido certo distanciamento do catolicismo por este haver apoiado a dominação espanhola. É verdade que em alguns países conservou-se uma espécie de aliança conservadora, como na Argentina. Mas sobretudo no Brasil, no Chile, na Nicarágua, nas Filipinas e em El Salvador, uma grande parte da hierarquia eclesiástica alinhou-se com as classes médias radicais e com os elementos genuinamente populares dos miseráveis, contra os ditadores direitistas, embora, ao alcançarem o poder, estas alianças provavelmente se desintegrassem; neste sentido, já há sinais de tensão na Nicarágua. Num país, Cuba, a Igreja foi simplesmente expulsa do poder social e político, tarefa facilitada pela associação anterior com o domínio espanhol, com o clero estrangeiro e com os privilégios sociais. Na Venezuela e no Uruguai, a Igreja alcançou uma posição estável, mas frágil, depois dos confrontos históricos com as classes médias radicais e como conseqüência da urbanização extensiva.

A consolidação do poder total por parte das elites laicas na Europa oriental foi mais ou menos efetiva segundo a configuração histórico-política anterior. Se a Igreja esteve intimamente ligada com os privilégios e os grupos latifundiários, como na Hungria, ou associada com uma forma monárquico-fascista como na Bulgária, os ataques ao poder e influência eclesiásticos foram relativamente fáceis. Na Hungria e na Bulgária, a combinação de industrialização e hostilidade estatal levou a uma decomposição substancial da religião institucional. Nos territórios do leste da Alemanha e da Estônia, o luteranismo era fraco, e a religião encontra-se agora fundamentalmente entre minorias de luteranos ativistas e de entusiastas sectários. Na República Checa e na Eslováquia, a longa tradição de hostilidade liberal e hussita contra a Igreja, combinada com um sentimento do caráter forasteiro da Igreja de Roma, desde a conversão forçada iniciada em 1625, facilitou a tarefa da elite comunista. Por outro lado, uma elite comunista e nacionalista, como foi a romena, encontrou interesse político em aliar-se às hierarquias eclesiásticas contra elementos étnicos e religiosos adventícios, e como modo de expressar a solidariedade nacional e a identidade histórica diante da ameaça externa russa. Dentro da própria Rússia obteve-se um êxito parcial na tentativa de expropriar e controlar as Igrejas nacionais da Ucrânia, da Geórgia e da Armênia. Deste modo, estas igrejas podiam ser sistematicamente desnaturalizadas de dentro e re-

Cristãos na América Latina de hoje

No século XXI, mais da metade dos católicos do mundo serão latino-americanos. Daí a importância estratégica desses países e as repetidas visitas que o papa João Paulo II realizou ao longo de seu pontificado. Mas a religião popular está mudando lenta, mas firmemente nessa parte do mundo. Desde a Conferência de bispos latino-americanos de Medellín (Colômbia) de 1968, uma "teologia da liberação" estendeu-se a muitos dos 27 países do continente. Embora considerada com certa desconfiança pelo Vaticano, seus defensores afirmam que remonta aos princípios da fé na América Latina, quando o bispo era o único defensor do pobre diante da voracidade do soldado. As reduções jesuíticas do Paraguai são esclarecedoras de outra maneira de defender a Igreja dos oprimidos. A devoção à Maria, Mãe de Deus, é outro aspecto tradicional da libertação, pois em seu Magnificat Maria canta que "derrubou os poderosos de seus tronos e exaltou os humildes". Na América Latina, a Virgem falava nas línguas ameríndias em suas "aparições". Deste modo, o que parece mais tradicional pode ser o mais revolucionário.

Abaixo. Páscoa na Guatemala. Uma figura pende de uma árvore, numa cena muito pitoresca. A perseguição da Igreja levou alguém a dizer que "aqui Cristo ainda não ressuscitou". Os índios são 57% da população, e os outros são mestiços. Os analfabetos são 63% da população, e 34% da população ativa estão desempregados. O genocídio faz parte da política contra-revolucionária.

Direita. Outra estampa idílica: o sacerdote ianque celebra a missa para os índios humildes. O sacerdote foi expulso da Guatemala, e os catequistas laicos, assassinados (esse foi o destino de mais de 10.000 deles). Por quê? O governo sente-se mais à vontade com as seitas evangélicas financiadas pelos Estados Unidos, que proporcionam o consolo da salvação individual sem nenhum desafio político.

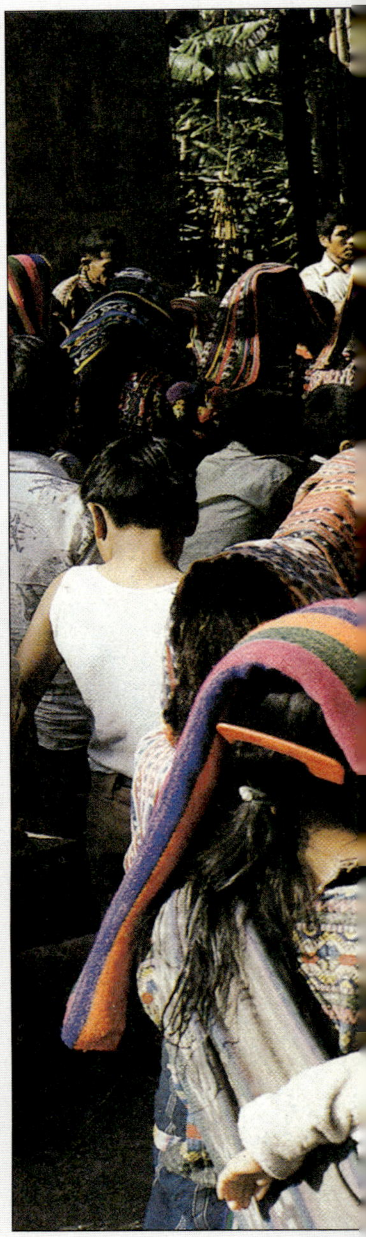

Acima. Ex-votos oferecidos em ação de graças por curas, numa igreja de Juazeiro, no Nordeste do Brasil. Com 50 milhões de negros no país, o catolicismo brasileiro teve de lutar com o sincretismo, com os restos das religiões tribais e com a macumba.

Direita, junto a estas linhas. Dois milhões de índios aimaras vivem no altiplano do Peru, ardente no verão e gelado no inverno. A oração pelos parentes mortos é um modo de expressar a comunhão dos santos.

Direita, página seguinte. Procissão da manhã de domingo à igreja paroquial de Santo Tomás de Chichicastenango, Guatemala. O cristianismo na América Latina não é sentido como uma imposição: é popular e preenche as aspirações humanas e religiosas.

vestidas depois de elementos folclóricos para que fossem exibidos como amostras de identidade nacional. No entanto, persiste uma relação entre cultura nacional e religião histórica. Essa relação continua a ser estreita entre os próprios russos, principalmente nas regiões de produção agrícola e industrial menos integradas nas grandes empresas. A religião foi relegada pelos setores tecnológico e administrativo, enquanto suas funções sociais foram assumidas, em parte, por uma estreita rede de rituais laicos.

Diferenciação a longo prazo. A desintegração dos anos sessenta

Através de todos estes complicados processos inter-relacionados de confrontos entre centros laicos e periferias religiosas, e entre elites eclesiásticas aliadas a integristas e elites ideologicamente laicas, ao lado das relações entre religião e classe, religião e etnia, ocorre, também, um processo de diferenciação em longo prazo. Processo que teve dramáticas conseqüências quando alcançou uma fase avançada nos anos sessenta. À medida que a sociedade desenvolve-se numa complexidade de funções, a religião perde seu papel como centro da rede social solidária e desvia-se para âmbitos mais especializados. Nas sociedades protestantes, o aparecimento do associacionismo religioso voluntário, separando Igreja e Estado, é um elemento desse processo. De forma similar, as redes econômicas, beneficentes e educativas associadas a esses grupos são assumidas progressivamente por organismos laicos. O mesmo processo de separação entre Igreja e Estado e de perda parcial das funções benéficas e educativas acontece nas sociedades católicas, embora, como já se viu, com um maior grau de violência, com uma maior coerência ideológica de ambos os lados e com a implicação explícita da Igreja na política e nos sindicatos.

Este processo tenderá a ser pacífico se os problemas sociais, como os direitos humanos, a desigualdade econômica ou a mobilização de subculturas étnicas subordinadas, forem tratados gradualmente, como aconteceu, por exemplo, na Inglaterra, na Dinamarca e na Suíça. O processo será violento e provavelmente com períodos de governos totalitários, se estes problemas surgirem abruptamente ou se forem exacerbados por uma derrota bélica, como na Alemanha e na Rússia. Como já foi assinalado anteriormente, o processo de diferenciação aponta para diferentes resultados segundo os modelos expostos. Nas culturas escandinava e inglesa, a diferenciação levou a deixar em pé o simbolismo Igreja-Estado, ainda que restringindo boa parte de sua substância social, e por completo as funções eclesiásticas. Na Holanda, no Ulster, na África do Sul e no Líbano a diferenciação foi amenizada pela resistência de diversas formas de organização em guetos compactos.

As manifestações mais recentes de diferenciação devem ser tratadas de acordo com três níveis: o mundo protestante desenvolvido, o mundo católico desenvolvido e o mundo católico subdesenvolvido. No entanto, com o caráter cada vez mais universal que está tomando a sociedade, processos que seriam muito diferentes nesses vários níveis se desenvolvem de modo similar e interconectado.

Se considerarmos primeiramente o mundo católico desenvolvido, o Concílio Vaticano II resolveu muitas tensões e, por sua vez, originou reações em cadeia incidindo nas mudanças econômicas e sociais das décadas de sessenta e setenta. Estas mudanças incluíam, por exemplo, um pluralismo "aberto" acelerado e uma liberdade e uma abundância em expansão, especialmente na cultura (ou culturas) juvenil, que corroíam a disciplina pessoal e solapavam os vínculos de comunidade e de assistência mútua que subsistiam, e nos quais muitos grupos religiosos têm suas raízes.

Um sinal da mudança foi a forte queda da participação institucional dos católicos, especialmente nas áreas do mundo norte-americano-anglo-saxão (Inglaterra, Estados Unidos, Austrália, Canadá) onde havia sido notavelmente alta. Em outras áreas, defendidas de certo modo pelas muralhas do gueto, sobretudo na Holanda, mas também em Flandres e na Alemanha, começaram a aparecer fissuras. A participação institucional baixou consideravelmente e, com ela, o apoio aos sindicatos e partidos católicos. Além disso, o prestígio e respeito institucionais caíram até mesmo em bastiões leais como Flandres. As tentativas de recuperar posições mediante uma política conservadora, como na Holanda, ocasionaram resistência e oposição.

A queda da participação católica, bem como a perda de influência da Igreja romana em sindicatos ou partidos concretos, foi registrada em toda a Europa, e o poder da Democracia Cristã, tão importante desde 1945, ficou visivelmente enfraquecido. Os governos da Espanha e da Itália, antes preocupados com a doutrina moral católica, adotaram uma posição mais neutra, assumindo cada vez mais a pluralidade de opções morais e de estilos pessoais. Na França, considerada como a filha mais velha do laicismo, a participação começou a aproximar-se dos níveis protestantes, e na Suíça, por exemplo, em Genebra, os níveis de participação e de estilo moral de católicos e protestantes mal se distinguem. Em toda a Europa católica, o retrocesso dos velhos usos políticos foi acompanhado pela adoção por amplos setores do clero de algumas maneiras socialistas ou "existenciais" progressistas.

Nas sociedades católicas subdesenvolvidas, uma fase de democracia cristã foi sucedida por outra de teologia da libertação, muitas vezes contraposta ao Estado de "segurança nacional". O conflito resultante significou o contra-ataque do Estado, profanando lugares sagrados e ritos e atacando os sacerdotes, o que enfraqueceu os apoios religiosos e esvaziou a legitimidade. O catolicismo latino-americano sempre incluiu desde cultos locais de santos e divindade, alguns fora do controle dos sacerdotes, até teologias mais coerentes, das quais a Teologia da Libertação é apenas o exemplo mais recente. Mas distintos processos exemplificaram a decomposição das solidariedades institucionais e dos vínculos comunais totalizadores. Na Venezuela e no Uruguai, por exemplo, a indiferença teve um vasto desenvolvimento. Em outros países, especialmente no Brasil, houve um ressurgimento notável dos cultos espíritas e do curandeirismo, que atingiram até mesmo a classe média. Talvez o fenômeno mais significativo tenha sido a maciça expansão das seitas protestantes, principalmente o pentecostalismo, mas também as Testemunhas de Jeová, os mórmons e mais de uma centena de grupos fragmentados, que oferecem afetividade, camaradagem e "poder" para as necessidades da vida. No Brasil e no Chile, as seitas protestantes multiplicaram-se até cobrir talvez 10% da população; na Nicarágua e em El Salvador as proporções eram similares, e na Guatemala talvez mais altas. Quase não há país católico no mundo subdesenvolvido, das Filipinas ao México, que não tenha experimentado esta

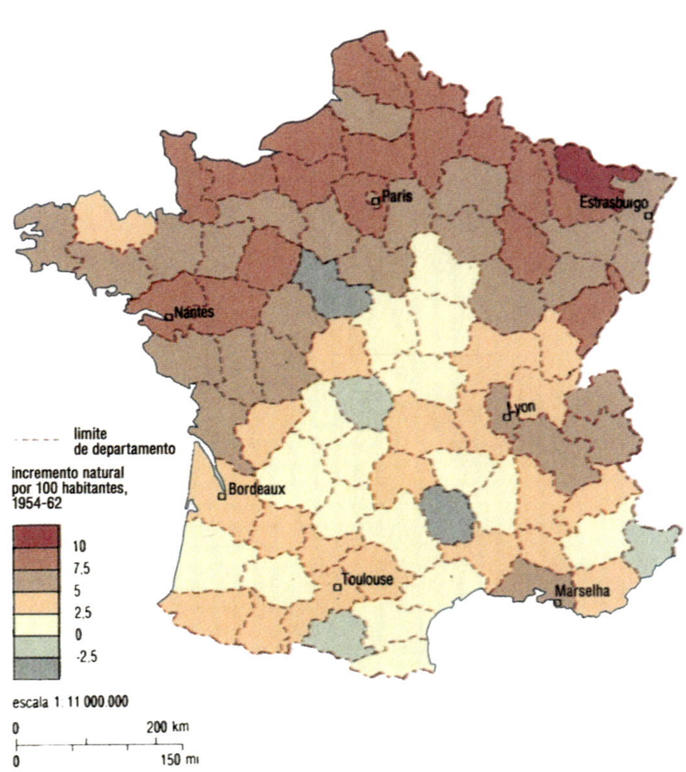

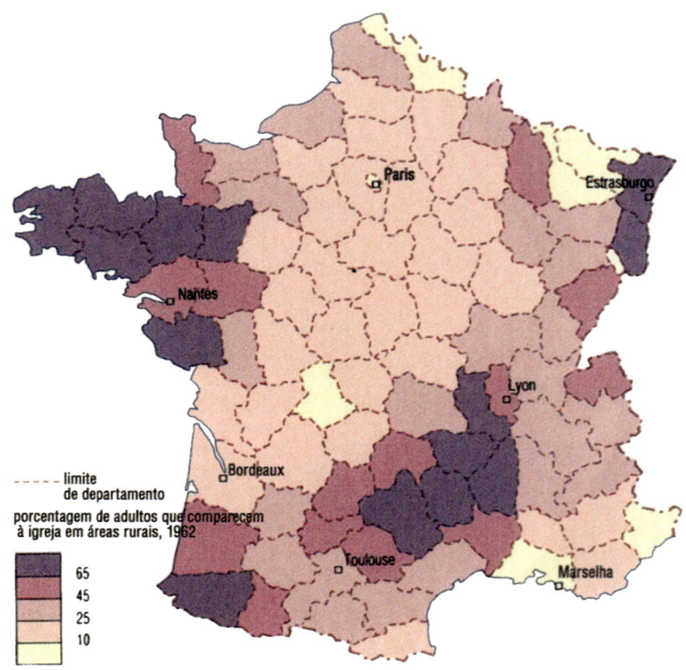

expansão do princípio protestante de associação voluntária, ou seja, de diferenciação.

No mundo protestante desenvolvido havia menos coesão eclesiástica a ser perdida, embora os grupos que haviam sido muito estáveis, como a Igreja Anglicana nos Estados Unidos e na Inglaterra, experimentassem fortes quedas. Mas talvez o mais significativo fosse a adoção por muitos jovens de um anarquismo personalista pós-protestante, cujo rosto é igualmente reconhecível em Amsterdã, em Los Angeles e em Melbourne. Ao mesmo tempo, a contraposição entre profissionais e classes médias comerciantes aumentou consideravelmente. A mentalidade do habitante não urbano e, até certo ponto, assíduo à igreja, é con-

Direita. Bob Geldof, estrela irlandesa da música pop, comoveu-se com as informações sobre a fome na Etiópia em 1984. Lançou-se na tarefa de despertar a consciência social do mundo pop. O enorme sucesso dos concertos Live Aid do estádio de Wembley e da Filadélfia, em julho de 1985, reuniu enormes somas para as vítimas da fome. Geldof jogou na cara dos políticos africanos a corrupção, e, na do Parlamento Europeu, o escândalo dos excedentes de alimentos. Em 1986, foi sugerido para o prêmio Nobel da Paz. Algumas vezes, o fenômeno Geldof foi dado como exemplo para demonstrar que, entre os jovens, existem algumas reservas de compaixão e solidariedade que não foram ainda aproveitadas.

Esquerda: Comparecimento à missa na França
As cifras do comparecimento à igreja correspondem a várias coisas diferentes. Nos países católicos identifica-se com o comparecimento à missa, e proporciona dados confiáveis sobre os chamados católicos "praticantes". Em séculos passados as cifras chegariam quase a 100% das pessoas em condições de locomover-se. Em outras partes do mundo, muitos cristãos comparecem à eucaristia talvez algumas poucas vezes por ano, embora possam ir ao serviço de culto regular dos domingos. Em outros países laicizados do Ocidente, mesmo entre os que se consideram cristãos, muitos não costumam comparecer todos os domingos. As cifras de cumprimento do preceito dominical podem ser enganadoras quanto ao número de cristãos. A comparação entre os mapas de crescimento natural da população e de comparecimento à igreja na França sugere que nas áreas nas quais a população cresce mais depressa, o comparecimento à igreja tende mais a estar em retrocesso, e vice-versa, segundo Isambert e Terrenoire.

tinuamente atacada, sobretudo pelos meios de comunicação. As instituições educativas prescindiam cada vez mais de qualquer vinculação com uma crença religiosa específica ou com um código moral determinado, e optavam por um tratamento multiconfessional ou pluriideológico. Mantinham os objetivos de realização pessoal e eram contrários a qualquer forma de instituição ou de compromisso com organizações que fomentassem o espírito corporativo. Nesta situação de confusão moral, muitos eclesiásticos apareceram como paladinos da libertação pessoal ou, ao menos, afrouxaram um pouco suas velhas correntes conservadoras.

A reação era inevitável, e ocorreu de várias formas. Roma restaurou a disciplina onde foi possível. O evangelismo começou a sair da religiosidade liberal dissolvente. Apareceram poderosos grupos de pressão partidários da moral tradicional; assim, Moral Majority na América do Norte, National Viewers and Listeners Association e o Festival of Light da Inglaterra. Partidos que expressam valores cristãos fizeram-se ouvir na Escandinávia. E o caos dos anos sessenta deu passagem a pequenas reformas puritanas em diversas seitas que operam da Califórnia à Finlândia, e que cada vez penetram mais profundamente na Europa católica.

Se temos de concluir com certas características gerais, será preciso apontar para uma ampla decomposição institucional que começa nos anos sessenta e que tem suas últimas conseqüências no final dos setenta. No entanto, o estilo do grupo religioso comu-

Templo *drive-in* da Garden Grove Community, Los Angeles, onde "o futuro já chegou". Mas é discutível que a "igreja eletrônica" seja agora importante na religião norte-americana. Jerry Falwell, dirigente da "Maioria Moral", deu passagem a evangelizadores televisivos ainda mais de extrema direita, um dos quais foi candidato presidencial.

nitário, com freqüência fora do controle eclesiástico tradicional, continuou constituindo um fenômeno muito popular. Na Inglaterra tomou a forma de grupos carismáticos; na república centro-americana de El Salvador, de entusiasmo protestante florescente; no sul da Europa, das "comunidades de base"; na República Democrática Alemã e na Hungria, de células ativistas não oficiais.

As próprias Igrejas tradicionais tentaram aproveitar muitos elementos desta cultura religiosa alternativa, e do estilo "alternativo" em geral. Mais muitas vezes adotaram um tácito pseudocomunitarismo na liturgia, enquanto os organismos especializados da Igreja se comprometiam com uma versão moderada da crítica política. Em geral, estas tendências afastavam-se das preferências naturais de seus membros, aumentando assim a distância entre a burocracia eclesiástica e o cristão comum. Acima de tudo, as Igrejas tentaram desligar-se de qualquer vínculo particularista ligado a suas respectivas nações ou histórias eclesiásticas concretas. O ecumenismo reúne em parte esta tendência, com suas convocações insistentes à caridade e à ajuda mútua.

O Conselho Mundial das Igrejas atuou em grande parte como um grande dissolvente de todas as lealdades e tradições específicas, e criou adicionalmente um fórum de crítica política que refletia mais freqüentemente as atitudes do Terceiro Mundo que as preocupações do cristão comum nas terras outrora cristãs da Europa.

Caso todas estas tendências persistam, o final do processo de diferenciação já está à vista: a separação entre a religião e o Estado, a nação e a comunidade natural local, bem como os canais de ajuda econômica mútua, bem-estar social e educação, e até a promoção do "caráter" e dos traços morais apropriados.

Cristãos nas Filipinas de hoje

Abaixo. Os filipinos adotaram a Contra-reforma espanhola e as formas barrocas de piedade, particularmente as vistosas procissões públicas. Aqui, a Virgem e outros santos são levados nos ombros pelas ruas de Luzon.

O explorador Fernão de Magalhães, a serviço da Coroa espanhola, plantou a cruz em Cebu em 1521. Assim, as Filipinas tornaram-se o berço do catolicismo no Extremo Oriente e a porta de entrada para a China e o Japão. Mais de 80% de seus 53 milhões de habitantes são católicos. Nenhum outro país da Ásia conta com uma presença cristã tão importante.

A Igreja reconheceu a importância estratégica das Filipinas para a Ásia, especialmente depois que o Vietnã – o único país comparável – caiu nas mãos dos comunistas. A católica Rádio Veritas transmite regularmente para a China, onde conta com muitos ouvintes. O papa Paulo VI visitou as Filipinas em 1970 (onde um pintor boliviano insano tentou assassiná-lo). O papa João Paulo II viajou para o arquipélago em 1981 e o presidente Ferdinando Marcos precisou introduzir algumas reformas. A Igreja, dirigida pelo cardeal Jaime Sin, arcebispo de Manila, manteve primeiro uma atitude de "solidariedade crítica" em relação a Marcos, que mudou para uma aberta denúncia no final de 1985. O desenvolvimento da "força popular" que levou à derrocada de Marcos foi apoiado, ou até mesmo inspirado, pela Igreja.

As Filipinas levantam uma questão crucial para a Ásia e seus correligionários latino-americanos, do outro lado do Pacífico: pode uma sociedade transformar-se em busca de uma maior justiça e fraternidade sem o recurso à violência, e sem cair no marxismo? Pode a reconciliação com a guerrilha e com a minoria muçulmana reforçar as bases do Estado?

Abaixo. A religião filipina é pública, emotiva, literal e inclinada aos excessos. Aqui, em Paombong, província de Bulacan, vemos uma cena da Paixão na qual uma mulher representa o papel de Cristo. Os filipinos aprenderam a religião dos espanhóis, mas não imitaram seu machismo.

Abaixo, direita. Outra cena da representação de Paombong, na qual alguns fiéis recebem açoites na Sexta-Feira Santa, acreditando que desse modo participam da Paixão de Cristo, e, em conseqüência, de sua Glória.

O MOVIMENTO ECUMÊNICO

As divisões históricas
Os fiéis compartilham um mesmo Senhor, uma mesma fé e um mesmo batismo, mas para eles foi muito difícil permanecer unidos, e suas dissensões enfraqueceram profundamente o testemunho cristão no mundo. As divisões produziram quatro tipos principais.

1. As Igrejas "pré-calcedonianas" ou "monofisistas": armênia, ortodoxa síria ("jacobita"), copta, etíope, que aceitam a autoridade da Escritura e dos três primeiros concílios gerais, mas não a definição cristológica Concílio da Calcedônia (451). Nos tempos modernos, mantiveram contatos fraternais com outras Igrejas tradicionais (católica, ortodoxa, anglicana).

2. A divisão entre catolicismo romano e ortodoxia grega, surgida da pretensão latina de que o bispo de Roma, como sucessor de São Pedro, possui o direito e o dever da jurisdição soberana e da autoridade doutrinal sobre todas as Igrejas do mundo, pelo que todos os bispos locais derivam sua jurisdição dele. A Igreja Oriental ortodoxa, consciente de ser a mãe de todos os cristãos, rejeita essa pretensão, e sustenta, além disso, que carece de toda base, pela arbitrária adição ocidental do filioque, na cláusula sobre a procissão do Espírito Santo, ao credo ecumênico fixado no Concílio de Constantinopla (381). Na época medieval, as tensões alcançaram sua fase culminante sobre esta matéria e outras menores de disciplina, como, por exemplo, o celibato do clero. As excomunhões mútuas trocadas em 1054 foram anuladas em 1965 pelo papa Paulo VI e pelo patriarca ecumênico Atenágoras, mas os problemas continuam. O modelo ortodoxo de Igreja universal consiste na comunhão eucarística das Igrejas locais conduzidas por seus bispos dentro dos antigos patriarcados históricos (Roma, Constantinopla, Alexandria, Antioquia, Jerusalém), com igual jurisdição em suas respectivas esferas, embora concedendo a Roma a primazia entre iguais. Aos olhos da Igreja católica romana, o modelo ortodoxo torna as igrejas regionais vulneráveis ao nacionalismo, que ofusca sua universalidade. As duas grandes corporações religiosas encontram-se em imperfeita comunhão mútua, reconhecendo cada uma delas a validade dos sacramentos do outro, mas permanecendo independentes na prática.

3. As Igrejas tradicionais separadas de Roma em conseqüência da Reforma, mas que em diversos graus conservam bastante da forma "clássica" da vida eclesial: anglicanos, luteranos, presbiterianos, congregacionistas e metodistas.

4. A facção antitradicional da Reforma, especialmente os batistas, que consideram o batismo como símbolo e selo público de fé interior mais que como sacramento através do qual o fiel recebe a graça e se incorpora a Cristo; e os pentecostais ("Assembléias de Deus" etc.), que acreditam que as Igrejas históricas, com seus cultos restritos e regulamentados, sua teologia consolidada e seu modelo litúrgico formalista, sufocam a espontaneidade e o êxtase do Espírito.

Trezentos anos de sérias tentativas não conseguiram a reconciliação das igrejas monofisistas com as calcedonianas. O ecumenismo medieval entre gregos orientais e latinos ocidentais teve uma curta vida nas reconciliações de Lyon (1274) e Florença (1439), que não surtiram nenhum efeito porque a lembrança do domínio latino no Leste, depois do saque de Constantinopla durante a Quarta Cruzada (1204), havia inspirado entre os bizantinos uma atitude decididamente hostil. Os cristãos dos países ortodoxos que mantiveram plena comunhão com Roma, chamados de uniatas, ainda têm relações delicadas com as Igrejas nacionais ortodoxas. Com a Reforma, a brecha produzida no Ocidente foi tão amarga e pungente, que até o século XX as tentativas de sanar a ferida não foram promovidas oficialmente.

O Conselho Mundial das Igrejas
O movimento ecumênico moderno surgiu da comprovação pelos missionários protestantes ocidentais de que os velhos cismas europeus eram fonte de confusão quando se transferiam para a África e a Ásia. A conferência missionária protestante internacional de Edimburgo (1910) iniciou um processo de convergência, habilmente dirigido pelo norte-americano John R. Mott e pelo inglês J. H. Oldham. Posteriormente, desenvolveram-se conferências em duas áreas: "Vida e Obra" e "Fé e Ordem" (Estocolmo, 1925; Lausanne, 1927; Edimburgo e Oxford, 1937, e outras). Numerosos delegados da Ásia e da África compareceram a estas reuniões. Em 1937 foi feita uma proposta de criação de um escritório central que preparasse um fórum para estudos ecumênicos e evitasse hipocrisias e rivalidades desnecessárias. Numa escolha inspirada, foi nomeado secretário o teólogo holandês W. A. Viser 't Hooft. O projeto transformou-se em realidade em Amsterdã (1948) quando foi constituído formalmente o Conselho Mundial das Igrejas, com sede em Genebra. A profissão de fé das Igrejas membros consiste em aceitar a divindade de Cristo e a Santíssima Trindade.

A unidade da Igreja foi rompida pela primeira vez após o Concílio da Calcedônia (451), e de novo em 1054 quando as Igrejas Oriental e Ocidental se separaram. Os movimentos reformadores do século XVI conduziram a outras divisões, e o processo de fragmentação prosseguiu até o princípio dos movimentos a favor da unidade do final do século XIX.

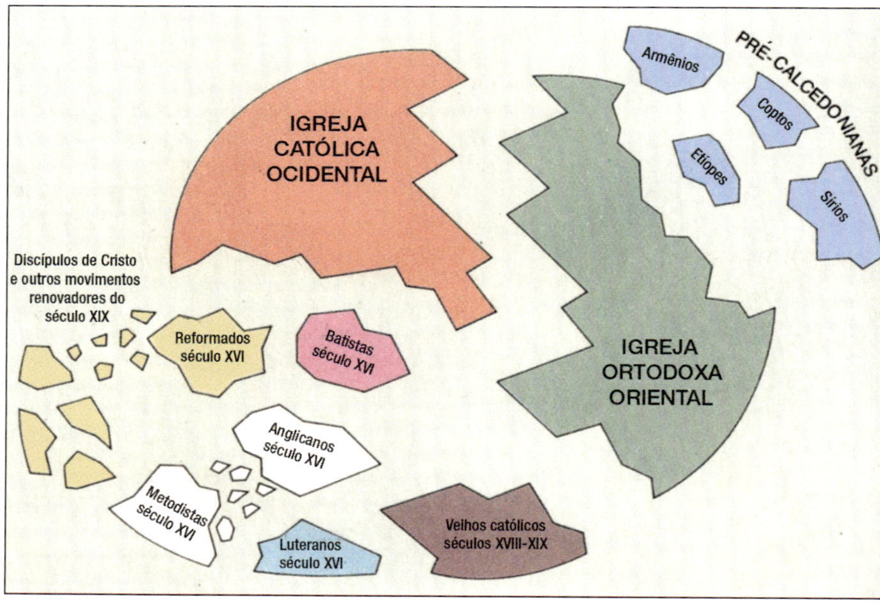

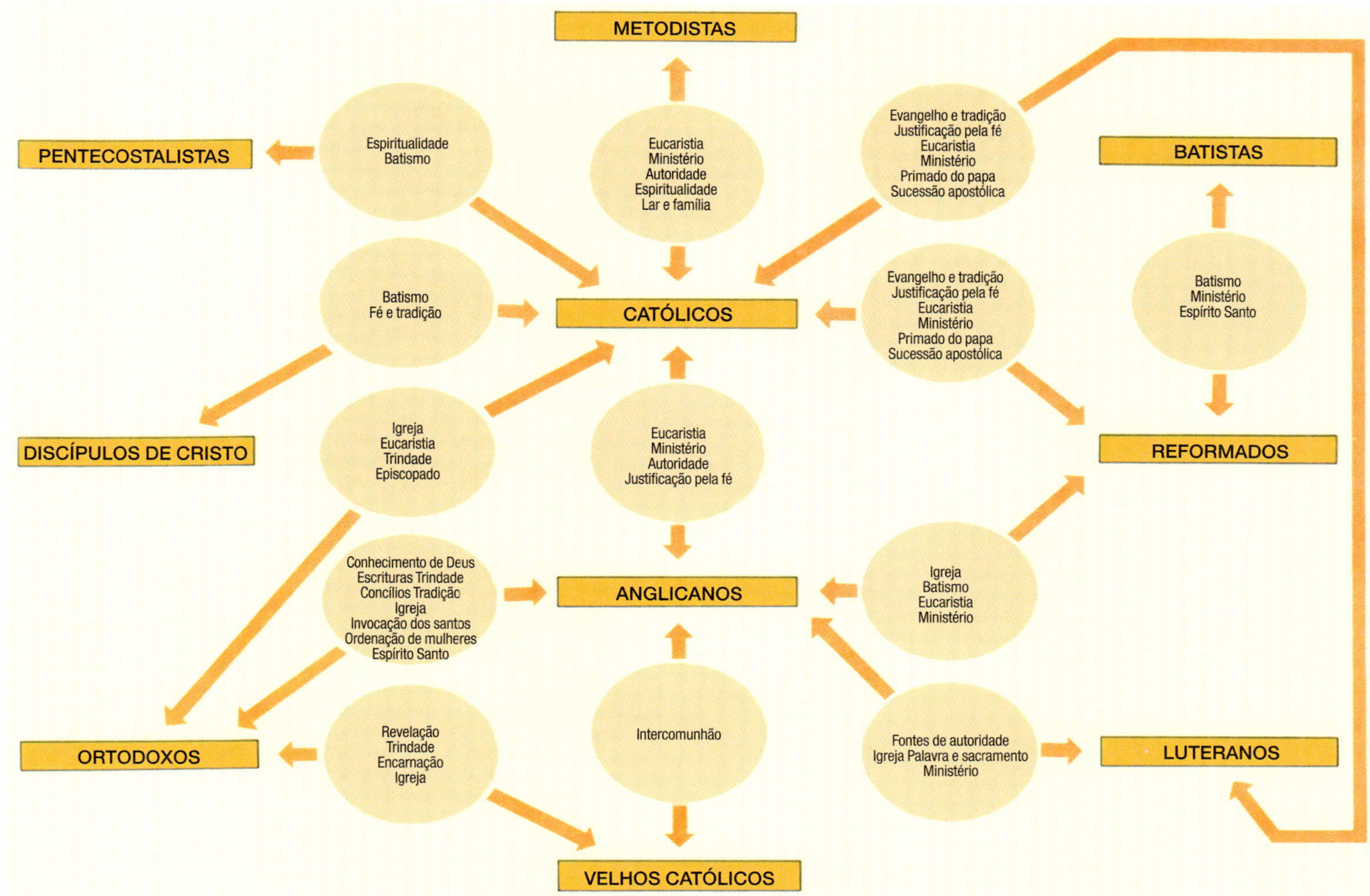

Acima. O diagrama mostra como nas últimas décadas diferentes Igrejas e grupos se encontraram para tratar de resolver suas antigas diferenças. Os temas que trataram são os delimitados por suas discrepâncias tradicionais e, num sentido mais positivo, pela preocupação profunda do que historicamente foi mais importante para cada um dos grupos quanto à comunhão.

Abaixo. A palavra grega OIKOUMENE coroa o desenho de uma cruz num barco, símbolo utilizado pelo Conselho Mundial das Igrejas. *Oikomene* ("o mundo") deu origem ao termo ecumenismo.

Ao longo de sua história, o Conselho preocupou-se não apenas com promover a compreensão teológica, mas também com questões sociais e políticas: paz e controle de armamentos, racismo (a conferência de 1937 deliberou contra o anti-semitismo nazista), liberdade religiosa e ajuda aos refugiados e aos oprimidos pela injustiça. Também promoveu o estudo do ministério dos seculares e ajudou as Igrejas a adotarem uma posição construtiva diante da insurreição das mulheres ocidentais contra a submissão doméstica.

Nascido em meios protestantes, o movimento que deu origem ao Conselho pressupunha inicialmente uma concepção da Igreja na qual não se concedia grande importância à ordenação do ministério na sucessão apostólica; mas já em 1910 se revelou a dificuldade de uma eucaristia compartilhada entre Igrejas episcopalianas e não episcopalianas. A partir de 1925, a participação ortodoxa foi importante, e portanto foi difícil para o Conselho propor soluções para o problema ecumênico com base na concepção protestante liberal da Igreja.

Embora desde o começo do século grupos de católicos observassem uma semana de súplicas pela unidade (18-25 de janeiro), a atitude oficial da autoridade romana diante do Conselho era distante. Reagindo contra as conversas não oficiais entre anglicanos e católicos de Malinas (1925-1926), a encíclica *Mortalium animos* (1928) proibiu os encontros ecumênicos e qualquer prece em comum como possível manifestação de indiferentismo. Mas, em 1937, o pensamento católico tomou uma nova direção por obra do dominicano Yves Congar, autor de *Chrétiens désunis*. O ambiente mudou lentamente. Em 1948, a cúria advertiu os teólogos católicos contra o comparecimento à reunião do Conselho de Amsterdã. Isto não impediu que alguns deles tirassem férias na Holanda naqueles dias. Em 1950, o Santo Ofício moderou sua atitude, dando permissão para celebrar reuniões e para a reza em comum, embora apenas do Pai Nosso. Na França, o espírito ecumênico era forte. Obra pioneira foi a do sacerdote Couturier de Lyon, que reuniu grupos de católicos e protestantes na abadia trapista de Dombes, e depois na dos dominicanos do centro Istina de Paris. Em 1960, foi criado o Secretariado para a Unidade, sob a direção do cardeal Bea, e depois do cardeal Willebrands. Em 1961, foram enviados cinco observadores católicos à assembléia do Conselho Mundial das Igrejas reunida em Nova Delhi.

O Concílio Vaticano II e suas conseqüências

Em 21 de novembro de 1964, o Concílio Vaticano II promulgou um decreto sobre o ecumenismo, *Unitatis Redintegratio*: nada menos parecido com posição fria da encíclica de 1928. O importante decreto, junto com o novo estilo das outras disposições conciliares, assombrou a Igreja católica com sua própria moderação. O decreto reconhece a Igreja ortodoxa como uma Igreja irmã com sacramentos válidos, e os membros das Igrejas nascidas da Reforma como "irmãos no Senhor" em comunhões presididas pelo Espírito como meios de salvação, embora, pela falta da ordenação ministerial, carentes da substância plena do mistério eucarístico. A devoção protestante pela Bíblia é afetivamente elogiada. Observa-se que os pro-

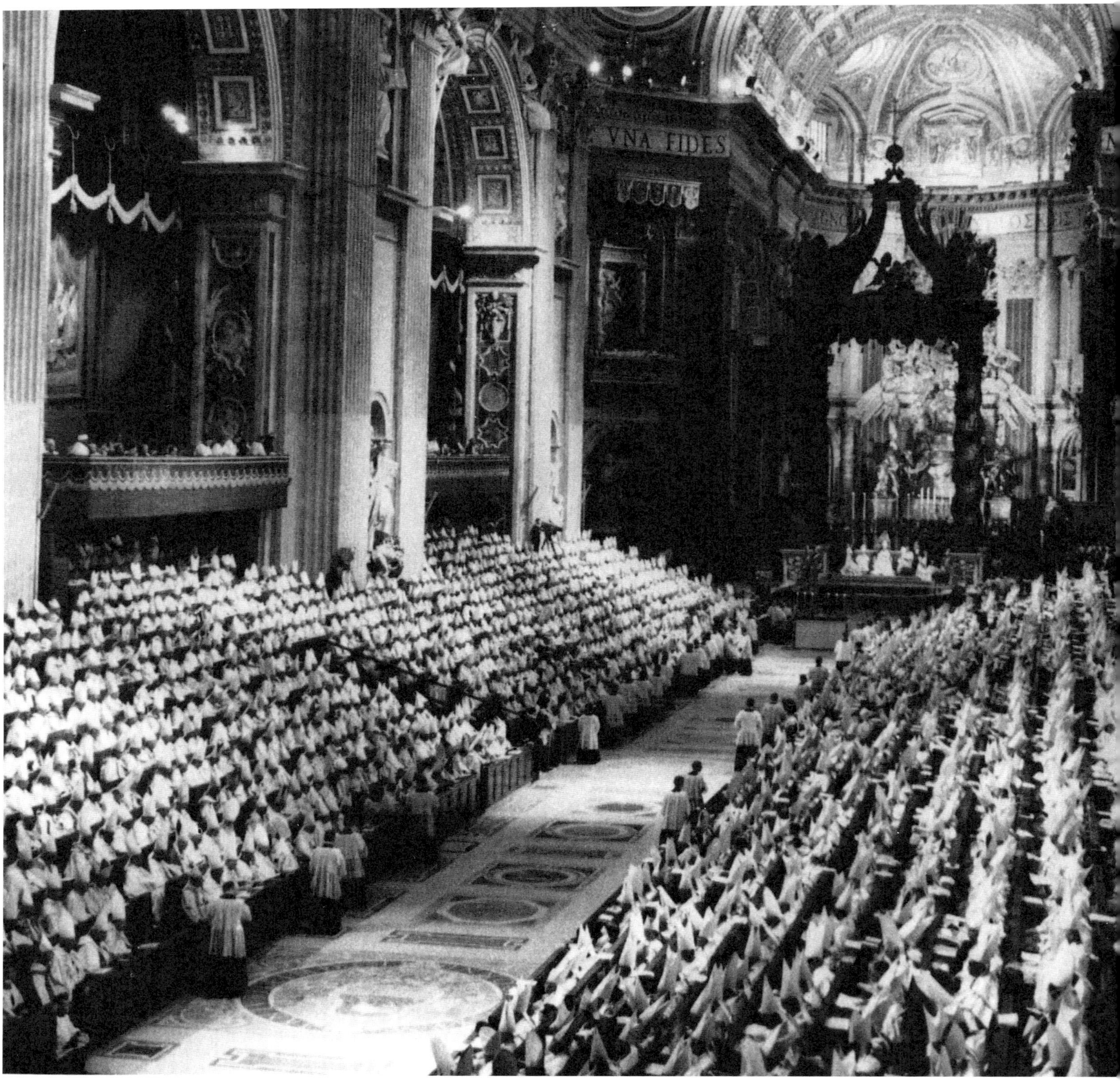

Acima. Em 1962 reuniu-se o Concílio Vaticano II, ao qual compareceram 2.600 bispos de todo o mundo. Aqui vemos o papa João XXIII na sessão inaugural. Primeiro concílio ecumênico depois de noventa e dois anos, abriu uma nova era na vida da Igreja, introduzindo uma série de mudanças nas normas de culto. Um dos resultados mais importantes foi o novo compromisso com a empreitada ecumênica.

testantes têm concepções diferentes sobre a relação da Bíblia com a Igreja e sobre questões morais (possível referência ao controle da natalidade e, talvez, ao jogo), e por sua vez não se manifestam sobre o magistério autoritário da doutrina. Em dado momento reconhece-se que a comunhão anglicana tem "um lugar especial entre as comunhões nas quais persistem algumas tradições e instituições católicas". Uma advertência em relação ao diálogo, na qual se manifesta quase em sua plenitude a posição dogmática da Igreja católica, aparece contrabalançada pela concessão de que nem todos os dogmas são igualmente centrais: há uma "hierarquia de verdades". Deste modo, a "unidade no essencial" não exclui a "diversidade legítima" na liturgia ou na elaboração teológica da verdade revelada.

Diante de tudo isso, o decreto advoga uma mudança de atitude, que esqueça as rivalidades e procure escutar e nunca ferir ou menosprezar as outras partes em diálogo.

Desde o Vaticano II, foram oficialmente abertos diálogos bilaterais, principalmente com anglicanos, ortodoxos, luteranos e metodistas. A primeira Comissão Internacional Anglicano-Católica apresentou seu relatório em 1982, documento cuja publicação foi acompanhada por críticas em geral negativas (embora significativamente sem um *veredito* negativo) vindas do

Santo Ofício ou da Congregação para a Doutrina da Fé, sob a jurisdição do então cardeal Ratzinger, hoje o papa Bento XVI. No entanto, uma segunda Comissão foi organizada após uma declaração conjunta do papa João Paulo II e o arcebispo Runcie de Canterbury, quando o pontífice compareceu ao serviço religioso de Canterbury (Pentecostes, 1982). Naquele mesmo ano, a comissão Fé e Ordem do Conselho Mundial das Igrejas reuniu-se em Lima para acertar uma importante declaração sobre o batismo, a eucaristia e o ministério, que, em linhas gerais, teve muito em comum com o relatório da comissão anglo-católica. A escolha do papa Bento XVI representa a continuidade no diálogo ecumênico e a firme vontade de cumprir o compromisso assumido pelo Concílio Vaticano II e seguido por seus predecessores, tal como ele mesmo manifestou.

O movimento ecumênico não avançou continuadamente sem oposição crítica. As pretensões católicas em matéria de jurisdição universal continuam evocando temores nas mentes anglicanas e ortodoxas. A decisão de algumas províncias da comunhão anglicana de ordenar mulheres esfriou o entusiasmo católico e ortodoxo pelo avanço no diálogo. No lado protestante, o movimento recebeu fortes críticas de dois campos opostos: *a)* os grupos ultraconservadores, em especial nos Estados Unidos, mas não apenas ali, para os quais a infalibilidade absoluta da Bíblia é a pedra de toque de qualquer reconhecimento; *b)* os círculos ultraliberais ou unitaristas, para os quais o ecumenismo representa uma reconfessionalização não desejada, e, sobretudo, uma volta à idéia essencialmente antiliberal de que na Bíblia e na tradição viva da Igreja reside uma forma de cristianismo autoritário e clássico pelo qual deve ser julgada a Igreja de nosso tempo.

Apesar das mudanças de posições, os progressos, especialmente a partir da participação católica e após o Vaticano II, foram importantes. O movimento marca certamente o reconhecimento irreversível por parte dos protestantes de que o nacionalismo que surgiu com tanta força na época da Reforma pode ofuscar e obstruir a tarefa fundamental de uma Igreja universal de Cristo. Pelo lado católico, o decreto do Vaticano II pressupõe o reconhecimento irreversível do caráter verdadeiramente cristão das Igrejas surgidas da Reforma. Não apenas nega expressamente que aqueles que pertencem a elas estejam em pecado, como, além disso, aceita certa responsabilidade católica no fato de a divisão haver ocorrido. O legado do passado inclui fórmulas e confissões de fé, algumas das quais foram declaradas únicas; e isto pode criar a impressão de que o ecumenismo é um exercício de diplomacia eclesiástica no qual elites de teólogos se reúnem num clube particular para emitir relatórios que, sem nenhuma consideração, renunciam a princípios pelos quais, tempo atrás, homens e mulheres foram para a fogueira. O acordo é possível em princípio, se as pessoas envolvidas no diálogo souberem deixar para trás as fórmulas polêmicas, superar as divisões e buscar os aspectos positivos que merecem ser defendidos.

Direita. Os líderes das principais religiões, reunidos num ato a favor da paz. O movimento ecumênico encontrou na figura de João Paulo II um grande promotor do diálogo inter-religioso.

LISTA DE COLABORADORES

Alan Amos, vice-presidente da Westcott House, Cambridge, colaborador principal do artigo sobre Beirut. Henry Chadwick, durante algum tempo deão da Igreja de Cristo, Oxford, professor "Emeritus Regius" de Teologia na Universidade de Cambridge, e atualmente diretor do Peterhouse, Cambridge, autor de *Os começos da Igreja, O movimento Ecumênico e A Itália de hoje.*

Priscilla Chadwick, principal da igreja do Obispo Ramsey do centro de ensino de Hillingdon, Londres, escreveu sobre a Cristandade e outras religiões do mundo.

Eamon Duffy, professor universitário de teologia do Magdalene College, Cambridge, autor dos capítulos sobre o final da Idade Média, Reforma, Contra-Reforma e Guerra, Arraigamento do movimento e Separação.

Gillian Evans, professor universitário de história do Fitzwilliam College de Cambridge, escreveu sobre A Igreja medieval no Ocidente.

Edwin Gaustad, professor de história na Universidade da Califórnia, Riverside, autor de A Igreja na América do Norte.

Peter Hebblethwaite, autor de vários livros, entre os quais *Diálogo Cristão-Marxista e sua influência* (1977), e *João XXIII, Papa do Concílio* (1984), escreveu sobre Cristianismo, comunismo e identificação nacional, bem como artículos sobre a Polônia, a América Latina e as Filipinas.

David Martin, professor de sociologia na Escola de Economia e Ciências Políticas, Londres, autor do capítulo sobre Cristianismo e modernidade laica.

Andrew Porter, leitor de história no King's College de Londres, autor dos capítulos A Igreja no século XVIII, A Igreja no século XIX, A experiência africana e As Missões na Ásia.

Mary Remnant, professora do Royal College de Música, Londres, colaborou na redação principal de A Música sacra.

Jonathan Shepard, professor de história da Universidade de Cambridge, escreveu sobre A Igreja Medieval no Leste e As Igrejas Ortodoxas.

LISTA DE ILUSTRAÇÕES

Abreviaturas: a = acima; ae = acima esquerda; ad = acima direita; c = centro; b = abaixo; be = abaixo esquerda. BBC HPL = BBC Hulton Picture Library; RH = Robert Harding Picture Library; SH = Sonia Halliday, Weston Turville, Bucks.
Quando não se cita a procedência das ilustrações, deve-se entender que é Londres.
Guardas: Caminho francês de Santiago de Compostela, 1648.

página
2-6. Detalhe da Comunhão dos Apóstolos, igreja de a Santa Cruz, Platanistasa, Chipre: SH.
8-9. Desenhos: John Fuller, Cambridge.
13. São Paulo: Leonard von Matt, Buochs, Suíça.
14-15b. Cordeiro e pão: André Held, Ecublens, Suíça.
15a. Malta: Ann Bolt.
15b. Cristo pregando: André Held.
18a. Reconstruções: Dick Barnard, Milverton, Somerset.
18-19. Câmara papal, catacumba de São Calisto, Roma: Zefa/Konrad Helbig.
20a. Plano: John Brennan, Oxford.
20e. Adão e Eva, marfim: Scala, Florença.
20-21. Cristo pastor, sarcófago: Scala.
20bc. Mausoléu de Santa Constança, Roma: Scala.
20bd. Cena de vindima do mausoléu de Santa Constança, Roma: Scala.
21c. Cristo entre São Pedro e São Paulo, Cripta de São Pedro e São Marcelino, Roma, século IV: SH.
21b. Retrato de família cristã: Scala.
22a. Três mulheres diante da tumba, marfim: SH (Museu Nacional, Munique).
22b. O Bom Pastor, cripta de Lucina, catacumba de São Calisto, Roma, século III: SH.
23a. Sansão derrota a os filisteus, catacumba da Via Latina, Roma, século IV, SH.
23b. Sarcófago de Basso, Vaticano: RH.
24. Figura em oração de Tarragona: foto Mas, Barcelona.
27. Terceiro concílio ecumênico realizado em Éfeso, mural por Simão Axenti, 1513, igreja de São Sozomenos, Gálata, Chipre: SH.
29. São Apolinário in Classe, Ravena: Scala.
30a. Santo Agostinho por Pacino di Buonaguida, Academia, Florença, século XIV: Art and Architecture Library.
30b. Tigela de prata de Water Newton: British Museum.
31. Estátua de a catedral de Chartres: Equinox Archive.
32. Moeda justiniana: SH (Bibliothèque Nationale, Paris).
33. Mosteiro de Santa Catarina, Sinai: Werner Braun, Jerusalém.
34a. Mosteiro Qalaat Seman, Síria: SH.
34c. Monge copta, séculos VI-VII: Cortesia da Byzantine Photograph Collection © 1986 Dumbarton Oaks, Trustees of Harvard University, Washington DC 20007.
36. Basílica de São Demétrio, Tessalônica: Nikos Kontos, Atenas.
37. O julgamento de Fócio: SH (Biblioteca Nacional, Madri).
38e. A Virgem e o Menino, Santa Catarina, Sinai: Jerusalem Publishing House.
38d. Ícone de Cristo, Santa Catarina, Sinai: Jerusalem Publishing House.
39b. Quarenta Mártires, marfim: Staatliche Museen Preussischer Kulturbesitz, Berlim.
39a. Polêmica iconoclasta: British Library, Add. MS. 19352, f. 27v.
41a. Igreja da Dormição, Orcômeno: Graham Speake, Oxford.
41b. Mosteiro sírio de Qalb Louzeh: Jason Wood, Lancaster.
42. Mosteiro de Dionysiou, Monte Atos: Zefa/Konrad Helbia
47. Dois nobres francos aceitam o cristianismo, c. 1040: Hirmer Verlag, Munique.
48a. Santo Agostinho, St. Mary, Stowting, século XV: SH.
48b. Gregório I, século VII: Museu Cívico, Brescia.
49. Evangeliário de Lindisfarne, f. 936, St. Mark; Phaidon Archive (British Library).
51. O salmista Davi entra na casa do Senhor, capa de marfim do livro de orações de Carlos, o Calvo, c. 870, Schweizer Landesmuseum, Zurich: Equinox Archive.
52-53. Patmos: Zefa
54. São Lucas: British Library, Add. MS. 28815.
55. Mosaico de Cristo, Constantino e Zoé, Santa Sofia, Constantinopla, século XII: SH.
57ad. Santos Sérgio e Baco, Constantinopla; Agenzia Titus, Turim.
57b. Mosteiro de Cristo Pantocrátor, Constantinopla: Por cortesia de Electa Editrice, Milão.
57ci. Nártex de Santa Sofia, Constantinopla: Por cortesia de Electa Editrice, Milão.
60a. Constantinopla: British Library, Adds. MS. 42130, f. 164.
60be. O papa Urbano 11 pregando a primeira Cruzada, Livres des Passages d'Outremer, século XV: SH.
60-61. Krak dos cavaleiros: Aerofilms.
61ae. Ricardo e Saladino: British Library, Acid. MS. 42130, f. 82.
61ad. Cruzes de cruzados, Santo Sepulcro, Jerusalém: SH.
61cd. Navio de guerra: British Library, Add. MS. 42130, f. 161v.
61bd. Sítio de Jerusalém, século XV, MS., British Library: Michael Holford.
62. A genealogia de Cristo, cúpula Sur de Kariye Camii, Constantinopla: SH.
64-65. Mosteiro de Pantanassa, Mistra: Graham Speake.
66. Doação de Constantino, SS. Quattro Coronati, Roma, século XIII: Scala.
68. Coroação do imperador Frederico III pelo papa Nicolau V, 1452, Mestre Flamengo: Germanisches Nationalmuseum, Nuremberg.
70. A *Divina Comédia* de Dante, século XV, Siena: British Library, Yt/36, f. 131.
72e. O tribunal do rei, Séance de a cour des pairs, procés de Robert d'Artois, Bibliothèque Nationale, Paris: Equinox Archive.
72a. Relevo do pórtico sul da catedral de Nôtre-Dame, Paris, mostrando una aula na Universidade de Paris, século XIII, Alinari, S.p.A., Florença.
72ad. Plano: Inkwell, Bicester, Oxford.
73a. Caricatura hussita do papa: Knihovna Narodniho Muzea, Praga.
72-73. O papa julgando alguns hereges: Staatliche Museen der Stiftung Preussicher Kulturbesitz, Berlim, Min. 4215.
74. Coroação do imperador de Constantinopla, Santa Sofia: Magnum, Paris/Erich Leesing © 1986.
75. Peregrino: Bodleian Library, Oxford, MS. Laud. Misc. 93, f. 89.
76a. Medalhão de peregrino da basílica de São João, Éfeso: SH.
76-77. Alegoria dos peregrinos, por Domênico Ghirlandaio, San Martino dei Buonomini, Florença: SH.
77a. Vitral com peregrinos, capela da Trindade, catedral de Canterbury: SH.
78-79. Peregrinação pascoal, Kalwaria Zebrzydowska, Polônia: Magnum.
80-81. Praça de São Pedro, Roma, Ano Santo 1975: RH.
81a. Lourdes: Magnum/Bruno Barbey.
81b. Procissão do Domingo de Ramos, Jerusalém: SH gane Taylor.
82a. Ofício ao ar livre de Suzdal: Magnum/Fred Mayer.
82b. Procissão a Nossa Senhora de Copacabana, Argentina: Magnum/Rene Burri.
83. Peregrinos em Fátima, Portugal: Magnum/Bruno Barbey.
84. Praça, Loreto: Pepi Meriso, Bérgamo.
85. Imperador e antipapa: Biblioteca Vaticana, Vat. Reg. Lat. 580.
87b. Sisto IV e Platina, por Melozzo da Forli, galeria de Arte Vaticana: Scala.
87ae. Alexandre Bórgia, por Pinturicchio, App. Borgia, Sala dei misteri dola fede, Vaticano: Scala.
87ad. Leão X com os cardeais Giulio de Medici e Luigi de Rossi, por Rafael, Uffizi, Florença: Phaidon Archive.
88-89. Relicário do Mestre de Montefallo, século XIV, Úmbria: Michael Holford (Victoria and Albert Museum).
90-91. Procissão: Fotomas Index (British Library).
90b. Do *Elogio da loucura*, desenho marginal de Holbein: Kupferstichkabinett, Öffentliche Kunstsammlung, Basilea.
91. Erasmo, por Dürer: Phaidon Archive.
92. *Os sete pecados capitais*, por Bosch: Foto Mas (Prado).
93ae. Lutero monge, por Lucas Cranach, 1520: Phaidon Archive.
93ad. Lutero pregando, por Lucas Cranach: Kupferstichkabinett, Staatliche Museen Preussischer Kulturbesitz, Berlim.
95. Catecismo alemão de Lutero, 1529: Equinox Archive.
96bd. *Limoges*, por Pierre Viret: Service de documentation photographique, Reunión des Musées Nationaux.
96c. Anabatistas: Fotomas Index (British Library).
96be. Dies Dominica: Eamon Duffy, Cambridge.
96-97. *Pescando almas*, por A. van der Venne: Rijksmuseum, Amsterdam.
97b. Frontal de altar da igreja de Torslunde: Museu Nacional, Copenhague.
98-99. Congregação calvinista, atribuído a Jean Perrissin, Temple de Lyon, chmado Paradis: Bibliothèque Publique et Universitaire, Ginebra.
101. Henrique VIII triunfa sobre o papa: National Portrait Gallery, Londres.
102ae. *Os quatro cavaleiros do Apocalipse*, por Dürer: Phaidon Archive (British Museum).
102d. *Livro de orações*, por Cranmer, 1549: Equinox Archive.
104. *Auto-de-fé celebrado pela Inquisição francesa em Albi durante a cruzada contra os cátaros*, por Pedro Berruguete: Foto Mas (Prado, Madri).
104-105. Concílio de Trento: Fotomas Index (British Museum).
106a. Ressurreição de Cristo, por Michelangelo, Santa Maria sopra Minerva, Roma: Phaidon Archive.
106-107b. *A alegoria da Santa Liga*, por El Greco: Phaidon Archive (National Gallery, Londres).
109a. Inácio de Loiola: Foto Mas.
109b. *O triunfo da Igreja Católica*, por Rubens: Phaidon Archive (Prado, Madri).
110. *La Sette Chiese*, por A. Lafrery: Staatliche Museen Preussischer Kulturbesitz, Berlim Oeste.
113a. A matança do dia de São Bartolomeu: André Held (Museu Cantonal des Beaux Arts, Lausanne).
113b. Fortificações de La Rochelle: Zefa/Kerth Klaus.
115a. *Igreja de Santo Odolofo*, por Saenredam: Rijksmuseum.
114-115b. *São João Batista pregando*, por Pieter Brueghel, o Velho: Museu de Belas-Artes, Budapeste.
117a. Velha lendo o devocionário, por Gerard Dou: Rijkmuseum.
116-117. A madre Agnes Arnauld e Catherine de Ste. Suzanne, por Champaigne: Giraudon, Paris.
120ae. Oaxaca, México: Zefa/G. Heil.
120ad. Crucifixo, Instituto de Belas-Artes, México: Giraudon, Paris.
121b. Batismo de índios, do códice Azcatitla: SH (Bibliothèque Nationale, Paris).
122a. Sacerdote português, Goa: British Library, Sloane MS. 197, f. 56v.
122-123. Chegada de São Francisco Xavier a Goa, por Domingos da Cunha: Michael Holford (Museu National de Arte Amiga, Lisboa).
123b. Matteo Ricci: BBC HPL.
125a. Desembarque em Jamestown: BBC HPL/Bettman.
126a. Padres Peregrinos, por G. H. Boughton: BBC HPL.
127b. Reunião metodista no campo, 1819, água-tinta: Library of Congress, Washington.
128-129. Desenhos de Lewis Miller: Historical Society of York County, Pensilvânia.
130a. Missão São Luis Rei: Mirielle Vautier, Paris.
130b. Tremedores, Lebanon, Nova York: BBC HPL.
132a. Pregador batista: Richard e Sally Greenhill.
132b. Comunidade haitiana: Agnum/Abbas.
133a. Povo de Jesus: Frank Spooner Pictures.
133b. Batismo: Frank Spooner Pictures.
134b. *Festa do Ser Supremo*, por De Machy: Jean-Loup Charmer (Musée Carnavelet, Paris).
136a. Procissão da Deusa Razão: SH (Bibliothèque Nationale, Paris).
136c. Whitefield pregando em Moorfields: BBC HPL

BIBLIOGRAFIA

A Igreja primitiva

J. Beckwith, *Early Christian and Byzantine Art.* Harmondsworth 1970.
L. Bieler, *The Life and Legend of St Patrick.* Dublin 1949. G. Bonner, *St Augustine of Hippo, Life and Controversies.* 2a ed. Norwich 1986.
P. Brown, *Augustine of Hippo.* Londres 1967.
— *The Cult of the Saints.* Londres 1981.
H. Chadwick, *The Early Church.* 2a ed. Harmondsworth 1986.
— *Early Christian Thought and the Classical Tradition.* Oxford 1966.
— *Origen contra Celsum.* 3a. ed. Cambridge 1980.
— *Augustine.* Oxford 1986.
O. Chadwick, *John Cassian.* 2a ed. Cambridge 1968.
D. J. Chitty, *The Desert a City.* Oxford 1966.
L. Duchesne, *The Early History of the Church,* 3 vols. Londres 1924 (French original 1907).
W. H. C. Frend, *The Donatist Church.* 2a ed. Oxford 1985.
A. Grabar, *The Beginnings of Christian Art,* Londres 1967.
— *Christian Iconography. A Study of its Origins.* Londres 1969.
R. M. Grant, *Augustine to* Constantine. Londres 1971.
— *Eusebius as Historian,* Oxford 1980.
— *Early Christianity and Society.* Nova York 1977.
A. Grillmeier, *Christ in Christian Tradition.* 2a ed. Londres 1975.
L. Herding e E. Kirschbaum, The *Roman Catacombs and their Martyrs.* Londres 1960.
E. D. Hunt, *Holy Land Pilgrimage in the Later Roman Empire.* Oxford 1982.
J. A. Jungmann, *The Early Liturgy to the Time of Gregory the Great.* Londres e Notre Dame, Ind. 1962.
J. N. D. Kelly, *Early Christian Creeds.* Londres 1972. *Early Christian Doctrines.* 5a ed. Londres 1977.
— *Jerome.* Londres 1975.
R. Krautheimer, *Early Christian and Byzantine Architecture.* 3a ed. Harmondsworth 1979.
R. Lane Fox, *Pagans and Christians.* Londres 1986.
H. Lietzmann, *The Beginnings of Christianity; The Founding of the Church Universal; From Constantine to Julian; The Era of the Church Fathers.* Londres 1986.
R. A. Markus, *Saeculum, History and Society in the Theology of St Augustine.* Cambridge 1970.
K. S. Painter, *The Water Newton Early Christian Silver.* Londres 1977.
J. Pelikan, *The Emergence of the Catholic Tradition.* Chicago e Londres 1971.
P. Rousseau, *Authority and the Church in the Age of Jerome and Cassian.* Oxford 1978.
— *Pachomius.* Berkeley, 1985.
K. Rudolph, *Gnosis.* Londres 1983.
M. Simon, *Verus Israel.* Oxford 1985.
J. M. C. Toynbee e J. Ward-Perkins, *The Shrine of St Peter and the Vatican Excavations.* Londres 1957.
F. van der Meer, *Early Christian Art.* Londres 1967.
F. van der Meer e C. Mohrmann, *Atlas of the Early Christian World.* Londres 1972.
H. von Campenhausen, *The Origin of the Christian Bible.* Londres 1970.
— *Ecclesiastical Power and Spiritual Authority.* Londres 1965.
— *Fathers of the Greek Church.* Londres 1964.
— *Fathers of the Latin Church.* Londres 1964.

A Igreja do Oriente

P. Brown, *The World of Late Antiquity.* Londres 1971.
R. Browning, *Justinian and Theodora.* 2a ed. Londres 1987.
A. Bryer e J. Herrin (eds.), *Iconoclasm.* Birmingham 1977.
A. Cameron, *Continuity and Change in 6th-Century Byzantium.* Londres 1982.
R. Cormack, *Writing in Gold. Byzantine Society and its Icons.* Londres 1985.
J. V. A. Fine, *The Early Medieval Balkans.* Ann Arbor, Mich. 1983.
J. Galey, *Sinai and the Monastery of St Catherine.* Cairo 1985.
J. M. Hussey, *The Orthodox Church in the Byzantine Empire.* Oxford 1986.
D. Obolensky, *The Byzantine Commonwealth.* Londres 1974.
L. Rodley, *Cave Monasteries of Byzantine Cappadocia.* Cambridge 1985.
S. Runciman, *The Byzantine Theocracy.* Cambridge 1977.
P. Whitting (ed.), *Byzantium. An Introduction.* 2a ed. Londres 1981.

A Igreja de Ocidente

D. Ayerst e A. S. T. Fisher (eds.), *Records of Christianity.* Vol. 2. Oxford 1977.
T. Burns, *The Ostrogoths: Kingship and Society.* Wiesbaden 1980.
T. Hodgkin, *Italy and her Invaders 376-814.* Rept. Nova York 1967.
D. Knowles, *Christian Monasticism.* Londres 1969.
P Llewellyn, *Rome in the Dark Ages.* Londres 1971.
J. Pelikan, *The Christian Tradition.* Vols. 3. Chicago, 1978.
P. Riche, *Education and Culture in the Barbarian West.* Columbia, 1976.
R. W. Southern, *The Making of the Middle Ages.* Londres 1953.
— *Western Society and the Church in the Middle Ages.* Londres 1970.
W. Ullmann, *The Growth of Papal Government in the Middle Ages.* Londres 1955.
J. M. Wallace-Hadrill, *The Barbarian West.* Ed. rev. Nova York 1962
G. Wickham, *Early Mediaeval Italy.* Londres 1981.

Oriente e Ocidente, rumos diferentes

M. Angold, *The Byzantine Empire,* 1025-1204. Londres 1984.
C. M. Brand, *Byzantium Confronts the West, 1180-1204.* Cambridge, Mass. 1968.
G. Every, *The Byzantine Patriarchate,* 451-1204. 2a ed. Londres 1962.
J. Godfrey, 1204: *The Unholy Crusade.* Oxford 1980.
J. Meyendorff, *Orthodoxy and Catholicity.* Nova York 1965.
S. Runciman, *A History of the Crusades.* 3 vols. Cambridge 1951-54.
— *The Eastern Schism.* Oxford 1955.
K. M. Setton (ed.), *A History of the Crusades.* Vol. 1. Madison, Wis. 1955.
P. Sherrard, *The Greek East and the Latin West.* Oxford 1959.

Cisma e união

G. P. Fedotov, *The Russian Religious Mind.* 2 vols. Cambridge, Mass. 1946-66.
— *A Treasury of Russian Spirituality.* Londres 1950.
D. J. Geanokoplos, *Emperor Michael Palaeologus and the West: A Study in Byzantine Latin Relations.* Cambridge, Mass. 1959.
J. Meyendorff, *A Study of Gregory Palamas.* Londres 1964.
— *Byzantium and the Rise of Russia; A Study of Byzantine-Russian Relations in the Fourteenth Century.* Cambridge 1981.
— *Byzantine Theology.* 2a ed. Londres 1983.
D. M. Nicol, *Church and Society in the Last Centuries Of Byzantium.* Cambridge 1979.
— *The End of the Byzantine Empire.* Londres 1979.
P. Sherrard, *Athos. The Mountain of Silence.* Londres 1960.
S. Runciman, *The Fall of Constantinople.* Cambridge 1965.
— *Mistra: Byzantine Capital of the Peloponnese.* Londres 1980.
D. Talbot Rice, *Byzantine Art.* Londres 1968.
P. A. Underwood (ed.), *The Kariye Djami.* 4 vols. Londres 1967-75.
C. Walter, *Art and Ritual of the Byzantine Church.* Londres 1982.

Igreja e Estado

G. Barraclough, *The Mediaeval Papacy.* Londres 1968.
R. L. Benson e G. Constable, *Renaissance and Renewal in the Twelfth Century.* Cambridge, Mass. 1982.
M. D. Chenu, *Nature, Man and Society in the Twelfth Century.* Chicago, Ill. 1968.
S. C. Ferruolo, *The Origins of the University.* Stanford, Ca. 1985.
E. Kantorowicz, *The King's Two Bodies.* Princeton, N.J. 1957.
J. Leclercq, *The Love of Learning and the Desire for God.* Fordham 1974.
G. Leff, *The Dissolution of the Mediaeval Outlook.* New York 1976.
B. Smalley, *The Study of the Bible in the Middle Ages.* 3rd ed. Oxford 1983.
J. Sumption, *Pilgrimage.* Londres 1974.
(ver também Knowles, Southern e Ullmann, em A Igreja de Ocidente)

O final da Idade Média

M. Bainton, *Erasmus of Christendom.* Nova York 1969.
J. Bossy, *Christianity in the West 1400-1700.* Oxford 1985.
R. Finucane, *Miracles and Pilgrims.* Londres 1977.
D. Hay, *The Church in Italy in the Fifteenth Century.* Cambridge 1977.
J. Huizinga, *The Waning of the Middle Ages.* Harmondsworth 1955.
R. Kieckhefer, *European Witch Trials 1300-1500.* Londres 1976.
I. Origo, *The World of San Bernardino.* Londres 1963.
S. Ozment (ed.), *The Reformation in Medieval Perspective.* Chicago, Ill. 1971.
P. Partner, *Renaissance Rome.* Berkeley, Ca. 1976.
T. F. Tentler, *Sin and Confession on the Eve of the Reformation.* Princeton, N.J. 1977.
K. Thomas, *Religion and the Decline of Magic.* Londres 1971.
C. Trinkaus e H. Oberman (eds.), *The Pursuit of Holiness in Late Medieval and Renaissance Religion.* Leiden 1974.
D. Weinstein e R. M. Bell, *Saints and Society.* Chicago, Ill. 1982.

Reforma

R. M. Bainton, *Here I Stand. A Life of Martin Luther.* Nova York 1950.
O. Chadwick, *The Reformation.* Londres 1964.
A. G. Dickens, *Reformation and Society in 16th Century Europe.* Londres 1966.
— *The German Nation and Martin Luther.* Londres 1974.
— *The English Reformation.* Londres 1964.
H. J. Grimm, *The Reformation Era 1500-1650.* Londres 1973.
W. Monter, *Calvin's Geneva.* Nova York 1967.
S. Ozment, *The Reformation in the Cities.* New Haven, Conn. 1975.
T. H. L. Parker, *John Calvin.* Londres 1975.
G. R. Potter, *Zwingli.* Cambridge 1976.
E. G. Rupp, *Luther's Progress to the Diet of Worms.* Londres 1951.
— *Patterns of Reformation.* Londres 1969.
R. Scribner, *For the Sake of Simple Folk: Popular Propaganda for the German Reformation.* Cambridge 1981.
— *The German Reformation.* Londres 1986.
G. H. Williams, *The Radical Reformation.* Londres 1962.

A Contra-reforma

J. Brodrick, *The Origin of the Jesuits.* Londres 1940.
— *The Progress of the Jesuits.* Londres 1946.
W. Christian, *Local Religion in Sixteenth Century Spain.* Princeton, N.J. 1981.
J. Delumeau, *Catholicism between Luther and Voltaire.* Londres 1977.
A. G. Dickens, *The Counter Reformation.* Londres 1968.
D. Evennett, *The Spirit of the Counter Reformation.* Cambridge 1968.
D. Fenlon, *Heresy and Obedience in Tridentine Italy.* Cambridge 1972.
F. Haskell, *Patrons and Painters.* New Haven, Conn. 1980.
H. Jedin, *Crisis and Closure of the Council of Trent.* Londres 1967.
M. Mullett, *The Counter Reformation.* Londres 1985.
A. D. Wright, *The Counter Reformation.* Londres 1982.

Guerra e desunião

P. Benedict, *Rouen during the Wars of Religion.* Cambridge 1981.
W. J. Bouwsma, *Venice and the Defence of Republican Liberty: Renaissance Values in the Age of he Counter Reformation.* Berkeley, 1968.

P. Collinson, *The Religion of Protestants.* Oxford 1982.
P. M. Crew, *Calvinist Preaching and Iconoclasm in the Netherlands.* Cambridge 1978.
N. Z. Davis, *Society and Culture in Early Modern France.* Londres 1975.
R. J. W. Evans, *The Making of the Habsburg Monarchy.* Oxford 1979.
H. Kamen, *The Rise of Toleration.* Londres 1967.
W. Monter, *Ritual, Myth and Magic in Early Modern Europe.* Brighton 1983.
M. Prestwich, *International Calvinism.* Oxford 1986.
(ver também Delumeau e Wright, mais acima)

A leste e a oeste
C. Boxer, *The Christian Century in Japan.* Londres 1951.
— *The Portuguese Sea-Borne Empire.* Londres 1969.
— *The Church Militant and Iberian Expansion.* Baltimore, 1978.
V. Cronin, *The Wise Man from the West.* Londres 1955.
— *A Pearl to India.* Londres 1959.
G. H. Dunne, *Generation of Giants, the Jesuits in China.* Londres 1969.
J. H. Elliott, *Imperial Spain.* Londres 1963.
J. Gernet, *China and the Christian Impact.* Cambridge 1984.
S. Neill *A History of Christianity in India.* 2 vols. Cambridge 1984-85.
R. Ricard, *The Spiritual Conquest of Mexico.* Berkeley, 1966.

A Igreja na América do Norte
S. E. Ahlstrom, *A Religious History of the American People.* New Haven, 1972.
C. L. Albanese, *America: Religion and Religions.* Belmont, 1981.
J. W. Carroll et al., *Religion in America: 1950 to the Present.* São Francisco, 1979.
M. Douglas e S. M. Tipton, *Religion and America: Spirituality in a Secular Age.* Boston, 1983.
Gallup Report, *Religion in America, Fifty Years: 1935-85.* Princeton, 1985.
E. S. Gaustad, *Historical Atlas of Religion in America.* Ed. rev. Nova York 1976.
R. T. Handy, *A History of the Churches in the United States and Canada.* Nova York 1977.
W. S. Hudson, *Religion in America.* 3a ed. Nova York 1981.
M. E. Marty, *Pilgrims in Their Own Land: 500 Years of Religion in America.* Boston, 1984.
J. G. Melton, *The Encyclopedia of American Religions.* Wilmington, 1978.
J. M. Mulder e J. F. Wilson (eds.), *Religion in American History: Interpretive Essays.* Englewood Cliffs, N et al. (eds.), *Eerdsman's Handbook to Christianity in America.* Grand Rapids, 1983.
I. I. Zaretsky e M. P. Leone, *Religious Movements in Contemporary America.* Princeton, 1974.

A Igreja do século XVIII
W. J. Callahan e D. Higgs (eds.), *Church and Society in Catholic Europe of the Eighteenth Century.* Cambridge 1979.
O. Chadwick, *The Popes and the European Revolution.* Oxford 1981.
G. Cragg, *The Church and the Age of Reason 1648-1789.* The Pelican History of the Church. Vol. 4. Harmondsworth 1960.
A. D. Gilbert, *Religion and Society in Industrial England. Church, Chapel and Social Change, 1740-1914.* Londres 1976.
N. Hampson, *The Enlightenment.* The Pelican History of European Thought. Vol. 4. Harmondsworth 1968.
J. McManners, *French Ecclesiastical Society under the Ancien Regime.* Manchester 1960.
— *Death and the Enlightenment. Changing Attitudes to Death in Eighteenth-Century France.* Oxford 1981.
K. S. Pinson, *Pietism as a Factor in the Rise of German Nationalism.* Nova York 1967.
R. Porter e M. Teich (eds.), *The Enlightenment in National Context.* Cambridge 1981.
N. Sykes, *Church and State in England in the 18th Century.* Cambridge 1934.

M. R. Watts, *The Dissenters.* Vol. 1. *From the Reformation to the French Revolution.* Oxford 1978.

A Igreja do século XIX
O. Chadwick, *The Victorian Church,* 2 vols. Vol. 1. 3a ed. Londres 1971. Vol. 2. 2a ed. Londres 1972.
— *The Secularization of the European Mind in the Nineteenth Century.* Cambridge 1975.
G. Faber, *Oxford Apostles. A Character Study of the Oxford Movement.* 2nd ed. Londres 1974.
E. E. Y. Hales, *Pio Nono. A Study in European Politics and Religion in the Nineteenth Century.* Londres 1954.
J. F. C. Harrison, *The Second Coming. Popular Millenarianism 1780-1850.* Londres 1979.
H. McLeod, *Religion and the People of Western Europe 1789-1970.* Oxford 1981.
— *Religion and the Working Class in Nineteenth-Century Britain.* Londres 1984.
J. McManners, *Church and State in France 1870-1914.* Londres 1972.
E. Norman, *The English Catholic Church in the Nineteenth Century.* Oxford 1984.
A. R. Vidler, *The Church in an Age of Revolution.* The Pelican History of the Church. Vol. 5. Harmondsworth 1961.
— *A Century of Social Catholicism 1820-1920.* Londres 1964.

A experiência africana
J. F. A. Ajayi, *Christian Missions in Nigeria 1841-1891: The Making of a New Elite.* Londres 1965.
C. P. Groves, *The Planting of Christianity in Africa.* 4 vols. Londres 1948, 1954, 1955, 1958. Repr. 1964.
J. Guy, *The Heretic. A Study of the Life of John William Colenso 1814-1883.* Pietermaritzburg e Joanesburgo 1983.
A. Hastings, *African Christianity: An Essay in Interpretation.* Londres 1976.
— *A History of African Christianity 1950-1975.* Cambridge 1979.
M. Hope e J. Young, *The South African Churches in a Revolutionary Situation.* Maryknoll, 1979.
T. Jeal, *Livingstone.* Londres 1973.
M. D. Markowitz, *Cross and Sword: The Political Role of Christian Missions in the Belgian Congo.* Stanford, 1973.
S. Neill, *A History of Christian Missions. The Pelican History of the Church* 1986.
R. Oliver, *The Missionary Factor in East Africa.* 2a ed. Londres 1965.
A. Ross, *John Philip (1775-1851). Missions, Race and Politics in South Africa.* Aberdeen 1986.
F. B. Welbourn, *East African Rebels: A Study of some Independent Churches.* Londres 1961.

Missões na Ásia
C. Caldorola, *Christianity: The Japanese Way.* Leiden 1979.
J. Ch'en, *China and the West. Society and Culture 1815-1937.* Londres 1979.
P. A. Cohen, «Christian Missions and their Impact to 1900», em J. K. Fairbank (ed.), *The Cambridge History of China.* Vol. 10. Cambridge 1978.
R. H. Drummond, *A History of Christianity in Japan.* Grand Rapids, 1971.
N. Gunson, *Messengers of Grace. Evangelical Missionaries in the South Seas 1797-1860.* Melbourne 1978.
K. S. Latourette, *A History of Christian Missions in China.* Nova York 1929.
— *Christianity in a Revolutionary Age.* Vols. 3 ae 5. Londres 1961, 1963.
W. P. Morrell, *The Anglican Church in New Zealand: A History.* Dunedin 1973.
S. Neill, *A History of Christianity in India 1707-1858.* Cambridge 1985.
P. J. O'Farrell, *The Catholic Church in Australia: A Short History 1788-1967.* Melbourne 1968.
D. Potts, *British Baptist Missionaries in India 1793-1837.* Cambridge 1967.
B. Sundkler, *Church of South India. The Movement towards Union 1900-1947.* Ed. rev. Londres 1965.

As Igrejas ortodoxas
G. Dédéyan (ed.), *Histoire des Armenians.* Toulouse 1982.
P. Evdokimov, *L'Orthodoxie.* Paris 1959.
D. M. Lang, *The Armenians: A People in Exile.* Londres 1981.
Mother Mary e Kallistos Ware (trans.), *Liturgy and Ritual: The Festal Menaion.* Londres 1977.
O. F. A. Meinardus, *Christian Egypt: Faith and Life.* Cairo 1970.
— *Christian Egypt: Ancient and Modern.* 2a ed. Cairo 1977.
J. Meyendorff, *The Orthodox Church.* Nova York 1981.
L. Ouspensky e V. Lossky, *The Meaning of Icons.* Olten 1952.
M. Rinvolucri, *Anatomy of a Church. Greek Orthodoxy Today.* Londres 1966.
S. Runciman, *The Great Church in Captivity.* Cambridge 1968.
A. Salaville, *An Introduction to the Study of Eastern Liturgies.* Londres 1938.
N. Struve, *Christians in Contemporary Russia.* Londres 1967.
B. H. Sumner, *Survey of Russian History.* 2a ed. Londres 1947.
T. Ware, *The Orthodox Church.* Londres 1963.
— *Eustratios Argenti: A Study of the Greek Church under Turkish Rule.* Oxford 1964.
— *The Orthodox Way.* Londres 1981.

O cristianismo e outras religiões universais
S. G. F. Brandon (ed.), *A Dictionary of Comparative Religion.* Londres 1970.
M. Eliade, *Patterns in Comparative Religion.* Londres 1958.
H. H. Farmer, *Revelation and Religion.* Londres 1954.
J. Finegan, *The Archaeology of World Religions.* Princeton, 1952.
J. Hastings (ed.), *Encyclopaedia of Religion and Ethics.* 13 vols. Edinburgh 1908-26.
E. O. James, *Christianity and Other Religions.* Londres 1968.
S. C. Neill, *Christian Faith and Other Faiths.* Londres 1961.
G. Parrinder, *Comparative Religion.* Londres 1962.
R. C. Zaehner, *At Sundry Times.* Londres 1958.
— *Concordant Discord.* Oxford 1970.

Cristianismo, comunismo e identidade nacional
S. Alexander, *Church and State in Yugoslavia since 1945.* Cambridge 1979.
T. Beeson, *Discretion and Valour, Religious Conditions in Russia and Eastern Europe.* Ed. rev. Londres 1982.
B. R. Bociurkiw e J. W. Strong (eds.), *Religion and Atheism in the USSR and Eastern Europe.* Londres 1975.
M. Bourdeaux, *Faith on Trial in Russia.* Londres e New York 1971.
— *Land of Crosses (Lithuania).* Keston 1979.
— *Be Our Voice.* Keston 1984.
R. Boyes e J. Moody, *The Priest who had to Die. The Tragedy of Father Jerzy Popieluszko.* Londres 1986.
I. Ratushinskaya, *No I'm not Afraid.* Newcastle-upon-Tyne 1986.
M. Scammell, *Solzhenitsyn.* Londres 1984.
Cardinal S. Wyszynski, *A Freedom Within.* Londres 1985.
Ver também os jornais *Religion in Communist-Dominated Areas* e *Religion in Communist Lands.*

Cristianismo e modernidade laica
P. Berger, *The Heretical Imperative.* Nova York 1979.
J. Billiet e K. Dobbelaere, *Godsdienst in Vlaanderen.* Leuven 1976.
K. Dobbelaere. «Secularization: A Multi-Dimensional Concept» in *Current Sociology* 1981.
M. Douglas e S. Tipton (eds.), *Religion and America.* Boston, 1983.
J. Hunter, *American Evangelicalism.* New Brunswick, 1983.
C. Lane, *Christian Religion in the Soviet Union.* Londres 1978.
H. McLeod, *Religion and the People of Western Europe 1789-1970.* Oxford 1981.
— «Protestantism and the Working Class in Imperial Germany» in *European Studies Review.* Vol. 12. 1982.

W. McSweeney, *Roman Catholicism*. Oxford 1980.
G. Marsden, *Fundamentalism and American Culture*. Nova York 1980.
D. Martin, *A General Theory of Secularization*. Oxford 1978.
J. Whyte, *Catholics in Western Democracies: A Study of Political Behaviour*. Dublin 1981.
B. Wilson, *Magic and the Millennium*. Londres 1973.
— *Religion in Sociological Perspective*. Oxford 1982.
W. Zdancewicz, *Religion and Social Life*. Poznan-Warsaw 1983.

O movimiento ecumênico

Y. M. J. Congar, *Chretiens désunis*. Paris 1937. (= *Divided Christendom*. Londres 1939.)
— *Je crois en l'Esprit Saint*. Paris 1979-80.
— *Essais oecumeniques*. Paris 1984.
U. Duchrow, *Konflikt um die Oekumene*. Munique 1980. (= *Conflict over the Ecumenical Movement*. Genebra 1981.)
A. Dulles, *The Catholicity of the Church*. Oxford 1985.
N. Goodall, *The Ecumenical Movement*. 2a ed. Oxford 1964.
B. Leeming, *The Church and the Churches. A Study of Ecumenism*. 2a ed. Londres 1963.
H. Meyer e L. Vischer, *Growth in Agreement*. Nova York e Genebra 1984.
J. Ratzinger, *Theologische Prinzipienlehre*. Munique 1982.
R. Rouse e S. C. Neill, *A History of the Ecumenical Movement*. 2 vols. Londres 1954, 1970.
W. G. Rusch, *Ecumenism, a Movement towards Church Unity*. Philadelphia, 1985.
B. G. M. Sundkler, *Church of South India*. Londres 1965.
J. D. Zizioulas, *Being as Communion*. Nova York 1985.
Enquetes anuais nos journais *Istina*, *Irenikon*, *Ecumenical Review*, *One in Christ*, *Midstream*

ÍNDICE TOPOGRÁFICO

A entrada seguida de um asterisco indica uma unidade territorial (condado, ducado, província, vice-reino, região).

ÍNDICE